U0573039

BLUE BOOK

智库成果出版与传播平台

人才蓝皮书
BLUE BOOK OF TALENTS

中国人才发展报告
（2024）

ANNUAL REPORT ON THE DEVELOPMENT OF
CHINESE TALENTS (2024)

顾　问／潘晨光　吴　江
主　编／王见敏
副主编／钟祖荣　肖小虹

社会科学文献出版社
SOCIAL SCIENCES ACADEMIC PRESS (CHINA)

图书在版编目（CIP）数据

中国人才发展报告.2024／王见敏主编；钟祖荣，
肖小虹副主编.--北京：社会科学文献出版社，2025.
3.--（人才蓝皮书）.--ISBN 978-7-5228-5127-3

Ⅰ.C964.2

中国国家版本馆 CIP 数据核字第 20252S7C22 号

人才蓝皮书

中国人才发展报告（2024）

顾　　问／潘晨光　吴　江
主　　编／王见敏
副 主 编／钟祖荣　肖小虹

出 版 人／冀祥德
组稿编辑／周　丽
责任编辑／徐崇阳
文稿编辑／孙玉铖
责任印制／岳　阳

出　　版／社会科学文献出版社·生态文明分社（010）59367143
　　　　　地址：北京市北三环中路甲 29 号院华龙大厦　邮编：100029
　　　　　网址：www.ssap.com.cn
发　　行／社会科学文献出版社（010）59367028
印　　装／天津千鹤文化传播有限公司

规　　格／开　本：787mm×1092mm　1/16
　　　　　印　张：26.5　字　数：396 千字
版　　次／2025 年 3 月第 1 版　2025 年 3 月第 1 次印刷
书　　号／ISBN 978-7-5228-5127-3
定　　价／128.00 元

读者服务电话：4008918866

　　本书获国家社会科学基金重大项目《统筹推进县域城乡融合发展的理论框架与实践路径研究》（项目编号：22&ZD112）；贵州财经大学国家级专业技术人员继续教育基地资助出版

《中国人才发展报告（2024）》
编　委　会

编撰者简介

王见敏　管理学博士、经济学博士后，教授，博士生导师。中国人才研究会理事，中国县镇经济研究会常务理事，新华社智库专家，贵州省外侨委外部专家，贵州财经大学贵州人才发展研究所所长。主要研究方向为政府人才开发行为、人才政策、区域人才发展等。主要研究成果有主持国家重大招标社科基金项目子课题 1 项，省哲社重大招标课题 1 项，其他省部级课题 3 项，参与贵州省、贵阳市重大人才政策起草，主持科技人才、教育政策供给、人才发展等课题 56 项。在贵州省人才博览会上发布助力脱贫攻坚人才、卫生健康人才、数字经济人才、文化旅游人才等 4 本白皮书以及《新时代贵州人才发展报告（2012—2023）》，出版专著《贵州省专业技术人才发展研究》《贵州省就业特点与趋势研究》等 4 部，在 SSCI、CSSCI 和北大核心等期刊发表论文 13 篇，引用次数超过 200 次，获全国人事人才研究主题征文二等奖，获贵州省第十四次、第十五次哲学社会科学优秀成果奖三等奖。

钟祖荣　教育博士，北京教育科学研究院原副院长，教授。现任中国人才研究会副会长、人才学专业委员会理事长，民盟中央委员、北京市委会常委、西城区委会主委。曾任国家督学、北京市人大常委会委员、北京市政协常委等。主要研究方向为人才学原理、外国人才研究史、教育人才学等。牵头《"国培计划"课程标准》、全国中小学教师培训课程指导标准研制综合组工作。出版学术著作 40 余种，发表论文 200 余篇，主持省部级课题 10 余项，获省部级以上教学科研成果奖 7 项，获"中国人才学研究贡献奖"。

肖小虹　经济学博士，二级教授，博士生导师，现任贵州财经大学党委委员、副校长，贵州省省级特色重点学科、贵州省区域一流学科工商管理一级学科带头人和负责人，工商管理一级学科博士授权点和博士后科研流动站负责人，贵州省工商管理大数据应用人才培养基地负责人。贵州省劳模和工匠人才创新工作室负责人，贵州省哲学社会科学创新团队"贵州财经大学贵州山地农业高质量发展研究团队"首席专家。担任中国企业管理研究会常务理事和中国商业史学会常务理事。获贵州省黔灵学者、贵州省"五一"劳动奖章、贵州省省管专家、贵州省政府津贴专家、贵州省高校哲学社会科学学术带头人、贵州省学术先锋、贵州省优秀硕士生导师、贵州省优秀教师等荣誉称号。

序

　　人才蔚起，国运方兴。在全球化的浪潮中，人才已成为推动国家发展、社会进步的关键因素。中国，这个拥有五千年文明历史的国家，正站在新的历史起点上，面临前所未有的机遇与挑战，我们比任何时期都更加渴求人才，中华大地正在成为各类人才大有可为、大有作为的热土，为实现中华民族伟大复兴的中国梦提供坚实的人才支撑。

　　国家层面第一部与人才发展研究直接相关的蓝皮书是 2004 年由潘晨光教授主编的《中国人才发展报告》，该系列蓝皮书聚焦国家人才强国发展战略，对我国的人才政策、人才队伍建设、人才发展战略、人才体制机制进行深入研究。但 2015 年至今，《中国人才发展报告》停止出版，国内目前的蓝皮书在系统性总结分析中国人才问题和人才工作的领域方面处于不系统阶段。为了更深入地探讨我国人才发展的历程、现状与未来趋势，王见敏、潘晨光以及钟祖荣等学者组织编撰了《中国人才发展报告（2024）》，吸收了教育、科技、人才等多个领域权威专家的近期成果，全面梳理和总结中国人才的发展脉络、演变过程，评估人才队伍的现状与结构，探讨人才培养、引进、使用和保障等方面的创新举措，全面展示了我国人才发展的新特点、新趋势。作为一部集权威性、前瞻性与实践性于一体的重量级著作，它不仅是对中国人才发展现状的全面梳理，还是对未来人才战略蓝图的深刻描绘，其独特的优势与鲜明的特色令人瞩目，值得每一位关注国家发展、心系民族复兴的同人细细品读。《中国人才发展报告（2024）》具有以下特点。

　　一是充分聚焦了中国人才发展的前沿性研究。该书聚焦人才领域研究前

沿、紧密跟踪人才领域实时动态、解决人才领域发展迫切问题、预测人才领域发展趋势。该书站在宏大视野与时代发展的高度，较为系统地梳理了我国近十年人才的主要现状与发展演进趋势，得出过去十年是全国人才队伍量质齐升、人才国际竞争力持续攀升、人才创新驱动发展、人才效能大幅跃升的十年的科学结论，指出我国人才发展已呈现显著的新特点、新趋势。同时，对当前人才发展的热点前沿问题进行专题研究，包含中国人才竞争力、国际化人才培养、海外人才创新创业生态、高端创新人才需求、现代化人才支撑以及青年科技人才支持等，集中体现了近年来我国人才发展领域的理论和研究成果，为探讨人才理论建设提供丰富的研究成果。

二是特别关注了重点人才群体的发展趋势。该书整合了不同类别、地域、所处环境等方面的人才研究报告，梳理了我国重点人才队伍的引进和培育等方面的新情况、新特点、新举措，抓住了高端创新人才这个"关键少数"，聚焦了青年科技人才这个"源头活水"，筑牢了产业人才这个"基本底盘"，夯实了乡村振兴人才这个"发展之基"，描述了东部、中部、西部地区人才的治理实践，绘就了中华大地上各类人才大有作为的现实图景，研判了中国重点人才队伍建设的整体情况和趋势，对中国现代化人才发展的新命题做出有效回应，为构建符合中国国情、适应国际竞争需要的人才发展体系提供了宝贵思路。

三是较好地为后续人才研究提供经验借鉴。在整本书的编写过程中，各位学者广泛收集了国内外相关领域的研究成果和数据资料，并依托大量第一手资料与权威统计数据，力求做到内容翔实、数据准确、观点客观。同时，从中国省域高学历人才的分布与流动情况到各类专业人才的培养与使用情况、从国际人才竞争的新态势到区域人才战略的实施效果，本书均进行了深入剖析，通过科学的分析方法精准把握了中国人才发展的脉搏，为地方人才发展研究提供了可借鉴的实践模式。

总之，《中国人才发展报告（2024）》以权威的数据、前沿的视角、实践导向的分析，为我们呈现了一幅清晰、立体的中国人才发展的生动画卷，它不仅是一份具有学术价值的研究报告，还是一份具有实践意义的行动指南。我们相信，这本书将成为您深入了解中国人才发展现状、把握人才发展趋势、制定人才战略的重要参考资料。

　　蓝图已绘就，奋斗正当时。中国式现代化是人才引领驱动的现代化，是人才高质量发展的现代化，也是聚天下英才而用之的现代化。我们要坚持人才引领发展的战略地位，聚天下英才而用之，探索以人才为驱动力推动新质生产力的形成，打造一支规模宏大、素质过硬、能力过硬、责任过硬的人才队伍，为我国高质量发展，全面建设社会主义现代化国家提供强大支撑。

吴　江

2024 年 9 月 21 日

摘　要

党的二十大报告指出，将进一步加快建设世界重要人才中心和创新高地作为人才强国战略新目标，并将教育、科技、人才工作集中论述、统一部署，推动科教兴国战略、人才强国战略、创新驱动发展战略调整进阶，加快蓄势人才赋能新质生产力，强化中国式现代化人才支撑，奋力谱写人才治理体系现代化建设的中国实践新篇章。

《中国人才发展报告（2024）》立足于"以人才发展驱动新质生产力服务高质量发展，奋力推进中国式现代化"目标，深入贯彻落实新时代人才强国战略，通过收集人才群体调查数据与统计数据，采用规范分析和实证分析相结合的方法，从多个视角诠释了近年来我国实施人才强国战略的成就，系统归纳了中国人才发展顶层设计与战略部署、空间分布和结构层次、评价体系与趋势预测、区域探索与经验启示，并提出相关政策建议。本书主要分为总报告、竞争力篇、区域篇和重点群体篇四个部分。

总报告综合梳理了我国人才数量、质量、国际竞争力，人才发展体制机制改革，地方实践的主要成就、主要特点、演变趋势，认为过去十年是全国人才队伍量质齐升、人才国际竞争力持续攀升、宏大人才工作格局全面形成的十年。

在人才竞争力问题上，一是宏观层面关注中国人才在全球的竞争力，明确了中国人才竞争力水平在全球中的定位，理清了中国国际化人才的国际沟通素养状况、中国省域高学历人才空间集聚及时空演变特征。二是微观层面关注相关重点省市人才竞争力状况。对山东省人才竞争力水平进行综合性的

定量评价和分析，并以浦东新区为例，揭示了上海构建具有全球竞争力的海外人才创新创业生态系统的重要途径。

在区域人才支撑上，一是提取区域共性问题，构建地方人才计划改革框架，并提出优化策略。二是理清地方个性差异，分别从东部、中部、西部人才建设的典型区域选择分析样本，系统考察了这些区域的人才问题。聚焦西部地区人才驱动发展的重庆实践，致力于打造西部人才中心和创新高地，并探索出乡村振兴背景下广西农业现代化人才发展的路径，立足中部河南现代化建设人才支撑的战略需求，构建以重点引进"高精尖缺"人才为主导的人才战略布局。此外，我国重点建设的人才高地，如北京、上海等重点区域创新人才机制尚未完善，长三角、粤港澳大湾区、京津冀等区域人才合作机制也并未实现真正的"一体化"。

在重点人才群体建设上，围绕高层次人才，建议从加强部门协同、强化数字赋能等方面推动高层次人才引育建设。紧扣基础教育人才，建议优化基础教育人才资源配置，促进基础教育均衡发展。瞄准事业单位人才，基于对湖南、宁波、海南三地事业单位工作人员培训现状的调查，了解当前事业单位工作人员培训工作的开展情况、存在的问题。聚焦青年科技人才，建议应加快构建国际通行的青年科技人才支持体系，遏制科研行政化趋势。立足乡村振兴人才，建议培训提升农民数字水平，构建数字农民健康发展的生态环境等。定位技能人才，应从提升评价质量、完善激励保障等方面加快推动技能人才队伍高质量发展。

国以才立，政以才治，业以才兴。奋进新时代，我国人才发展已经站在新的历史起点，深入实施新时代人才强国战略，各类人才与各级人才工作者要深入学习贯彻党的二十大及系列全会精神和习近平总书记关于做好新时代人才工作的重要思想，下大气力全方位培养、引进、用好人才，就一定能让各类人才的创造活力竞相迸发、聪明才智充分涌流，为实现中华民族伟大复兴的中国梦汇聚磅礴力量，为谱写全面建设社会主义现代化国家新篇章贡献智慧力量。

关键词： 中国人才　高质量发展　人才强国战略

目 录 ⤷

Ⅰ 总报告

Ⅱ 竞争力篇

皮书数据库阅读**使用指南**

总 报 告

B.1

深入实施人才强国战略，努力奋进新时代

王见敏　钟祖荣*

摘　要： 本报告综合梳理了我国人才数量、质量、国际竞争力，人才发展体制机制改革，地方实践的主要成就、主要特点、演进趋势，认为过去十年是全国人才队伍量质齐升、人才国际竞争力持续攀升的十年，是坚持党委统筹、各职能部门各司其职且密切配合的十年，是人才工作宏大格局全面形成的十年，是人才发展体制机制改革破立并举、系统重构的十年，是人才发展战略上下同频共振、横向协同联动的十年，是人才创新驱动发展、人才效能大幅跃升的十年。本报告建议，要不断完善人才工作体制机制，优化人才政策体系，以人才发展驱动新质生产力服务高质量发展，奋力推进科教兴国战略、人才强国战略、创新驱动发展战略，统筹推进教育科技人才体制机制一体化改革，以贯彻党和国家的战略部署、回应习近平总书记的殷切嘱托。

* 王见敏，教授，贵州财经大学贵州人才发展研究所所长，主要研究方向为政府人才开发行为、人才政策、区域人才发展等；钟祖荣，北京教育科学研究院原副院长、教授、博士，主要研究方向为人才学原理、外国人才研究史、教育人才学等。

关键词： 人才发展成就　人才治理体系　人才强国

　　当前，世界百年未有之大变局加速演进，新一轮科技革命与产业革命蔚然兴起，全球产业链加速数字化转型，单边主义与保护主义已然抬头，国际政治局势变乱交织，国际经济环境风云变幻。党的十八大以来，以习近平同志为核心的党中央统筹中华民族伟大复兴战略全局和世界百年未有之大变局，实现了全面建成小康社会的第一个百年奋斗目标，正在意气风发向着全面建成社会主义现代化强国的第二个百年奋斗目标迈进。站在新起点，直面新征程，全面深入推进人才强国战略，高瞻远瞩谋划人才事业布局，大刀阔斧推进人才发展体制机制改革创新，广开进贤之路、广聚天下英才，深刻回答了为什么建设人才强国、什么是人才强国、怎样建设人才强国的重大理论和实践问题，做出"人才是实现民族振兴、赢得国际竞争主动的战略资源"的重大判断，做出全方位培养、引进、使用人才的重大部署，推动我国新时代人才工作取得历史性成就、发生历史性变革。

一　我国新时代人才发展成就

　　党的十八大以来，以习近平同志为核心的党中央统揽伟大斗争、伟大工程、伟大事业、伟大梦想，坚持加强党的全面领导和党中央集中统一领导，明确"五位一体"总体布局和"四个全面"战略布局，确定稳中求进工作总基调，全力推进全面建成小康社会进程，完整、准确、全面贯彻新发展理念，着力推动高质量发展，主动构建新发展格局，蹄疾步稳推进改革，经过接续奋斗，坚持精准扶贫、尽锐出战，打赢了人类历史上规模最大的脱贫攻坚战，在中华大地上全面建成了小康社会，实现了第一个百年奋斗目标，乘势而上开启全面建设社会主义现代化国家新征程，向第二个百年奋斗目标进军。党的二十大报告明确了以习近平同志为核心的党中央坚定实施供给侧结构性改革，制定了一系列具有全局性意义的区域重大战略，我国经济实力实现历史性跃升；基础研究和原始创新不断加强，一些关键核心技术实现突破。国际科技创新中心指数不断攀升，人才对我国经济社会发展的支撑作用不断增强。

（一）人才规模快速壮大

全国大专及以上人才规模从 2012 年的 1.20 亿人增加到 2023 年的超 2.50 亿人①（见图 1），我国每万人口中人才规模由 2012 年的 886 人增加到 2023 年的 1770 人，我国人才规模和人才密度均实现了倍增。

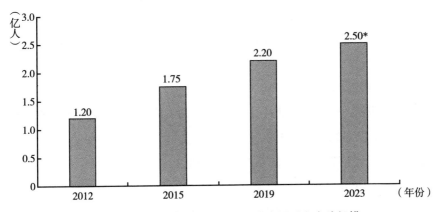

图 1　2012～2023 年我国主要年份大专及以上人才规模

注：＊表示 2023 年全国大专及以上人才规模超 2.50 亿人。
资料来源：国家统计局。

（二）人才素质快速提升

1.劳动力人口平均受教育年限快速提升

2012～2023 年，全国劳动力人口平均受教育年限从 9.90 年增至 11.05 年（见图 2），新时代以来我国劳动力人口平均受教育年限净增 1.15 年。

---

① 国家统计局相关负责人于 2024 年 1 月 18 日发布的相关数据显示，2023 年我国具有大学文化程度（大专及以上）的人口超 2.50 亿人，同时对第七次全国人口普查数据、公开的年度人才统计数据、近五年大学毕业生数据和退休替代数据进行测算，得出 2023 年全国大专及以上人才规模超 2.50 亿人的结论。

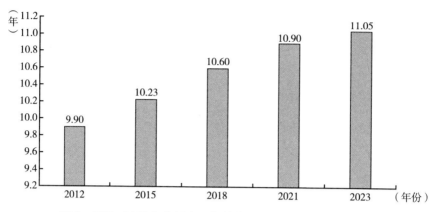

图2 2012~2023年全国主要年份劳动力人口平均受教育年限

资料来源：教育部、《中国教育报》。

2.科技人才量质齐升

我国研发人员全时当量从2012年的324.7万人年提高到2022年的635.4万人年，2022年是2012年的1.96倍，稳居世界前列（见图3）。每万名就业人员中研发人员数从2012年的43人年提高到2022年的86人年，其中涌现一批世界顶尖科技人才，中国内地入选全球高被引科学家数量从2014年的111人次增加到2022年的1169人次。

3.国外留学人才加速回国

2012~2021年，每年留学归国的人才数量稳步增长，到2021年，留学归国人才数量首次突破100万人，达到104.90万人，比2012年增加了77.61万人，增幅达到284.39%（见图4）。截至2022年底，留学归国人才总数超过600万人。截至2023年底，全国共有留学人员创业园370多家，省部共建留学人员创业园54家，留学归国人才事业平台快速发展。

（三）自主培养供给能力稳步提升

1.高等学校数量整体呈增长态势

截至2023年末，全国拥有3074所高等学校，比2012年增长10.18%。其中，普通本科学校数量达1242所，占2023年全国高等学校数量的比重为

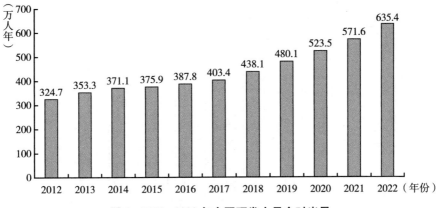

图 3　2012~2022 年全国研发人员全时当量

资料来源：《中国科技人才发展报告（2022）》。

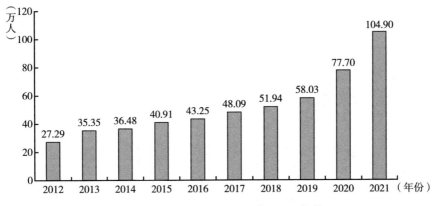

图 4　2012~2021 年全国留学生回国数量

资料来源：历年《国家统计年鉴》。

40.40%，比 2012 年增加了 97 所（见图 5）。

2. 在校生规模快速增长

2012~2023 年，每十万人口中高等教育在校生人数从 2335 人增至 3663 人，增幅为 56.87%（见图 6）。高等教育毛入学率从 2012 年的 30% 增至 2023 年的 60.2%，尤其是 2019 年以来，随着我国职业院校扩招，高等教育在校生规模增速（28.21%）大幅提升，成为我国公民整体素质水平快速提升的主要推手。

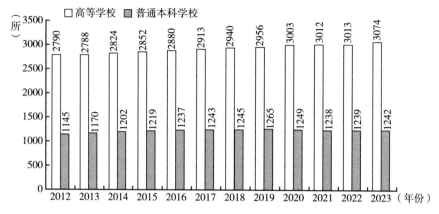

图5　2012~2023年全国高等学校及普通本科学校数量

资料来源：教育部网站，http：//www.moe.gov.cn/。

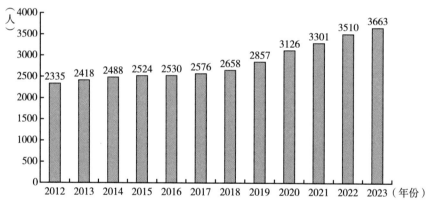

图6　2012~2023年每十万人口中高等教育在校生人数

资料来源：教育部网站，http：//www.moe.gov.cn/。

3. 研究生培养单位规模有序增长

2022年全国研究生培养单位共有830所，比2012年增加了19所。其中，截至2022年末，共有596所普通高校具有研究生培养资质，占当年研究生培养单位总量的比重为71.81%（见图7）。经过两轮有序增列审核，2022年研究生学位授予单位的普通高校规模比2012年增加了62所，其中博士学位授予单位也增加了62所。

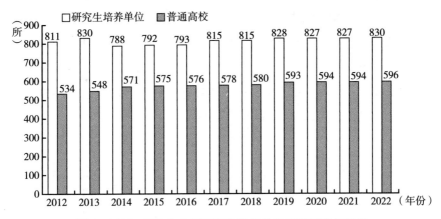

图 7　2012~2022 年全国研究生培养单位及普通高校数量

资料来源：教育部网站，http://www.moe.gov.cn/。

4. 高学历人才自主培养供给能力稳步增强

2012~2023 年，我国研究生招生规模从 58.44 万人增加到 130.17 万人，研究生毕业人数从 48.6 万人增加到 101.5 万人，研究生毕业人数在 2023 年首次突破 100 万人。其中，博士研究生毕业人数从 2012 年的 5.17 万人增加至 2022 年的 8.23 万人（见图 8），我国高学历人才自主培养供给能力稳步增强。

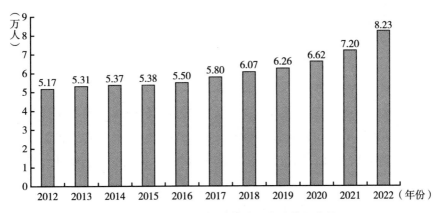

图 8　2012~2022 年全国博士研究生毕业人数

资料来源：教育部网站，http://www.moe.gov.cn/。

5. 全国博士后培养能力稳步提升

截至 2023 年末，全国拥有博士后科研工作站 4012 个，比 2012 年增长了 88.45%。2012~2023 年，博士后科研流动站从 2703 个增加到 3862 个，增长了 42.88%。2012~2023 年，全国累计培养博士后数量从 10.95 万人增加至 36.00 万人，增加了 25.05 万人（见图 9）。

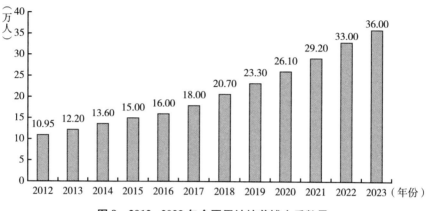

图 9　2012~2023 年全国累计培养博士后数量

资料来源：教育部网站，http://www.moe.gov.cn/。

（四）人才创新能力大幅增强

1. 全国科技经费投入强度整体呈上升趋势

2012~2023 年，全国科技经费投入呈上涨趋势。2012 年全国科技经费投入总量仅为 10298.4 亿元，截至 2023 年，全国科技经费投入总量已达到 33278 亿元，比 2012 年增长 223.14%，我国科技经费投入规模稳居世界前列。2012~2023 年，全国科技经费投入总量与国内生产总值的比值（科技经费投入强度）由 1.98% 上升到 2.64%（见图 10），超过欧盟国家平均水平。

2. 国家级科技创新平台数量稳步增加

截至 2022 年底，我国共有国家企业技术中心 1714 个，国家工程技术研究中心（国家技术创新中心）346 个，纳入新序列管理的国家工程研究中心

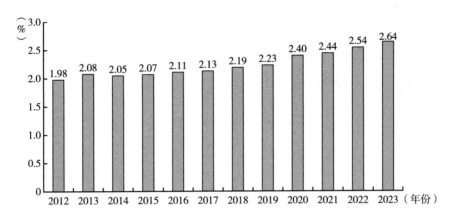

图 10　2012~2023 年全国科技经费投入强度

资料来源：国家统计局发布的历年全国年度统计公报。

191 个，国防科技重点实验室 61 个，国家实验室 20 个（正式获批 6 个）（见表 1）。这些科技创新平台分布在不同地区、不同行业领域，由不同部门管理，具有不同的依托单位性质。

表 1　截至 2022 年末我国主要科技创新平台的基本情况

单位：个

名称	数量
国家企业技术中心	1714
国家工程技术研究中心（国家技术创新中心）	346
国家工程研究中心	191
国防科技重点实验室	61
国家实验室	20

资料来源：袁瑞敏等《国家科技创新平台的建设与管理》，《科技和产业》2023 年第 13 期。

3. 专利数量快速增长

截至 2023 年末，全国每万人口发明专利拥有量为 35.40 件（见图 11），比 2012 年增长 995.98%；全国发明专利有效量达到 499.1 万件，其中国内

（不含港澳台）发明专利有效量为 401.5 万件，同比增长 22.4%，首次超过 400 万件；全国高价值发明专利拥有量 166.5 万件，占 41.5%，全国每万人口高价值发明专利拥有量达到了 11.8 件。由此可知，我国在技术创新、知识产权创造和保护方面的综合实力不断增强，创新潜力持续释放。

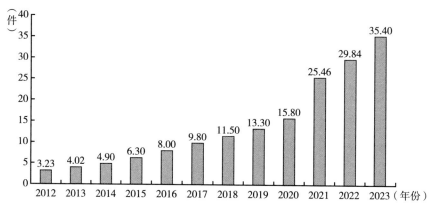

图 11　2012~2023 年全国每万人口发明专利拥有量

资料来源：2012~2014 年数据来自国家知识产权局，2015~2020 年数据来自国家统计局发布的全国年度统计公报，2021~2023 年数据基于每年全国发明专利有效量与全国人口数量得出。

4. 中国创新指数逐年上升

2022 年中国创新指数为 155.7（见图 12），与 2012 年相比，中国创新指数年均增长 6.0%，与 2021 年相比，中国创新指数增长 5.9%。中国创新指数最新测算结果表明，近年来，面对复杂严峻的国内外形势，我国坚持创新在现代化建设全局中的核心地位，深入实施创新驱动发展战略，不断加强创新体系建设，创新能力持续较快提升，为经济社会发展提供了有力支撑。

5. 高被引论文数量不断增加，其占比持续提高

2012~2023 年中国高被引论文数量不断增加，其占世界总量的比重呈稳步上升的趋势。截至 2023 年 7 月，中国高被引论文数量为 5.79 万篇，占世界总量的 30.80%，数量比 2012 年增加了近 5 万篇，年均复合增长率达

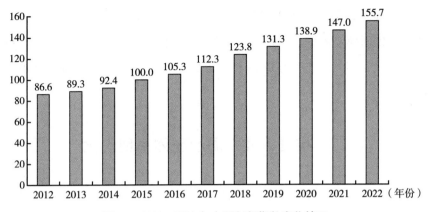

图12 2012~2022年中国创新指数变化情况

资料来源：国家统计局。

22%，连续5年居世界前列，占世界总量的比重比2012年提升了23.5个百分点（见图13）。

图13 2012年至2023年7月中国高被引论文数量及其占世界总量的比重

资料来源：2012~2020年中国科学技术信息研究所公布的中国科技论文统计结果，2021~2023年《中国科技论文统计报告》。

6. 人才创新国际竞争力快速提升

2012~2023年，我国人才创新国际竞争力提升明显。《中国人才资源统

计报告》显示，我国人才贡献率从 2012 年的 29.8% 提高至近期的 34.5%，人才引领创新驱动效应日益凸显。2021 年发布的《联合国教科文组织科学报告》指出，尽管美国继续在高科技领域保持第一，但中国与其差距在不断缩小。①

二　推进人才发展治理体系现代化

围绕新时代人才强国战略，党中央以坚持党对人才工作的全面领导为根本保证，奋力推动"人才优先发展"理念向"人才引领发展"理念转变，以坚持面向世界科技前沿、面向经济主战场、面向国家重大需求、面向人民生命健康为人才工作的目标方向，以坚持全方位培养用好人才为人才工作的根本任务，以坚持深化人才发展体制机制改革为人才工作的重要保障，以坚持聚天下英才而用之为人才工作的基本要求，以坚持营造识才爱才敬才用才的环境为服务人才发展的社会条件，以坚持弘扬科学家精神为人才工作的根本指引，并始终坚持不断深化、丰富对我国人才事业发展的规律性认识，奋力谱写人才治理体系现代化建设的中国实践新篇章。

（一）战略理念实现从"人才优先发展"到"人才引领发展"的重大转变

党的十八大报告指出，要加快确立人才优先发展战略布局，将"造就规模宏大、素质优良的人才队伍，推动我国由人才大国迈向人才强国"作为战略任务，以人才资源优先开发、人才结构优先调整、人才投资优先保证、人才制度优先创新，确立了人才优先发展的战略地位；2017 年对《国家中长期人才发展规划纲要（2010—2020 年）》中期实施效果的评估表明，经过多年努力，我国人才优先发展战略布局在全国主要地区的工作条

---

① 《构建人才引领驱动高质量发展战略新布局》，"大国人才"微信公众号，2024 年 7 月 19 日，https://mp.weixin.qq.com/s/tFT-SYaNKDUdzsZqYSdoRA。

线基本落地，标志着我国人才强国战略推进和人才工作发展进入新阶段；2018 年习近平总书记在全国组织工作会议上首次提出要加快实施人才强国战略，确立人才引领发展的战略地位，[①] 同年习近平总书记在中国科学院第十九次院士大会、中国工程院第十四次院士大会上的讲话中再次提出要牢固确立人才引领发展的战略地位，[②] 标志着我国人才强国战略正式从"人才优先发展"进入"人才引领发展"的新阶段，重构了人才资源在各类资源要素中引领性、前置性战略定位，强化了人才是第一资源的战略地位；2021 年习近平总书记在中央人才工作会议上指出，人才是创新的第一资源，要立足新发展阶段、贯彻新发展理念、构建新发展格局、推动高质量发展，要将人才资源开发放在最优先位置，[③] 这些重要论述将人才的地位提高到了战略的高度。党的二十大报告首次将人才工作作为一级标题，明确了人才是全面建设社会主义现代化国家的基础性、战略性支撑资源，使人才引领发展在党和国家发展全局中的地位进一步突出。

（二）战略目标实现由"世界人才强国"向"世界重要人才中心和创新高地"的精进

《国家中长期人才发展规划纲要（2010—2020 年）》将"培养和造就规模宏大、结构优化、布局合理、素质优良的人才队伍，确立国家人才竞争比较优势，进入世界人才强国行列"作为阶段性奋斗目标。进入新时代，我国人才规模增长了 1 亿人以上，人才总体规模与研发人才数量稳居世界前列，在化学、材料、工程科学、生命科学等学科领域形成了一定的比较优势，世界人才强国建设目标在"十三五"时期基本实现。2021 年

---

① 《习近平在全国组织工作会议上的讲话》，共产党员网，2018 年 9 月 17 日，https：//www. 12371. cn/2018/09/17/ARTI1537150840597467. shtml。

② 《习近平：在中国科学院第十九次院士大会、中国工程院第十四次院士大会上的讲话》，新华网，2018 年 5 月 28 日，http：//www. xinhuanet. com/politics/2018－05/28/c_ 112290 1308. htm。

③ 《习近平：深入实施新时代人才强国战略　加快建设世界重要人才中心和创新高地》，共产党员网，2021 年 12 月 15 日，https：//www. 12371. cn/2021/12/15/ARTI1639552808831273. shtml。

中央人才工作会议提出，要在北京、上海、粤港澳大湾区建设高水平人才高地，在一些高层次人才集中的中心城市建设吸引和集聚人才的平台，进而确立了国家"3+N"人才高地和人才平台建设"雁阵"布局。在人工智能、量子信息、集成电路、生命健康、生物育种、空天科技等前沿领域，围绕解决"从0到1"的技术突破及原始性创新问题，培养以大批战略科学家为引领的国家战略人才力量，以应对百年未有之大变局、赢得国际竞争主动权、服务高质量发展和高水平科技自立自强，实现中华民族在历经数百年沉沦徘徊后向曾经的世界人才集聚、引领发展浪潮的全球地位的伟大复兴。2022年党的二十大报告指出，将进一步加快建设世界重要人才中心和创新高地作为人才强国战略的新目标，并将教育、科技、人才工作集中论述、统一部署，随后以战略性、系统性、全局性与科学性思维谋划国家高水平人才高地和吸引集聚人才平台建设，推动科教兴国战略、人才强国战略、创新驱动发展战略调整进阶，充分展现了党中央应对国内国际形势变化、奋力塑造发展新动能和新优势的伟大智慧。

（三）人才重心实现"六类人才队伍"向"战略人才力量"聚焦

《国家中长期人才发展规划纲要（2010—2020年）》将人才工作对象明确为党政人才、专业技术人才、企业经营管理人才、高技能人才、农村实用人才和社会工作人才六大类，并且对"六类人才队伍"建设进行系统部署，这是适应人力资源大国向人才资源大国过渡的重大战略安排。随着经济社会发展水平的提升，国家发展战略转型升级，全球竞争态势发生重大变化，对高质量、创新型、专业化的关键人才队伍的需求进一步释放。为满足我国人才强国战略、高质量发展和高水平科技自立自强需求，2021年中央人才工作会议将人才工作对象由"六类人才队伍"转向战略科学家、科技领军人才和创新团队、青年科技人才和卓越工程师等"四类人才队伍"，党的二十大对"战略人才力量"进行了扩展，将大师、大国工匠和高技能人才纳入重点人才队伍，推动"人才全面化"向以满足战略需求为导向的"人才精准化"转型。国家及相关部委先后印发了《关于分类推进人才评价机制改革的指导意见》《国家"十四五"期间人才发展规划》《关于开展科技人才评价改革试点的工作方案》《关于进一步加强青年科技人才培养和使用的若干措施》《关于改革完善技能人才评价制度的意见》《关于加快推进乡村人才振兴的意见》《产业人才需求预测工作实施方案（2020—2022 年）》等一系列政策文件，加快整合优化人才工程计划，加快改变将人才"头衔""帽子"与物质利益直接挂钩的传统政策，努力打破"人才"评价固化、僵化的制度体系，强化了聚焦需求、分类评价、以用为本、向"战略人才力量"聚焦的人才发展新理念，实现了与国家战略需求转变的同频共振。

（四）人才发展体制机制改革创新实现从"普遍探索"迈向"多元规范"

推进人才发展体制机制改革是一项宏大的系统性工程。2013 年 3 月，习近平总书记提出"要完善促进人才脱颖而出的机制，完善人才发现机制，不拘一格选人才，培养宏大的具有创新活力的青年创新型人才队伍"[1]，为推进我国人才发展体制机制改革吹响了号角。随后，大多数省级或市级层面陆续出台高层次人才引进办法、高层次人才培养办法，建立人才分层分类评价机制，全面开启了深化人才发展体制机制改革的普遍探索，形成了诸多有益的地方经验。着眼于解决人才发展面临的现实问题，在汲取各地的改革成功经验和创新成果基础上，2016 年中共中央印发的《关于深化人才发展体制机制改革的意见》系统提出，深化人才发展体制机制改革的方向、重点举措，目的是着力转变政府人才管理职能，保障和落实用人主体自主权，健全市场化、社会化的人才管理服务体系，加强人才管理法治建设，构建科学规范、开放包容、运行高效的人才发展治理体系，全国各省份相继出台相关改革的实施意见，全面深化人才发展体制机制改革的大幕拉开。同年 11 月，中共中央办公厅、国务院办公厅印发了《关于实行

---

① 《习近平关于科技创新论述摘编》，中央文献出版社，2016。

以增加知识价值为导向分配政策的若干意见》，旨在加快实施创新驱动发展战略，激发科研人员创新创业积极性，在全社会营造尊重劳动、尊重知识、尊重人才、尊重创造的氛围。2017年印发的《国家功勋荣誉表彰条例》明确了国家和地方党委、政府的功勋荣誉表彰的适用范围、基本原则、类别设置、标准条件、奖励颁授等方面的工作规范和程序，各级党委、政府的功勋荣誉表彰体系实现规范统一。为破除"唯论文、唯职称、唯学历、唯奖项"导向，构建以价值、能力、贡献为新导向的人才评价体系，改革项目评审制度。2018年，中共中央办公厅、国务院办公厅联合印发了《关于分类推进人才评价机制改革的指导意见》《关于深化项目评审、人才评价、机构评估改革的意见》等政策文件，各省份相继出台了推进人才分类评价的相关措施、实施方案与评价指引，向用人单位授权、为人才松绑的导向得到进一步强化，人才评价的指挥棒效应进一步凸显。2021年，党中央将破除束缚人才发展的思想观念和体制机制障碍，构建科学规范、开放包容、运行高效的人才发展治理体系纳入《中国共产党组织工作条例》，2021年中央人才工作会议与2022年党的二十大报告相继提出持续深化人才发展体制机制改革，向用人单位授权，持续激发人才活力，形成人才发展体制机制改革"多元规范"的大好局面。

（五）坚持党对人才工作全面领导的大格局基本形成

党的十八大以来，党中央坚持把加强党对人才工作的全面领导作为开展人才工作最根本的政治优势和最重要的成功经验，大力实施人才强国战略，推进高水平科技自立自强，加强人才工作的政治引领，加快构建科学规范、开放包容、运行高效的人才发展治理体系，全方位支持人才、帮助人才，千方百计造就人才、成就人才，让党内外、国内外优秀人才参与到党和人民的伟大事业中。2012年，中共中央办公厅印发了《关于进一步加强党管人才工作的意见》，将党管人才确立为人才工作的重要原则。党管人才是党的组织制度的重要组成部分，是人才工作沿着正确方向前进的根本保证，将管宏观、管政策、管协调、管服务、协调各方面力量形成共同参与、推动人才工作的整体合力，为各类人才干事创业和实现价值提供良好服务作为党管人才的主要内容，为新时代党管人才工作的进一步开展指明了方向。2016年，中共中央印发了《关于深化人才发展体制机制改革的意见》，以最高权威推动人才"放权、松绑"，使人才流动、使用、发挥作用中的体制机制障碍逐步被打破；2021年5月颁布的《中国共产党组织工作条例》强调，坚持党管人才原则，对人才队伍建设涉及的领导体制、制度机制、服务环境等重大问题做出明确规定；2021年9月召开的中央人才工作会议，擘画了加快建设世界重要人才中心和创新高地的宏伟目标，明确了"十四五""十五五""十六五"时期的战略布局，以向用人主体授权、积极为人才松绑、完善人才评价体系、打造既有中国特色又有国际竞争比较优势的人才发展体制机制为改革方向，将大力培养使用战略科学家、打造大批一流科技领军人才和创新团队、造就规模宏大的青年科技人才队伍作为主要任务，以全方位培养、引进、用好人才为具体抓手，通过省市县成立人才工作领导小组，各级党委要构建党委统一领导、组织部门牵头、职能部门各司其职与密切配合、社会力量广泛参与的人才工作大格局；2022年印发的《中共中央、国务院关于加强和改进新时代人才工作的意见》明确了新时代人才工作加强和改革的方向，进一步强化了党管人才工作的格局，至此，党管人才的工作格局成为全党全社会的共识。

三　区域人才发展的新特点、新趋势

进入新时代，在党中央、国务院的坚强领导与系统谋划下，全国各地深入推进人才发展体制机制改革，奋力完善人才发展治理体系，逐步健全与创新区域人才政策架构，推出了一系列人才工程与项目，强化了人才培养、引进、使用、评价、激励与服务措施，促进了区域人才质与量的协同发展。面对新形势、新任务、新变化，区域人才发展已经呈现新特点、新趋势。

（一）人才引进政策措施更加务实

1.聚焦当前需求，重心转向急需紧缺人才

安徽、广西、云南、贵州等中西部地区部分省份持续发布了省级层面的重点产业紧缺人才需求目录，广东、浙江、江苏等东部地区及其他经济发达地区下沉到市州、区县级层面发布急需紧缺人才需求目录、重点产业人才需求目录、急需紧缺职业或岗位目录。围绕健全产业链、创新链、人才链，各地聚焦当前人才空缺需求与战略性新兴产业人才需求，制定急需紧缺人才遴选分类标准、优先配置资源，引导人才向重点领域和急需紧缺岗位集聚。

2.聚焦青年人才，抢占发展战略制高点

青年人才是人才队伍的中坚力量，聚焦青年人才是应对人口负增长与老龄化社会挑战的重要抓手，它关乎着一个地区的未来发展。在中央政策的感召下，河北、江西、重庆等17个省份关注青年发展，连续多年将青年发展写入政府工作报告，贵州在2020年率先提出要建设"青年友好型成长型省份"，目前青年人才已成为全国各地重点引才对象，几乎所有省会城市都出台了专门政策，支持青年人才返乡入乡创业；长沙、武汉、郑州、贵阳等市将大学生留城行动作为服务青年人才工作的重要途径，重庆、南京出台了推进青年就业见习的相关制度文件，以务实的措施留住青年人才并支持其事业发展，青年人才在全社会的战略地位日益凸显。

3.聚焦人才团队，搭建干事创业平台

国内诸多省份和相关城市的引才政策，呈现由引进高端人才个体转向引进高端人才与人才团队并重的趋势，从而，由引进院士转向引进院士与院士团队并重，由引进科技领军人才转向引进科技人才团队、创新团队并重，人才支持计划遴选对象由人才个体转向"人才+团队"。例如，海南对"海南省优秀人才团队"的经费支持，其中40%可直接用于团队成员的奖励和补贴；苏州对顶尖人才团队、姑苏重大创新团队的项目或平台的经费支持可达1亿元，并给予全方位保障；贵阳出台了《贵阳贵安重点产业人才和重大产业项目互动招引"123"计划实施办法》，为团队搭建干事创业平台。所有

这些构成了人才引进支持政策的重要内容，各地优先支持团队发展的政策倾向愈加明显。

4. 引才端口前移，抢占引才先机

目前，各地政府部门聚焦本地需求，联合用人单位大力开设产业订单班，开展新型学徒制、实习生计划等各类人才培养项目，实施农村免费医学定向生招收计划等扶持政策，利用高校资源的前置性培养大批急需紧缺人才。清华大学与北京经开区、四川眉山天府新区、重庆江北新区等共建博士社会实践基地，北京大学与山东青岛、滨州共建硕博研究生社会实践基地，湖北襄阳与武汉理工大学、北京航空航天大学等高校共建研究生工作站，各省市奋力打造各种形式的产学研（示范）平台和基地。全国各地高校与地方政府共同推动产学研用项目、产业学院、产业研究院以及其他新型研发机构等的建设，由招引大学毕业生转向吸引在校生，将用人需求融入高校培养过程，推动引才端口前移，抢占引才先机。

5. 聚焦实绩贡献，引才支持由个体转向单位

过往的人才政策支持或激励大多直接面向人才个体，新近的人才政策支持则倾向于用人单位。深圳市引进博士（后）的生活补贴、沈阳市引进人才的薪酬补贴，以及部分省市的人才团队支持、校企合作人才培养项目补贴、创新创业平台建设补贴等，均由政府按标准发放给用人单位，再监督用人单位发放给人才个体或人才团队，扭转以往人才政策"过于关注头衔、帽子和知名度，较少关注人才对用人单位未来贡献度，资金直接补贴资助给人才主体"的倾向，提升用人单位的话语权，引才支持对象由人才个体转向用人单位已然成为新趋势。

6. 坚持以用为本，柔性引才与全职引才并举

北京、上海、山东以及成都、武汉、西安、长沙等出台了政策支持异地研发中心建设，仅贵州就推动了 5 个国家区域医疗中心落地，柔性引进医疗卫生领域 2 名领军人才、12 名拔尖人才、26 名优秀青年人才；贵阳鼓励市内用人单位"走出去"建设"人才科创飞地""离岸研发中心"，引进建设"人才产业飞地"，以用为本的引才理念进一步彰显，柔性引才与全职引才

逐渐走向融合。柔性引才将有望与全职引才并驾齐驱，成为区域聚才新引擎。

7. 聚焦事业帮扶，淡化引才经费激励

当前，人才引进与激励的方式不断拓展与完善，人才引进政策由"重经费激励"逐步向"重事业帮扶、重事业平台建设"转变。引才的主要手段不再是提供人才安家费、购房补贴，而是通过"一事一议"、支持搭建科研平台、加大科研经费资助力度、鼓励自主选择技术路径、支持自主支配科研项目经费、授权自主组建科研团队、配置科研助理等形式的事业帮扶，这逐步成为引才政策的新变化。

8. 培育市场力量，人才外包渐成潮流

近年来，全国人力资源服务业营收规模每年以超过 15% 的增速快速发展，未来有望成为国民经济的又一支柱性产业。专业化的劳务外包已成市场潮流，劳务派遣逐渐淡出市场。取而代之的是打造专业人才库，整合专业人才力量，匹配用人单位非全时、小批量、短期化、差异化、专业化的需求岗位，这种形式已成为人力资源外包服务业业务发展的新引擎。重庆、济南、苏州等地相继出台人才猎头补贴，培育专业化人力资源服务机构，支持人力资源服务机构开展专业化人才培养，引导用人单位购买专业化人才外包服务，这有望成为未来用人单位开展人才工作的重心之一。

（二）人才培养政策措施更加灵活

1. 人才培养的外延加速拓展

2020 年教育部办公厅与工业和信息化部办公厅联合印发《现代产业学院建设指南（试行）》；2021 年重庆在全国率先印发"新工科、新医科、新农科、新文科"建设和现代产业学院建设系列文件，立项建设 24 个市级示范性现代产业学院，后续全国各省市相继建设了大批现代产业学院和未来技术学院；北京、江苏、贵州出台推行企业新型学徒制的指导意见，注重培养与使用结合、培养与激励一体化、培养与评价挂钩；各地推动"人才+项目"以及绩效评价与激励机制结合、培养成果认定与岗位聘任结合等新型培养模式的构建，人才培养的外延正在加速拓展。

2. 政府支持人才培养的力度稳步加大

2020 年工业和信息化部办公厅印发了《产业人才需求预测工作实施方案（2020—2022 年）》，教育部等 5 部门提出到 2025 年要优化调整高校 20%左右学科专业布点，新设一批适应新技术、新产业、新业态、新模式的学科专业，淘汰不适应经济社会发展的学科专业。河南省、贵州省教育厅出台新增学科专业支持与预警机制；全国几乎所有中大型城市均编制或发布急需紧缺人才需求目录，政府各部门支持人才培养的力度稳步加大。

3. 高校人才培养的主体性与战略性意识不断强化

党的二十大报告将教育、科技、人才"三位一体"统筹推进，促进三者之间实现战略互动，逐步加深并实现融合；诸多省份将未来人才需求评估纳入学科专业设置与调整的必备环节，推动行业领域主管部门与用人单位参与高校学科专业的人才培养方案论证过程；清华大学、北京大学、中国科学技术大学等许多高校加大产学研合作力度，大力推动高校与企业、科研机构等开展深度合作，共建实验室、实践基地等产学研合作平台，推动教育教学、科研实践等人才培养方式与产业发展紧密结合，高校以人才培养服务经济社会发展的主体性与战略性意识逐步增强。

4. 人才培养的重点聚焦于青年人才

2023 年，中共中央办公厅、国务院办公厅印发《关于进一步加强青年科技人才培养和使用的若干措施》，国家自然科学基金、社会科学基金青年项目、博士后科学基金立项数量持续攀升，国家自然科学基金委员会增设青年学生项目，教育部推出科技小院研究生培养模式，各省科技部门对青年科技项目的支持力度持续加大。江苏省通过"园区创业行动"和"行业培优行动"培养急需紧缺的"卡脖子"技术青年人才；湖南省通过"小荷"人才专项支持计划培养和引进青年科技人才；甘肃省启动了青少年"飞天英才"计划，旨在发现和培养有科学家潜质的青少年，加快建设高质量科技创新后备人才培养体系；江苏、山东、云南、黑龙江、海南等省相继设立了青年科技奖；四川省设立了杰出青年科学技术创新奖。这体现了国家和地方

各级政府对青年人才培养支持的力度持续加大。

5. 以用为本的培养导向更加明确

近五年，国家各部委相继出台数字技术工程师、技能人才与高技能领军人才、乡村产业振兴带头人、涉外仲裁人才、碳达峰碳中和高等教育人才、新农科人才、青年科技人才、标准化人才、健康事业和健康产业人才等10多项专业领域人才培养计划、项目或方案，国家级和各省级专业技术人员继续教育基地纷纷开展服务重点产业发展的特色培训项目，教育、卫生、农业、水利等行业推动培训平台、培训师资队伍建设和培训课程开发，常态化开办各类大讲堂、专业讲座，传递专业知识，回应社会热点问题。全社会以用为本的培养导向更加明确。

6. "以赛代训" 渐成人才培养工作的主要抓手

"以赛代训" 是大规模、专业化、规范化、高效率培养行业人才的重要手段，近年来逐渐成为政府部门推进行业人才培养工作的主要抓手。以世界技能大赛、全国技能大赛为引领，全国各省份相继建成一批竞赛集训基地。教育部每年更新大学生竞赛目录，指引大学生参加创新创业大赛和学科竞赛，国家各部门和部分国家级协会也推出各行业领域技术比武与技能竞赛，江苏、浙江、广东、山东、陕西、云南等省印发了省级职业技能竞赛管理办法，上海印发了体育、职业健康、妇幼、社工等细分赛道职业技能大赛管理办法。各类人才服务主体积极承办多种创新创业大赛、装备制造业职业技能大赛、养老服务技能大赛、家政服务职业技能大赛等一系列赛事，"以赛代训" 的人才培养模式被社会各界广泛认可，已经成为政府部门推进人才培养工作的主要抓手。

7. 人才培养多元协同格局加速形成

近年来，党中央、国务院及相关部委相继出台的关于支持新型研发机构、现代产业学院、产学研用平台建设以及高技能人才队伍建设等政策文件，要求采取政府引导，协会、企业、院校积极参与，市场化运营、项目化推进、东西部协作等方式，实施一批培训重点工程，建设一批优质培训平台，树立一批特色培训品牌。要求打破部门、行业人才培养壁垒，强化用人主体之间的合作，推动各类行业协会参与人才培养标准制定、培训机构承接职业技能培训任务、高校与科研机构参与高层次人才培养、人才中介机构助力和优化人才流动与配置、专家团队参与人才培养评估与指导。一个多方参与、多元协同的人才培养格局正在加速形成。

（三）人才使用政策措施更加精准

1. 专业价值成为人才使用的基石

专业化人才与人工智能的结合带来了信息化、智能化的转型浪潮，从而进一步削减了简单性、重复性劳动岗位的人才需求。广东省、江苏省、黑龙江省、杭州市、青岛市、成都市、西安市等地相继推出了"人才贷""成果贷""研发贷""科技人才贷"相关政策，密集出台了以增加知识价值为分配导向的一系列政策，人才的社会地位得到进一步提升。于是，以开辟新赛道为导向、以风险投资基金加成的创新创业大赛，以及以专业价值为导向的人才分类评价机制改革均全面加快了人才专业化建设进程，各地对高层次人才的争夺趋向白热化，专业价值在人才使用中的中心地位进一步凸显。

2. 人才使用与人才培养的鸿沟日益弥合

在国家层面上，强调教育、科技、人才"一体化"推进，各省份引导用人单位参与高校专业人才培养方案的制定。各地大力实施的新型学徒制、订单班、定向生计划等人才培养举措，旨在促进高等教育与用人主体在人才培养和使用过程中更好地结合，着力破解"为培而培""重用轻培""有用不培"的问题，确保在人才使用和人才培养中实现技术技能与使用需求的精准匹配，实现工作任务与人才培养、贡献产出与经验积累的深度融合，缩小人才使用和人才培养的鸿沟。

3. 人才使用的体制边界逐渐模糊

国家自然科学基金委员会连续多年发布与美国、法国、韩国、日本等国进行合作研究与交流的项目，并且在江苏、浙江、重庆、贵州等多个省份设立联合基金项目，面向全球"揭榜挂帅"以服务各省份的技术攻关；2023

年以来，贵州省级层面拿出600个事业编制、河北省保定市拿出1000个事业编制、福建省福州市拿出300个事业编制为本地重点产业和重点企业招揽高层次人才，中央组织部、共青团中央自1999年起每年从中央有关单位和东部有关省市选派一批"博士服务团"赴西部服务锻炼，湖北、山西、陕西等省份从高校与科研院所中选派一批科技副职、科技副总、科技专员、科技特派员助力乡村振兴与服务产业创新发展。人才服务国家重大战略需求的跨地区、跨体制使用机制逐步畅通。许多地方鼓励事业单位科技人才离岗创业、开展技术咨询、实施创新成果转化，人才使用的体制边界逐渐模糊。

4. 用人单位对人才的支配权逐步被削弱

2019年以来，线上办公、弹性工作、灵活用工的历史进程逐渐加快，"不求所有、但求所用，不求所在、但求所为"的柔性用才与人才共享理念被用人主体逐步接受。2023年，我国灵活用工市场规模已达1.3万亿元，是2019年的两倍多，4年年均复合增长率达28.4%，市场渗透率达9.2%，灵活用工就业规模达2亿人。信息化、智能化时代催生了更加灵活多元的用工形态，人才的所有权、经营权、租赁权的权属被重新配置，人才的身份边界、单位边界、地域边界、行业或领域边界不再清晰，传统用人单位对人才的所有权、控制权和支配权逐步被削弱，人才共享共用将成为未来大趋势。

5. 贡献付酬的人才使用模式逐渐清晰

以能力、质量、实效、贡献为新导向的人才评价理念逐渐深入人心。以贡献为导向，江西省、河南省、甘肃省等地采取高薪方式招揽聘用制公务员，各级政府部门以"揭榜挂帅"项目、购买专业咨询或服务等方式，灵活使用外部人才。从劳动派遣与劳务外包业务规模的此消彼长到业务外包、项目顾问、项目聘用、周末兼职、"飞地用才"等柔性用才模式的丰富多样，彰显了用人单位正在追求以用为本、贡献至上、按市场价值付费的用人策略，人才资本权属的价值性和回报性将成为更多用人单位人才使用的主旋律。

（四）人才评价政策措施更加科学

1. "一主多元"协同评价格局更加显著

2018 年中共中央办公厅、国务院办公厅印发的《关于分类推进人才评价机制改革的指导意见》，要求保障和落实用人单位自主权，推动具备条件的高校、科研院所、医院、文化机构、大型企业、国家实验室、新型研发机构及其他人才智力密集单位自主开展评价聘用（任）工作。随后，地方相关政府部门主动削弱人才评价过程中的话语权，"谁使用、谁评价"的评价理念在人才工作实践中逐步被接纳，各地政府部门在人才计划（项目）遴选过程中，采取用人单位推荐制、名额分配制、自主评价备案制等形式，以凸显用人单位的主体地位，同时辅以协会（学会）推荐制、专家举荐制、主动纳入制等措施，推动政府部门、用人单位、专业化组织机构和专家智库等多主体在人才评价中专业互动，打造以用人单位为主导、多个评价主体参与的"一主多元"协同评价格局。

2. 评价标准由传统"四唯"向"五维"转向的趋势加快

为破除"唯论文、唯学历、唯资历、唯奖项"的传统"四唯"人才评价标准，在国家印发人才评价职称评审制度改革相关文件的引领下，各省份大力开展职称系列的评审条件修订工作，建立以品德、知识、能力、业绩和贡献为导向的"五维"人才评价标准。上海、长沙、贵阳等城市将人才的税收贡献、粉丝量、创造就业岗位、人才培养成效、社会影响力等纳入人才评价标准范围，以品德、业绩、贡献等为新导向，引导专业技术人才满足地方经济社会发展战略需求与推动重点产业发展，逐渐成为地方人才评价标准制定的新趋势。

3. 评价方式选择更加追求务实高效

国家各部委在卫生、会计、审计、经济、计算机等领域的专业技术人才职称评价中采取的"以考代评"方式，山东、江西、河南、贵州等省份在养老、护理、社会工作等官方赛事中采取的"以赛代评"方式，广东、湖南、贵州等省份在创新创业大赛中采取的"以投代评"方式，在人才计划

项目遴选过程中采取的用人单位自主评价备案制、名额分配制，在人才荣誉表彰遴选过程中推行的同行举荐制，通过信息化系统自动识别并判断的主动纳入制，通过购买专业服务的市场委托制，都充分彰显了人才评价过程中的方式选择更加追求务实高效。

4. 评价结果更具导向性、应用性、专业性、公正性

通过科研专项、人才专项、重点领域优先配置名额、战略性新兴产业降低或单列标准等方式，充分发挥人才评价结果的指挥棒效应，引导人才向经济社会发展重点领域聚集，体现导向性；将人才评价结果作为人才金融信用评价、事业扶持、荣誉激励、生活关爱等资源配置的依据，评价结果的价值被充分挖掘，彰显应用性；人才评价过程规范、严谨，评价结果决策的多方参与，评价标准事前公示与评价结果事后公示，彰显了人才评价的专业性与公正性。

（五）人才激励政策措施更加有效

1. 激励导向开始关注社会价值实现

中宣部与教育部、国家卫生健康委、民政部等国家部委连续开展"最美教师""最美乡村教师""最美医生""最美城乡社区工作者"等人才荣誉表彰评选工作，江苏省、宁夏回族自治区等地开展"最美社工"评选工作，浙江、江苏等省份将税收贡献、带动就业、人才培养成效、社会影响力等作为人才荣誉表彰的重要依据，彰显了传播职业正能量、突出服务社会的价值导向。

2. 激励主体转向"多元联动"

政府是人才激励导向的建构者和市场的补位者，用人单位是人才激励最重要的主体，人才对社会及单位的贡献成为连接政府与用人单位"二元互动"的桥梁。《党和国家功勋荣誉表彰制度》的出台，使各级政府的人才表彰激励行为得到规范，急需第三方机构与市场化力量重构人才表彰激励体系。2013年百度面向全球发起的百度奖学金、2018年腾讯主动面向全国青年科技人才发起的科学探索奖、阿里巴巴面向特定领域35岁以下青年科技

人才发起的达摩院青橙奖，以及面向科技产品的星标大奖产生了全球影响。此外，中国专利奖、中国计算机学会海外杰出贡献奖、中国法学优秀成果奖、中国美术金彩奖和民族节庆奖等诸多由协会（学会）设立的奖项也产生了广泛的行业影响。部分省份，如江苏省设立的文艺大奖、贵州省水利工程协会设立的"优秀施工项目经理""优秀设计总工程师""优秀监理人员"等奖项，均在本地区或相关行业领域产生了较强的社会影响。引导多方主体参与、实现多元联动正成为人才激励发展的新趋势。

3. 激励对象由人才个体向多方延伸

传统的激励对象主要面向人才本体，强调对个人能力和贡献的奖励与认可。随着人才激励导向逐步关注人才社会价值的实现，部分行业领域开展"最佳雇主""十佳企业"等评选，激励对象由人才个体向用人单位延伸；各级妇联开展"五好家庭""最美家庭"等评选，激励对象由人才个体向家庭维度拓展；各级政府、用人单位开展创新团队、优秀团队等评选，关注团队成员的构成与稳定性、团队建设水平与团队整体绩效，激励对象从人才个体拓展到人才团队，人才激励对象范围进一步扩大。

4. 激励类型和方式更趋丰富多样

传统激励方式虽有精神激励，但更多的是侧重物质激励，近年来，这种传统的、单一的激励方式得到了丰富。在政治激励方面，各级地方党委和政府持续推行"三会一代表"和列席政府部门重大会议制度，增强人才的归属感和荣誉感；在成长激励方面，在职称评定、职务晋级、项目支持、研习进修等方面提供机会，激发人才成长动力；在精神激励方面，针对各类型人才开展专项遴选表彰，激发人才持续发展动力。从单次激励到长期激励、从一次性奖励的短期激励到每月发放专项津贴的长期激励等，激励方式的精准性、有效性和激励效果的长期性受到关注，激励方式不断推陈出新。

5. 激励目标从"肯定过往成就"转向"期望未来贡献"

海南省实施科技专项"滚动支持"机制、陕西省出台加快推动技术转移转化人才队伍建设"八条措施"、贵阳市的"123"支持机制、当前全国

各地的"揭榜挂帅"项目及人才计划等，均是通过前置激励引导人才主动实现预期绩效目标。传统人才激励目标倾向于对过往业绩或贡献的肯定与嘉奖，是一种"往回看"的事后激励行为，而关注人才在未来的业绩与贡献，寄望人才"向前看"的激励行为正渐成潮流。

（六）人才服务政策措施更加全面

1. 人才成长与发展帮扶渐成人才服务主流导向

传统的人才服务聚焦于出行、就医、子女入学、配偶安置等人才主体生活关爱、健康关怀、家庭帮扶等领域。新的人才服务则更倾向于配置科研财务助理、搭建事业平台、链接事业发展资源、提供学习交流机会、配置高阶导师等人才成长与事业发展帮扶，如中国科协设立的"青年人才托举工程"、山东省出台的《山东省高层次人才服务专员管理办法》、江苏无锡设立人才服务专员提供一对一"保姆式"服务，从而助力人才技术研发、市场开拓、经营发展，为人才事业发展提供专业化服务。

2. 人才服务工作趋向体系化与信息化

国家出台了党委领导干部联系服务专家人才制度，从而实现了领导干部带头服务人才的牵引效应；各省完善省委联系服务专家制度，持续将国家级人才及国家部委认定的人才纳入省委联系范围；北京市、海南省、云南省通过修订"三定"方案，健全并规范行业部门人才发展与服务职责，细化各级各部门、用人单位的人才服务的职能职责，形成职责明确、分层分类、纵向联动、横向联动的人才服务职能体系；江苏省打造人才服务云平台、杭州市打造"人才会客厅"、长沙市建造一体化人才综合信息服务平台，通过信息服务平台打造跨层级、跨部门的人才服务协同机制，构建流程化、规范化、及时化与便捷化的服务响应体系，使人才服务工作走向体系化与信息化。

3. 人才服务主体趋向多元化与市场化

传统的人才服务主体主要为党委、政府人才工作部门与用人单位，而新的人才服务主体已经扩大到各级党委、政府各部门、高校、行业协会、市场化人才服务机构与用人单位，部分人才密集地区的多元主体深度参与的服务格局已经形成。同时，政府通过购买服务的方式培育市场化人才服务机构，2022 年，全国人力资源服务业为超 3 亿人次提供就业服务，营收规模达到 2.5 万亿元。以省级、市级人才集团为代表的市场化、专业化人才服务机构已开始承担人才服务的主体性工作，人才服务主体多元化格局基本形成。

4. 人才服务对象趋向扩大化与普惠化

传统的人才服务对象主要限定于高层次人才，对中低层次人才的关注度偏少。而江苏省靖江市推出人才优待"转让制"，允许人才将空置待遇和权益合理转让；重庆市、新疆喀什将高层次人才子女入学对象扩展到孙子女、外孙子女；武汉、贵阳等地将人才补贴津贴扩展到本科毕业生；江苏省南通市将人才补贴津贴扩展到专科毕业生；广东佛山、陕西西安将人才就医便捷服务对象扩展到其父母与子女；吉林省的"吉享卡""吉健卡"持卡人及其子女、配偶和双方父母可享受指定医院预约门诊和住院"绿色通道"诊疗服务，也可享受省内重点旅游景区免门票服务，还可同等享受省域内各地政府出台的人才服务优惠政策。人才服务对象呈现扩大化与普惠化，人才服务对象范围由人才本体扩大到用人单位、人才团队成员、人才家庭成员，人才服务对象范围进一步扩大。

5. 人才服务内容趋向个性化与精准化

上海市奉贤区推动"贤才驿站"在全域布点，深入推进"一驿站一专员"机制，推行"现场办、代理办、陪同办"等定制化服务；山东潍坊建立服务专员"AB"角制度，着力为高层次人才在政策解读、待遇落实等方面提供个性化、精准化服务；深圳市福田区探索"菜单式"人才政策；安顺经开区打造"菜单式"服务留才体系；贵阳市以"人才满意"为目标实施"留才工程"，体现人才服务的个性化。部分地方政府依托人才服务专员精准筛选、超前行动、主动匹配人才服务需求，以菜单式、个性化、精准化标准为人才提供贴心服务。

四　新时代、新使命、新任务

中央人才工作会议明确将加快建设世界重要人才中心和创新高地作为未来一段时期人才工作的主要目标与方向。2024年1月，习近平总书记在二十届中央政治局第十一次集体学习时指出，要深化人才工作机制创新，要按照发展新质生产力要求，畅通教育、科技、人才的良性循环；要完善人才培养、引进、使用、合理流动的工作机制；要着力培养造就战略科学家、一流科技领军人才和创新团队，着力培养造就卓越工程师、大国工匠，加强劳动者技能培训，不断提高各类人才素质；要健全要素参与收入分配机制，激发劳动、知识、技术、管理、资本和数据等生产要素活力，更好体现知识、技术、人才的市场价值，营造鼓励创新、宽容失败的良好氛围。[①] 2024年7月，党的二十届三中全会通过的《中共中央关于进一步全面深化改革　推进中国式现代化的决定》提出，教育、科技、人才是中国式现代化的基础性、战略性支撑。必须深入实施科教兴国战略、人才强国战略、创新驱动发展战略，统筹推进教育科技人才体制机制一体改革，健全新型举国体制，提升国家创新体系整体效能。要深化教育综合改革，深化科技体制改革，深化人才发展体制机制改革，实施更加积极、更加开放、更加有效的人才政策，完善人才自主培养机制，加快建设国家高水平人才高地和吸引集聚人才平台，这是新时代我国人才与人才工作者的新使命、新任务。

过去十年，是全国人才队伍量质齐升、人才国际竞争力持续攀升的十年，是坚持党委统筹、各职能部门各司其职且密切配合的人才工作宏大格局全面形成的十年，是人才发展体制机制改革破立并举、系统重构的十年，是人才发展战略上下同频共振、横向协同联动的十年，是人才创新驱动发展、人才效能大幅跃升的十年。奋进新时代，我国人才发展已经站在新的历史起

---

① 《习近平：发展新质生产力是推动高质量发展的内在要求和重要着力点》，中国政府网，2024年5月31日，https：//www.gov.cn/yaowen/liebiao/202405/content_ 6954761.htm。

点。因此，各级人才工作者与各类人才要深入学习贯彻党的二十大及系列全会精神和习近平总书记关于做好新时代人才工作的重要思想，牢记嘱托，准确把握人才发展的新形势、新任务、新特点、新趋势，强化"人才引领发展"理念。坚持把人才工作摆在突出位置，与高质量教育、高水平科研、产业发展和区域重点建设相结合。坚持真心爱才、悉心育才、倾心引才、精心用才、暖心留才，不断完善人才工作体制机制，优化人才政策体系，奋力推进人才大汇聚，以人才发展驱动新质生产力服务高质量发展。坚持推进科教兴国战略、人才强国战略、创新驱动发展战略，统筹推进教育、科技、人才体制机制一体化改革，提升国家创新体系整体效能，为谱写全面建设社会主义现代化国家新篇章贡献智慧力量。

竞 争 力 篇

B.2
世界区域人才竞争力的
中国定位（2023）

桂乐政　郑金连　桂昭明*

摘　要：　本报告在构建世界区域人才竞争力评价指标体系的基础上，采用国际通用的权威数据库数据，对全球主要国家人才竞争力水平进行评价，明确中国人才竞争力水平在全球中的定位，并深入分析中国人才竞争力的优势与短板。研究发现：中国在人才规模方面具有明显优势，但在人才质量、人才效能方面存在短板。本报告还讨论了中国的人才环境和人才投入，并提出了相应的策略建议，以促进中国人才竞争力的提升。

关键词：　人才竞争力　世界　中国　区域

---

* 桂乐政，武汉轻工大学经济管理学院副教授，中国人才研究会人才学专业委员会理事，主要研究方向为人力资源管理及技术经济管理；郑金连，中国全球化智库（Center for China & Globalization, CCG）副主任，博士，主要研究方向为人力资源管理及全球化；桂昭明，武汉工程大学原党委副书记、副校长（正厅级），二级教授，博士生导师，中国人才研究会学术委员会副主任，主要研究方向为人力资源管理及人才学。

习近平总书记于 2022 年 10 月 16 日在中国共产党第二十次全国代表大会开幕会上代表第十九届中央委员会向党的二十大所作的报告中强调：必须坚持科技是第一生产力、人才是第一资源、创新是第一动力，深入实施科教兴国战略、人才强国战略、创新驱动发展战略；完善人才战略布局，加快建设世界重要人才中心和创新高地，着力形成人才国际竞争的比较优势，把各方面优秀人才集聚到党和人民事业中来。[①]

国以才立，政以才治，业以才兴，人才是强国富民的关键，这已在理论上被人们接受，在实践中被历史反复证明。当今世界，谁拥有大批高素质、高水平的专业技术人才，谁拥有众多的具有战略眼光、富有开拓精神的企业家，谁拥有高效率的国家公务员队伍和高水平的行政管理专家，谁能充分开发并有效利用这些人才资源，谁就能在国际竞争中立于不败之地，就能进入世界人才经济强国行列。因此，建设人才强国是建设经济强国的先导，以人才强国是实现经济强国的必然路径。

我国是世界上的人口大国和人力资源大国，同时是人才资源大国之一。为了评价现在世界各国人才竞争力水平，明确中国人才竞争力水平在全球中的定位，我们就此进行了专题研究。

国家人才竞争力是以国家为一个主体单元，评价其在国际社会经济发展的背景下、在人才流动与竞争的环境中，吸引、保留和用好人才的能力。

本评价选择包括中国在内的世界上 38 个国家，包括 8 个主要工业国（G8）、19 个国际经济合作国家（G20 国家，"欧盟"虽属 G20，但作为一个国际组织包含了 27 个国家，且与 G8、G20 中的国家有重复，故未纳入评价），大多是人口超过 1000 万人且人均 GDP 超过 1 万美元的国家（少数 G20 国家人均 GDP 不足 1 万美元），少量人口不足 1000 万人但超过或接近 500 万人且人均 GDP 为 4 万~9 万美元的发达国家（高收入国家）。38 个

[①] 《习近平：高举中国特色社会主义伟大旗帜 为全面建设社会主义现代化国家而团结奋斗——在中国共产党第二十次全国代表大会上的报告》，中国政府网，2022 年 10 月 25 日，https：//www. gov. cn/xinwen/2022-10/25/content_ 5721685. htm。

国家2021年的人口和GDP分别占全世界的62.82%和88.72%。因此，本评价具有代表性。

本报告首先按照简约、可预测和国际可比的原则，建立"世界区域人才竞争力评价指标体系"，然后运用该指标体系对全球主要国家人才竞争力水平进行评价，明确中国人才竞争力水平在全球中的定位，并简析中国人才竞争力的优势与短板。

一 世界区域人才竞争力评价指标体系的构建

本报告建立的"世界区域人才竞争力评价指标体系"涵盖了人才规模、人才质量、人才环境、人才投入和人才效能5项一级指标，14项二级指标。

人才规模是衡量不同国家高层次人才资源在数量方面的状况、显示绝对数量差距的主要指标，反映不同类型高层次人才资源的绝对数量，体现了人才的规模效应。在人才规模方面，包括"受过高等教育的适龄劳动力人口数（万人）""科学研究人员数（万人）"等2项二级指标。

人才质量是衡量不同国家高层次人才资源在质量方面的优劣、显示相对数量差距的主要指标。在人才质量方面，包括"每万劳动力中受过高等教育的人数（人/万劳动力）"和"每百万就业人员中科学研究人员数（人/百万就业人员）"等2项二级指标。

人才环境是衡量不同国家高层次人才资源在生活、工作环境方面的优劣、显示环境差距的主要指标。在人才环境方面，包括"空气中不足2.5微米的颗粒物含量（微克/立方米）""人均二氧化碳排放量（吨/人）""世界企业500强（评分）""世界大学1000强（评分）"等4项二级指标。

人才投入是衡量不同国家在人才保障、人才潜能方面的优劣、显示人才竞争力后劲的主要指标。在人才投入方面，包括反映、衡量不同国家为提高国民整体素质，培养潜在人才资源所进行财政性教育经费支出的力度和水平，显示国家在人才资源发展方面的战略高度和政策支持力度的指标"公共教育经费支出占本国国内生产总值比重（%）"，反映、衡量不同国家为建设创新型国家，提升人才自主创新能力所进行财政性研发经费支出的力度和水平，显示国家在人才科技创新与发展方面的战略高度和政策支持力度的指标"研究与开发经费支出占本国国内生产总值比重（%）"，以及为提升国民体能素质、为人才队伍提供良好的医疗卫生服务和健康保健的医疗卫生投入指标"医疗卫生支出占本国国内生产总值的比重（%）"等3项二级指标。

人才效能是衡量不同国家在人才使用、人才产出方面的优劣、显示人才发展成效的主要指标。在人才效能方面，包括反映不同国家人才对经济增长做出的贡献的指标"劳动生产率（美元/就业者）"，反映人才在科技创新方面的成效、衡量不同国家人才科技创新实力和水平的指标"劳动力人均有效专利数量（件/万劳动力）"，以及反映人才资源的使用状况和作用发挥的程度，直接衡量不同国家使用人才的效果，间接衡量该国人才政策、环境对人才不同影响的指标"中高技术制造业增加值占制造业增加值的比重（%）"等3项二级指标。

依据《国际统计年鉴（2022）》、世界银行数据库2022年数据、世界知识产权组织数据库2022年数据、联合国国际劳工组织数据库2022年数据、经济合作与发展组织数据库2022年数据、2020年《财富》世界500强企业榜单、2020年QS世界大学1000强榜单和相关数据进行测算（14项人才竞争力二级指标指数采用"类比法"计算），得到2021年上述38个国家在人才竞争力总体水平方面的国际定位，以及人才规模、人才质量、人才环境、人才投入和人才效能5项一级指标的国际比较结果。

本报告采用层次分析法（AHP）对"世界区域人才竞争力评价指标体系"的各指标权重进行确定（见表1）。

表 1 世界区域人才竞争力评价指标体系

一级指标	一级指标权重	二级指标	代码	二级指标权重
人才规模	0.16	受过高等教育的适龄劳动力人口数(万人)	GM1	0.07
		科学研究人员数(万人)	GM2	0.09
人才质量	0.20	每万劳动力中受过高等教育的人数(人/万劳动力)	ZL1	0.10
		每百万就业人员中科学研究人员数(人/百万就业人员)	ZL2	0.10
人才环境	0.20	空气中不足 2.5 微米的颗粒物含量(微克/立方米)	HJ1	0.03
		人均二氧化碳排放量(吨/人)	HJ2	0.04
		世界企业 500 强(评分)	HJ3	0.07
		世界大学 1000 强(评分)	HJ4	0.06
人才投入	0.21	公共教育经费支出占本国国内生产总值比重(%)	TR1	0.10
		研究与开发经费支出占本国国内生产总值比重(%)	TR2	0.06
		医疗卫生支出占本国国内生产总值的比重(%)	TR3	0.05
人才效能	0.23	劳动生产率(美元/就业者)	XN1	0.10
		劳动力人均有效专利数量(件/万劳动力)	XN2	0.05
		中高技术制造业增加值占制造业增加值的比重(%)	XN3	0.08

二 世界主要国家人才竞争力评价

依据相关数据进行测算,得到 2021 年上述 38 个国家在人才竞争力总体水平的国际定位,以及人才规模、人才质量、人才环境、人才投入和人才效能 5 项一级指标的国际比较结果。

38 个国家的世界区域人才竞争力指数旗鼓相当：美国大幅度领先，韩国紧随其后，丹麦、新加坡、日本奋起直追；英国、以色列、中国、瑞典的指数值都在 45 这个标杆之上。在指数靠前的国家中，欧美国家有 5 个，亚洲国家有 5 个，说明世界人才的中心从欧美向亚洲扩散。

瑞士、德国、芬兰、比利时、爱尔兰、法国、挪威、荷兰等 8 个欧洲国家属第二梯队，竞争力指数值在 40~44；奥地利、澳大利亚、加拿大、西班牙、新西兰、俄罗斯、葡萄牙、意大利等 8 国属第三梯队，竞争力指数值在 31~39；巴西、沙特阿拉伯、希腊、波兰、捷克、马来西亚、印度、阿根廷等 8 国属第四梯队，竞争力指数值在 25~30；智利、墨西哥、土耳其、南非、印度尼西亚的竞争力指数值在 19~25。后三个梯队中彼此之间相差不大。但是，美国和印度尼西亚的世界区域人才竞争力指数值有 2 倍半之差（见表 2）。

表 2　38 国世界区域人才竞争力指数（总体水平）定位

国家	竞争力指数值	国家	竞争力指数值
美国	68.038	荷兰	40.414
韩国	50.849	奥地利	38.930
丹麦	48.395	澳大利亚	37.262
新加坡	47.321	加拿大	36.789
日本	47.278	西班牙	34.560
英国	45.838	新西兰	33.536
以色列	45.697	俄罗斯	32.479
中国	45.543	葡萄牙	31.702
瑞典	45.027	意大利	31.194
瑞士	43.924	巴西	29.824
德国	42.921	沙特阿拉伯	29.028
芬兰	42.851	希腊	28.846
比利时	41.678	波兰	27.170
爱尔兰	41.565	捷克	27.106
法国	41.441	马来西亚	26.908
挪威	40.423	印度	26.327

续表

国家	竞争力指数值	国家	竞争力指数值
阿根廷	25.140	土耳其	23.228
智利	24.446	南非	21.030
墨西哥	24.123	印度尼西亚	19.736

资料来源：世界银行数据库 2022 年数据。

  38 国世界区域人才竞争力评价指标体系 5 项一级指标的国际定位如表 3 所示。

表 3　38 国世界区域人才竞争力评价指标体系 5 项一级指标的国际定位

人才规模		人才质量		人才环境		人才投入		人才效能	
16.00	中　国	17.00	新加坡	16.04	美　国	16.63	丹　麦	18.53	新加坡
11.86	美　国	16.01	韩　国	12.68	中　国	15.62	瑞　典	15.15	爱尔兰
6.67	印　度	14.58	以色列	9.95	英　国	14.92	以色列	14.20	美　国
5.23	日　本	14.37	加拿大	8.35	日　本	14.36	美　国	14.20	韩　国
4.55	俄罗斯	13.35	丹　麦	8.30	法　国	14.00	芬　兰	14.07	瑞　士
3.13	韩　国	13.31	爱尔兰	8.04	德　国	13.78	比利时	12.09	丹　麦
2.89	德　国	12.99	英　国	7.35	巴　西	12.99	挪　威	11.99	日　本
2.76	英　国	12.77	芬　兰	7.17	瑞　士	12.56	奥地利	11.19	挪　威
2.41	巴　西	11.69	荷　兰	6.95	瑞　典	12.55	德　国	11.00	德　国
2.03	法　国	11.57	美　国	6.94	西班牙	12.55	瑞　士	10.93	瑞　典
1.81	加拿大	11.40	比利时	6.78	印度尼西亚	12.48	韩　国	10.74	比利时
1.78	印度尼西亚	11.05	瑞　典	6.75	意大利	12.14	澳大利亚	10.67	奥地利
1.36	西班牙	11.02	日　本	6.47	阿根廷	12.08	法　国	10.44	荷　兰
1.21	土耳其	10.93	俄罗斯	6.39	墨西哥	11.37	荷　兰	10.39	以色列
1.06	墨西哥	10.70	希　腊	6.27	葡萄牙	11.36	新西兰	10.35	法　国
1.04	意大利	10.45	葡萄牙	6.17	荷　兰	11.20	巴　西	10.24	芬　兰
0.97	澳大利亚	10.34	挪　威	6.02	丹　麦	10.97	英　国	9.60	澳大利亚

人才规模		人才质量		人才环境		人才投入		人才效能	
0.95	沙特阿拉伯	10.27	沙特阿拉伯	5.99	新西兰	10.69	日本	9.34	加拿大
0.92	波兰	10.24	西班牙	5.93	智利	10.02	沙特阿拉伯	9.17	英国
0.75	荷兰	10.00	澳大利亚	5.67	挪威	9.78	南非	8.80	意大利
0.69	马来西亚	9.83	瑞士	5.60	爱尔兰	9.65	葡萄牙	7.47	捷克
0.56	以色列	9.82	奥地利	5.58	马来西亚	9.12	智利	7.28	西班牙
0.49	瑞典	9.23	新西兰	5.58	芬兰	8.86	捷克	6.90	沙特阿拉伯
0.42	阿根廷	8.67	法国	5.57	奥地利	8.75	西班牙	6.76	新西兰
0.41	比利时	8.45	德国	5.56	希腊	8.73	阿根廷	5.90	马来西亚
0.37	葡萄牙	7.82	波兰	5.35	比利时	8.68	意大利	5.64	中国
0.32	奥地利	7.77	马来西亚	5.24	以色列	8.39	波兰	5.50	墨西哥
0.31	希腊	7.10	土耳其	5.14	印度	8.02	中国	5.16	波兰
0.31	瑞士	5.93	意大利	5.12	俄罗斯	7.96	俄罗斯	4.97	葡萄牙
0.31	丹麦	5.88	捷克	5.07	土耳其	7.79	希腊	4.66	土耳其
0.30	新加坡	5.39	智利	5.03	韩国	7.31	爱尔兰	4.53	阿根廷
0.28	南非	4.99	阿根廷	4.97	新加坡	6.96	马来西亚	4.48	希腊
0.26	捷克	4.58	巴西	4.93	南非	6.91	墨西哥	4.30	印度
0.26	芬兰	4.27	墨西哥	4.88	波兰	6.80	加拿大	4.28	巴西
0.23	挪威	3.50	印度	4.63	捷克	6.73	印度	4.00	印度尼西亚
0.22	智利	3.20	中国	4.55	澳大利亚	6.52	新加坡	3.92	俄罗斯
0.20	爱尔兰	2.99	印度尼西亚	4.47	加拿大	5.19	土耳其	3.79	智利
0.20	新西兰	2.53	南非	0.89	沙特阿拉伯	4.18	印度尼西亚	3.51	南非

资料来源：世界银行数据库 2022 年数据。

在人才规模方面，中国和美国靠前，印度、日本、俄罗斯紧随其后。其中，中国的人才规模指数值是德国、英国、法国 3 个工业大国之和的 2 倍多，中国和美国在人才规模上具有明显的竞争优势（见图 1）。

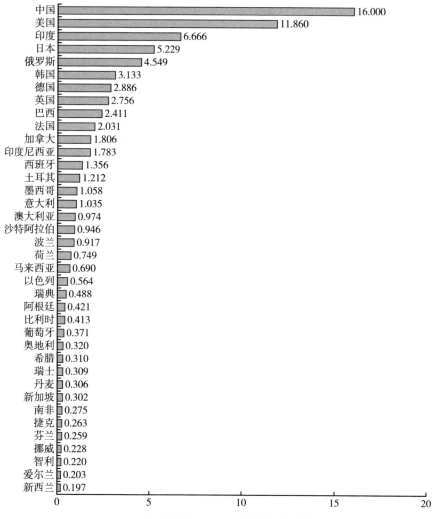

图 1　38 国世界区域人才规模指数的国际定位

资料来源：世界银行数据库 2022 年数据。

在人才质量方面，新加坡靠前，韩国紧随其后，以色列、加拿大、丹麦、爱尔兰、英国、芬兰等 6 国表现不俗。印度、中国、印度尼西亚、南非等发展中国家在人才质量上显示了暂时的弱势（见图 2）。

在人才环境方面，美国靠前，中国紧随其后；英国、日本、法国、德国、

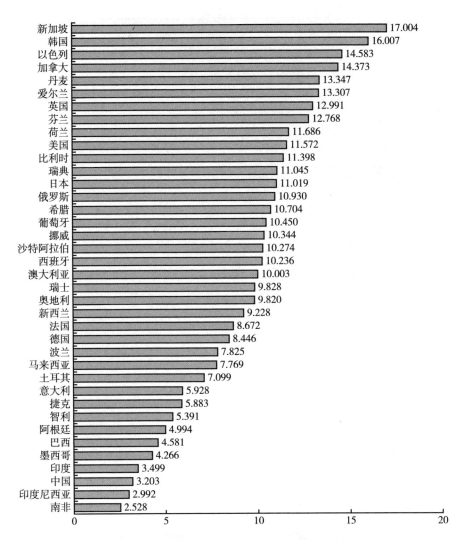

图2　38国世界区域人才质量指数的国际定位

资料来源：世界银行数据库2022年数据。

巴西、瑞士等6国为第二梯队，瑞典、西班牙、印度尼西亚、意大利、阿根廷、墨西哥、葡萄牙、荷兰、丹麦等9国为第三梯队，新西兰、智利、挪威、爱尔兰、马来西亚、芬兰、奥地利、希腊、比利时、以色列、印度、俄罗斯、土耳其、韩国等14国为第四梯队，沙特阿拉伯处于弱势地位（见图3）。

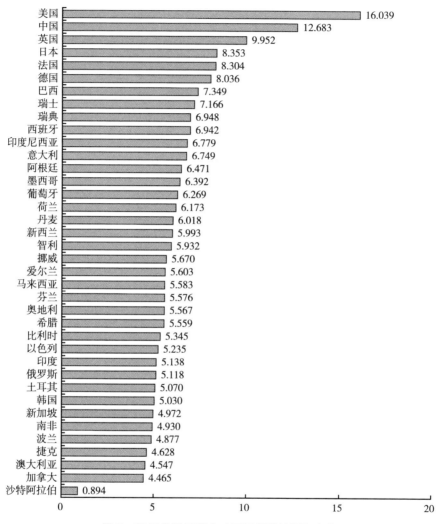

图3　38国世界区域人才环境指数的国际定位

资料来源：世界银行数据库 2022 年数据。

　　在人才投入方面，丹麦、瑞典差距较小，以色列、美国、芬兰、比利时紧随其后，挪威、奥地利、瑞士、德国、韩国、澳大利亚、法国等 7 国居于第二梯队，荷兰、新西兰、巴西、英国、日本、沙特阿拉伯等 6 国居于第三梯队。中国、俄罗斯等国虽然与指数值靠前的国家有不小差距，但与其他发达国家的差距不大，在人才投入上显示出后发优势。印度尼西亚的人才投入指数值只有丹麦的1/4（见图4）。

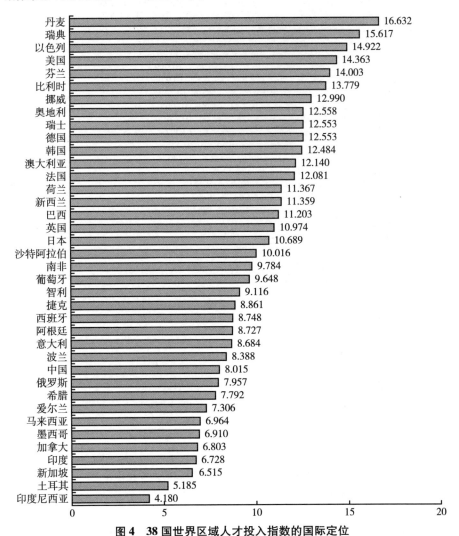

图4　38国世界区域人才投入指数的国际定位

资料来源：世界银行数据库2022年数据。

在人才效能方面，新加坡靠前，爱尔兰紧随其后，美国、韩国、瑞士颇显实力，丹麦、日本、挪威也表现不俗。俄罗斯、智利、南非等3国处于弱势地位（见图5）。

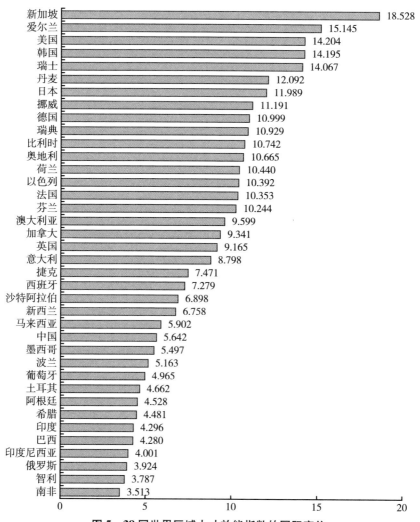

图5 38国世界区域人才效能指数的国际定位

资料来源：世界银行数据库2022年数据。

三 中国人才竞争力的现状

（一）人才规模

在人才规模方面，中国优势较为明显，其人才规模指数靠前，指数值比美国多 4.14。根据二级指标的数据，中国受过高等教育的适龄劳动力人口数和科学研究人员数均居世界前列。具体来看，在受过高等教育的适龄劳动力人口数方面，中国的绝对值比较靠前，这反映了中国在高等教育普及和人才培养方面取得的巨大成就。在科学研究人员数方面，中国同样表现突出，显示出中国在科研人才储备方面的强大实力。

（二）人才质量

中国在人才质量方面的表现稍显不足，人才质量指数值仅为 3.20，这显示了中国在人才质量方面存在短板。根据二级指标的数据可知，中国在每万劳动力中受过高等教育的人数和每百万就业人员中科学研究人员数方面与发达国家存在一定的差距，中国本身高层次人才比较匮乏，同时中国人口规模大，采用人均数据导致相对值较小，进而影响了人才质量指数值。虽然中国在人才规模上具有优势，但这一优势并没有直接转化为人才质量上的优势，中国面临的挑战是如何将庞大的人才规模优势转化为人才质量优势。因此，中国需要在以下几个方面做出努力：一是加强基础教育，提高基础教育质量，为高等教育与科技创新打下坚实的知识基础；二是优化高等教育，改革高等教育体系，提高教育质量，培养更多具有创新精神和实践能力的人才；三是加大科研投入，提高科研人员的待遇，吸引更多优秀人才从事科研工作。

（三）人才环境

中国在人才环境方面居于前列，指数值为 12.68。这表明中国注重高层次人才资源在生活、工作环境方面的优化，特别是在打造高层次人才的工作平台、优化高层次人才的生活环境方面有了长足的进步。要想进一步改善人才环境，中国还需在以下几个方面进行持续的改进：一是改善生活环境，通过改善空气质量、提供更好的公共服务等措施，提高人才的生活质量；二是优化工作环境，通过提供更好的工作条件、加强知识产权保护等措施，提高人才

的工作满意度;三是提供发展平台,通过建立体系化的创新平台和创业孵化器,为人才提供立体化的发展机会。

(四)人才投入

在人才投入方面,中国的指数值为 8.02。虽然与丹麦、瑞典等国家有不小的差距,但与其他发达国家的差距并不大,在人才投入上显示了后发优势。这表明中国在教育和研发方面的投入具有良好基础。为了提升人才投入的效益,中国需要优化教育资源配置,加大研发投入,促进教育科技人才一体化发展,并为人才提供更好的生活关爱与医疗卫生服务,以支持人才的全面发展。

(五)人才效能

在人才效能方面,中国的指数值为 5.64,说明中国在人才使用方面存在体制机制方面的藩篱,也间接说明了中国在深化人才发展体制机制改革方面还任重道远。因此,要深化人才发展体制机制改革,优化人才资源市场化配置,通过培训、继续教育、在干中学等方式给人才赋能,通过评价机制改革激发人才的创新活力,进而提升人才效能。

优势与劣势并存,机遇与挑战同在。上述分析表明,中国在全球人才竞争力中的优势和劣势并存。因此,推进教育科技人才一体化发展,深化人才发展体制机制改革,持续加大人才投入,全面提升人才效能,改善人才发展环境,将有助于中国进一步提升其全球人才竞争力水平,实现从人才大国向人才强国的转变,并在全球人才竞争中占据更有利的位置。

参考文献

[1]〔美〕迈克尔·波特:《竞争优势》,陈小悦译,华夏出版社,1997。
[2]中共中央组织部等编《论人才——重要论述摘编》,党建读物出版社、中央文

献出版社，2012。

［3］ 中央人才工作协调小组办公室、中共中央组织部人才工作局编著《国家人才发展规划专题研究报告》，党建读物出版社，2011。

［4］ 《深入实施新时代人才强国战略，加快建设世界重要人才中心和创新高地》，《求是》2021年第24期。

［5］ 《党的二十大举行预备会议和主席团第一次会议》，人民网，2022年10月16日，http：//cpc. people. com. cn/GB/64162/435107/index. html？date＝20221016。

B.3
中国国际化人才的国际沟通素养状况分析

中国国际化人才培养白皮书课题组*

摘　要： 本报告以国际化人才的"国际沟通素养"为焦点，基于文献及对专家学者和青年代表的访谈，提出了国际沟通素养框架。该框架由情感内核、认知基础、行为要素三个层次组成，体现了国际沟通素养内在的丰富性。为进一步了解中国国际化人才的国际沟通素养发展情况，本报告选择ETS旗下托福和GRE两大英语标准化测试成绩作为衡量指标，经分析发现，中国考生相关的平均成绩与十余年前相比有了较大提升，已接近或超过全球考生的平均成绩，但在有效表达相关指标上还有较大的提升空间。同时，结合相关文献和专家访谈，对国际沟通素养培养的方向进行了总结，就提升中国国际化人才的国际沟通素养提出了相关建议。

关键词： 国际化人才　国际沟通素养　中国

一　国际化人才培养的时代背景

自2010年《国家中长期教育改革和发展规划纲要（2010—2020年）》提出培养"国际化人才"至今已逾十三年，其间，中国的发展举世瞩目，国际

---

　* 课题组成员包括：郑金连，博士，全球化智库（CCG）副主任，研究总监，高级研究员，主要研究方向为国际人才、智库研究、科技创新；苗绿，博士，全球化智库（CCG）联合创始人、副主任兼秘书长，研究员，主要研究方向为人才国际化、教育国际化、国际合作；曲梅，全球化智库（CCG）兼职副研究员，主要研究方向为来华留学、国际学校、留学发展；王梦妍，ETS中国区总裁，主要研究方向为国际化人才；赖苏闽，ETS中国区客户关系总监，主要研究方向为国际化人才；等等。

化人才培养环境日新月异。近几年，百年未有之大变局加速演进，世界进入"新的动荡变革期"，① 宏观环境的变化对国际化人才培养提出了新的要求。

（一）全球化转型需要加强国际沟通合作

"全球化"可理解为一种"全球范围内展现的全方位的沟通、联系、相互影响的历史进程与趋势"②。这种全方位的沟通、联系与相互影响，使全球化颇具韧性。尽管新冠疫情给全球化带来巨大冲击，但是很多领域表现出强韧的连通性。在贸易与投资方面，2022 年全球贸易达到 32 万亿美元，其中货物贸易总额约 25 万亿美元，较 2021 年增长 10%；2021 年全球对外直接投资达 1.58 万亿美元，较 2020 年增长 64%。

在人员流动方面，2020 年，全球国际移民人数达 2.81 亿人，占世界人口总数的 3.6%，比 2000 年增长 62%，人员流动程度大幅提高（见图 1）。根据联合国教科文组织（UNESCO）的统计与预测，全球学生跨国流动人数从 2000 年的 208.8 万人增加到 2020 年的 636.2 万人（见图 2）。

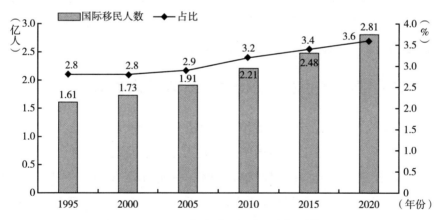

图 1　1995~2020 年全球国际移民人数及其占比

资料来源：International Organization for Migration, World Migration Report 2022。

---

① 《习近平在庆祝中国国际贸易促进委员会建会 70 周年大会暨全球贸易投资促进峰会上发表视频致辞》，《人民日报》2022 年 5 月 19 日，第 1 版。

② 蔡拓：《全球化与当代世界》，《南开学报》（哲学社会科学版）1999 年第 6 期。

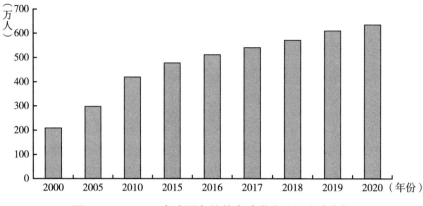

图2 2000~2020年主要年份的全球学生跨国流动人数

资料来源：UNESCO，Number and Rates of International Mobile Students。

面对一系列全球性危机，全球化转型从未像今天这样迫切。这些问题的解决必须依靠广泛的国际沟通与合作。2021年11月，联合国教科文组织发布名为《一起重新构想我们的未来：为教育打造新的社会契约》的报告，这是该组织20世纪70年代以来发布的第三份报告，突出对全球性危机的关切，呼吁培养更多能够"团结协作""理解我们之间的相互依存关系""关怀彼此与地球"的人，共同创造可持续的未来。①

（二）中国高水平对外开放要求加强国际化人才培养

党的十八大以来，中国坚定推进高水平对外开放，构建全面开放新格局。然而，当前中国在各领域面临国际化人才短缺问题。2021年，中国籍职员在联合国秘书处占比仅为1.59%，远低于美国（6.84%）、法国（3.91%）等国，与中国世界第二经济体、联合国安理会常任理事国及第二大会费缴纳国的地位不相符。目前，中国已成为全球最大的留学生生源国，日益增长的留学需求促使国人愈加重视提高国际沟通素养。

---

① 《一起重新构想我们的未来：为教育打造新的社会契约》，教育科学出版社，2022，第12页。

二 中国国际沟通素养框架

《国家中长期教育改革和发展规划纲要（2010—2020 年）》强调了国际化人才需具备全球视野、掌握国际规则并能参与国际事务及竞争。2022 年 8 月发布的《"十四五"文化发展规划》进一步明确要深化中外文明交流互鉴，并采取了一系列举措，如推动多元化人文交流活动的开展、搭建开放包容的文明对话平台等。随着对外开放程度加深，国际人文交流的重要性日益凸显，"国际沟通"成为国际化人才不可或缺的一项关键素养。

（一）国际沟通素养的相关概念及框架

关于"素养"一词的含义，学界暂无共识。英语中的"competencies""skill""literacy"都曾被译为素养，但综合来看，素养并非单一的技能或知识，而是一种"关键能力、必备品格和价值观念的整合"，且"强调从'表达输出'的角度刻画学习者所应具有的行为表现"。[①]

与国际沟通素养相关的概念是跨文化沟通素养。在跨文化沟通中，"文化"的指代多元，并不单指"国家"。而"国际沟通"指的是人才参与国与国之间的沟通。当前，国家之间的沟通仍然是解决国际问题的主要途径。不过，跨文化沟通的一些基本思想十分值得借鉴。目前比较常用且被很多研究者认可并采纳的是斯皮伯格（B. H. Spitzberg）和库帕克（W. R. Cupach）的模型，在该模型中，跨文化沟通能力被分成认知、情感、行为三个维度。[②] 认知维度是指人们关注什么样的行为与情境最匹配，包括对他人的信息、沟通规则、背景等的认知；情感维度是指那些与跨文化沟通过程相关的情感、意愿、需要和内驱力；行为维度则是指在特定情境下表现出得体且有效行为的能力。借鉴斯皮伯格和库帕克的模型、"素养"相关研究及被访专

---

① 魏锐等：《"21 世纪核心素养 5C 模型"研究设计》，《华东师范大学学报》（教育科学版）2020 年第 2 期。

② Spitzberg, B. H., Cupach, W. R., *An Examination of Trait Measures of Interpersonal Competence* (Beverly Hills, CA, US：Sage Publications, 1984).

家观点，本报告将国际化人才的国际沟通素养框架分为三个层次：情感内核、认知基础和行为要素（见图3）。

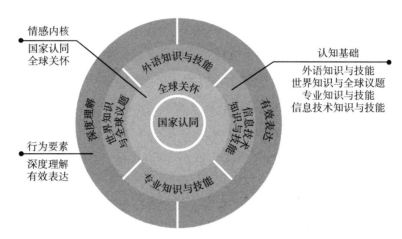

图3　国际化人才的国际沟通素养框架

（二）国际沟通素养的情感内核

情感内核是国际化人才的国际沟通素养培养的基础与前提，包含了国家认同、全球关怀两个重要层面。

1. 国家认同

国家认同是个体内心深处对自己所属国家的认同感，中国有着独特的发展经验，对中国的认同感有助于人们找到自身文化身份、提升全球胜任力。[1] 在国际沟通中，国际化人才经常会受到多元文化的冲击，并在连接中外的过程中，强化国家认同和文化认同。[2]

数据显示，中国国际化人才普遍具备强烈的国家归属感，对本国历史文化有深厚的感情与感到自豪。在一项留美中国大学生国家认同调查研究中，

---

[1] 滕珺：《重构新现代课程：中国国际学校创新实践年度报告（2019）》，上海教育出版社，2020，第129~130页。

[2] 张华英：《人才国际化与国际化人才的培养》，《福建农林大学学报》（哲学社会科学版）2003年第4期。

159 名留美学生中有 76.1% 认为在海外作为中国公民有较强的自豪感；72.3% 的学生表示民族自豪感进一步增强；91.8% 的学生对中华文化身份有较强的认同感，并对中国的传统节日、语言文字有着鲜明的认同意识。①

2. 全球关怀

"全球关怀"首先意味着"全球视野"。国际化人才要尊重世界多元文化的多样性与差异性，② 并对他人的看法与世界观表现出自我的理解与欣赏能力，③ 拥有跨文化同理心和批判性的文化意识，④ 突破地域与文化的局限性，化解文化冲突与打破刻板印象⑤。

"全球关怀"相对于"全球视野"更体现了"人类命运共同体"的全球价值观。中国国际人才专业委员会副会长、美资 DXC 科技有限公司大中华地区原总裁刘宏表示，"国际化人才不应只从中国角度看世界，还要能够'从世界的角度看世界'，即从世界的角度理解问题、看待他者"。⑥ 因此，国际化人才需在立足"国家公民"的基础之上，意识到自身作为"世界公民"的身份，重新树立一种具有世界胸怀的共同体意识。⑦

（三）国际沟通素养的认知基础

"认知"并不等于知识，还可以包括指向行动的"技能"。本报告发现，国际沟通除了需要以情感为支撑，还需要以外语知识与技能、世界知识与全球议题、专业知识与技能，以及信息技术知识与技能为基础。

---

① 马文琴等：《留美中国大学生国家认同调查研究》，《对外传播》2022 年第 8 期。
② 核心素养研究课题组：《中国学生发展核心素养》，《中国教育学刊》2016 年第 10 期；陈刚：《全球视野的人文关怀——建设持久和平与共同繁荣的和谐世界》，《世界经济与政治论坛》2007 年第 2 期。
③ 姜锋：《培养具有全球视野和世界眼光的高层次国际化人才》，《中国高等教育》2020 年第 21 期。
④ 刘莉、代显华：《加强外语实验室建设促进国际化人才培养》，《实验室研究与探索》2021 年第 4 期。
⑤ 戚德祥：《基于提升国际竞争力的出版企业国际化人才培养》，《中国编辑》2019 年第 11 期。
⑥ 本课题组对中国国际人才专业委员会副会长、美资 DXC 科技有限公司大中华地区原总裁刘宏先生的访谈记录，2022 年 8 月 12 日。
⑦ 冯建军：《全球公民社会与全球公民教育》，《高等教育研究》2014 年第 3 期。

1. 外语知识与技能

良好的外语基本功是国际化人才的能力基础。[①]

虽然不同行业对于英语能力的要求不同，对外交流对于谋求更大发展而言必不可少。外语是理解、交流与传播国际文化的根本。政治和社会学家李普塞特认为，"只了解一个国家的人，实际上一个国家也不了解"。对外国的了解能反过来增进对本国的认知。

当今世界大约有7000多种语言，但世界上2/3的人口[②]使用着占全部语言不到2‰的12种语言[③]。其中，汉语、英语、法语、俄语、阿拉伯语与西班牙语被称为世界通用语言，并被用作联合国官方语言。不过，就目前的形势来看，英语的地位在很长一段时间内会保持不变。[④]

随着"一带一路"建设的深入推进，对于中国国际化人才而言，除英语以外的其他语言也变得越来越重要。有学者根据"一带一路"主要经济热点地区经贸数据和前景展望，提出葡萄牙语等12种语言尤其值得重视，需加强相关外语人才的培养。[⑤]

2. 世界知识与全球议题

世界知识与全球议题指的是要"了解世界历史、地理、经济与社会发展的知识，理解不同国家的政治和文化差异，关注环境、能源、健康、安全等全球议题，理解人类相互依存、共同发展的重要意义"[⑥]。

第一，要尽量丰富、全面、深入了解不同国家的历史、文化和政治制度。周小明在访谈中指出："外交官要想把文章写好，知识面一定要宽。学校在培养时，并不是英语要学到精通文学的程度，而是要尽量拓宽知识面，学习法

[①] 庄智象等：《探索适应国际化创新型外语人才培养的教学管理模式》，《外语界》2012年第5期。

[②] 注：将双语者或者有第二母语者也考虑在内。

[③] 12种语言，即汉语、印地—乌尔都语、英语、阿拉伯语、西班牙语、俄语、孟加拉语、葡萄牙语、德语、日语、法语、意大利语。资料来源：王春辉《当代世界的语言格局》，《语言战略研究》2016年第4期。

[④] 王春辉：《当代世界的语言格局》，《语言战略研究》2016年第4期。

[⑤] 冶慧颖：《"一带一路"建设下的外语人才培养规划探究》，《中国教育学刊》2020年第8期。

[⑥] "全球胜任力：为走向世界做准备"，清华大学学生全球胜任力发展指导中心网站，http://goglobal. tsinghua. edu. cn/competence。

律、数学、计算机、科学、语言、体育、宗教等领域最基本的知识。"①

第二，要懂得国际惯例、国际规则和外事礼仪等知识。中国国际化人才战略实施时间短，在熟悉并参与国际事务，以及在国际组织任职方面的能力较弱。②

第三，要对全球议题有所了解。研究表明，目前中国高水平工科高校缺乏涉及全球议题的通识课程，学生的全球视野与全球思维有待加强培养。③

第四，要对本国文化与社会有深度了解。"世界知识与全球议题"不等于"外国知识与议题"。北京外国语大学英语学院副教授杨莉芳认为，"在国际沟通中，如果对自己的文化与社会缺乏了解，信息传递的准确度和有效性就会大打折扣"。④

3. 专业知识与技能

专业知识与技能是指具备专业领域的知识和技能，能够在跨国企业、国际组织和国际合作项目等中开展工作。⑤

同时，专业知识与技能的培养不应局限于狭隘的专业范围，跨专业、交叉学科的知识与技能同样至关重要。现实中，高等教育往往忽视学科融合与国际化通识教育。因此，在国际化人才培育中，多学科深度融合是一项挑战，对学生多元能力的培养亟待加强。

在国际沟通中，各领域的专业知识与技能都很重要。从共建"一带一路"的角度来看，除了理工科、小语种专业，国际经济与贸易、国际政治、涉外警务等专业知识与技能尤其值得重视。⑥

---

① 本课题组对中国常驻日内瓦联合国代表团前副代表周小明先生的访谈记录，2022 年 8 月 9 日。

② 本课题组对中国教育国际交流协会出国留学服务分会秘书长印凯先生的访谈记录，2022 年 8 月 18 日。

③ 乔连全、卢文英：《"人类命运共同体"背景下新工科人才全球胜任力培养——以国内 10 所高水平工科高校为例》，《高等理科教育》2022 年第 4 期。

④ 本课题组对北京外国语大学英语学院副教授杨莉芳博士的访谈记录，2022 年 9 月 8 日。

⑤ 刘莉、代显华：《加强外语实验室建设促进国际化人才培养》，《实验室研究与探索》2021 年第 4 期。

⑥ 李硕豪：《"一带一路"建设人才培养形态转变论列》，《高校教育管理》2019 年第 4 期。

4. 信息技术知识与技能

互联网、人工智能等信息技术的迅猛发展，革新了国际沟通方式，引发了舆论环境、传媒结构和传播形态的深刻变革。在这样的背景下，掌握信息技术知识与技能成为必需。

借鉴"21 世纪技能合作伙伴"组织（Partnership for 21st Century Skills）的观点，国际沟通所需的信息技术知识与技能主要包括以下三个方面：有效应用各种传统技术研究、组织、评估和交流信息；合理应用数字化技术、通信/网络工具和现实的社会网络来访问、管理、集成和创造信息；理解并应用各类信息和通信技术的相关伦理和法律规范。[①]

（四）国际沟通素养的行为要素

国际化人才的情感内核和认知基础，最终是为了实现沟通。根据访谈结果，借鉴"21 世纪核心素养 5C 模型"等研究成果，本报告提出国际沟通素养的行为要素主要包含深度理解和有效表达两个方面。

1. 深度理解

深度理解指能够"正确理解沟通对象以言语、文字及其他多种形式传递的信息，以及在此基础上对信息进行反思和评价的能力，同时又能够对自己的理解进行监控"。[②]

这意味着相应主体需把握信息内涵，诚挚地接纳他人的观点与专业见识，并积极学习。在国际沟通中，文化认知差异可能导致沟通障碍，深度理解要求及时察觉并剖析交流难题及其根源，寻找化解之道。

在国际沟通中，强烈的求知欲和快速的学习能力能为深度理解打下基础。周满生表示，许多知名跨国企业十分重视应聘者是否具备良好的学习能力和强烈的求知欲。[③]

---

① 董方田：《信息技术素养的概念与内涵》，《中国信息技术教育》2010 年第 13 期。

② 康翠萍等：《沟通素养：21 世纪核心素养 5C 模型之四》，《华东师范大学学报》（教育科学版）2020 年第 2 期。

③ 本课题组对中国教育发展战略学会副会长兼学术委员会常务副主任、教育部教育发展研究中心原副主任周满生先生的访谈，2022 年 8 月 18 日。

2. 有效表达

有效表达指"在不同的情境下，运用语言或非语言等多种形式，清楚地传达信息、表达思想和观点，以达到沟通的目的"。①

表达的有效性首先表现为表意到位。表意到位需要语法正确、拼写准确，而且要能够运用语言精准地传递思想，避免词不达意。② 有效表达需能够依据听者的文化背景，适当地传播信息。高水平的有效表达应该能够把控沟通的话题和节奏，让谈话在有意义的、文化共通的空间中进一步扩展。

三 中国国际沟通素养状况分析
——以英语标准化测试为例

国际沟通素养是一个集情感、认知与行为于一体的综合能力，是语言学习者在特定情境中，针对不同话题展现出的语言深度理解力及有效表达力。标准化测试作为一种评估手段，能有效测量个体在真实语境下的沟通能力。

英语是国际沟通的重要载体，在各类国际场景中，英语能力较强的人在沟通范围和沟通效果上往往更胜一筹。因此，考察国际化人才的国际沟通素养可以从其英语沟通素养入手。

在全球英语学习热潮下诞生了无数英语测试，然而，若要从全球视角评判个体乃至群体、地区的英语沟通素养，就要依靠全球性的英语标准化测试。ETS 旗下托福③和 GRE④ 凭借公平性、有效性和可靠性得到了全球招生官的青睐，认可托福和 GRE 的院校数量也反映了这一趋势。

---

① 康翠萍等：《沟通素养：21 世纪核心素养 5C 模型之四》，《华东师范大学学报》（教育科学版）2020 年第 2 期。

② 本课题组对北京外国语大学英语学院副教授杨莉芳博士的访谈记录，2022 年 9 月 8 日。

③ 托福是一项标准化测试，用于衡量英语非母语人士的英语水平。1965 年以来，托福经历了多次改革。现行的托福 iBT® 于 2005 年 9 月正式推出。托福考查了包括听、说、读、写在内的语言技能，体现了考生的英语沟通能力。特别说明，本报告中关于托福的所有相关数据（如认可院校数量、成绩等）仅指托福 iBT®。

④ GRE 适用于申请世界范围内的理工科、人文社科、商科、法学等多个专业的硕士、博士以及MBA 等教育项目，其中语文推理和分析性写作可用于衡量考生英语的理解和表达能力。

（一）中国考生托福平均成绩稳步提升

根据 ETS 历年发布的《全球托福成绩报告》，过去十余年里，中国考生[1]托福总成绩平均分[2]由 2010 年的 77 分提高到 2021 年的 87 分（见图 4），逐步接近全球考生托福总成绩平均分[3]。2021 年，中国高分段考生占全球考生的比重较 2009 年增加了 309 个百分点。

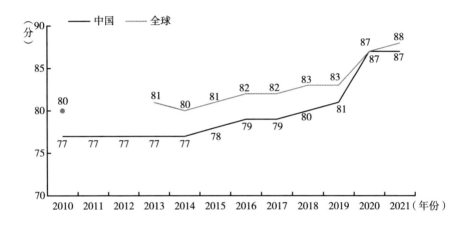

图 4　2010～2021 年全球考生和中国考生托福总成绩平均分

注：2011 年和 2012 年全球考生托福总成绩平均分不可用。
资料来源：根据 2010～2021 年《全球托福成绩报告》整理而得。

（二）中国托福考生数量和成绩区域差异明显

从 2021 年的数据来看，中国托福考生数量和成绩的地区分布差异明显，

---

①　除非特别说明，本报告中"中国考生"特指中国大陆考生，不包含中国香港特别行政区、澳门特别行政区和台湾考生。

②　特别注意，本报告中所涉及的托福分析数据仅基于托福 iBT®，不包括托福® Essentials、托福 Primary®、托福 Junior®、托福 ITP® 等在内的其他考试。托福 iBT® 考试分为阅读、听力、口语和写作四个部分，每个部分均为 30 分，考试总分为 120 分。

③　特别说明，本报告中将中国考生与全球考生之间以及中国各省份之间考生的标准化考试（包括托福和 GRE）成绩进行了比较。但是，参加托福或 GRE 的考生不能代表中国或全球英语使用者的语言水平。

托福平均成绩的省间差距达到了 15 分。31 个省区市中有 24 个省区市托福考生的平均成绩超过 80 分①（见图 5）。

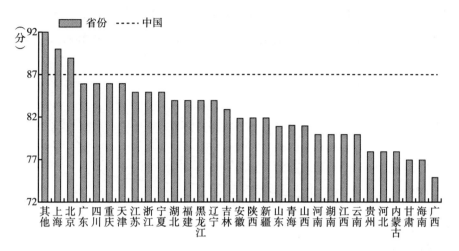

图 5　2021 年中国各省份托福考生平均成绩

注："其他"是指生活在海外的中国考生，或未填写籍贯信息的考生；由于基于小样本的统计数据可信度较低，未报告小于 30 个亚组的平均值。因此，此图未呈现西藏考生的情况。

资料来源：ETS 中国。

（三）中国考生深度理解相关指标接近或超过全球平均水平

基于前述分析，本报告以托福的"听力+阅读"以及 GRE 的"语文推理"② 为深度理解水平的衡量指标，以托福的"口语+写作"以及 GRE 的"分析性写作"进一步分析中国国际化人才国际沟通素养的发展状况。

从全国整体来看，中国考生托福阅读平均成绩已超过全球考生平均成绩，听力平均成绩与全球考生平均成绩接近。截至 2021 年，虽然中国考生托福听力平均成绩（22 分）尚未达到全球考生平均成绩（23 分），但差距

---

① 特别说明，各省份考生的数量统计基于考生报名时填写的籍贯信息，不能代表该省份英语使用者的英语水平。

② GRE 分为 3 个部分：语文推理、数量推理和分析性写作，其中语文推理和数量推理分值范围均为 130~170 分，分析性写作的分值范围为 0~6 分。

从 2008 年的 3 分缩小至 1 分①。

中国考生 GRE 语文推理的平均成绩自 2011～2012 学年开始稳步提升（见图 6）。GRE 语文推理总分的测试标准误（SEM）为 2.4②，因此 6.4 分的涨幅意味着中国考生 GRE 语文推理的平均成绩在过去十年间有了显著的提升。

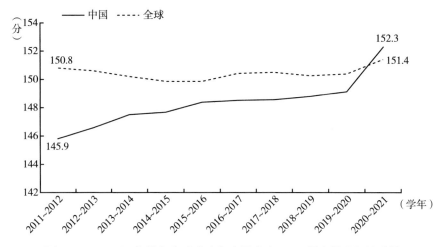

图 6　2011～2021 各学年全球考生和中国考生 GRE 语文推理平均成绩

资料来源：根据 2011～2021 各学年《GRE 普通考试全球考生概况》整理而得。

（四）中国考生有效表达相关指标与全球平均水平的差距逐渐缩小

2008～2021 年，中国考生托福写作平均成绩与全球考生平均成绩的差距逐步缩小，并于 2021 年达到全球考生平均成绩（见图 7）。中国考生托福口语平均成绩 2008 年以来保持稳步上升的趋势，与全球考生平均成绩的差距不断缩小，至 2021 年，两者分差为 1 分③（见图 8）。

---

① 托福听力部分 SEM 为 2.38。
② 更多关于 GRE 的 SEM 信息请参见 Reliability and Standard Error of Measurement, https://www.ets.org/content/dam/ets-org/pdfs/gre/gre-reliability-standard-error-measurement.pdf。
③ 托福口语部分 SEM 为 1.57，写作部分 SEM 为 2.14。

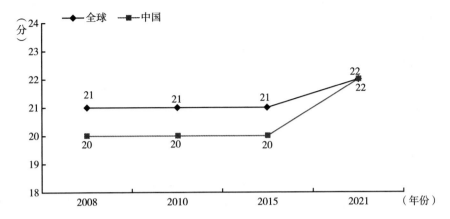

图7 2008~2021年部分年份全球考生和中国考生托福写作平均成绩

资料来源：根据2008~2021年《全球托福成绩报告》整理而得。

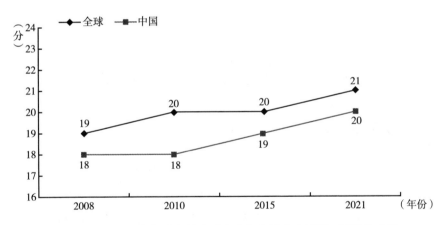

图8 2008~2021年部分年份全球考生与中国考生托福口语平均成绩

资料来源：根据2008~2021年《全球托福成绩报告》整理而得。

中国考生GRE分析性写作平均成绩与全球考生平均成绩的差距逐渐缩小。2020~2021学年，中国考生GRE分析性写作平均成绩（3.3分）与全球考生平均成绩仅相差0.3分①（见图9）。

————————

① GRE分析性写作部分SEM为0.30。

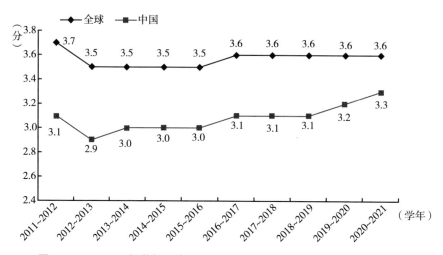

图9　2011~2021各学年全球考生和中国考生GRE分析性写作平均成绩

资料来源：根据2011~2021年各学年《GRE普通考试全球考生概况》整理而得。

四　中国国际沟通素养的培养状况

（一）坚持对外开放的政策导向

过去十年，中国实行了更加积极主动的开放策略。尽管面临复杂的国际形势，中国教育对外开放仍持续推进，并呈现系统性、整体性和协调性特征，特别是召开全国教育外事工作会议、印发《教育部等八部门关于加快和扩大新时代教育对外开放的意见》，推动我国教育以更加开放自信主动的姿态走向世界舞台中央，为构建人类命运共同体贡献力量①。

对外开放的环境激发了人们学习外语、出国留学、走向国际舞台的热情。据估计，近几年每年都有近2000万名考生报考四六级考试。据统计，

---

① 《教育这十年"1+1"系列发布会第十三场：介绍党的十八大以来教育国际合作交流情况》，教育部网站，2022年9月20日，http：//www.moe.gov.cn/fbh/live/2022/54849/。

自 2009 年起，中国成为全球托福考生人数最多的国家。2021 年，参加 GRE 的中国考生人数占当年 GRE 全球考生总数的 16.4%。[1] 针对社会上有关英语关注度下降的观点，从课时要求来看，教育部制定的《义务教育课程方案（2022 年版）》规定，外语科目在九年义务教育的总课时中占比为 6%~8%，[2] 相较于之前的课程方案并未发生变化。从测试角度来看，英语在高考当中的份额并未减少。这说明国家对于英语教学保持开放、支持的一致态度。

（二）培养方向兼具实用性与人文性

作为国际沟通的关键工具，英语在中国的教学改革中体现了对实用性和人文性的双重追求。

对比旧版语言技能分级标准中将听、说、读、写四个板块分开的做法，现行英语教学新课标注重学生的英语理解能力和表达能力，注重英语作为语言的实用性。

注重人文性则成为中国外语教学的另一个特点。教育部对"关于增强文化自信增加中国文化内容教学改革和降低英语教学比重的建议"的答复显示，外语教育对学生全面发展至关重要，有助于培养语言能力、文化意识、思维品质和学习能力四大核心素养，同时增强学生的中国情怀、拓展国际视野以及增强跨文化沟通能力。由此可见，注重人文性仍将是中国外语教育改革的方向之一。

（三）培养过程贯穿于教育体系全过程、多领域

当前，以英语教学为代表的国际沟通素养培养已贯穿初等、中等、高等

---

[1] A Snapshot of the Individuals Who Took the GRE General Test（July 2016-June 2021），https://www.ets.org/pdfs/gre/snapshot.pdf, p. 19.

[2] 《教育部关于印发义务教育课程方案和课程标准（2022 年版）的通知》，教育部网站，2022 年 4 月 8 日，http://www.moe.gov.cn/srcsite/A26/s8001/202204/t20220420_619921.html。

教育阶段，覆盖普通教育体系和职业教育体系。同时，随着国际理解①等教育理念的逐步推广，国际沟通素养的培养从英语教育领域拓展融入不同学科教育领域。

初等教育阶段和职业教育曾是国际沟通素养培养的"洼地"，但加入WTO以来，中国在这两个方面重点发力，取得了一定的成绩。初等教育阶段的国际沟通素养得到了重点关注。20年来，全国小学英语开设工作稳步推进，为数以亿计的小学生适应信息化、国际化发展打下了初步的基础。②与此同时，基础教育阶段出现了一批部分或全部采纳非中国大陆课程模式及评估体系的国际学校。

随着"中国制造"的全球化发展，职业教育体系不断纳入国际沟通素养的培养。中国推出了一系列职业教育国际化的措施，包括与东盟国家加强职业教育、学历互认等方面的合作，实施"未来非洲——中非职业教育合作计划"等。2021年3月，教育部发布《高等职业教育专科英语课程标准（2021年版）》，进一步加强对高等职业教育英语教学的指导。

（四）培养方式以出国留学和在地国际化为主

国际沟通素养的培养需要将学生置于真实的国际交流情境，帮助其获得立体的感知和锻炼的机会。鼓励出国留学、加强校园国际化环境塑造（"在地国际化"）等对学生国际沟通素养的培养非常重要。③

---

① 2016年发布的"中国学生发展核心素养"框架将"国际理解"界定为：具有全球意识和开放的心态，了解人类文明进程和世界发展动态；能尊重世界多元文化的多样性和差异性，积极参与跨文化交流；关注人类面临的全球性挑战，理解人类命运共同体的内涵与价值等。

② 《担时代使命 强文化自信——基础英语教育改革20年的回顾与思考》，新浪网，2021年12月3日，https://k.sina.com.cn/article_2384122784_8e1ad3a002700vqxy.html。

③ 本课题组对上海外国语大学附属外国语学校英语教师严喆圆女士的访谈记录，2022年8月26日。

中国改革开放 40 多年来，出国留学已成为国际化人才培养不可或缺的环节。[①] 目前，中国同 181 个建交国开展了教育合作与交流，与 58 个国家和地区签署了学历学位互认协议，[②] 为中国学生提供了丰富的出国留学机会。据英国大学和学院招生服务中心（UCAS）统计，2020 年中国赴英留学本科学生申请人数为 26710 人，2021 年申请人数则进一步增加，达到了 30845 人（见图 10）。

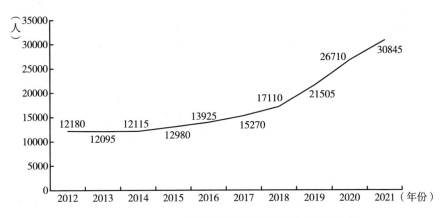

图 10 2012~2021 年中国赴英留学本科学生申请人数

资料来源：UCAS, Undergraduate Sector-Level End of Cycle Data Resources 2021。

根据联合国教科文组织的数据，2021 年有 102.1 万名中国学生在境外高等教育机构留学。除了美国、英国等传统留学目的国之外，德国、法国等欧洲国家以及马来西亚、泰国等东盟国家也成为重要留学目的地（见表 1）。美国 2022 门户开放报告（Open Doors 2022）显示，中国留学生人数位居美国国际留学生人数榜首，约为 29 万人，占美国高等院校全部学生的 1.4%，占美国高等院校国际学生的 30.6%。[③]

---

① 《〈中国留学发展报告（2022）〉：通过数据和分析洞悉留学最新趋势》，全球化智库网站，2022 年 10 月 17 日，http://www.ccg.org.cn/archives/72041。
② 《教育这十年"1+1"系列发布会第十五场：介绍从数据看党的十八大以来我国教育改革发展成效》，教育部网站，2022 年 9 月 27 日，http://www.moe.gov.cn/fbh/live/2022/54875/。
③ "Open Doors 2022 Fast Facts", Nov. 20, 2022, https://opendoorsdata.org/annual-release/international-students/#fast-facts。

表1 2021年中国境外留学生TOP20的目的地

单位：人

目的地国家/地区	中国留学生人数	目的地国家/地区	中国留学生人数
美国	343761	俄罗斯	18531
英国	143867	新西兰	13815
澳大利亚	128183	意大利	12413
加拿大	81006	泰国	11800
韩国	58746	白俄罗斯	3998
中国香港	39355	乌克兰	3598
德国	39281	爱尔兰	3362
马来西亚	27893	西班牙	3289
法国	24780	匈牙利	2776
中国澳门	22211	瑞典	2670

注：UNESCO数据库中未统计中国赴日本留学人数。
资料来源：UNESCO，Global Flow of Tertiary-Level Students。

党的二十大报告中提到要"加强人才国际交流"[1]，为出国留学释放了积极的信号，海外留学生的分布也更加多元。

此外，培养国际沟通素养的在地国际化方式也更加丰富。近年来，很多高校纷纷创造国际化校园环境，为学生提供在国内参与国际交流的机会。这从QS世界大学TOP100的中国高校"国际学生占比""国际教师占比"可见一斑。如表2所示，2023年QS世界大学TOP100的中国高校中，国际学生占比为5.4%~17.5%、国际教师占比为6%~47%。在基础教育阶段，国际学校的外籍教师人数较多，根据新学说对北京、上海、广东等15个省市的221所获认证的国际学校外教人数的统计，公办学校国际部（国际课程班）、民办国际（特色）学校平均外教人数分别为17人和39人。[2]另外，商赛、辩论、模拟联合国等课外活动蓬勃发展，也为学生提供了国际交流情境。

---

① 《习近平：高举中国特色社会主义伟大旗帜 为全面建设社会主义现代化国家而团结奋斗——在中国共产党第二十次全国代表大会上的报告》，中国政府网，2022年10月25日，http://www.gov.cn/xinwen/2022-10/25/content_5721685.htm。
② 《全国国际学校外教数量统计：北上广苏位居前四》，搜狐网，2019年11月7日，https://www.sohu.com/a/352172965_380485。

表2　2023年QS世界大学TOP100的中国高校国际学生与国际教师的占比

单位：%

高校	国际学生占比	国际教师占比
清华大学	14.0	6
北京大学	17.1	23
复旦大学	17.5	35
上海交通大学	17.4	11
浙江大学	15.5	47
中国科学技术大学	5.4	11

注：根据北京大学人事部副部长俞蕖的文章《中国顶尖大学外籍学者集聚现状及其制约因素探析——基于30所"双一流"建设高校的数据调查与分析》，国内知名高校聘请的外籍教研人员实际占比可能为1.9%~3.5%。因此，QS可能将短期来访学者也算作了"国际教师"。

资料来源：依据QS Top Universities 的 QS World University Rankings 2023 整理而得。

（五）初步形成东部发达地区引领的渐进式发展模式

东部发达省市国际化程度相对较高，对国际沟通素养的重视程度高，其国际化人才的国际沟通素养高于其他地区。同时，东部发达省市对英语能力的考察更全面，带动了其他地区发展。

从国际学校数量来看，东部省市也处于领先地位。2019年，广东的国际学校数量为188所，江苏、北京、上海的国际学校数量均超过100所（见图11）。二、三线城市国际学校的年增量呈后来居上之势，其中合肥、南京、东莞等地的年增量（2所以上）开始接近一线城市。

党的二十大报告强调，在推进高水平对外开放方面，"推动共建'一带一路'高质量发展"；"优化区域开放布局，巩固东部沿海地区开放先导地位，提高中西部和东北地区开放水平"；"加快建设西部陆海新通道"；在教育方面，要"加快义务教育优质均衡发展和城乡一体化，优化区域教育资源配置"。[①] 依据国家对外开放和教育发展的区域布局，东部地区仍将走在

---

① 《习近平：高举中国特色社会主义伟大旗帜 为全面建设社会主义现代化国家而团结奋斗——在中国共产党第二十次全国代表大会上的报告》，中国政府网，2022年10月25日，http://www.gov.cn/xinwen/2022-10/25/content_5721685.htm。

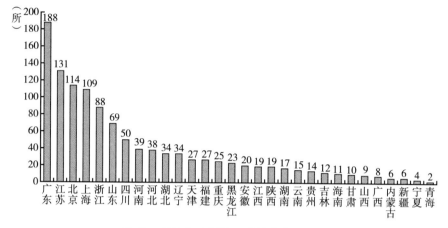

图 11　2019 年中国国际学校的省份分布

资料来源：依据《2019 中国国际学校图谱》中数据整理所得。

对外开放的前列，而中西部地区、东北地区则将随着"一带一路"等进一步对外开放，国际沟通素养的培养环境将不断优化。

（六）形成多元主体共建共享的培养体系

经过改革开放 40 多年的发展，教育环境走向开放和包容。从世界最大的私立非营利性教育考试和评估机构 ETS 在中国的本土化发展进程来看，中国已初步形成了一个多元主体交融互嵌、经验资源共建共享的国际沟通素养培养体系。

ETS 在中国的本土化发展中，以培养兼具国际视野和跨文化沟通能力的国际化人才为核心，顺应中国政策趋势，与相关教育考试院合作，共同研究、开发英语能力测评机制。2019 年，ETS 与北京教育考试院签署合作谅解备忘录，从试题开发、学术探讨等多个方面进行深度合作，共同促进中国的教育测评和英语学习。

ETS 与本土高校、中外合作大学、国际学校等院校建立合作关系，通过提供多种高等教育测评产品开展合作教学项目，助力高校大学英语教学改革。例如，ETS 推出的 Criterion 在线英文写作练习与评估系统，为北京大学、清华大学、北京师范大学、中国人民大学等知名高校的学术英语写作教学和管理提供支持。

ETS 还与教育行业内相关机构、协会和组织开展紧密的交流与合作，共建国际化和创新型人才培养生态圈。此外，ETS 着眼未来，在帮助中国学生走向全球的同时，凭借庞大的海外留学生网络优势，支持留学生回国发展和创业，培养能够为中国和全球发展做出贡献的新一代国际化人才。

五　提升中国国际化人才的国际沟通素养相关建议

当今世界，全球化依然是大势所趋。国际化人才作为全球化过程中最活跃的要素发挥着不可替代的作用。作为负责任的大国，中国有意愿在全球治理体系中发挥更大的建设性、引领性作用，为各国实现共同发展做出更多贡献。而这需要加大力度培养更多能够参与国际事务与国际竞争的国际化人才。

结合上述研究，为进一步促进中国国际化人才的培养，本报告提出如下建议。

（一）坚持高水平对外开放，继续鼓励出国留学与来华留学

当前国际环境错综复杂，坚持高水平对外开放是突破当前局面的重要基础，对外开放的大环境是国际化人才培养的首要条件。出国留学依然是人们提升国际沟通素养、成为国际化人才的主要途径。

中国学生在各国留学，将促进中国与不同国家的人文交流更加深入。应继续加强与美国、德国、英国等发达国家以及共建"一带一路"国家和地区保持稳定的教育交流合作关系，持续鼓励中国学生到这些国家和地区留学，也欢迎相关国家和地区的优秀学生来华留学，为推动国际交流与合作、增进全球福祉奠定人才基础。

（二）保持外语在教育中的地位，加大重点领域职业教育体系的外语知识与技能的培养力度

目前，以英语教学为代表的国际沟通素养培养已贯穿初等、中等、高等

教育阶段，覆盖普通教育体系和职业教育体系。从国家发展、企业全球化、人才成长、技术发展等不同角度来看，都要求掌握一定的外语知识与技能，因而需要继续保持外语在教育中的地位。

从国家发展来看，构建人类命运共同体要求加强国际传播能力建设，借助外语更好地讲述中国故事、传播中国声音，助推经济全球化和外交软实力的提升。从企业全球化来看，中国企业迈向世界舞台的过程，实质上是中外商业领袖和技术精英通过掌握外语实现跨文化沟通、协同推动全球经济和技术进步的过程。从人才成长来看，外语是各类专业人才综合素质不可或缺的一部分，既是实用的沟通工具，又是构筑个人价值观和世界观的知识体系。从技术发展来看，随着 ChatGPT 等人工智能技术的发展，自然语言处理在人工智能应用中的地位日益凸显，学习外语有助于人工智能更好地处理多语言环境下的文本数据，适应全球市场。

因此，外语知识与技能不仅是国际化人才成长之"路"，而且是中国发展之"桥"。未来仍应继续保持外语在教育中的地位。同时，随着"一带一路"倡议的推进，"中国制造"的全球化发展不断深入，加大"中国制造"重点领域职业教育体系的外语知识与技能的培养力度日趋重要。

（三）构建兼具批判性和多元性的国际沟通素养评价体系，着重提升国际化人才的有效表达能力

当前，中国考生在深度理解方面具有一定优势，但在有效表达尤其是口语表达方面存在不足。鉴于深度理解和有效表达在国际沟通素养中同等重要，因此，急需着力提升国际化人才的有效表达能力。从教学来看，为学生创造真实的语境，通过听、说、做、玩等方式鼓励学生锻炼表达能力；从外语学习者来看，需要加强朗读、语料记诵、续说续写等方面的训练。[1]

---

① 王初明：《以"续"促学》，《现代外语》2016 年第 6 期。

（四）创新国际交流形式，多角度拓展国际沟通的触角

第一，丰富长短期留学项目。除了学位项目、短期交换、冬夏令营，还可鼓励设立海外实习资助项目（包括赴国际组织实习项目）、海外调研资助项目等，创造更多深度体验的机会，使学生通过感性层面的广泛实践与观察，实现在理性层面对国际社会各方面运行的深度认识。[①]

第二，进一步创造国际化的校园环境。积极推动来华留学线下教学恢复工作，加强来华留学对外宣传，提升各类学校师资国际化程度。

第三，提升模拟联合国等课外交流项目的国际性和真实性。在模拟联合国活动中引入更多外国专家、外国学生，加强与国际组织、各国驻华使领馆的合作，提升议题的专业性，为国际性问题提供切实贡献。

第四，提升国际交流的信息技术支持水平。随着信息技术、人工智能技术及网络基础设施的快速发展，线上国际沟通交流成为国际沟通素养提升的重要渠道。学校可提供相应的支持，充分利用多样化的在线交流技术平台，为更多的学生提供便捷地参与国际交流的机会。同时，政府和相应企业应加强数据安全保护措施，加强隐私保护，确保数据安全。

（五）完善国际化人才培养生态体系，促进国际沟通素养培养的区域平衡

国际化人才培养的一个重要途径是出国留学，另一个重要途径是在地国际化。这两个途径都需要政产学各界共同发力，充分发挥政府、学校、企业等各大主体的作用，进一步完善国际化人才培养生态体系。

政府方面应优化国际化人才培养政策，坚持高水平对外开放，为国际化人才成长创造良好的政策环境。

学校方面应加强国际化人才培训和交流，进一步丰富国际化的教学内容

---

① 本课题组对清华大学文科资深教授、清华大学苏世民书院院长薛澜先生的访谈记录，2022年8月18日。

和课程安排，建设国际化的校园文化和服务体系等，以提高学生的国际化视野和跨文化交流能力。

企业方面可以与教育机构、科研机构等建立产学研合作机制，进一步完善国际化人才能力测评机制，促进国际化人才培养与相关产业链升级。

通过整合政府、学校、企业等多方力量，形成国际化人才培养的信息、资源共享平台，从而建立多层次、多领域、多地区的国际化人才培养路径，形成高质量的国际化人才培养机制。

同时，针对国际沟通素养培养区域不平衡等问题，鼓励企业、社会组织等民间机构，在欠发达的中西部或东部三、四线城市根据地方特色引入国际沟通素养培养资源。例如，边疆地区民族文化认识问题常常与国际政治、区域经济问题交叠，更加需要加强国际沟通素养的培养，但其培养方式又异于东部地区。因此，鼓励相关机构结合欠发达地区特殊的全球化环境和国际沟通素养培养环境，通过师生短期交流等方式，积极组织发达地区国际化教育资源走进欠发达地区。

B.4
中国省域高学历人才空间集聚
及时空演变特征研究

朱文娟　曾　豪*

摘　要：　高学历人才是推动区域经济发展的关键因素。本报告基于中国 31 个省区市 6 岁及以上常住人口数与本科及以上学历者人数，运用 Dagum 基尼系数、区位熵、探索性空间数据分析方法，对 2011~2021 年中国高学历人才的空间集聚及时空演变特征进行实证研究，研究发现：从空间分布来看，高学历人才分布整体呈现两极化特征，且区域间的不均衡大于区域内；从时间演变来看，高学历人才整体呈现由西向东的聚集发展趋势，京津冀、长三角等地区的人才聚集度高；从局部集聚特征来看，高学历人才的高—高集聚区主要集中在北京、江苏、浙江、上海等经济和教育资源丰富地区，低—低集聚区主要集中在青海、四川、云南、西藏等西部地区，以及安徽、湖南等中部地区，并逐渐形成了以北京、上海为"双核心"的高集聚区。

关键词：　高学历人才　空间集聚　时空演变　区域差异

　　人才是我国综合国力竞争中重要的战略资源。习近平总书记在 2021 年 9 月召开的中央人才工作会议上提出，加快建设世界重要人才中心和创新高地，需要进行战略布局，深化人才发展体制机制改革，强调了人才工作对我

---

* 朱文娟，副教授，湖南工业大学商学院，主要研究方向为人力资源管理；曾豪，硕士研究生，湖南工业大学商学院，主要研究方向为企业物流与供应链管理。

国国力发展的重要意义。[①] 2022 年，党的二十大报告特别强调深入实施科教兴国战略、人才强国战略、创新驱动发展战略。这充分说明了人才资源对我国经济社会发展起到重要的基础性、战略性支撑作用。近几年，武汉、南京、西安等城市纷纷出台优惠政策吸引高学历人才，使外地人才大量涌入。北京、上海、广州等一线城市也逐步放宽落户条件，加入了新的"抢人"行列。其中，未取得流入地户籍的本科及以上高学历人才成为各地政府争相引进的对象，落户政策成为吸引高学历人才的主要形式。然而，从实践效果来看，一边是高校毕业生涌向北上广深等大城市，另一边是偏远地区大量岗位无人响应，我国高学历人才分布不平衡的问题比较突出。在此背景下，本报告通过深入刻画高学历人才的空间集聚特征，并对其时空演变规律进行系统分析，不仅能够为理解人才流动与区域经济发展之间的关系提供理论基础，而且能够为各省份制定更为有效的人才吸引和保留策略提供实践指导，助推我国区域经济的均衡发展和人才资源的合理配置与优化利用。

一　文献回顾

人才空间聚集现象的研究已经成为国内学术界的关注焦点。学者从不同角度出发，运用多种研究方法，对人才集聚进行了深入探讨。一是研究对象，主要聚焦于科技人才集聚[②]、创新人才和企业人才集聚[③]等领域；二是研究内容，主要涉及人才区域布局与协调发展[④]、人才集聚对某行业创新效

① 《深入实施新时代人才强国战略　加快建设世界重要人才中心和创新高地》，《人民日报》2021 年 9 月 29 日。

② 夏海力、李雨璇：《科技人才集聚对区域绿色创新绩效的影响研究——基于空间杜宾模型的实证分析》，《生态经济》2023 年第 9 期；殷凤等：《绿色技术转移视角下科技人才集聚的碳减排效应再检验》，《科学管理研究》2023 年第 4 期。

③ 鲍鹏程、黄磊：《创新人才集聚如何影响城市生态财富》，《山西财经大学学报》2023 年第 5 期；姚凯、王亚娟：《空气质量对企业人才集聚的影响机制研究》，《复旦学报》（自然科学版）2023 年第 3 期。

④ 刘西涛、王盼：《全国统一大市场构建：基于人才集聚与区域协调发展视角研究》，《济南大学学报》（社会科学版）2023 年第 4 期；刘冲：《雁阵格局视角下的高层次人才区域布局和协调发展问题研究》，《国家教育行政学院学报》2023 年第 8 期。

率的影响①等议题；三是研究方法，既有采用必要条件分析（NCA）和模糊集定性比较分析（fsQCA）方法探究人才生态环境促进科技人才集聚的实现路径②，也有运用多时段定性比较分析的组态分析方法对科技人才聚集的区域治理进行归因研究③。在现有学术研究中，一些学者专注于分析特定地区或经济带中高学历人才的聚集、迁移和流动性④，同时，有学者从全国层面探讨了高学历人才的聚集和演变趋势⑤。这些研究通常将"大专及以上学历者"定义为高学历人才。然而，考虑到国内教育领域的激烈竞争，严格意义上来说"本科及以上学历者"更加趋近于高学历人才的界定。因此，本报告将"本科及以上学历者"视为高学历人才，通过运用先进的统计和地理分析工具探究中国省域高学历人才空间集聚及时空演变特征。本报告的边际贡献在于，首先，采用了 Dagum 基尼系数、区位熵和探索性空间数据分析方法，为理解中国高学历人才的空间集聚及时空演变特征提供了新的分析工具和视角；其次，通过 2011~2021 年的省域数据，揭示了高学历人才集聚的长期趋势和时空演变规律，为相关政策制定和区域经济均衡发展提供了实证基础和理论支持。

二　数据来源与研究方法

（一）数据来源

基于数据的可获取性、准确性与真实性，本报告选取 2011~2021 年中国

---

① 郭允涛：《高素质人才集聚对融媒体创新效率的影响》，《中国广播电视学刊》2023 年第 2 期。
② 李作学、张蒙：《人才生态环境促进城市科技人才集聚的实现路径——基于必要条件分析（NCA）和模糊集定性比较分析（fsQCA）方法的研究》，《科技管理研究》2023 年第 12 期。
③ 王世权、王向淑：《科技人才集聚的区域治理归因——基于多时段 QCA 的组态分析》，《科学学研究》2024 年第 3 期。
④ 高喆等：《高学历人才逆向梯次迁移现象及机制研究——以北上广深应聘至武汉的中小学教师为例》，《地理研究》2023 年第 1 期；张文佳等：《深圳市高学历人才迁入格局的时空演化与驱动因素——基于 1980—2014 年个体迁移大数据》，《地理科学》2023 年第 2 期。
⑤ 张波：《2000—2015 年中国大陆人才的空间聚集及时空格局演变分析》，《世界地理研究》2019 年第 4 期。

人才蓝皮书

31个省区市（不包括港澳台地区）6岁及以上常住人口数与本科及以上学历者人数作为基础数据。本报告的数据均来源于全国31个省区市历年统计年鉴。

（二）研究方法

1. Dagum基尼系数

Dagum基尼系数能够判断我国不同地域之间高学历人才的差异性，用Dagum基尼系数及其子群分解方法进一步分析，计算公式为：

$$G = \frac{\sum_{j=1}^{k} \sum_{h=1}^{k} \sum_{i=1}^{n_j} \sum_{r=1}^{n_h} |y_{ji} - y_{hr}|}{2n^2 \bar{y}} \tag{1}$$

式中，k表示区域个数，n_j和n_h分别表示j和h区域内的省域个数，y表示高学历人才占比，n表示总省域个数，$\bar{y}$表示高学历人才占比均值，G的取值范围为$0 \sim 1$，当G越大时表明区域间高学历人才分布差异越大，反之则分布差异越小。Dagum基尼系数又可分解为区域内基尼系数G_w、区域间基尼系数G_{nb}和超变密度基尼系数G_t，且$G = G_w + G_{nb} + G_t$。[①]

2. 区位熵（LQ_{ij}）

区位熵反映了人口或产业部门的集中程度，可用来衡量其相对于更高地区的水平。本报告采用区位熵来计算中国各省区市高学历人才的集聚程度，计算公式为：

$$LQ_{ij} = \frac{\dfrac{q_{ij}}{q_i}}{\dfrac{Q_{hj}}{Q_h}} \tag{2}$$

式中，LQ_{ij}表示高学历人才区位熵；q_{ij}表示i省高学历人才人数，q_i表示i省6岁及以上常住人口数，Q_{hj}表示全国高学历人才人数，Q_h表示全国6岁及

---

① 乔涵：《我国数字产业技术进步水平时空演变趋势及影响因素》，《中国流通经济》2023年第8期。

076

以上常住人口数。

当 LQ_{ij} 值越大时，表示该省高学历人才聚集程度越高，比较优势越明显。一般来说，当 $LQ_{ij} > 1.5$ 时，说明该省高学历人才聚集程度很强；当 $1 \leqslant LQ_{ij} \leqslant 1.5$ 时，说明该省高学历人才聚集程度较高；当 $0.5 \leqslant LQ_{ij} < 1$ 时，说明该省高学历人才聚集能力一般；当 $LQ_{ij} < 0.5$ 时，说明该省高学历人才聚集程度极弱。[①]

3. 探索性空间数据分析方法（ESDA）

探索性空间数据分析是根据空间样本之间的相关性及其程度来探究研究对象的空间分布特征，主要包括全局自相关分析和局部自相关分析。[②] 本报告采用全局 Moran's I 指数和局部 Moran's I 指数分析中国高学历人才在空间上的相互关系。

全局 Moran's I 指数，表明区域整体在空间上的关联程度，是用来衡量空间相关性的重要指标，计算公式为：

$$Moran's\ I = \frac{n \sum_{i}^{n} \sum_{j}^{n} w_{ij}(X_i - \bar{X})(X_j - \bar{X})}{\sum_{i}^{n} \sum_{j}^{n} w_{ij}(X_i - \bar{X})^2} \tag{3}$$

式中，n 表示省级单位总数，数值为 31，X_i 和 X_j 分别为第 i 个区域和第 j 个区域的属性变量值，w_{ij} 为区域单元 i 和区域单元 j 之间的空间权值矩阵，且 w_{ij} 与区域单元 i 和区域单元 j 之间的关系如下：

$$\begin{cases} w_{ij} = 1 & i,j \ 相邻 \\ w_{ij} = 0 & i,j \ 不相邻 \end{cases}$$

一般来说，Moran's I 的取值范围为 $[-1, 1]$，当 Moran's I 接近 -1 时，表示空间负相关，即空间单元之间差异较大；当 Moran's I 接近 1 时，表示

---

① 张三峰：《我国生产者服务业城市集聚度测算及其特征研究——基于 21 个城市的分析》，《产业经济研究》2010 年第 3 期。

② 崔旺来等：《基于探索性空间数据分析和地统计分析的湾区生态安全空间分异及差异化管理——以浙江大湾区为例》，《生态学报》2023 年第 5 期。

空间正相关，即空间单元之间差异较小；当 Moran's I 等于 0 时，表示空间单元之间呈随机分布状态。[①]

局部 Moran's I 指数表明区域与邻近空间之间的空间自相关性，计算公式为：

$$I_i = \frac{(Y_i - \bar{Y})}{S^2} \sum_j^n w_{ij}(Y_j - \bar{Y}) \tag{4}$$

式中，I_i 表示第 i 个区域的局部 Moran's I 指数，n 表示研究区域上的所有地区总数，数值为 31，w_{ij} 为空间权重值，Y_i 和 Y_j 分别表示第 i 个区域和第 j 个区域的高学历人才数。

利用 Moran's I 散点图，将平面区域划分为 4 个象限，第 1 象限为高—高集聚区（HH），即该地区与邻近地区同属于高学历人才高集聚区；第 2 象限为低—高集聚区（LH），即该地区高学历人才集聚度较低，而邻近地区高学历人才集聚度较高；第 3 象限为低—低集聚区（LL），即该地区与邻近地区同属于高学历人才低集聚区；第 4 象限为高—低集聚区（HL），即该地区高学历人才集聚度较高，而邻近地区高学历人才集聚度较低。

三　高学历人才空间布局及演变特征分析

（一）高学历人才区域分布不均衡程度分析

借助 SPSS 软件，采用公式（1）计算我国 2011～2021 年高学历人才水平的总体 Dagum 基尼系数，将全国 31 个省区市分成华北、东北、华东、华中、华南、西南和西北 7 个区域，以便更加精确地识别不同区域之间的高学历人才差异。

整体上看，总体 Dagum 基尼系数均超过 0.2，且呈现先波动上升后下降的

---

① 刘琛：《基于百度地图 API 和 Moran's I 指数的空间统计分析——以江苏代理 ip 分布为例》，《现代商贸工业》2019 年第 26 期。

趋势，2016 年上升至最高值 0.327，表明我国高学历人才空间分布不均衡问题仍未解决。由 Dagum 基尼系数分解发现，近 10 年，组间基尼系数 G_b 远高于组内基尼系数 G_w 和超变密度基尼系数 G_t，在总体 Dagum 基尼系数中的贡献率为 60% 左右，表明我国高学历人才分布不均主要表现为区域与区域之间，而区域内部的高学历人才分布不均现象相对不明显（见表 1）。华北区域内基尼系数处于最高位，表明在华北地区的北京、天津、河北、山西之间高学历人才分布不均现象最明显，而西南、东北区域内基尼系数总体呈现下降趋势，表明西南地区、东北地区内部各省域高学历人才分布不均现象逐渐减弱（见图 1）。

表 1　2011~2021 年中国 Dagum 基尼系数及贡献率

单位：%

年份	Dagum 基尼系数				贡献率		
	总体	区域内基尼系数 G_w	区域间基尼系数 G_b	超变密度基尼系数 G_t	区域内贡献率 G_w	区域间贡献率 G_b	超变密度贡献率 G_t
2011	0.231	0.032	0.127	0.073	13.763	54.850	31.388
2012	0.256	0.034	0.154	0.068	13.202	60.252	26.546
2013	0.254	0.033	0.165	0.056	12.856	64.897	22.247
2014	0.239	0.032	0.147	0.060	13.379	61.387	25.234
2015	0.266	0.035	0.171	0.060	13.223	64.297	22.480
2016	0.327	0.042	0.225	0.060	12.800	68.886	18.315
2017	0.320	0.042	0.202	0.076	13.260	62.981	23.759
2018	0.296	0.039	0.183	0.073	13.205	61.969	24.825
2019	0.273	0.036	0.191	0.046	13.238	70.043	16.719
2020	0.230	0.031	0.153	0.046	13.448	66.593	19.959
2021	0.231	0.031	0.150	0.051	13.343	64.729	21.927

资料来源：历年《中国统计年鉴》。

（二）高学历人才的空间聚集情况分析

以 2011~2021 年 6 岁及以上常住人口数与本科及以上学历者人数为基础，采用公式（2）计算出 2011~2021 年高学历人才区位熵，选取 2011 年、2016 年、2021 年 3 个关键时间点的数据，借助 GIS10.8 软件并采用自然间

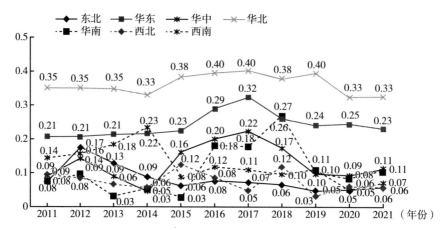

图1　2011~2021年中国区域内基尼系数分解

资料来源：历年《中国统计年鉴》。

断点法将数据分为低集聚区、较低集聚区、中集聚区、较高集聚区和高集聚区5类，探究2011~2021年我国高学历人才空间集聚情况。根据表2可知，我国高学历人才空间分布呈现如下特征。

表2　2011年、2016年、2021年中国高学历人才空间集聚情况

类别	2011年	2016年	2021年
低集聚区	西藏	西藏、四川、贵州、广西、海南、江西、安徽、河南、河北	广西、江西、河北、河南
较低集聚区	甘肃、河北、山东、河南、安徽、重庆、云南、贵州、广西、湖南、江西、广东、福建、海南	新疆、青海、甘肃、陕西、山西、重庆、湖南、云南、山东、福建	新疆、西藏、青海、四川、云南、贵州、湖南、安徽、海南
中集聚区	青海、四川、宁夏、陕西、山西、湖北、黑龙江、吉林、江苏、辽宁、浙江	黑龙江、吉林、宁夏、湖北、江西、浙江、广东	广东、福建、甘肃、宁夏、重庆、湖北、山西、山东、黑龙江
较高集聚区	天津、上海、新疆、内蒙古	天津、上海、辽宁、内蒙古	内蒙古、陕西、吉林、辽宁、江苏、浙江
高集聚区	北京	北京	北京、天津、上海

资料来源：历年《中国统计年鉴》。

第一，北京、上海、天津为高学历人才的高集聚区，内蒙古、辽宁等省份多次进入较高集聚区。究其原因，北京、上海、天津均为直辖市，经济发展水平高、教育资源丰富，吸引了大量高学历人才集聚。内蒙古、辽宁等省份虽然经济增长相对滞后，高学历人才总量在全国尚不占优势，但其常住人口基数相对较小，因此根据公式（2）计算出的高学历人才区位熵较大，属于较高集聚区。这些地区的人才集聚现象，反映了中国高学历人才分布的地域性特征和动态变化。北京、上海、天津等地的高学历人才持续集聚，凸显了其在国家人才战略中的重要地位。而内蒙古、辽宁等省份的高学历人才集聚情况，则提示了人才政策和区域发展战略在促进高学历人才集聚方面的潜力。

第二，高学历人才集聚的梯度变化较为明显。2011~2021 年，西藏、广西、云南等西部地区的省份持续处于人才低集聚区和较低集聚区，这可能与这些地区的经济发展水平、教育资源分布以及人才政策吸引力有关。与此同时，中集聚区的分布发生了变化，由青海、陕西等西部地区的省域逐渐向湖北、广东等中南部地区的省份转移，这一转移可能反映了这些省份在经济发展水平、产业升级以及人才政策吸引力上的积极变化。京津冀地区和长三角地区作为中国经济发展的重要引擎，其高学历人才集聚程度高的趋势一直未变，显示出强大的人才吸引力和集聚能力，特别是北京，作为国家政治、文化、教育和科技创新的中心，其人才区位熵远高于其他省份，成为中国人才集聚程度最高的地区。

（三）高学历人才分布的空间自相关性分析

以通过公式（2）得到的高学历人才区位熵为基础数据，进一步利用公式（3）来计算 Moran's I 指数值，以评估高学历人才分布的空间自相关性。依然选取了 2011 年、2016 年和 2021 年 3 个关键时间点的数据进行分析，并运用 GeoDa 软件进行了计算。在 0.1 的置信水平下，这 3 个年份的 Moran's I 指数值均通过了显著性检验，且均为正值，这表明中国高学历人才的空间分布存在正的空间自相关性，即相似的高学历人才集聚特征在空间上趋于聚集。通过分析 Moran's I 指数的时间序列变化，可以观察到从 2011~2016 年，该指数值呈现上升趋势，随后在 2021 年略有下降，但总体上仍保持上升态

势（见表3）。这一趋势表明，在研究期间，高学历人才的空间集聚效应有所增强，相似的高学历人才集聚区域在空间上的联系更加紧密。

表3　中国 Moran's I 指数的相关指标

测量指标	2011 年	2016 年	2021 年
Moran's I 值	0.1335	0.1720	0.1664
p 值	0.0680	0.0280	0.0380
Z 统计量	1.4680	2.1292	1.8473

资料来源：历年《中国统计年鉴》。

（四）高学历人才分布的局部空间关联特征分析

全局自相关分析可能无法充分揭示局部空间集聚的细微差异和区域性特征。为了深入探究中国高学历人才空间分布的局部集聚特征及其演变情况，本报告特别选取了 2011 年、2016 年和 2021 年 3 个关键时间点，利用 Moran's I 散点图来分析中国省域高学历人才的局部空间集聚特征及其演变趋势。

本报告能够更精确地识别和理解不同地区高学历人才集聚的局部模式，以及这些模式随时间的动态变化，在此基础上进一步整理出 Moran's I 散点图上各象限相对明显的省份进行分析，具体如表4所示。

表4　2011 年、2016 年、2021 年中国各省域高学历人才空间自相关模式分类

空间自相关模式	2011 年	2016 年	2021 年
HH（第 1 象限）	北京、天津、江苏、上海、浙江	北京、天津、江苏、上海、浙江、黑龙江	北京、天津、江苏、上海、浙江
LH（第 2 象限）	黑龙江、河北、宁夏、甘肃、海南	河北、海南	河北
LL（第 3 象限）	吉林、山西、河南、山东、青海、四川、云南、贵州、广西	西藏、青海、四川、云南、贵州、广西、湖南	新疆、西藏、青海、四川、云南、贵州、广西、湖南、安徽
HL（第 4 象限）	内蒙古、辽宁、新疆、湖北、重庆、广东	辽宁、湖北、广东	吉林、辽宁、山西、陕西、重庆

资料来源：历年《中国统计年鉴》。

由此可得出我国省域高学历人才局部空间关联的三个特征。

第一，2011~2021 年，北京、天津、江苏、上海和浙江等省份在高学历人才的空间集聚特征上表现出显著的高—高模式，即这些省份的高学历人才集聚程度持续处于高位。这一现象的形成与这些省份雄厚的经济实力、优质的教育资源以及有效的人才吸引政策密切相关。作为中国的政治、文化中心，北京汇集了众多高等学府和顶尖研究机构，成为高学历人才的重要聚集地。作为国家中心城市，以及京津冀城市群发展的关键引擎，天津的战略地位和发展潜力对人才具有强大的吸引力。而江苏、上海和浙江所在的长三角地区，凭借活跃的经济氛围、高度的对外开放以及强劲的创新能力，成为国内外高学历人才的首选地。这些省份的高学历人才集聚不仅得益于固有的经济和教育资源，还与地方政府积极实施的人才政策密切相关。这些政策包括但不限于提供税收优惠、住房补贴、科研资助等，旨在创造一个有利于人才成长和创新的环境。此外，随着城市群内部的协同发展，人才流动和资源共享机制的完善进一步促进了人才的集聚效应。

第二，青海、四川、云南、贵州和广西常驻于第 3 象限，即低—低集聚区。这些省份均位于中国西部地区，在经济发展水平、教育资源和人才政策的吸引力方面与东部沿海地区存在一定的差距。由于这些省份本身高学历人才的集聚程度较低，加之邻近地区的人才集聚情况也不理想，因此形成了低—低集聚区。这种现象被称为欠发达地区存在的"人才集聚陷阱"。这一现象的出现，与西部地区经济发展水平相对滞后、产业结构单一、创新能力有限等因素紧密相关。此外，教育资源的分布不均和人才政策的吸引力不足，也加剧了高学历人才的外流。高学历人才往往倾向于流向提供更多就业机会、拥有更高生活质量和更广阔职业发展空间的地区，这导致西部地区的省份在人才竞争中处于不利地位。

第三，河北和辽宁分别常驻于第 2 象限和第 4 象限。在河北省的常住人口中，本科及以上学历者人数所占比重并不突出，这一现状导致河北省被归类为较低集聚区或低集聚区。与之形成鲜明对比的是，地理位置邻近的北京

市和天津市，由于强劲的经济发展能力、优质的教育资源以及富有吸引力的人才政策，被归类为高集聚区。这种邻近地区间人才集聚程度的差异，形成了显著的低—高集聚区。进一步的分析显示，辽宁省虽然本身属于中集聚区或较高集聚区，但其邻近的黑龙江省和河北省则处于中低集聚区，从而构成了高—低集聚区的格局。学术研究亦有发现，中部地区、东北地区以及河北省的高学历人才净迁出现象较为显著。具体来看，中部地区的高学历人才倾向于向经济更为发达的江苏、浙江、上海等地流动，而东北地区及河北省的高学历人才则更多地向北京市集聚。这一流动趋势与本报告的研究结果相吻合，揭示了中国高学历人才分布的地域性特征及其背后的经济和社会动因。

（五）高学历人才空间聚集和演变的冷热点分析

为了深入探究我国高学历人才在冷热点地区的时空演变特征，本报告利用 GeoDa 软件，选取了 3 个关键时间点，生成了 LISA 表（见表5）。由此可以观察到，2011～2021 年天津市一直位于高—高集聚区，即热点地区，这表明天津市及其邻近省份在高学历人才的集聚上表现出较高的一致性，属于显著的高集聚区。天津市高学历人才持续集聚现象可能与其在区域经济发展、教育资源和人才政策方面的积极作为有关。

进一步观察 2016～2021 年高学历人才空间集聚的变化可以发现，原本属于低—低集聚区，即冷点地区的云南省，转变为原本为高—低集聚区的广东省。这一转变揭示了冷点地区向中南部地区迁移的趋势。广东省的情况特别值得关注，其尽管经济实力雄厚，且本科及以上学历者人数的绝对数量在全国领先，但庞大的常住人口基数，使高学历人才分布的密度相对较低。这种现象的出现，实际上是多种因素共同作用的结果。一方面，虽然广东省的人才政策具有一定的吸引力，但随着其他省份纷纷推出更具竞争力的人才政策，广东省在吸引和保留高学历人才方面的相对优势有所减弱；另一方面，广东省内部的人才分布可能存在不均衡，一些快速发展的城市可能吸引了更多的人才，而其他地区则相对滞后。

表5　2011年、2016年、2021年中国高学历人才在冷热点地区的时空演变情况

分类	2011年	2016年	2021年
HH	天津	天津	天津
LL	—	云南	广东
LH	河北	河北	河北
HL	广东	广东	—

资料来源：历年《中国统计年鉴》。

四　结论与讨论

本报告选取中国31个省区市作为研究对象，以各省区市6岁及以上常住人口数和本科及以上学历者人数为基准数据，运用SPSS、GIS 10.8、GeoDa软件，结合Dagum基尼系数、区位熵、探索性空间数据分析等方法，对2011~2021年中国高学历人才的空间集聚及其时空演变特征进行了深入的实证研究，得出如下主要结论。

从空间分布的角度来看，中国高学历人才的地理分布呈现显著的两极化特征。区域间高学历人才分布的不均衡性普遍大于区域内的不均衡性，特别是在华北地区，各省份间的高学历人才分布差异尤为突出，这可能与该省份的经济发展水平、教育资源以及人才政策吸引力的地域性差异有关。

从时间演变来看，中国高学历人才的集聚度呈现明显的由东向西逐渐提高的趋势。京津冀地区、长三角等东部经济发达区域的人才集聚度较高，而新疆、青海、云南、贵州和广西等西部地区省份的人才集聚度相对较低。这一趋势反映了人才流动与区域经济发展水平有着密切关联。

就局部集聚特征而言，高—高集聚区主要集中在北京、江苏、浙江、上海等经济和教育资源丰富地区，这些地区成为高学历人才的主要集聚地。而低—低集聚区则主要集中在青海、四川、云南、西藏等西部地区，以及安徽、湖南等中部地区，这些地区由于经济发展水平和教育资源相对有限，人才集聚度较低。此外，作为人才集聚的"双核心"，北京和上海高度集聚的

特征日益凸显，对周边地区的人才吸引力持续增强。

上述研究结论对推动我国人才工作高质量发展具有重要的参考意义。在新时代的背景下，人才工作应与国家发展大局紧密结合，服务于区域协调发展战略和创新驱动发展战略，为建设社会主义现代化强国提供坚实的人才支撑。为此，国家层面需进行人才空间布局的顶层设计，以促进人才资源的均衡分布和优化配置，特别是对于人才低集聚区域，国家和地方政府应着力改善人才生态环境，通过提供有利的工作条件、生活支持和职业发展机会，吸引高学历人才的流入和留存。在制定和实施人才政策的过程中，各省份需要根据自身的发展阶段、产业特点和区域定位，采取差异化策略，避免同质化竞争，实现错位发展。例如，北京、上海等高学历人才高集聚区，应着重关注人才质量的提升，通过吸引和培养具有国际视野与创新能力的顶尖人才，加快建设成为世界重要人才中心和创新高地。这些省份应当对标世界一流水平，通过政策引导和资源配置，促进人才结构的优化和人才潜能的充分发挥。与此同时，中西部等人才低集聚区需要制定和实施更为积极与有针对性的人才政策，以吸引和留住高学历人才。这包括提供具有竞争力的薪酬待遇、改善生活和工作条件、优化教育资源配置和加强科研平台建设等。通过这些措施，可以将中西部地区逐步打造成为区域人才集聚中心和创新高地，促进当地经济社会的快速发展。此外，这些地区还应加强与东部地区的人才交流和合作，通过人才流动带动知识传播和技术转移，实现区域间的协同发展。

综上所述，通过对中国省域高学历人才空间聚集及时空演变特征的深入分析，可以更好地理解中国人才地理分布的复杂性，对指导区域人才政策的制定、优化教育资源配置、促进区域经济均衡发展具有重要的理论和实践意义。未来，研究可进一步探讨不同地区人才政策的效果评估及人才流动的驱动机制，对人才资源的高效利用和区域发展的可持续性进行更为深入的洞察。

参考文献

［1］《关于深入实施新时代人才强国战略，加强国际创新人才队伍建设的提案》，《中国发展》2023 年第 1 期。

［2］夏海力、李雨璇：《科技人才集聚对区域绿色创新绩效的影响研究——基于空间杜宾模型的实证分析》，《生态经济》2023 年第 9 期。

［3］殷凤春等：《绿色技术转移视角下科技人才集聚的碳减排效应再检验》，《科学管理研究》2023 年第 4 期。

［4］鲍鹏程、黄磊：《创新人才集聚如何影响城市生态财富》，《山西财经大学学报》2023 年第 5 期。

［5］姚凯、王亚娟：《空气质量对企业人才集聚的影响机制研究》，《复旦学报》（自然科学版）2023 年第 3 期。

［6］刘西涛、王盼：《全国统一大市场构建：基于人才集聚与区域协调发展视角研究》，《济南大学学报》（社会科学版）2023 年第 4 期。

［7］刘冲：《雁阵格局视角下的高层次人才区域布局和协调发展问题研究》，《国家教育行政学院学报》2023 年第 8 期。

［8］郭允涛：《高素质人才集聚对融媒体创新效率的影响》，《中国广播电视学刊》2023 年第 2 期。

［9］李作学、张蒙：《人才生态环境促进城市科技人才集聚的实现路径——基于必要条件分析（NCA）和模糊集定性比较分析（fsQCA）方法的研究》，《科技管理研究》2023 年第 12 期。

［10］王世权、王向淑：《科技人才集聚的区域治理归因——基于多时段 QCA 的组态分析》，《科学学研究》2024 年第 3 期。

［11］高喆等：《高学历人才逆向梯次迁移现象及机制研究——以北上广深应聘至武汉的中小学教师为例》，《地理研究》2023 年第 1 期。

［12］张文佳等：《深圳市高学历人才迁入格局的时空演化与驱动因素——基于1980—2014 个体迁移大数据》，《地理科学》2023 年第 2 期。

［13］张波：《2000—2015 年中国大陆人才的空间聚集及时空格局演变分析》，《世界地理研究》2019 年第 4 期。

［14］乔涵：《我国数字产业技术进步水平时空演变趋势及影响因素》，《中国流通经济》2023 年第 8 期。

［15］张三峰：《我国生产者服务业城市集聚度测算及其特征研究——基于 21 个城市的分析》，《产业经济研究》2010 年第 3 期。

［16］崔旺来等：《基于探索性空间数据分析和地统计分析的湾区生态安全空间分异及差异化管理——以浙江大湾区为例》，《生态学报》2023 年第 5 期。

［17］刘琛：《基于百度地图 API 和 Moran's I 指数的空间统计分析——以江苏代理 ip

分布为例》，《现代商贸工业》2019 年第 26 期。

［18］刘兵等：《人才聚集对社会平均生产率的影响研究》，《科研管理》2019 年第
8 期。

［19］齐宏纲等：《2000—2015 年中国高学历人才省际迁移的演化格局及影响机
理》，《地理研究》2022 年第 2 期。

B.5
上海构建具有全球竞争力的海外人才
创新创业生态对策研究

——基于浦东新区的调研

倪 凯*

摘 要： 本报告基于当前人才国内国际流动的新变化与新趋势，以浦东新区为例探讨了上海在吸引、集聚海外人才方面存在的不足，从海外人才需求和服务供给方面识别了海外人才在沪创新创业的关键因素，并提出了相应的对策和建议。研究发现，优化政策环境、提供多元化的支持服务、加强国际合作等是上海构建具有全球竞争力的海外人才创新创业生态系统的重要途径。

关键词： 海外人才 创新创业生态 全球竞争力 上海市

习近平总书记在党的二十大报告中指出，聚天下英才而用之，完善人才战略布局，着力形成人才国际竞争的比较优势，加强人才国际交流，形成具有全球竞争力的开放创新生态。[①] 浦东新区作为上海建设"五个中心"和国际文化大都市的核心承载区，需要紧紧抓住全球人才跨国流动新机遇，通过制度创新、开放创新、科技创新的深度叠加，着力打造良好的创新创业服务生

---

* 倪凯，中国人才研究会理事、寰球人才交流中心主任，主要研究方向为人才招引、评价、人力资源开发等。

① 《习近平：高举中国特色社会主义伟大旗帜为全面建设社会主义现代化国家而团结奋斗——在中国共产党第二十次全国代表大会上的报告》，《人民日报》2022 年 10 月 26 日，第 1 版。

态，促进海外人才集聚，服务好海外创新创业人才群体并发挥其专业才能，为将上海建设成为全球重要的人才中心、推动浦东新区高水平改革开放、打造社会主义现代化建设引领区提供人才支撑。

一 当前人才流动的新变化与新趋势

（一）国际人才竞争日趋激烈

目前，世界主要国家对人才的重视达到了空前的程度，纷纷采取强有力、有针对性的政策和措施，争夺所需人才。例如，美国改革临时性职业签证（H-1B）随机抽签方式，加大 STEM（科学、技术、工程和数学）领域高技能、高收入人才吸引力度；中国着力推动形成人才国际竞争的比较优势，逐步从世界最大人才流出国转变为主要人才回流国；日本增设高度专门职业签证，调整积分制度，提前完成 2 万名高层次人才引进目标；英国改革签证制度，加强对杰出人才及优秀留学人才的吸引力；欧盟放宽流动限制，推出创业签证，推动创新创业高层次人才引进；加拿大推出"全球人才流"引入计划，承诺两周内处理特定高技能工人的工作许可申请，以吸引更多国际人才。

（二）人才流动规模不断扩大

欧美主要经济体为应对人口老龄化和出生率下降的双重挑战，通过制定吸引国际人才的政策、推动跨国公司在全球拓展业务和整合人力资本等措施，促进了各国人才跨区域流动。与此同时，全球劳动力市场对高科技人才需求的不断增多，进一步加快了相关领域的人才流动。

从国际来看，近年来，全球人才流动的广度和深度不断拓展，全球人才倾向于集中在拥有较高经济发展水平、优质教育资源、良好创新环境及较高生活质量的国家和地区，人才不再局限于从发展中国家流向发达国家，出现了南南流动、北北流动等多种模式。俄罗斯、乌克兰、东欧国家的人才均呈现外流态势。产业人才流动方面，随着中国集成电路、人工智能等产业的发展，相关领域的科技创新人才也不断集聚，相关产业的华裔人才正加速回流中国。领英发布的《2021年新兴就业报告》指出，印度、巴西和中国等新兴市场在科技创新职位的增长方面领先，尤其是在软件开发、数据科学和人工智能领域。

从国内来看，随着高铁、地铁的普及，交通便捷性大幅增强，跨区域通勤和城际通勤效率大幅提升，环境优美、经济实力强、发展空间广的"小强美"城市不断兴起，完全具备了承载高端人才的条件，越来越成为各类人才集聚流动的目的地。比如，智联招聘联合泽平宏观发布的《中国城市人才吸引力排名：2024》显示，苏州居2023年最具人才吸引力城市100强前列，人才呈净流入趋势，且连续13年入选"外籍人才眼中最具吸引力的中国城市"，居人力资源和社会保障部国外人才研究中心发布的2023年度"魅力中国——外籍人才眼中最具吸引力的中国城市"榜单前列。无锡近两年人才净流入占比保持0.5%~0.6%，主要是因为集成电路等产业发展迅速，且与同梯队城市相比，工资较高，生活成本相对较低。

（三）人才流动虚拟化

随着新一代信息技术的发展，移动互联网平台经济和数字经济快速兴起，远程交流技术日臻完善，人才流动虚拟化比重上升，人才流动由地理空间转向虚拟空间，工作模式更加灵活，虚拟科研组织、远程实验室、云孵化、云会议实现了全球化人才、智力交流。根据Owl Labs的《2021全球远程工作趋势报告》，2020年全球范围内远程工作的普及率跃升至44%。其中，技术行业远程工作的接纳度最高。

从长期来看，随着数字技术的发展，在线学习、共享实验室、网络研讨会和在线会议兴起，促进了知识在线流动，远程学习、研究和交流逐渐成为常态，线上人才交流将快速发展。这使得国际人才之间的交流与合作更加便捷，更易于打破地理空间的限制。这些变化使人才、智力流动的速度持续加快、范围不断扩大，呈现智力流动替代人才本身流动的新态势。根据世界经

济论坛发布的《2020年未来就业报告》，到2025年，数据分析专家、人工智能与机器学习专家等STEM相关职位将出现较大地需求，而办公室和行政职位的需求将减少。

（四）人才流动年轻化

近年来，随着国内人才发展环境的不断改善，国家从各层次、各阶段支持青年人才发展，越来越多的青年人才在科技创新的第一线"冒尖"，海外归国人才越来越呈现年轻化趋势。新经济、数字产业的迅猛发展大大加快了青年人才的成长。各地对青年人才的争夺在客观上加快了青年人才的流动，特别是近5年，人才流动中80后、85后、90后青年人才的占比越来越大。智联招聘联合泽平宏观发布的《中国城市人才吸引力排名：2023》显示，95后人才倾向于长三角城市群、珠三角城市群，以在一线城市之间、城市群内流动为主流。在一线城市中，深圳的95后人才净流入占比高出全国总体流动人才1.1个百分点，主要因为深圳落户门槛较低、注重打造人才友好型城市等；深圳和广州、北京和上海居95后人才来源城市前列。在二线城市中，杭州的95后人才集聚程度更高，南京的人才互动非常频繁。

二　浦东新区海外人才集聚面临的问题

浦东新区作为中国经济最具活力的区域之一，拥有完整的创新链和产业链，从基础研究到成果转化、市场化应用，为海外人才创新创业提供了肥沃的土壤。浦东新区凭借强大的经济实力、开放的政策环境、优越的地理位置以及高度国际化的氛围，在吸引海外人才方面展现了显著的集聚效应和独特的优势，但仍面临一些挑战和不足。

（一）人才政策精准度尚需提升

1.博士补贴力度存在不足

浦东新区缺乏海归博士就业的普惠性补贴政策，海归博士要想享受上海的相关政策一般需经历申报、评审的冗长流程。而同为改革开放前沿阵地的深圳，自 2016 年开始，就对从海（境）外回来在市内学校或企业入职的博士，一次性直接给予 35 万元的安家费以及其他后续奖励。

2. 初创项目扶持存在短板

从产业生态来看，既需要有龙头企业、领军企业，也需要有小微企业，才能形成大、中、小、微企业协同发展的创新创业生态。海外人才的初创项目往往能链接创新策源地，而符合浦东新区产业导向的初创项目应该是政策扶持的重点，但目前对海外人才初创项目的扶持政策较为薄弱，存在短板。

3. 政策宣传存在碎片化

调研发现，海外人才对浦东新区海外人才政策了解得不多，对人才政策缺乏完整、清晰地认识。政府层面的人才政策宣传多停留于被动解答，人才政策宣传形式单一，对海外人才的针对性不强，未形成完善的宣传体系，信息量不足、更新滞后，市场化的信息交流平台尚未建立。

4. 政策覆盖面存在盲区

非独立法人的科学大设施和高校科研院所难以享受浦东新区的人才政策。

（二）国际化配套服务尚需完善

1. 海外人才子女教育服务供给不足

在海外人才子女教育方面，目前抽签、户口、学区等限制太多，刚来沪的海外人才大多不清楚如何申请入学。多数海外人才子女处于幼儿园、小学、初高中阶段，多数刚来沪的海外人才并不具备马上购房的能力，部分海外人才子女在国外出生、可能为外籍等因素，导致他们（特别是博士或博士后归国的人才）即便是落户，其子女入学积分仍然较少，想要进入高质量学校学习较为困难。而国际学校的学费太贵，一般海外人才有两个或两个以上子女，其薪酬很难支撑几个子女同时就读国际学校。这种情况下，很多海外人才的子女选择继续留在国外读书，夫妻两地分居，不利于海外人才的稳定及长期发展。

2. 对生活适应性服务重视不够

一些海外人才在快速适应国内生活环境方面面临困难，特别是一些在国外生活多年，或者长期从事纯科研工作的高端科技人才，生活环境简单、适应力相对较差，到沪后，租房、买房、考驾照、办理相关证件等都可能成为难题。有的海归博士后更是回国后在 1 年内考不过科目 1，导致在国外取得的多年驾照，无法转换成国内驾照，靠骑共享单车和打车通勤，大大限制与削弱了其回国工作生活的空间和幸福感。

3. 买房安居成本过高

随着浦东新区经济快速发展，特别是核心区域如陆家嘴、张江等地的房价和生活成本较高，可能给海外人才，尤其是中低层技术人员和青年科研人员带来较大的生活压力，他们需要更长时间的积累才能有独立购房能力，不利于长周期的基础科研和底层创新企业的科研工作者在沪安心发展。

（三）海外人才"职业天花板"尚需突破

在中国企业中，部分海外人才面临职业发展路径不够清晰、晋升机制不够透明或文化差异导致的"职业天花板"问题，尤其是在高级管理岗位上的本土化倾向，限制了他们长期的职业规划和发展空间。

（四）离岸创新创业环境尚有提升空间

离岸创新创业基地是浦东新区的一大特色，让海外创业者更便利地对接中国市场，为创新创业提供更大的可能，是浦东新区海外人才创新生态的重要组成部分。但当前浦东新区在离岸创新创业基地建设方面还存在不足：一是受到缺少跨境创新创业便利化配套政策、离岸税制支撑和特殊商事制度的限制；二是久居国内的外籍人才以人民币注册公司受到限制，外籍高层次人才注册中资科技企业受到限制，难以享受国民待遇；三是跨境经营在离岸税制、离岸投融资等方面存在很多壁垒，无论是"请进来"还是"走出去"都受到很多政策制约。

（五）部分海外人才对科研环境心存疑虑

这主要表现在：一是担心自身沟通能力不强，因在国内缺少人脉资源关系而很难争取到优质资源；二是认为国内学术环境不够开放，担心一旦回国就无法与国际学术界形成良性互动；三是认为目前国内学术环境相对浮躁，很难潜心做学术；四是认为海外科研成果转化缺少与张江高科技园区的对接渠道，海外科研成果缺少转化基地、配套扶持政策，进而难以在浦东新区转化。

（六）法律法规与国际接轨有待增强

在知识产权保护、合同法律体系等方面，尽管浦东新区已有长足进步，但对于一些海外人才而言，仍可能存在理解和适应上的差异，期待更明确、高效的国际对接标准。

三　上海构建具有全球竞争力的海外人才创新创业生态的对策及建议

（一）以制度创新推进海外人才创新创业生态建设

1. 探索建立人才房制度

探索海外人才房、人才公寓、廉租房等机制创新，加快加大海外人才房、公租房供给。针对张江综合性国家科学中心的国家级平台、重要机构、重点企业，可出台人才房制度解决住房问题。针对一般海外人才的居住需求，建议设立浦东新区和张江海外人才周转房、租赁房，并给予重点支持。若海外人才刚到上海，对城市需要有一个熟悉和了解的过程，可以先入住周转房，等适应环境后再转入租赁房或人才公寓。

2. 优化优质教育配套服务

大力推进高水平公立学校建设，引入重点和知名品牌学校在浦东新区开办分校，以"民办公助"机制支持建设国际学校和民办双语学校，鼓励这些学校建立类似美国 K12 教育体系的外籍学生语言和学习的辅导机制，增

加这些学校接收留学生子女的入学配额，为海外人才子女享受国际化的 K12 教育体系的资源提供便利，探索海外人才凭工作证明解决子女入学问题试点。

3. 实行更加便利的签证政策

支持海外人才以网上离岸注册方式申办离岸创业企业。借鉴美国 EB-1A 类的人才落户等人才政策，为在各领域有杰出贡献的外国人才和直系亲属提供加速签证、中国外国人永久居留身份证的申请服务；鼓励产业界招聘全球领先的科技、创新、艺术人才，并提供和中国公民一样的劳动者保护政策，确保人才在面临语言和文化交流障碍的时候能得到同等的法律和社会保障制度的保护。

4. 实行更加开放的永久居留政策

对于华裔人才，进一步放宽永久居留范围，具有多年工作经验且属于急需紧缺专业的硕士也可考虑被纳入申请对象进行认定。对于外籍非华裔人才，进一步放开中国永久居留政策，鼓励全球科学家等领军人才及生物医药、大数据、云计算、物联网、人工智能等战略性新兴产业的博士，外籍高层次创新、创业、创造、创投人才申报永久居留权，并为其提供国民待遇。适度下调外籍人才在华居留许可的门槛，进一步吸引不同国籍、不同肤色的人才来华创新创业。

5. 实行更加科学的科研经费使用政策

科研经费的分配可以借鉴美国的做法，既有国家和地方资金支持，也有公平、公正、公开、透明的申请流程和听证过程，确保科研经费的使用最大化符合国家和地方指导、申请流程市场化和使用监督的公开、透明。尽量避免科研资源和经费掌握在少数的教授和专家手中，打破学术资源垄断，最大化营造追求学术进步、追求科技进步、鼓励创新的开放学术环境。

（二）以模式创新打造科创和产业平台

提高浦东新区新模式、新业态的市场准入门槛，打造一流的营智环境，更大力度引进科技创新、科技服务等全球资源，增强跨国研发中心参与科创中心的溢出效应，深化国际化创新创业合作，在更高起点上推进自主创新。

1. 搭建智力资产交易平台

打造面向国际的智力资产交易平台和成果转化平台，构建辐射全球的技术转移交易网络，加强对智力资产和知识产权的保护，让海外高校、科研机构和企业的智力资产、知识产权能在中国安全、便捷地交易，并获得合法、合理的收益，以技术入股、知识产权融资等方式促进科技成果转移转化和实现知识产权价值的提升。

2. 打造外籍专家柔性引进平台

创造条件吸引国际大学教授、专家来上海短期（半年或者一年）任教或者在科研机构任职，任教的考核可以借鉴美国高校的教授考核制度，鼓励本国优秀学生跟随国际导师学习深造、参与课题研究，鼓励优秀的外国留学生来上海高校参与研究并留在中国发展，适当降低外国留学生在浦东新区工作的门槛。

3. 打造海外人才离岸创新创业基地

重点推进离岸创新创业基地政策的出台，探索可复制、可推广的离岸创业托管模式。一是探索与"基地注册、离岸经营"相配套的"离岸注册"创新。企业工商登记可在网上填报申请信息，委托托管方进行办理。允许离岸创新创业基地集中注册企业，建议由离岸创新创业基地第三方机构背书，实行离岸创新创业基地各分基地的集中注册，允许实行注册地与经营地分离。二是积极推进与国民待遇相配套的外籍人才创办科技型内资企业试点。在出资方式方面，外籍高层次人才设立科技型内资企业，其注册资本、出资方式等与中国籍公民相同，不按外资企业规定进行管理。在市场准入方面，建议开放部分领域给试点企业。在享受政策支持方面，在税收财政、资金扶持、项目投资、社会保障、金融外汇、知识产权保护、上市审批和重大专项申报、设立研发公共服务平台等方面全面落实国民待遇。三是探索离岸投资便利化。满足企业参与国际竞争和服务"一带一路"建设的需求，结合离岸创新创业基地加强对离岸税制和离岸投资方案的研究。

4. 建立专业性海外人才创业基地

进一步引进国际知名孵化器、孵化团队和国际知名企业创新孵化中心，支持跨国公司建立企业内部孵化器，鼓励跨国联合孵化器发展，倡导投资公司与基金公司整合资源设立孵化器，发挥其"集众智、聚众力"的示范带动作用。发挥国际品牌孵化器的示范作用，打造开放共享的创新创业生态圈。设立海外创业联络服务站，支持行业领军企业和知名孵化器"走出去"创办海外孵化基地，鼓励国内企业去海外设立跨境研发中心。支持国有平台公司探索以共建合作园、互设分基地、成立联合创投基金等多种方式，提供物业空间、创投基金和孵化服务平台，创业支持。同时，依托现有的孵化器或创业服务机构，分领域设立对接张江综合性国家科学中心成果转化的专业创业服务平台，如量子通信创业服务平台、医疗器械创新服务平台、精准医疗创业服务平台等，对海外人才初创企业进行全方位扶持。

5. 打造高水平国际学术交流平台

打造归国留学人才和全球领先的专家、学者、产业界的创新实践专家线上线下的交流平台，为持续创新提供源源不竭的动力。拟定目前全球和中国共同面临需要攻克的重大科研课题进行持续探讨，常态化举办多边交流的学术研讨会，鼓励不定期沟通，鼓励科学家、产业界针对这些难题畅所欲言，营造宽松的学术交流环境和教育环境，鼓励百家争鸣。科研课题的选择可以参考美国顶尖大学和科研机构的学术课题，确保课题的选择符合国际专家的基础共识。

（三）以金融创新建立多层次的金融扶持体系

1. 设立浦东新区综合性国家科学中心人才基金

以财政资金吸引社会资本参与投资，委托相关专业机构负责基金管理，通过浦东新区首席科学家评选等计划瞄准国际顶尖科学家，给予高端研发奖励和资助，提高顶级人才及其团队的待遇。

2. 推动科技金融开放创新

试点自贸试验区自由贸易账户（FT账户）全区化、境外风险投资基金、中外合资科技银行等开放，推动科技金融创新。进一步拓展自由贸易账户的跨境金融服务功能，为跨境创新创业提供本外币一体化跨境金融服务，助力高层次人才创新创业。进一步拓展境外风险投资基金直接投资境内科创企业的试点，把科创企业的股权投资向境外投资基金开放，营造开放、创新的投资基金行业良好的发展环境。进一步拓展"投贷联动"试点功能。

3. 开放跨境金融服务功能

一是支持拓展海归人才创新创业和实体经济的跨境业务，包括拓展自由贸易账户为人才创新创业的跨境投融资服务、跨境电子商务结算、跨境双向人民币资金池、国际贸易融资和再融资、跨境股权投资业务等。二是支持为"一带一路"和"走出去"科创企业提供各项跨境金融服务，优化资金管理和外汇管理方式，以分账核算单元账户为载体，支持在当地开展商务、贸易、投资活动所需的国际及跨境结算汇兑、担保、融资、流动性以及风险管理等业务。

4. 建立全周期多元化融资渠道

支持再担保公司资金为海外人才科创企业提供资金融通。鼓励民间资本、社会资本通过投资"创业苗圃—孵化器—加速器"科技创新创业孵化链条，筛选具有较强成长性的科创企业，开展长期股权、债权投资。

（四）以服务集成提升海外人才国际化服务能力

围绕海外人才关心的人才政策奖补、创业资金支持、本地生活服务保障等内容，重点做好人才政策兑现、创业资金投贷联动、人才服务事项优化等工作。从海外人才需求的角度重塑服务流程，整合人才服务事项，建立配偶就业、住房保障、就医入学、驾照转换、人才父母居家养老等服务清单。

1. 强化数字赋能

形成以线上为主、以线下为辅的服务模式，逐步形成一支专业化的海外人才服务队伍。强化数字赋能，升级"智慧人才"系统，丰富场景应用，做实"一键式"掌上服务，做优"一站式"人才管家平台，推动人才服务全程网办、不见面审批，提供"不打烊"云端服务。

2.科创服务专业化

为海外人才提供孵化前、孵化中以及延伸跟踪服务。为海外创新创业人才提供包括办公运行服务、科技服务、推广服务、技术咨询、技术培训和融资服务等的定制化服务。把培育发展科技服务业与科技服务业精准招商结合起来，重点引进集研发设计、技术咨询、科技推广、技术贸易、检验检测、科技金融等于一体的科技服务企业。

3.加强海外人才关爱

为海外人才提供租房、驾照转换、子女入学辅导咨询服务及绿色通道。推进海外人才医疗服务绿卡制，构建以三甲医院为龙头，专科医院、社区医院、第三方检测平台、康复医疗、精准医疗、远程医疗相配套的"一条龙"医疗服务。建立完善的海外人才心理辅导和交流机制，建立包含健康讲座、健康咨询，体检、健身、休养等系列海外专家的健康管理制度。

B.6
地区人才竞争力评价策略分析

——以山东省 16 市为例

唐贵瑶　胡文安　胡冬青　易　明　张慧中*

摘　要： 山东省大力实施科教强鲁、人才兴鲁战略，着力推动人才制度改革攻坚，持续优化人才发展生态，各类人才创新活力竞相迸发。本报告设计了一套契合山东省实际的人才竞争力指数模型，该指数模型由资源要素、需求条件、结构要素、辅助条件、机遇驱动、政府推动、人才效能等七个一级指标构成。同时，通过第一手数据和第二手数据，从横向和纵向两个角度剖析了山东省 16 市人才队伍建设现状，对其人才竞争力进行综合性的定量评价和分析，并提出增强山东省人才竞争力的建议。

关键词： 人才竞争力　人才效能　人才强省　山东省

山东省近年来积极推进人才强省战略，通过创新人才管理机制打通人才发展的"堵点"，为提高人才聚集度、增强人才效能、激发人才活力创造了良好的条件。因此，深入分析山东省 16 市人才队伍的竞争力水平，从横向和纵向两个角度剖析人才队伍建设现状，从而提出增强山东省人才竞争力的建议，成为当前的目标。欲实现该目标，前提在于构建科学、合理的人才竞

---

* 唐贵瑶，山东大学管理学院副院长、山东省人才发展战略研究院执行院长，教授，博士生导师，主要研究方向为人才管理、战略人力资源管理；胡文安，山东大学山东省人才发展战略研究院副教授，硕士生导师，主要研究方向为人才管理、创新管理；胡冬青，山东大学山东省人才发展战略研究院助理教授，主要研究方向为人才管理、战略人力资源管理；易明，四川大学商学院副研究员，主要研究方向为人才管理、创新管理；张慧中，山东大学山东省人才发展战略研究院研究助理，主要研究方向为人才管理。

争力评价指标体系，通过定量评价的方式客观呈现山东省16市人才发展现实情况。基于此，本报告在梳理以往人才竞争力评价指标体系的基础上，以竞争优势理论为框架，设计了一套契合地方实际的人才竞争力指数模型，并以此为基础，通过第一手数据和第二手数据对山东省16市人才竞争力进行综合性的定量评价与分析。

一 人才竞争力指数模型

（一）人才竞争力评价指标体系

人才竞争力是多位一体的互动系统，反映了区域之间在资源要素、需求条件、结构要素、辅助条件、市场和政策等方面的综合竞争优势。根据竞争优势理论，一个国家或地区的产业竞争力受到六大要素的共同影响，这六大要素分别是资源要素，需求条件，相关支持产业，企业战略、结构及同业竞争，政府和机遇。其中，资源要素包括人力资源、天然资源、知识资源、资本资源、基础设施等；需求条件指本国或地区的市场需求情况；相关支持产业指上下游的相关产业是否具有国际竞争力；企业战略、结构及同业竞争指高效的管理组织方式、先进的企业文化和强有力的竞争对手等；政府指政府制定的相关政策和法律法规等；机遇指对某些市场产生影响的环境和局势。

本报告紧密结合山东省人才资源管理和发展实际，构建了人才竞争力评价模型（见图1），具体人才竞争力评价指标如表1所示。

（二）研究方法

本报告采用多种方法对所获数据进行分析，从而为增强山东省人才竞争力提供行之有效的政策建议。人才竞争力指数采用百分制评价，即同一个指标表现最好的被赋值100分，表现最差的被赋值50分，处于两者之间的按照其距离最小值的相对距离赋值50~100分，然后根据各单指标的重要程度进行加权平均处理，即为各单位的人才竞争力指数值。

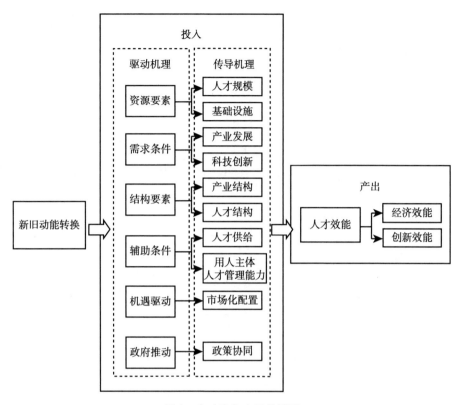

图1 人才竞争力评价模型

资料来源：研究团队整理。

表1 人才竞争力评价指标

一级指标 （驱动机理）	二级指标 （传导机理）	三级指标	资料来源
资源要素	人才规模	学历人才总量	统计年鉴
		R&D 人员人数	统计年鉴
		高层次人才数量	部门提供
	基础设施	（医疗）人均卫生机构人员数量	统计年鉴
		（医疗）人均财政卫生健康支出	统计年鉴
		（文化）人均主要文化机构数量	统计年鉴
		（文化）人均财政文旅支出	统计年鉴
		（教育）中小学师生比	统计年鉴

续表

一级指标 （驱动机理）	二级指标 （传导机理）	三级指标	资料来源
资源要素	基础设施	（教育）人均财政教育支出	统计年鉴
		（环境）环境空气质量综合指数	统计年鉴
		（环境）城市绿地覆盖率	统计年鉴
需求条件	产业发展	（产业效益）工业增加值率	统计年鉴
		（产业效益）高新技术产业占规模以上工业产值比重	统计年鉴
		产业贡献度	统计年鉴
	科技创新	人均 R&D 经费支出	统计年鉴
		人均财政科学技术支出	统计年鉴
		企业技术中心	部门提供
结构要素	产业结构	产业结构高级化指数	统计年鉴
		产业结构合理化指数	统计年鉴
		产业结构绿色转型指数	统计年鉴
		金融结构	统计年鉴
		产业体系开放性	统计年鉴
	人才结构	学历人才强度	统计年鉴
		R&D 人员强度	统计年鉴
		高层次人才强度	部门提供
辅助条件	人才供给	普通高校数量	统计年鉴
		博士后工作站	部门提供
		优质职校数量	部门提供
	用人主体人才管理能力	人力资源管理实践	问卷调查
		组织人才生态	问卷调查
机遇驱动	市场化配置	就业环境	问卷调查
		劳动市场开放度	问卷调查
		创业创新环境	问卷调查
政府推动	政策协同	人才政策数量	自主统计
		人才政策吸引度和激励度	问卷调查
		人才政策满意度	问卷调查
人才效能	创新效能	专利申请强度	统计年鉴
		专利授权强度	统计年鉴
	经济效能	劳动生产率	统计年鉴
		五年劳动生产率滑动平均增速	统计年鉴

资料来源：研究团队整理。

1. 指标的赋值方法

假设 X_{ij} 是第 i（$1 \leqslant i \leqslant 16$）个评价地区第 j 个指标的赋值分数，V_{ij} 是第 i 个评价地区第 j 个指标的原始值。

（1）正向指标的赋值

$$X_{ij} = \frac{V_{ij} - \min_{1 \leqslant i \leqslant 16}(V_{ij})}{\max_{1 \leqslant i \leqslant 16}(V_{ij}) - \min_{1 \leqslant i \leqslant 16}(V_{ij})} \times 50 + 50$$

（2）负向指标的赋值

$$X_{ij} = \frac{\max_{1 \leqslant i \leqslant 16}(V_{ij}) - V_{ij}}{\max_{1 \leqslant i \leqslant 16}(V_{ij}) - \min_{1 \leqslant i \leqslant 16}(V_{ij})} \times 50 + 50$$

2. 各指标权重的确定

本报告使用熵权法获取指标权重。在具体的实施和应用中，可以根据各个评价指标值的差异化程度，采用熵计算出每一个评价指标的熵权，然后再用每一个评价指标的熵权对所有的评价指标进行加权，就可以得到比较客观的评价结果。熵权法基本步骤如下。

假设 X_{ij} 是第 i 个评价地区第 j 个指标的赋值分数，现有 n 个评价地区，m 个评价指标，形成待评项目的相应评价指标的数据矩阵：$R = (X_{ij})_{n \times m}$。

$$R = \begin{bmatrix} X_{11} & \cdots & X_{1m} \\ \vdots & \ddots & \vdots \\ X_{n1} & \cdots & X_{nm} \end{bmatrix}_{n \times m}$$

（1）计算第 j 个评价指标下第 i 个评价项目的指标值的比重 p_{ij}：

$$p_{ij} = \frac{X_{ij}}{\sum_{i=1}^{n} X_{ij}} (i = 1,2,3,\cdots,n; j = 1,2,3,\cdots,m)$$

（2）计算第 j 个指标的熵值 e_j：

$$e_j = -k \sum_{i=1}^{n} p_{ij} \ln p_{ij} (i = 1,2,3,\cdots,n; j = 1,2,3,\cdots,m; k = \frac{1}{\ln n})$$

（3）计算第 j 个指标的熵权 u_j：

$$u_j = \frac{1 - e_j}{\sum_{j=1}^{n}(1 - e_j)}(j = 1,2,3,\cdots,m)$$

3. 综合竞争力指数的计算

被评价单位 i 的发展指数 C_i：

$$C_i = \sum_{j=1}^{m} X_{ij} \times u_j$$

二 山东省16市人才竞争力指数分析

人才竞争力指数得分反映的是目标区域的相对优势，并不代表目标区域绝对发展成绩。指数得分为 100 分，仅意味着目标区域在群组内居于前列，而不代表自身没有进一步发展和提升的空间。与此相对，指数得分为 50 分，仅意味着目标区域在群组内相对靠后，而非指其自身毫无成绩；指数得分大于 70 分，说明该目标区域在群组内处于相对优势地位，得分越高，优势越明显。

（一）16市人才竞争力综合指数评价

综合指数涵盖资源要素、需求条件、结构要素、辅助条件、机遇驱动、政府推动、人才效能七个方面的综合测算。山东省 16 市人才竞争力综合指数评价结果如图 2 所示，青岛（87.04 分）、济南（86.29 分）位居第一梯队。

山东省 16 市中有 7 个城市的综合指数评分超过 70 分，处于相对优势群组。青岛和济南在资源要素、需求条件和结构要素方面具有明显优势，且这三个因素在人才竞争力综合指数上的贡献度居于前列，说明青岛和济南两个主要城市已经形成基础强劲、结构优良、需求牵引的人才竞争格局。

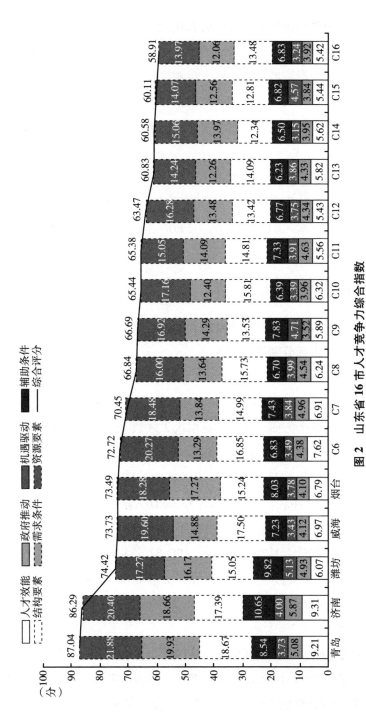

图 2 山东省 16 市人才竞争力综合指数

注：受四舍五入因素影响，数据存在相加不等于总数的现象，横轴仅显示用于正文分析的城市名，下同，此后不赘。
资料来源：研究团队整理。

潍坊在辅助条件和机遇驱动方面的表现较好，在地人才对用人主体的人才管理能力和市场环境满意度较高；烟台在基础设施和产业发展方面具有一定的优势。威海作为沿海城市，虽然人口规模较小，但利用自身优势，集聚和培育了一大批高学历人才，推动科技创新和产业结构转型升级，在产业结构和人才结构两个方面的表现仅次于青岛和济南，为其他中小型城市的人才发展树立了榜样。

总体来看，随着"十强"优势产业集群建设的加快，山东省以"人才链"支撑"产业链"、以"产业链"巩固"人才链"的"双链"竞争格局正逐步显现。此外，宏大的人才队伍、完备的基础设施也是提升城市人才竞争力的重要因素。

（二）16市资源要素指数评价

人才竞争力资源要素通过人才规模和基础设施两个方面进行反映，每个方面由不同数量的指标分别进行测算。

1. 人才规模

人才竞争力人才规模指数评价来源于学历人才总量、R&D人员人数、高层次人才数量这三个方面。其中，高层次人才数量是指获得省级及以上各类荣誉称号的人才，权重占比较高，对人才规模评价具有重要的影响。

人才规模指数评价结果如图3所示。其中，济南（98.48分）和青岛（88.44分）处于第一梯队。高层次人才和R&D人员作为推动经济社会发展的生力军，其规模在一定程度上直接决定了总体人才规模。济南作为省会城市，在高层次人才数量上具有绝对优势（30.81分），显示出山东省高层次人才向省会城市集中的趋势。青岛作为沿海开放城市，在科研创新上实力雄厚，在R&D人员人数上领先于其他城市，具有强大的高新技术发展潜力。

2. 基础设施

人才竞争力基础设施指数评价分别从医疗、文化、教育、环境等方面的基础设施进行综合评价。经测算得知，青岛、济南、东营、威海处于第一梯队，淄博、烟台等城市处于第二梯队。其中，青岛在文化方面处于领先地位。

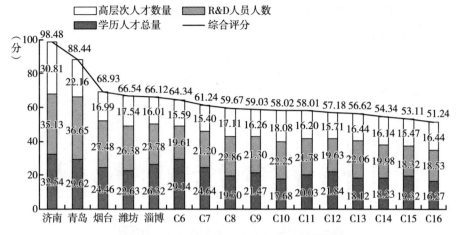

图3 山东省16市人才竞争力人才规模指数

资料来源：研究团队整理。

济南和东营均在医疗和教育等方面表现突出。威海利用独特的地理优势和气候条件，打造健康中国年度标志城市取得丰硕成果。

（三）16市需求条件指数评价

人才竞争力需求条件指数评价通过产业发展和科技创新两个方面进行反映，每个方面由不同数量的指标分别进行测算。

1.产业发展

人才竞争力产业发展指数评价结果如图4所示。青岛（95.10分）、济南（89.03分）、烟台（84.63分）处于第一梯队，潍坊（77.60分）、济宁（74.93分）等处于第二梯队。青岛积极转变发展理念，将原来以"规模""增幅"论英雄转变为以"亩均效益"论英雄，正向激励、反向倒逼，工业增加值率、高新技术产业占规模以上工业产值比重和产业贡献度都有了极大提升，人均地区生产总值也有了明显提高，从而形成较强的产业发展优势。

2.科技创新

人才竞争力科技创新指数评价指标包括人均R&D经费支出、人均财政科学技术支出和企业技术中心3个指标，其评价结果如图5所示。济南作为

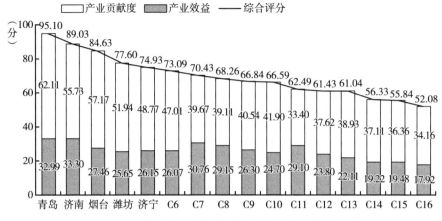

图 4　山东省 16 市人才竞争力产业发展指数

资料来源：研究团队整理。

中心城市，各项科技创新指标发展均衡，在科技创新方面具有显著优势。青岛以开放性和创新性活力推动科技进步，在人均财政科学技术支出和企业技术中心方面拥有较强的比较优势。这充分体现了济南和青岛作为两个万亿量级的区域中心城市在山东省打造"2+N"人才集聚雁阵格局过程中起到了科技创新引领性作用。

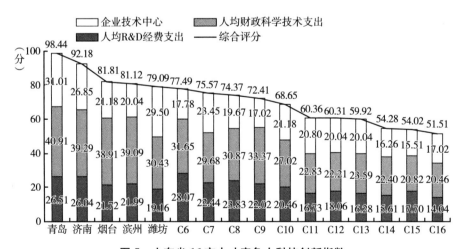

图 5　山东省 16 市人才竞争力科技创新指数

资料来源：研究团队整理。

（四）16市结构要素指数评价

人才竞争力结构要素指数评价通过产业结构和人才结构两个方面进行反映，每个方面由 3~5 个指标进行测算。

1. 产业结构

人才竞争力产业结构指数包括产业结构高级化指数、产业结构合理化指数、产业结构绿色转型指数（万元 GDP 能耗、电耗下降强度）、金融结构（金融机构存贷款余额占 GDP 比重）、产业体系开放性（进出口总额占 GDP 比重、实际利用外资额占 GDP 比重）等 5 个指标。人才竞争力产业结构指数评价结果如图 6 所示。

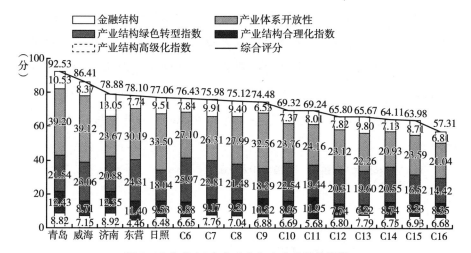

图 6　山东省 16 市人才竞争力产业结构指数

资料来源：研究团队整理。

青岛、威海和日照作为沿海城市，具有发展外向型经济的天然优势。2021 年，青岛外贸进出口增长 32.4%，连续第 5 年刷新历史，在全国 15 个副省级城市中居于前列。威海近年来进出口总额保持两位数增长的良好态势，同时举办了一系列对外经贸交流活动，力促一批外资项目签约落地。日照在向陆发展上，先后开通"照蓉欧""日照—中亚"等集装箱国际班列；

在向海发展上，加强与共建"一带一路"国家和地区港口的合作，成为"陆海内外联动、东西双向互济"的重要平台。

济南和青岛的金融机构存贷款余额占 GDP 比重较高。近年来，济南认真落实稳金融各项政策举措，强化监管，激发金融组织发展活力，推动金融组织体系进一步完善，取得显著成效。青岛是我国唯一以财富管理为主题的金融综合改革试验区，处于国家金融业开放新格局的前列，金融业发展强劲，金融业态丰富。随着黄河流域生态保护和高质量发展重大国家战略的实施，东营坚持生态优先、绿色发展，协同新旧动能转换攻坚战与生态环境保卫战，走出了一条资源型城市转型之路。

2. 人才结构

人才竞争力人才结构指数评价涵盖三个方面的内容：学历人才强度、R&D 人员强度和高层次人才强度。人才竞争力人才结构指数评价结果如图 7 所示。总体来看，人才结构指数分布呈现两头差距大，中间相对均匀的特点。济南在高层次人才强度和 R&D 人员强度上处于领先地位，东营则在学历人才强度上表现良好，青岛在 R&D 人员强度上具有较大优势。

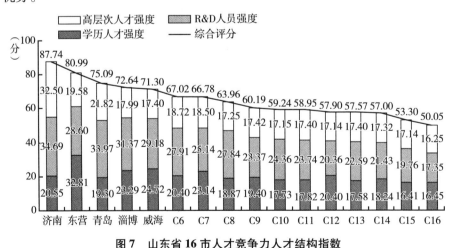

图 7　山东省 16 市人才竞争力人才结构指数

资料来源：研究团队整理。

（五）16市辅助条件指数评价

人才竞争力辅助条件指数评价通过人才供给和用人主体人才管理能力两个方面进行反映，分别由 3 个和 2 个指标进行测算。

1. 人才供给

人才供给是保证人才竞争力持续释放潜力的重要源泉，是维持人才竞争力的重要辅助条件。人才竞争力人才供给指数评价指标主要由普通高校数量、博士后工作站、优质职校数量 3 个指标综合测算。人才竞争力人才供给指数评价结果如图 8 所示。济南作为省会城市、中心城市集聚接近半数的高校人才产出资源，青岛则占总数的 1/4，烟台和潍坊共占 30%。

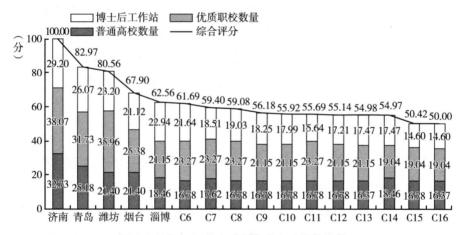

图 8　山东省 16 市人才竞争力人才供给指数

资料来源：研究团队整理。

2. 用人主体人才管理能力

用人主体人才管理能力的高低决定了组织是否能创造一个适合吸引人才、培养人才、留住人才的良好环境和体系，以确保组织拥有足够的高素质人才来满足现在和未来的战略需求。用人主体人才管理能力指数评价指标主要由人力资源管理实践和组织人才生态两个方面进行反映。济南、青岛、潍

坊、烟台、东营处于第一梯队。总体来看，山东省用人主体人才管理能力较为均衡，为员工营造了物质环境、制度文化环境、业绩环境、人事环境和创新研发环境，搭建了人才管理流程体系。

（六）16市机遇驱动指数评价

人力资源的市场化配置是地区人才竞争力的重要组成部分也是吸引人才的重要驱动指标。人才竞争力市场化配置指数评价由就业环境、劳动市场开放度和创业创新环境3个指标共同反映。济南、青岛、潍坊、济宁、菏泽、滨州等城市处于第一梯队。济南和青岛作为山东省的"两核"，在市场化配置方面拥有较为深厚的基础。潍坊位于山东半岛城市群地理中心和经济圈的中心，良好的区位、交通优势和合理的产业结构营造了良好的市场开放环境，要素市场化配置改革和公共资源市场化配置监督管理效果显现。菏泽优越的地理位置与济宁丰厚的文化资源都在一定程度上推动了地区市场化配置的优化。总体来看，山东省16市市场化配置较为均衡，具备良好的人才市场环境，人才发展机遇充足。

（七）16市政府推动指数评价

人才作为"准公共产品"，其效能的有效发挥主要看政府，政府对于人才竞争力的推动主要通过政策协同来实现。人才竞争力政策协同指数评价包括人才政策数量、人才政策吸引度和激励度、人才政策满意度3个指标。人才政策数量对政府推动指数进行量化，人才政策吸引度和激励度、人才政策满意度则分别从政策前端和后端对其进行质性评价。

人才竞争力政策协同指数评价结果如图9所示。济南人才政策数量较多，对人才具有较强的吸引力和较高的激励度。相对而言，潍坊人才政策数量同样占据优势，但人才政策吸引度和激励度、人才政策满意度有待提高，政策效能有待进一步发挥。

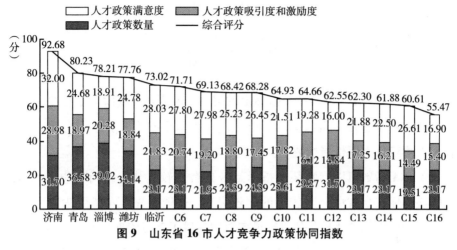

图9 山东省16市人才竞争力政策协同指数

资料来源：研究团队整理。

三　山东省"两心三圈"人才竞争力比较分析

为实施区域协调发展战略，山东省加快建立区域协调发展新机制。2020年，山东省委、省政府出台了《贯彻落实〈中共中央、国务院关于建立更加有效的区域协调发展新机制的意见〉的实施方案》，提出构建"一群两心三圈"的区域发展格局，打造具有全球影响力的山东半岛城市群，支持济南、青岛建设成为国家中心城市，推进省会、胶东、鲁南三大经济圈区域一体化发展。总体来看，"两心"和"三圈"各有优势，各区域能力不存在非常明显的差距，可以进行比较分析。

（一）"两心"人才竞争力比较分析

为了直观比较城市之间人才竞争力优势，本报告引入显示性比较优势权重（Weighted Revealed Comparative Advantage，WRCA）指数进行分析。其计算公式如下：

$$RCA_i^k = (X_i^k / X_i) / (X_w^k / X_w)$$

$$WRCA_i^k = \frac{RCA_i^k \times N_s}{\sum_{k=1}^{N_s} RCA_i^k}$$

其中，X_i^k表示 i 城市在 k 指标上的得分，X_i 表示 i 城市人才竞争力总得分，X_w^k 表示全省在 k 指标上的总得分，X_w 表示全省人才竞争力总得分，N_S 代表人才竞争力评价指标数量。

WRCA 指数可以判断某一指标是否具有比较优势，即当 WRCA>1 时，表明该指标在全省中具有较高的比较优势。同时，WRCA 指数为对目标城市不同指标之间的比较优势进行横向对比提供了参考依据。

从分析结果来看（见图 10），济南和青岛在人才供给、人才结构、产业结构、科技创新和人才规模等方面具有较高的比较优势。其中，济南在人才供给、人才结构、产业结构和人才规模方面强于青岛，而在科技创新方面，青岛强于济南。从政策协同、市场化配置、产业发展、基础设施等方面来看，济南和青岛不具有比较优势。

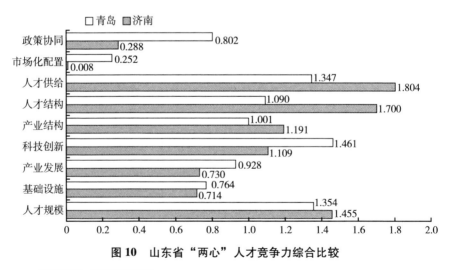

图 10　山东省"两心"人才竞争力综合比较

资料来源：研究团队整理。

（二）"三圈"人才竞争力比较分析

1. 山东"三圈"人才竞争力综合比较

"三圈"人才竞争力综合比较亦使用 WRCA 指数进行分析。从分析结果来看（见图 11），三大经济圈的差异比较明显，在不同方面各自具有优势。

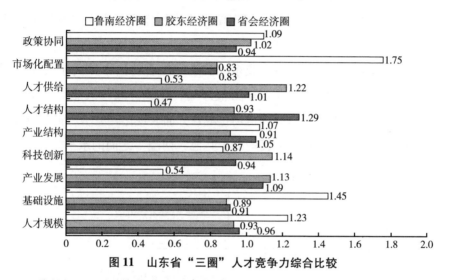

图 11　山东省"三圈"人才竞争力综合比较

资料来源：研究团队整理。

从政策协同、市场化配置、产业结构、基础设施、人才规模五个方面来看，鲁南经济圈相较于其他"两圈"具有较大的比较优势，尤其是在市场化配置方面，明显超出其他"两圈"。省会经济圈和鲁南经济圈在这五个方面基本相当于全省平均水平。

从人才供给、科技创新、产业发展三个方面来看，胶东经济圈在全省具有一定的比较优势，而鲁南经济圈则具有较大提升空间，省会经济圈则基本相当于全省平均水平。

从人才结构来看，省会经济圈相较于其他"两圈"具有明显的比较优势，胶东经济圈则基本相当于全省平均水平。

2. 山东"三圈"人才竞争力与留人能力的协同性评价

本报告综合运用相关系数法和权重赋值法构建了协同性指数。该指数取

值范围从-1到1，0代表完全不协同，数值越大表示协同程度越高，指数为负则表示反向协同。

对于城市留人能力的测量：问卷采用李克特五点量表（1=非常不同意，5=非常同意），要求被试对"未来一年，您将离开本市，到山东省其他城市的单位工作"这一陈述的同意程度进行评价；然后按照当前工作城市进行聚合作为城市人才流失指标，而城市留人能力则作为城市人才流失的反面表征。

分析结果显示（见图12），胶东经济圈的综合协同指数高于其他"两圈"，说明胶东经济圈的人才竞争力很好地转化成区域留人能力，留住人才。鲁南经济圈则在政策协同和市场化配置方面表现比较突出。省会经济圈在多数指标与综合协同指数方面均处于其他"两圈"之间的水平。

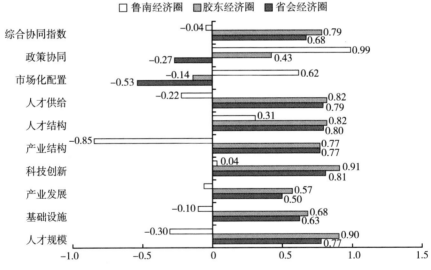

图12 山东省"三圈"人才竞争力与留人能力协同性分析

资料来源：研究团队整理。

3.山东省区域人才一体化综合评价

为了分析区域人才一体化发展水平，本报告采用离散指数分析法构建离散指数，离散指数值越高说明区域在该指标的一体化水平越差。

　　分析结果显示（见图 13），鲁南经济圈和胶东经济圈的人才一体化水平高于全省平均水平。从七大维度的离散程度看，辅助条件的离散程度明显高于其他各维度，说明区域在人才供给方面存在较大的差别。政府推动、机遇驱动、需求条件的离散程度相对较小，说明区域在优化人才发展环境和提供人才发展支持方面所做的努力和效果基本相匹配，可见山东省区域人才一体化政策的成效。

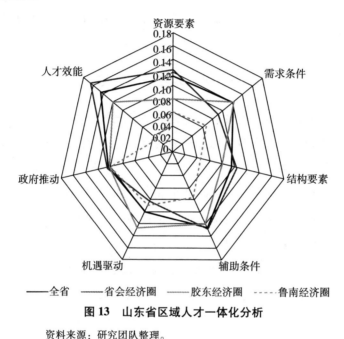

图 13　山东省区域人才一体化分析

资料来源：研究团队整理。

　　从各分区来看，省会经济圈在辅助条件、结构要素、资源要素、人才效能四个维度的离散程度较高。鲁南经济圈在政府推动和机遇驱动方面的离散程度较高，在其他维度的离散程度均较低。胶东经济圈在需求条件、辅助条件和机遇驱动维度的离散程度较高，一体化发展效果显著。

四　山东省人才竞争力增强的建议

　　党的十八大以来，党中央高度重视人才工作。近年来，山东省相继出

台了一系列人才政策，大力推动创新型省份建设。结合习近平总书记在中央人才工作会议上的重要讲话精神，山东省坚定不移地推进人才发展体制机制改革，加强党对人才工作全面领导的战略部署，强化创新驱动，做好育才、引才、用才、评才、留才五个方面的工作，由省带动市区再到用人主体，加强对人才政策落地实施的重视，共同打造人才生态强省。为了进一步提升山东省人才竞争力，本报告认为需要在人才激励政策、使用政策、评价政策和吸引政策上创新发展，满足人才的尊重和自我价值实现需求。

（一）优化市场化配置，优化人才生态结构

第一，加快人才信息平台建设，完善动态化管理体系。完善山东人才地图，建设产学研综合大平台，做到信息完备度高、更新速度快、知名度高、影响力大。掌握山东籍或曾在山东学习、工作过的各领域标志性人才分布情况，精准识别研究机构、项目团队和企业主体的具体差异化需求，增设人才需求智能对接管理系统，实行信息动态化管理，实现人才供需无缝对接，打造"政府搭平台、院校引人才、多方共用才"模式。

第二，倡导科学家精神，重视创新型和高技术型人才群体。坚持实施"高技能人才素质提升计划"，加大对创新型和高技术型人才群体的教育投入力度，推动产业人才培养工程顺利实施，完善选拔培育机制，响应国家要求，倡导科学家精神、劳模精神和工匠精神。同时加大职业教育投入，实现岗位要求与人才胜任力的精准匹配。完善"人才、项目、平台一体化实操+理论"培育体系，推动教育科技人才一体化进程。

（二）加快人才项目建设，打造特色人才吸引力品牌

泰山人才工程自2003年启动实施以来，已经成为在海内外具有较大影响的人才品牌工程，为山东创新发展和产业升级集聚了一大批领军人才。未来，可以进一步聚焦新技术、新产业、新业态、新模式，围绕高新技术型和创新型企业战略需求，适当放宽海外人才年龄、学历、职称、获奖情况等方

面的申报条件，储备一批优秀人才；加大泰山人才工程资助力度，建立更加符合人才成长规律和市场规律的创新创业资助模式。此外，大力支持泰山学者个人和团队项目，加强专家学者与高等院校、科研院所及企业等多主体之间的密切合作。

（三）畅通人才引进渠道，打造内外兼通、刚柔并济的人才集聚高地

从内部充分调动与人才工作密切相关的部门、高校、科研院所、企业的积极性和主动性，强化对山东省 16 市的考核和部署，对紧缺型人才适当放宽约束条件，做好系统预案，形成上下联动、相互协同的引才体系。相关部门需要进一步提高引才品牌活动的知名度，提升引才品牌活动的举办质量。提高与国际人才市场的交流频率，放宽人才绿色通道申报条件，实现人才向多元化、专业化、精准化、高端化发展，持续吸引和集聚人才来鲁就业创业，使其扎根齐鲁、服务山东。

注重柔性引进与全职引进的有机融合。柔性引进高端人才，全职引进实用型人才，增强虹吸效应。同时，兼顾长期与短期引才项目，增强引才方式的灵活性。与专业机构、高校建立战略人才合作关系，提升"山东—名校人才直通车"活动水平，进一步加大高层次人才引进力度。

（四）深化人才体制机制改革，推动科技创新与产业创新融合发展

为有效推动科技创新与产业创新融合发展，目前山东省围绕激发人才创新创业活力、畅通专业技术人才成长通道、加大创新型领军人才培养选拔力度、大力引进海内外人才、创造良好人才生态环境等五个方面进行了改革。在此基础上，本报告认为需要进一步优化人才授权、考评机制、福利待遇等方面。

第一，在人才授权方面，下放更多人才管理权限，加大"放管服"改革力度。以人为中心、以事为载体，进一步简化在人才招聘、职称评审、人员流动等环节中的行政审批和备案事项，下放岗位聘任、考核评价等管理权限，给予更多的自主掌控权和尊重感，建设人才梯队，增强地区和企业的主

体意识，使人才充分施展才华。

第二，在考评机制方面，坚持把品德列为评价首要内容，建立职业道德正向激励和失信惩戒机制。遵循不同类型人才发展规律，注重过程评价和结果评价、短期评价和长期评价相结合，避免重复评价人才。根据山东省产业分布特点对不同领域人才进行模块划分，制定结果考核弹性指标，考核时尊重创新领域，关注长远结果，适当包容"短期无成果"的情况，打破片面化的评价体系，弹性应用考评机制。

第三，在福利待遇方面，鼓励学者申报科研项目，允许挂任科技副职，优秀者可进入泰山人才工程。完善有关个税补贴、生活津贴、落户补助、项目扶持资金等的福利政策与服务，落实人才的财务保底、家属待遇、生活保障、安全保障相关政策，优化人才服务内容，打造"鲁益平台"。建设"一站式"人才窗口，集中受理监督反馈与人才服务事项，并定期开展服务质量自查自纠，全面为人才放权"松绑"。

（五）优化重点产业结构，加大产业留人力度

对山东省重点产业领域的企业主体进行现有项目和未来发展趋势的调研分析，并进行模块划分，有针对性地提出对企业的发展建议，引导现有企业向山东省重点产业领域靠拢，大力提升产业留人能力。首先，从经济补贴、政策宣传等方面推动本土产业的发展，实现产业聚焦、产业落地向多线城市转移，推动产业现代化进程。其次，扩大省市的人才规模，制定"支持百万大学生创业就业""五年吸引100万名人才"等目标，推动产业配套品的迭代升级，结合重点产业领域精准召开各类主题招聘会、提供项目资助和补贴、营造宽松包容的干事创业氛围等。最后，鼓励现有产业在聚焦重大战略领域基础上增强自身核心竞争力，以创新驱动力为核心大力支持产业改革和创业创新，通过举办一系列高层次人才创业大赛以旺产业、活经济，加大产业留人力度。

参考文献

[1] 崔丽杰等：《山东省 17 地市科技人才竞争力评价研究》，《清远职业技术学院学报》2017 年第 1 期。

[2] 郭跃进、朱平利：《我国区域科技人才竞争力评价研究》，《科技进步与对策》2014 年第 8 期。

[3] 韩利红：《河北省创新型科技人才竞争力评价与提升对策》，《河北学刊》2009 年第 4 期。

[4] 华才：《大力提高我国的人才竞争力》，《中国人才》2002 年第 10 期。

[5] 江苏省人事厅课题组：《提升区域人才竞争力是江苏人才发展战略的核心目标》，《中国人才》2002 年第 9 期。

[6] 李良成、杨国栋：《广东省创新型科技人才竞争力指标体系构建及评价》，《科技进步与对策》2012 年第 19 期。

[7] 林喜庆：《区域人才竞争力研究综述》，《电子科技大学学报》（社科版）2009 年第 5 期。

[8] 林泽炎：《提升人才竞争力的四大举措》，《人才资源开发》2005 年第 11 期。

[9] 刘泽双等：《基于 Fuzzy-ANP 方法的关天经济区人才竞争力评价模型研究》，《科技进步与对策》2014 年第 10 期。

[10] 陆晓芳等：《人才要素区域竞争力评价模型》，《吉林大学学报》（工学版）2003 年第 3 期。

[11] 马亚莉：《我国中部地区自主创新人才竞争力评价与分析》，《科技管理研究》2012 年第 14 期。

[12] 司江伟等：《山东省人才竞争力评价体系的构建与实例测算》，《统计与决策》2017 年第 2 期。

[13] 陶锦莉、郑洁：《长三角地区人才竞争力的比较研究》，《南京社会科学》2007 年第 9 期。

[14] 王高岑：《关于人才国际竞争力的几个问题》，《岭南学刊》2002 年第 5 期。

[15] 王健菊、杨诚：《基于灰色优势评价模型视域下的人才竞争力评价》，《统计与决策》2012 年第 21 期。

[16] 王建强：《区域人才竞争力评价指标体系设计》，《中国人才》2005 年第 15 期。

[17] 辛越优等：《"一带一路"沿线国家的人才竞争力：排名、特征与启示》，《高校教育管理》2019 年第 4 期。

[18] 徐坚成：《城市人才国际竞争研究——以上海为例》，《中国人力资源开发》2011 年第 4 期。

[19] 杨河清、吴江：《区域人才竞争力评价指标体系构建的几点思考》，《人口与

经济》2006 年第 4 期。

［20］杨思信：《甘肃省人才竞争力的现状与发展对策》，《甘肃行政学院学报》
2006 年第 1 期。

［21］张厚和等：《苏州市人才综合竞争力评估指标体系的建立与应用》，《苏州大
学学报》（哲学社会科学版）2006 年第 1 期。

［22］周德禄等：《山东人才竞争力评价报告》，载《2020 山东人才发展蓝皮书》，
山东人民出版社，2020。

［23］丁向阳：《人才竞争战略》，蓝天出版社，2005。

［24］桂昭明、王辉耀：《中国区域人才竞争力报告》，社会科学文献出版社，2013。

［25］Buracas, A., Navickas, V., "Criteria of Global Talent Competitiveness: Cases of
Turkey & Lithuania," *Journal of Knowledge Economy & Knowledge Management* 1
(2015): 129-141.

［26］Serban, A., Andanut, M., "Talent Competitiveness and Competitiveness Through
Talent," *Procedia Economics and Finance* 16 (2014): 506-511.

区域篇

B.7
建构高端人才版图，助力成渝地区双城经济圈人才驱动发展的重庆实践

重庆人才发展研究院课题组*

摘　要：　新时代人才强国战略强化了人才引领发展导向，深化了创新驱动发展中构筑技术竞争优势，推动区域产业全面升级，激活创新发展赛道，助力国家抢占技术革命前沿阵地的可持续发展路径。本报告围绕重庆抢抓成渝地区双城经济圈国家战略机遇，发挥传统产业优势，聚焦科技创新，建构动态映射所在地人才资源分布的区域高端人才版图，以产聚才、以城吸才，通过摹绘高端人才版图助力成渝地区双城经济圈打造西部人才中心和创新高地，进而汇聚一批在理论探索、科技研发和技术创新等领域的高端人才，助力区域经济可持续增长的人才驱动创新发展实践。

关键词：　高端人才版图　人才流动　成渝地区双城经济圈　重庆市

---

* 课题组成员包括：林勇，重庆人才发展研究院副院长、重庆大学工程科教战略研究中心（可持续发展研究院合署）副主任，主要研究方向为转型经济增长与区域可持续发展规划；叶宸宇、刘文祥、邢固、谢奇骏。

一 成渝地区双城经济圈高端人才的竞争态势

成渝地区双城经济圈，以成都和重庆为双核，是川渝地区地理相邻、人文相通、经济互补的重要区域。其得天独厚的地理区位和丰富的资源禀赋，成为我国中西部地区的经济增长引擎。面向未来，高端人才作为推动产业创新和高质量发展的核心力量，对成渝地区双城经济圈的持续繁荣至关重要。在新技术革命前夜和新一轮国际政治地缘博弈中，高端人才的全球性竞争已呈现白热化趋势。国内外高端人才竞争的复杂态势，要求成渝地区双城经济圈不断提升自身吸引力，应对新挑战。

（一）高端人才全球激烈竞争下的西部挑战

高端人才全球激烈竞争的影响因素是多方面的。2023 年欧洲工商管理学院发布的全球人才竞争力指数（GTCI）显示，瑞士、新加坡和美国在培养和发展高端人才方面表现出色。中国作为新兴经济体，在人才竞争力方面呈现积极的发展趋势，而新兴经济体对高端专业性科技人才的需求急剧攀升，特别是在知识领域不断交融的背景下，那些具备跨学科、跨领域背景的复合型人才更是成为竞相争夺的焦点。与此同时，国家保护主义日益盛行，无疑给发展中国家的相对欠发达地区的国际高端人才的引进与国内高层次人才的培养带来更大挑战。

成渝地区双城经济圈作为西部地区的经济增长核心，虽然在电子信息、装备制造等领域有一定的产业基础，但放眼全国，其产业综合竞争力仍然偏弱。在成渝地区双城经济圈的主导产业中，传统产业如汽车产业、摩托车产业占较大比重，而高端制造业和战略性新兴产业的规模尚有待进一步扩大。相较于长三角、京津冀和粤港澳大湾区，成渝地区双城经济圈在重大科学基础设施方面的国家布局相对较少，前沿基础创新能力有待提升。此外，在相当长的一段时间内成渝双城竞争大于竞合，[①] 竞合关系尚未得到充分体现。

---

① 杨继瑞、周莉：《基于合作之竞争博弈的成渝地区双城经济圈良性关系重构》，《社会科学研究》2021 年第 4 期。

这些不利因素成为成渝地区双城经济圈在激烈的全球人才竞争中实现脱颖而出的基本考量。

面对全球化趋势下人才竞争的复杂性，成渝地区双城经济圈作为中国西部地区的经济增长引擎，亟待通过人才战略布局，采取更为科学化、系统化的策略，战略性的政策引导和资源配置，优化创新环境、发展新质生产力，增强区域协同，高水平建设我国西部地区的人才聚集地和经济发展新引擎。

（二）国内高端人才流动显现的成渝机遇

在高端人才竞争日益激烈的全球背景下，"北上广深"等国内一线城市无疑具有得天独厚的优势。而值得注意的是，个体需求和城市综合环境是区域人才流动的两大关键影响因素，[1] 北京和上海等传统人才聚集地的单点聚集现象依然明显。但在当前的人才流动趋势中，对于高端科技人才而言，他们更倾向于选择那些能够提供良好的职业发展前景、相对较高社会地位、有消费竞争力的薪资水平，以及满足家庭和情感需求的综合人文环境。为此，城市的综合环境，包括经济活力、政策支持、创新氛围以及文化情感吸引力，也在人才流动决策中扮演着重要角色。

虽然长三角和珠三角依然是人才流动的热点区域，[2] 但随着一线城市人才竞争的加剧，成渝地区双城经济圈以潜在的经济活力、政策支持、创新氛围和文化情感吸引力，为高端人才提供了新的发展机遇和生活选择，特别是近年来在交通基础设施水平、公共服务质量上的显著提升，逐渐成为吸引高端人才的新焦点。成渝地区双城经济圈的崛起，不仅为人才提供了更广阔的职业发展空间，也为城市的科技创新和产业升级注入了新质生产力。随着高端人才对新一线城市的关注度提升，成渝地区双城经济圈有望成为人才流动的新高地，进而推动区域经济的高质量发展。

---

① 王秀梅等：《高端人才流动的网络关联特征与影响因素分析——对长三角地区高端人才流动的观察》，《热带地理》2023 年第 8 期。
② 杨波等：《中国科研人员国内流动态势及演进研究》，《科学学研究》2024 年第 12 期。

（三）多重国家战略叠加激发重庆发展活力

长江经济带和西部陆海新通道在成渝地区双城经济圈交会，这一特殊的地理位置不仅赋予了成渝地区双城经济圈畅通西南和西北的战略使命，还使其成为"一带一路"倡议沟通东亚与东南亚、南亚的关键枢纽。近年来，成渝地区双城经济圈更是上升为国家区域重大战略，[①] 定位升级和多项国家战略叠加，使得成渝地区双城经济圈在国内外人才市场上获得越来越多的关注。对区域高端人才版图的建构产生了显著的共振效应。这种叠加不仅体现在单一战略对人才引育留用机制的放大，还体现在多个战略之间相互促进、相互强化的协同效应。这种共振效应助力成渝地区双城经济圈构筑了一个"多维度、立体化"的人才体系，使得该区域吸聚人才竞争的活力持续提升。

总之，在长江经济带和新时代西部大开发等多重战略的"加持"下，成渝地区双城经济圈的高端人才吸引力持续提升。具体而言，多重国家战略的叠加促进了基础设施的完善、政策服务的提质、创新环境的优化，共同推动了区域产业结构升级的各要素聚集，为高端人才提供了更加广阔的发展空间、更加优质的生活工作环境。

二 聚焦重庆资源特色的人才战略选择

战略共振式的人才吸引模式，为重庆推动成渝地区双城经济圈建设的人才战略实施提供契机。重庆历史文化底蕴深厚、产业基础良好，作为成渝地区双城经济圈的核心城市，在建构高端人才版图、推动创新发展上取得了显著成效。然而，面对国内人才高度聚集与一线城市的现状，重庆需深化人才竞争战略布局，聚焦科技创新和现代制造业，持续吸引和培育国内外优秀人才。通过挖掘具有国内外领先水平的新产品、新技术项目，重庆能够以技术

---

① 魏颖等：《成渝地区双城经济圈国家高新区高质量发展研究》，《科技管理研究》2021年第4期。

牵引带动企业投资，促进优质人才向西部转移，形成具有竞争力的高端人才集聚效应。[①]

（一）战略布局吸才——高端人才版图布景

战略布局是人才版图构建的起点和基石，是吸引高端人才的先决条件。重庆从科技创新战略、产业发展战略入手，为建构高端人才版图绘制了宏伟的蓝图。

科技创新战略方面，重庆近年来研究提出"416"科技创新布局。聚力打造"数智科技""生命健康""新材料""绿色低碳"四大科创高地，积极发展 16 个具体战略领域，即人工智能、区块链、云计算、大数据；生物医药、精准医疗、生物制造、智慧农业；高端装备材料、先进光电与量子材料、新型半导体材料、高分子与复合材料；新能源与新型储能、生态保护与修复、绿色制造、再生资源利用。明晰科技创新发展方向，为建构高端人才版图划定了清晰的发展空间与框架，为高端人才集聚明晰了努力方向。

重庆的产业发展战略主要体现为对新兴重点产业的培育、对传统产业的转型发展，两者共同推动产业结构优化升级。具体包括，聚力发展智能制造、大数据、生物医药等战略性新兴产业，以期作为重庆未来经济发展的重要引擎；产业转型战略则针对传统产业，通过引进先进技术和管理模式，推动其向高端化、智能化、绿色化转型。在为重庆的高质量发展指明了方向的同时，为各类产业人才提供了多元化的发展依托。

在科技创新战略与产业发展战略的基础上，重庆全面实施人才强市首位战略，通过优化人才政策、营造良好的人才创新生态，迭代建设对高端人才富有吸引力的战略环境、制度环境。

"吸才"侧重于通过战略布局和政策环境，主动吸引外部高端人才来

---

① 《抢抓"黄金期"我市招商引资全力冲刺一季度"开门红"》（电视采访），2024 年 2 月 29 日，重庆广电·第 1 眼新闻；《新重庆开局第一年·着力推动上市企业扩量提质 重庆今年新增 8 家上市公司》（电视采访），2023 年 12 月 7 日，重庆广电·重庆新闻联播。

渝；"聚才"则更多地是在已有人才基础上进行集聚和整合。重庆的战略布局通过多层面的战略导向，在吸引外部高端人才的同时，对内部人才的流动和配置起到了积极的导向作用，进而为打造西部人才中心和创新高地奠定了坚实的人力资源基础。

（二）创新平台引才——高端人才版图关键节点

创新平台是高端人才版图构建的关键节点。作为聚集高端人才、支撑创新行为的重要载体，创新平台为高端人才创新研究及实现自身价值提供了机会。在重庆，多层次创新平台的构建正是基于创新系统理论和知识溢出理论。像科研院所、高校实验室、技术研发中心等各类平台，不仅为创新型人才提供了先进的研发设备和资源，还创造了一个开放、共享的生态环境，促进了知识、技术的交流与碰撞，创新平台通过促进知识溢出，可以加速创新成果的产生和传播。[①]

重庆在传统制造型城市向创新型城市转变的过程中，吸引高端人才的关键因素也发生变化。在产业转型初期，经济环境是主导。当产业步入中后期，创新平台的作用便日益凸显，创新平台作为吸引人才的"磁石"在构成高端人才版图基础的同时，成为优化人才配置、确保人才稳定留存的关键所在。[②] 在此阶段，创新平台通过强大的研发能力和开放共享的机制，促进知识、技术和资源的有效整合与利用，有效地承载了高端人才的创新行为，为实现科研成果转化营造良好环境。

通过提供一流的科研条件、良好的发展前景、畅通的交流环境，创新平台能够汇聚高端人才，并形成良性互动，即优秀的人才推动创新平台的进一步发展，而创新平台的发展又将吸引更多的人才加入。

---

① 牛冲槐等：《科技型人才聚集环境评判及优化研究》，《科学学与科学技术管理》2007 年第 12 期。
② 李乃文、刘会贞：《基于系统动力学的产业发展不同阶段人才集聚的决定因素分析》，《科技进步与对策》2012 年第 5 期。

（三）产业升级聚才——高端人才版图经纬

产业升级是高端人才版图构建中的重要一环。高端人才的培养和引进受到了产业升级方向的指引，产业升级不仅为高端人才提供了精准的定位，还对高端人才的发展提出了具体需求。"33618"是重庆市依托既有产业基础，着力打造的现代制造业集群体系，具体而言，"33"代表着力打造的三大万亿级产业集群（智能网联新能源汽车、新一代电子信息制造业、先进材料）和三大五千亿级产业集群（智能装备及智能制造、食品及农产品加工、软件信息服务）。"618"则分别代表着六大千亿级产业集群（包括但不限于人工智能、大数据、云计算等）和十八个"新星"产业集群。

现代产业集群直接反映了重庆经济发展的未来趋势，而经济结构和产业发展方向的调整转变，必然引发对高端人才的需求变化。重庆"33618"现代制造业集群体系契合了产业结构优化理论，即通过推动传统产业升级和新兴产业发展，来实现产业结构的整体优化，以提高资源利用效率和经济效益。[①] 随着新兴领域和新技术的崛起，高端人才的需求日益旺盛，因此，这种优化调整过程为人才提供了更多的发展空间和机会，促进了人才的集聚和发展。同时，确保人才资源能够最有效地服务于产业的发展。

按照比较优势理论的思想内涵，区域应根据自身的资源和条件优势，发展具有比较优势的产业。[②] 重庆在产业升级过程中，充分利用了其地理位置、资源禀赋和产业基础等优势，发展了智能网联新能源汽车、新一代电子信息制造业等具有比较优势的产业集群。结合重庆特质进行的产业升级策略，在推动区域高质量发展的同时，为构筑和拓展高端人才版图提供了明确的定位和引导。

此外，重庆市还举办了数字人才赋能产业发展专家创新大讲堂，聚焦数字人才赋能产业发展的问题，旨在搭建人才、技术、项目等交流平台，推动人才

[①] 筱原三代平、徐有光：《产业结构与产业组织》，《决策探索》1994年第5期。
[②] 〔英〕大卫·李嘉图：《政治经济学及赋税原理》（第一版），郭大力等译，商务印书馆，1962，第5页。

链与创新链、产业链、资金链深度融合，为高质量发展蓄势赋能。这些活动和政策体现了重庆市对人才的重视，以及通过人才驱动产业发展的战略意图。

（四）成果转化励才——高端人才版图活络

成果转化是高端人才版图构建中的最终环节，同样是检验战略布局、创新平台和产业升级效果的重要标志。通过有效的成果转化，不仅能激励和培养人才，还能持续建构和体系化完善高端人才版图。

科技创新成果的转化应用是现代技术转移理论中的关键环节，这不仅是科技进步的重要驱动力，也是经济和社会发展的核心动力之一。[1] 技术创新成果的快速转化，可以提供市场产品和服务，推动新兴产业的发展，进而带动经济结构转型升级。与此同时，技术进步带来的生产效率提升和新产品的开发，不仅能增强企业的市场竞争力，还能创造更多的就业机会，促进整体经济向上。根据成果转化理论，成果转化充分满足社会需求，在环保、公共健康和能源领域提供实际解决方案，从而提升居民生活质量和社会的可持续发展能力。此外，这种转化形成了实践与科研个体之间的良性反馈，以市场需求引导科研方向，不断优化成果，进一步推动科技进步。这一过程就像是"激活"了整个高端人才版图，使之从静态的规划转变为动态的发展。

在国际层面，科技创新成果的转化也是展示国家或地区科技实力的重要途径，能吸引国际投资和合作，提升全球竞争力。通过技术输出和国际交流，不仅增强了跨国技术交流，也为提升本国的科技和创新水平铺设坚实基石，形成全方位地推动。

综上，从理论及战略选择上，成渝地区双城经济圈通过战略优化、制度创新将有效地优化资源配置，进而实现制度优化的收益。通过改革旧规则和体制，促进人才、资本、技术等要素的顺畅流动，营造灵活高效的制度环境。重庆依托资源优势，从战略布局、创新平台、产业升级到成果转化等，全面激发人才创新潜能，为区域经济发展注入强劲动力。这一系列战略选

---

[1] 郁培丽、冷丽婧：《技术转移价值创造研究综述与展望》，《外国经济与管理》2024年第6期。

择，不仅满足了新时代发展需求，还将使成渝地区双城经济圈在西部人才竞争中占得先机，持续推动区域经济的全面升级与发展。

三　助力成渝地区双城经济圈创新发展的重庆实践

重庆，作为西部地区的人才高地，全市人才资源总量超过 630 万人，人才密度居西部地区之首，研发人员数量超过 20 万人，这彰显出重庆在人才储备方面的雄厚实力。在激烈的人才竞争中，重庆凭借多方面的优势，特别是在技术市场交易水平和技术成果转化方面的表现突出，为城市的创新发展提供了强劲动力。整体来看，成渝地区双城经济圈人才生态系统总体水平逐年提高，经历了"起步改善""快速提升""重点调整"的三阶段，[①] 构建了一个充满活力、开放包容的人才发展环境。重庆通过战略布局、创新平台、产业升级以及成果转化等多方面的实践，不断探索人才引领创新发展的新路径，致力于打造人才向往的创新之都。

（一）战略布局助力重庆发展实践

在科技创新战略方面，重庆的"416"科技创新布局为城市科技创新指明了方向。以人工智能为例，重庆颁发的《重庆市以场景驱动人工智能产业高质量发展行动计划（2023—2025 年）》旨在通过加强应用场景供需对接、突破关键技术和培育龙头企业等重点措施，促进人工智能与实体经济的深度融合，以推动重庆市人工智能产业的高质量发展，积极引进和培育人工智能企业，如科大讯飞等，在语音识别、自然语言处理等领域进行深入研发，为城市的智能化升级提供了技术支持。同时，重庆建立了多个科研机构和创新中心，聚焦新材料、生物医药等领域的研究。

在产业发展战略上，重庆注重新兴产业的培育和传统产业的转型。重庆

---

① 李林威、刘帮成：《区域城市群人才生态系统评价研究》，《重庆大学学报》（社会科学版）2023 年第 1 期。

市人民政府颁发的《支持制造业高质量发展若干政策措施》对智能制造企业进行扶持，引进长安汽车等知名企业，并通过智能化改造和升级来提高生产效率和产品质量。为了全方位纵深推进制造业数字化转型，加快推动制造业高端化、智能化、绿色化发展，重庆市经济和信息化委员会制定了《2024年重庆市制造业数字化转型行动工作要点》。其进一步明确了重庆在产业发展战略上的方向和目标，为推动产业高质量发展提供了政策保障。此外，重庆还大力发展大数据产业，建立了多个数据中心和云计算平台，为政府、企业提供数据存储和分析服务，推动了城市的数字化转型。

人才战略是重庆战略布局中的核心。为了吸引和留住高端人才，重庆不断优化人才政策，提供丰厚的福利待遇和较多的职业发展机会。重庆设立人才公寓，为引进的高端人才提供舒适的居住环境。同时，重庆持续举办人才招聘和交流活动，为人才提供了展示自己才华的舞台。在成渝地区双城经济圈层面，颁发了《成渝地区双城经济圈建设规划纲要》，计划实施吸引人才政策，深化科技创新体制改革，打造人才发展共同体，促进人才集聚和合理流动，打破行政壁垒，实现人才资源的优化配置和高效利用。

（二）创新平台促进重庆科技引领

在重庆，多层次创新平台的构建正是科技引领战略的核心组成部分，这些多层次的创新平台，包括科研院所、高校实验室、技术研发中心等，不仅提供了顶尖的研发设备和丰富的资源，还营造了一个开放、共享的环境。

在国际交流与合作层面，重庆通过举办国际人才交流大会，搭建一个全球性的交流与合作平台，吸引了世界各地的高端人才前来交流和探讨合作机会。这不仅展示了重庆对国际高端人才的吸引力，还促进了国际科技理念的交流和技术的共享，为重庆的创新生态系统注入了国际化视野和动力。[①]

在市域人才发展层面，重庆全力打造"3+X"市域人才发展试验区，其

---

① 《人因城而聚，城因人而兴》（电视采访），2023年11月30日，重庆广电·第一眼新闻。

中除西部（重庆）科学城外，重庆两江协同创新区、广阳湾智创生态城作为核心区域同样集聚了大量研发平台，重庆正努力将其打造为全国重要的战略科技力量集聚区，这些区域不仅提供了优越的科研条件，还营造了良好的创新创业氛围，为高端人才的成长和发展提供了广阔的空间。

在高校科研层面，重庆高校在引进和培养高端人才方面发挥了重要作用。例如，重庆大学突出"高精尖缺"导向，引进具有国际领先水平的优秀拔尖人才和团队；重庆理工大学出台了相应的高层次人才引进政策。重庆高校通过实施一系列高层次人才引进政策，成功吸引了一批具有国际领先水平的优秀拔尖人才和团队。这些高端人才的加入，不仅提升了高校的科研实力，还为重庆的科技创新和产业发展注入了新的活力。

此外，重庆还通过建设国家级科研创新平台，如国家重点实验室、国家级科技创新平台，重组形成国家重点实验室 10 个、2023 年新增国家级科技创新平台 12 个，争取国家各类科研项目 1121 项，以及重庆围绕"416"科技创新布局推动新工科、新医科、新农科、新文科"四新"建设等，都为高端人才提供了广阔的科研和发展空间，进一步增强了重庆对高端人才的吸引力，为高端人才提供了世界一流的科研设备和研究环境。

（三）产业升级推动产业人才集聚

重庆及其所在的成渝地区双城经济圈通过"416"科技创新布局和"33618"现代制造业集群体系，不仅为重庆的产业发展注入了新的活力，还成为吸引和培育高端人才的强大磁场。

其中，"416"科技创新布局聚焦于科研资源的整合和高端科研机构的打造，为科研人员提供了世界级的研发环境和条件，吸引了大量顶尖科研人才和创新团队。这些人才在平台上发挥专长，推动科技成果的产出和转化，为城市的创新发展提供了源源不断的动力。而"33618"现代制造业集群体系则侧重于产业集群的构建和高端人才的引进，通过打造产业生态、优化营商环境、提供优惠政策等措施，吸引了大量高端人才前来创业和发展。这些高端人才在集群中找到了施展才华的舞台，推动了产业技术的升级和产品的

创新，同时为城市的经济增长和结构优化做出了重要贡献。

在人才方面，重庆市实施了一系列政策和措施来吸引和培养人才，以支持战略的实施。实施青年人才筑梦工程，新增就业见习基地和博士后科研工作站，吸引青年人才到基层岗位就业，并提高博士后留渝比例；加强重点领域人才队伍建设，包括社会工作人才、教育领军人才、卫生健康人才、宣传文化人才和金融从业人员等；推动乡村人才振兴，建立农技推广联盟，培育农业科技示范主体，实施农村本土人才回引计划，加强基层农技人员培训。

此外，成渝地区双城经济圈还通过"两极一廊多点"的创新格局，进一步强化了产业发展的聚才作用。中国西部（成都）科学城和中国西部（重庆）科学城作为"两极"，汇聚了大批顶尖的科研人才和创新团队，而成渝科技创新走廊则为科研人员提供了优质的创新创业环境，成为科技成果转化的重要通道。这种"多点"布局使得各领域的专业人才能够在其专长领域内深耕细作，实现人才的个人价值与区域发展的双赢。

（四）成果转化激发重庆创新活力

针对重庆的成果转化，重庆出台了《重庆市进一步促进科技成果转化的实施细则》等指导性政策文件，通过以市场需求为导向，优化科技成果的源头供给，鼓励企业家勇于创新、敢于冒险，营造各方共同支持推动科技成果转化的氛围。此外，还通过设立科技成果转化股权投资基金，为创新项目提供了强大的资金后盾，落实重庆市委、市政府创新驱动发展战略，践行《重庆市促进科技成果转化条例》（修改后出台《重庆市进一步促进科技成果转化的实施细则》）。《重庆市完善科技激励机制的若干措施》的出台则进一步加大了对企业、科技人才和成果转化的激励力度。这些资金和政策的双重支持，极大地降低了科技成果转化的风险，提升了转化的效率和成功率，营造了支持转化的良好氛围。

为了进一步加强科技与产业的结合，重庆市政府出台了《重庆市加快推动高校科技成果转化与产业化若干措施》，积极支持高校建立专业化技术转移机构，这些机构在前沿技术判断、知识产权管理等方面发挥着重要作用，成为科技成果转化的重要桥梁。同时，重庆市政府按照《重庆市高价值专利培育项目管理实施细则》构建了高价值专利产学研运营联合体，通过推进专利的开放许可和交易转让，加强了产学研之间的深度融合，推动了科技成果的商业化进程。

此外，重庆市政府还通过常态化举办科技成果对接活动，如"科技成果进区县"等，为科技成果与产业界的深度融合提供了平台。这些活动不仅加强了科技成果的宣传和推广，还促进了科技与产业的紧密对接，为科技成果转化创造了更多机会。

近年来，重庆实践深刻地诠释了科技创新战略、产业发展战略、人才战略与创新各要素的紧密结合。通过精心布局人才发展、科技创新、产业升级及成果转化等关键领域，重庆不仅夯实了创新发展的基石，还为成渝地区双城经济圈的共同繁荣注入了新的动力。因此，重庆在构建创新生态系统上取得了初步成效，为成渝地区双城经济圈的协同发展注入了新活力。

四 人才创新生态升级助力重庆发展新优势

在新时代背景下，人才被赋予了更加重要的战略地位。重庆作为西部地区的重要城市，以创新实践积极推动人才创新生态的升级，以人才驱动促进科技创新，进而转化为城市发展的新优势，通过提升人才创新生态，促进城市和人才共生发展。重庆正努力打造成为人才向往的创新高地，为城市的持续繁荣注入源源不断的动力。

（一）人才驱动创新探索，助力新时代发展优势

根据熊彼特（Joseph Alois Schumpeter）的创新理论，创新本质上是对生产要素的重新组合，以打破经济均衡，促进整个社会的经济发展。[1] 在此过

---

① 〔美〕约瑟夫·熊彼特：《经济发展理论》（第1版），何畏等译，商务印书馆，2019，第27页。

程中，人才作为劳动力这一生产要素的核心组成部分，是创新活动开展的关键驱动力。《国家创新驱动发展战略纲要》中明确指出，坚持创新驱动的实质在于人才驱动。人才被视为创新的源泉，是推动科技进步和经济发展的根本力量。创新活动需要有创造性思维的人才来推动，而对人才的培养和吸引是创新活动成功开展的关键。因此，将人才驱动置于发展的核心位置，确保人才政策与整体发展战略相协调，从而实现持续的创新发展。

重庆结合自身实际，正致力于深度融合经济社会发展的需求与人才成长的规律，通过创新性地优化人才政策、布局人才战略，创造有利于人才成长与发展的土壤，进而推动新质生产力的发展，[1] 期望营造高质量的人才驱动创新氛围。这一过程中，人才通过利用专业知识和技能，为社会注入高质量的人力资源，有助于社会更好地应对复杂挑战，为城市的长期繁荣和稳定提供坚实的基础。

通过引进、培养高端人才，重庆不仅能吸引更多杰出的劳动力聚集，还能有效提升整体市场的人才竞争力。这将有助于减少该地区劳动力的相对成本和技能溢价，从而激发企业增加对人力资本的投资，从经济层面巩固了重庆的发展成就。[2] 在产业发展层面，高端人才驱动了传统产业的转型升级和新兴产业的发展壮大。这使得重庆的产业发展更加多元化、现代化，使其在高质量发展的时代主旋律下，构建了属于重庆的发展新优势。

（二）人才创新生态迭代，助力科技持续创新

人才创新生态是以创新人才尤其是科技创新人才为核心，由多个相关要素和主体构成的有机整体，这些要素和主体相互协同、共生发展，与之相适应地形成社会尊重人才、鼓励创新的文化环境，最终构成一个有利于人才成长和创新的环境，鉴于人才创新生态系统的系统性与复杂性，科技创新的持

---

① 吴江、冯定国：《加快形成新质生产力的人才驱动策略》，《当代经济管理》2024 年第 9 期。
② 孙群力等：《人才引进、个人所得税激励与企业劳动收入份额》，《当代财经》2024 年第 3 期。

续推进将深受多方协作与交流深度的影响。同时，完善和升级人才生态系统，将有助于科技的持续进步和产业的转型升级。

科技创新与人才创新生态之间存在着紧密的联系。三螺旋理论阐述了"高校—产业—政府"的协同合作机制，高校负责培养和提供具备创新意识与能力的高素质人才，为科技创新提供源源不断的新生力量；产业提供实践平台和提出创新需求，作为创新活动的载体为创新人才提供平台，其成果将不断推动科技创新发展；政府则制定政策和提供支持，为科技创新营造了良好的外部环境。三者相互促进，共同构建一个动态平衡的人才生态系统。在传统的政府、产业与高校三方合作基础上，埃利亚斯·G.卡拉雅尼斯（Elias G. Carayannis）的四螺旋理论引入了社会公众，形成一个多方互动、共同促进知识创新与提升社会公共利益的网络。[1] 在四方的互动与协作过程中，人才作为科技进步的推动者、科技创新的实践者，是连接技术进步和应用创新、构成跨界交流的桥梁，扮演着至关重要的角色，因此人才创新生态与科技创新之间存在着千丝万缕的联系。通过促进人才生态系统的迭代升级，可以更有效地整合资源，激发创新活力，满足社会需求，打造人才聚集的高地，实现人才的全面发展和社会公共利益的最大化。

迭代升级人才生态系统是科技创新的必然要求，涉及人才培养、激励及产学研深度融合等多个维度，目标是构建一个效能更高、更具开放性和包容性的人才生态环境。重庆完善人才引育留用机制、人才激励机制，深化产学研合作，提高政府服务质效等，不断持续推动人才创新生态的迭代升级，进而在人才竞争力方面展现出较多优势，特别是在技术市场交易水平和技术成果转化方面表现突出，这为城市的创新发展提供了强劲动力，凸显了健康的人才生态对科技创新的推动作用。

整体来看，成渝地区双城经济圈人才生态系统总体水平逐年提高，经历

---

① Elias, G. C., David, F. J. Campbell, "'Mode 3' and 'Quadruple Helix': Toward a 21st Century Fractal Innovation Ecosystem," *International Journal of Technology Management* 46 (2009): 201-234.

了"起步改善""快速提升""重点调整"的三个阶段。[①] 随着成渝城市群人才生态系统的持续完善和优化，区域经济与科技创新之间的正向互动关系日益凸显。区域经济与科技创新高质量发展密不可分，两者之间是相互促进的、协调共进的正向关系。[②] 科技创新通过引入新技术、新工艺和新理念，提高生产效率和生产质量，进一步创造新的市场需求，促进产业升级和经济结构的优化，从而实现经济增长，经济增长又为人才生态的优化提供了更多资源和更大空间，进而人才创新生态、科技创新、经济增长三者形成了良性循环。

（三）城市与人才共生共荣，彰显城市发展特质

城市与人才之间存在着紧密的相互依赖关系，[③] 要实现城市与人才的共生发展，关键在于发挥城市特质，吸引并留住人才。成渝地区双城经济圈的独特地理优势，是西部地区经济发展和创新实践的重要引擎，也为人才的集聚提供了广阔平台。重庆通过优化创新空间布局，与成都相互支持合作，发挥各自的城市特质，融合先进制造业和服务业，实现城市间的错位发展和优势互补，[④] 借此进一步增强对高端人才的吸引力，促进城市与人才的良性互动。

城市与人才共生发展能够促进经济的持续增长与创新驱动，同时通过人才的集聚与多样性，城市与人才共生发展有助于形成稳定的人才梯队，为城市的可持续发展提供坚实的基础，为城市的创新实践注入高端力量。同时，通过协调地区教育、科技和人才政策与城市规划，可以促进教育、科技和人

① 李林威、刘帮成：《区域城市群人才生态系统评价研究》，《重庆大学学报》（社会科学版）2023年第1期。
② 钟一帆等：《成渝地区双城经济圈区域发展与科技创新耦合协调度研究》，《产业创新研究》2023年第5期。
③ 宋鸿、张培利：《城市人才吸引力的影响因素及提升对策》，《湖北社会科学》2010年第2期。
④ 罗杨帆、孙凌宇：《成渝地区双城经济圈经济发展——基于空间溢出效应的分析》，《现代城市研究》2023年第3期。

才资源的共享以及城市间的合作引才，进而实现教育与科技的有序布局和人才在不同城市间的均衡分布，实现城市与人才共生发展。①

在全球经济一体化和区域经济全球化的背景下，国际人才市场呈现国家保护主义盛行、科技创新需求日渐扩大的新态势。重庆应以全球视野谋划人才战略，强化国际高端人才的引进工作，通过科技创新战略布局和人才链、产业链、创新链的深度融合，进一步提升重庆作为创新中心的国际吸引力。未来，重庆需加强与国内外城市和地区的人才交流合作，推动人才资源的优化配置与共享，持续优化人才结构。在人才创新生态方面，重庆应锚定创新要素内涵驱动的基本规律，积极响应资本市场与区域协调发展的要求，规范企业内在管理，学习已上市企业的成功经验，不断优化创新环境和资本市场运作机制。

2024 年 4 月 24~27 日，习近平总书记来渝考察，主持新时代推动西部大开发座谈会提出的"两点"定位进一步指明了重庆未来发展方向。重庆将持续深化体制机制改革、加强人才及产业交流，以更加开放包容的姿态汇聚全球创新资源，打造具有国际竞争力的高端人才高地，推动成渝地区双城经济圈在高质量发展的道路上迈出更加坚实的步伐。

---

① 李小球、宋杰：《教育科技人才"三位一体"发展的内涵特征及其圈层体系构建研究》，《当代教育论坛》2024 年第 3 期。

B.8
2023地方人才计划改革报告

任 磊 徐军海*

摘 要： 地方人才计划的制定和实施有助于吸引与培养优秀人才、促进地方经济和社会发展。随着地方人才计划的深入推进，地方人才计划在取得成效的同时存在一些短板。然而已有研究对于地方人才计划的实施现状、存在问题缺乏系统研究，难以对地方人才计划的改进提供指引。本报告阐述了地方人才计划的实施现状，提炼了地方人才计划存在的共性问题，依据当前经济和社会发展面临的新形势与挑战，构建地方人才计划改革框架，并依据该框架对地方人才计划提出优化对策。系统地研究地方人才计划，有助于推动地方人才政策的制定和实施，充分发挥地方人才计划吸引、培育、使用和服务人才的作用。

关键词： 地方人才计划 人才集聚 创新创业 改革框架

习近平总书记在党的二十大报告中指出，"要坚持教育优先发展、科技自立自强、人才引领驱动，加快建设教育强国、科技强国、人才强国"①，首次将人才与教育、科技一体部署，赋予人才新的战略地位、历史使命。其中，"人才引领驱动"理念高度概括了人才引领发展的地位和人才驱动创新的作用，重点强调了人才引领高质量发展是创新驱动的核心要素、是中国式

---

* 任磊，讲师，无锡学院数字经济与管理学院，主要研究方向为人力资源管理与组织行为学；徐军海，无锡学院副校长，江苏人才发展战略研究院副院长、研究员，主要研究方向为人才发展战略和人才政策。

① 《习近平：高举中国特色社会主义伟大旗帜为全面建设社会主义现代化国家而团结奋斗》，《人民日报》2022年10月26日，第1版。

现代化的重要动力和本质要求之一，这对新时代人才工作体系和人才发展方式提出了更高要求。人才计划是人才资源配置的重要载体和有效抓手。地方人才计划作为展现人才强国战略下各地市担当的一大重要人才战略举措，重点面向世界科技发展前沿和产业发展战略需求，大力引进、扶持围绕新技术、新产业、新业态、新模式创新创业的科技领军人才，为创新创业生态系统提供坚实的人才保障和科技支撑。当前，随着各地市高质量发展进程的不断推进，实现以产聚才、以才兴产的良性循环，打造人才汇聚新高地，亟须探索更开放、更积极、更有效的地方人才计划。本报告阐述地方人才计划的功能与分类，基于地方人才计划的文本与实施情况，评价地方人才计划的实施效果并识别存在的短板，结合经济社会发展的新趋势，厘清地方人才计划改革面临的新形势与挑战，最后搭建地方人才计划改革框架并相应地提出地方人才计划的优化对策。

一　地方人才计划的功能与分类

（一）地方人才计划的功能定位

地方人才计划是指各地区政府为了促进本地区经济和社会发展，吸引和培养优秀人才而制定的一系列政策和项目。地方人才计划的实施可以有效地推动当地的经济和社会发展，提高人才的素质和能力，增强地方的竞争力和创新力。具体而言，地方人才计划的功能主要有以下几个方面。

促进人才集聚和开发，助力地方人才资源优化配置。地方人才计划通过设立各种人才政策和工程，为来自其他地方的高层次人才提供落户便利和创业支持。同时，地方人才计划通过建立完善的科研体系和创新平台，为人才提供良好的发展环境和平台，吸引他们在该地区深耕。以人才计划为依托搭建人才交流合作平台，促进人才流动和集聚。一些地方政府组织各类交流活动、实施科技合作项目等，为人才提供广阔的合作空间和较多的交流机会，促进各类人才之间的互动和合作，推动优秀人才在地方的集聚。地方人才计

划还提供各种激励推动人才的集聚。比如，一些地方政府会为符合条件的人才提供税收优惠政策、住房补贴等福利待遇，提高与扩大人才在当地的生活质量和发展空间，增加他们留在当地的诱因。地方人才计划也会鼓励在本地出生的人才回流，通过设立创业基金、创业扶持政策等，帮助他们实现创业梦想。

优化地方创新发展环境，推动区域发展水平不断提升。引入优秀人才可以充实当地的人才队伍，带来新的观念、方法和技术，推动当地科技创新和产业发展。这些优秀人才可能具有国际领先水平的技术和经验，可以帮助地方企业加快创新步伐、提升技术水平和竞争力。优质企业的集聚还将提升地方产业技术水平，实现产业升级和转型。优秀人才也可能在国内外具有丰富的产业经验和资源，可以为当地企业提供战略指导和市场拓展方案，帮助企业找到新的发展方向和增长点。地方人才计划还可以促进科研成果的转化和应用。优秀人才通常具有丰富的科研经验和研究成果，在技术创新和科研转化方面有很强的能力。地方政府通过人才计划引入这些优秀科研人才，加速科研成果的转化和产业化，推动当地科技创新和产业发展，不仅推动了地方经济的持续发展，也提升了地方经济在全球经济中的竞争力。

完善人才管理和服务制度，提高人才培养和激励水平。地方人才计划制定税收优惠、住房补贴、子女教育等政策措施，让人才在当地工作和生活更加便利和舒适，从而吸引更多的优秀人才。同时，设立各类奖励机制，如科研成果奖励、人才引进奖励等，激励人才在当地发挥更大的作用。建立培训和职业发展体系，提升人才的管理水平。例如，地方人才计划与高校、企业等机构合作，共同开展人才培育项目，提高人才的专业技能和综合素质。同时，建立完善的职业评价和晋升机制，为人才提供更大的发展空间和更多的发展机会。此外，地方人才计划通过人才服务体系提升了服务水平。地方政府设立人才服务中心，提供包括生活服务、就业服务、创业服务等在内的一站式服务，帮助人才解决工作和生活中的问题；建立人才交流平台，促进人才之间的交流合作，提高人才的资源整合和创新能力。

（二）地方人才计划的支持类别

一般来说，地方人才计划中常见的支持类别包括以下几种。

领军人才和创新团队。其要求具有国际视野和战略眼光，能够突破产业关键核心技术，促进重大科技创新成果转化，快速抢占产业制高点的人才团队。① 团队领军人才应在国际相关领域具有重要的创新地位和学术影响力，研究成果居国际一流水平，具有杰出的创新能力和资源整合能力，并取得突出业绩和成效。

高层次创新创业人才。高层次人才指的是在某个领域有着丰富经验和深厚造诣的专业人才。这些人才往往在其领域有着较高的知名度和较大的影响力，能够给地方政府和企业带来创新和发展的动力。② 高层次人才包括各个领域的专家学者、科研人员、企业家等。创业人才要求既通科技又懂市场，带团队、带技术、带项目创业，对地方实施创新驱动发展战略和经济高质量发展起到引领支撑作用。

海外人才。海外人才指的是在国外工作或学习的优秀人才。这些人才可能是在国外著名高校攻读博士学位或在国际知名企业工作的员工。③ 海外人才往往具有跨文化交流的优势，能够给地方政府和企业带来国际视野与先进的管理经验。地方政府往往会通过海外人才招聘活动、设立海外人才引进项目等方式吸引他们回国或来到本地区工作和生活，为地方的经济和社会发展提供智力支持和国际视野。

优秀青年人才。优秀青年人才指的是在自己领域有着突出表现和潜力的青年人才。这些人才可能是在学术界、科研领域、创业创新领域等有着出色表现的年轻人。④ 地方政府通过设立优秀青年人才引进计划、开展青年人才招聘等方式，吸引优秀青年人才来到本地区工作和生活。地方政府也会为他

① 杜江峰：《"国优计划"：探索拔尖创新人才自主培养的新路径》，《中国高教研究》2024 年第 6 期。
② 张宝友、吕旭芬：《高质量发展视角下浙江创新创业人才发展环境评价及优化路径研究》，《科技管理研究》2022 年第 24 期。
③ 潘娜等：《新一线城市海外人才政策变现的比较研究》，《中国科技论坛》2023 年第 5 期。
④ 白鑫、艾希：《粤港澳大湾区人才高地建设背景下港澳人才与内地人才引进政策比较研究》，《科技管理研究》2024 年第 10 期。

们提供培训、奖励、资金支持等各种扶持措施，以帮助他们在自己的领域脱颖而出，为地方的经济和社会发展提供智力支持与后备力量。

二 地方人才计划的实施现状与存在的短板

（一）地方人才计划的改革特征

本报告搜集和整理了地方人才计划的政策文本，并进行了总结和归纳，提炼出地方人才计划的主要做法和改革特征。

适时调整优化人才计划方案，探索人才认定贯通机制。各地根据新的部署要求和形势变化，推动人才计划转型升级，推出更具针对性的人才新政。多数地方人才计划坚持一个品牌，通过迭代升级及时优化调整类别设置、支持政策和遴选机制等，形成了有明显辨识度的人才品牌。部分城市在人才计划优化整合上力度很大，支持政策采用全方位、多角度协同推进策略。例如：在市场机制发挥主要作用的竞争性领域改为个税优惠、人才奖励等激励方式予以提供支持；注重人才计划层级间的衔接和连贯，紧密结合国家级和省级人才计划设置支持类别。同时，多数城市人才类别整合为 3~4 个层次（如顶尖人才、重大创新团队、创新人才、创业人才），并且控制入选规模以提升人才计划的品牌影响力。

加大对顶尖人才和重大创新团队的引进力度，提升核心竞争力。各地瞄准新一轮科技革命和产业变革，个性化引进战略科学家和产业顶尖人才，按"一事一议"方式在人才奖励、项目资助、研发补贴、股权投资等方面给予"一揽子"支持。综合起来，地方人才计划引进顶尖人才有三个较为有效的经验：一是"引凤筑巢"，先遴选引进顶尖科学家，再为科学家量身定制事业平台，让顶尖科学家有适宜自己发展的最佳环境和一展所长的最优平台；二是以才引才，通过顶尖人才的学术圈、朋友圈链接引进顶尖人才；三是充分信任，实施"团队带头人全权负责制"，赋予用人权、用财权、技术路线决定权、内部机构设置权等。

深化重点产业领域产学研融合，促进人才与产业的良性互动发展。推行"人才+项目+产业"引才用才模式，围绕主导产业和特色优势产业明确支持重点，紧扣产业创新集群所需激发企业作为。在支持经费、立项比例等方面优先支持重点产业、战略性新兴产业和未来产业；围绕人才全链条提供扶持政策，在产业人才团队后续支持上力度更大。根据人才初创企业需求予以集成支持、滚动支持，探索"一企一策"定制化服务、二轮扶持等措施；构建产业生态圈精准化、差异化的人才项目体系；聚焦地方特色经济产业领域持续招引人才，提升人才集聚效应。

丰富和完善人才支持政策措施，为人才创新创业提供更广泛的支持。当前，地方人才计划呈现"扶持重心偏后，以后补助代替前端支持"的演变趋势。降低了人才直接经费资助，加大了后期股权资助、工作场所房租补助、贷款贴息、首购首用风险补偿等支持力度。加大了人才团队成果落地转化支持力度，人才企业项目的部分资助资金以融资补助形式给付。采用年度考核的方式评价人才企业发展、融资和引才等绩效，对达到条件的给予晋级奖励。各地还为人才发展提供强有力的金融支持，提升人才创业企业信用贷款额度，优先推荐政府性基金等给予投资。构建"项目资助经费+安家补贴+引才奖励+科技金融+综合服务"组合支持举措，人才支持措施更加多元化。

持续优化人才遴选机制，吸引更多优秀人才加盟。各地人才计划均针对不同类型人才科学设置评价标准。部分城市人才计划从支持人才向"赋权用人主体、赋能创新平台"转变，提高人才认定和举荐比例，开设认定快速通道。通过举荐制"以才引才"，高能级创新平台和链主企业可根据分配名额进行自主评价分配；"顶尖人才重点推荐""重大创新平台择优推荐"等人才项目在部分城市可直接进入终轮评审，"在世界前100高校院所任职的青年人才"等可直接认定入选；突出用人主体作用和市场激励导向，由"以'帽'取人"转为"以岗择人"；提高了重点人才和重点单位的人才举荐比重；建立以赛代评、以投代评、以荐代评等多元化渠道，探索人才举荐制等绿色通道。

（二）地方人才计划的实施成效

量质齐升，构筑了引才聚才的先发优势。地方人才计划的实施促进了人才集聚规模稳步攀升，人才布局渐趋合理。从数量上看，人才引进数量与投入呈明显正相关。从产业分布上看，人才集聚始终聚焦地方主导产业，发挥差异化、错位化产业引才优势。从质量上看，人才素质结构持续优化，人才进阶效应显著。地方人才计划吸引的具有海外留学和国内外名校背景的人才逐渐增多。此外，地方人才计划立足于高标准引进培育高端人才团队，对高等级人才项目入选贡献度较高并逐年提升。

孵化企业，打造了创业企业的新生力量。整体来看，地方人才创业企业规模不断扩大，营业收入迅速增长，对地方政府的税收事业做出突出贡献。部分企业成长迅速，社会资本融资概况良好。创业领军人才企业快速成长，市场吸引力增强，获得了大批机构投资者的青睐，得到了社会资本的融资支持，财政资金对社会资本的撬动效应显著。入选独角兽培育企业、瞪羚企业、专精特新中小企业和高新技术企业的占比明显高于一般企业。同时，人才企业创造了规模庞大的就业岗位，吸纳了更多的就业人口，催生了重大先进的创新成果，地方人才企业以技术创新回馈社会哺育。

产才融合，形成了产业集群的关键增量。人才驱动产业集群发展的优势逐步凸显，地方主导产业效益斐然，催生了部分行业的龙头企业。人才企业较为集中地分布在地方战略性新兴产业中，形成了地方战略性新兴产业集聚雏形。以地方人才计划为牵引，聚焦壮大创新主体、提升研发水平、集聚高端人才、构建创新平台、全面提高科技创新整体效能，已产出一批前沿尖端的高质量科研成果，获得丰硕的国家级、省部级科技奖励，发明专利申请、重点实验室建设数量提升明显。

盘活存量，带动了创新创业的整体能级。地方人才计划发挥在人才工作中的战略抓手作用，靶向支持高能级创新创业平台整合资源、盘活存量、优化升级，进一步凸显平台载体促进产才深度融合功能。同时，地方人才计划重视全方位人才服务供给，系统叠加人才引进、企业培育相关政策，"全链式"培育体系初具规模。聚焦人才创新创业服务现实需求，在政策扶持、资源对接、服务创新等领域不断完善优化，整合多资源要素提升服务精准度和有效性，使人才工作品牌释放虹吸效应，城市影响力得到进一步彰显。

（三）地方人才计划存在的短板

当前，国内外人才竞争空前激烈，人才工作仍处于重要战略机遇期，也面临前所未有的复杂性和不确定性。在看到地方人才计划取得良好成效的同时，要看到地方人才计划存在一定的不足。

人才计划项目类别过多和交叉重叠问题并存。一是项目类别设置过多。地方人才计划在实施优化过程中，考虑人才类型、产业类型和区域差异化发展需求，不断拓展覆盖面和项目专项，取得了较好的"针对性"成效。但同时项目类别过多过细带来负面效应，使人才政策体系过于繁杂，给申报人才和各级管理部门带来不便，既不利于子项人才政策品牌聚焦，也提高了后期的项目管理成本和难度。二是部分项目交叉重叠。多重维度项目分类必然存在交叉，资助对象重叠度高，项目的定位、目标和功能趋同。由此造成申报人才识别的混乱和模糊，还有可能在选择类别上因"误选"带来负面意见。同时，由于不同项目的立项比例和支持力度不同，在申报上可能存在"田忌赛马"的策略安排，这使得人才计划的公平性和权威性受到挑战。三是项目整体规模偏大。数量大幅增多降低了部分类别的入选门槛，"摊薄"了项目资助额度，也让部分较好的人才项目的荣誉感和获得感减弱，影响整个品牌的"含金量"，特别是创业项目的急剧增加，由此带来很多中介项目、包装项目，既增加了基层的财政压力和工作负担，也给项目遴选和整体绩效带来很多隐患。

人才计划引才、育才、用才的绩效分化明显。一是"高精尖"人才引进不足。地方人才计划的人才集聚成效表现在规模不断扩大、结构持续优化，人才集聚水平明显提高，但"高精尖缺"人才供给相对不足。顶尖人才数量偏少，重大创新团队及顶尖人才团队的入选数量不足，战略科学家匮乏，具有产业科技创新标杆性和现象级影响力的头部人才也匮乏。高水平基

础研究人才集聚效应不明显，围绕"卡脖子"技术攻关集聚人才成效不明显。二是人才企业发展差异化较为明显。企业正常运营率有下降趋势，企业经营不善的主要原因为项目产业化能力弱、产品市场占有率低、团队散伙以及融资困难等，人才初创企业发展不太理想。人才创业企业多数还处于培育期，面临资金、人才、市场、管理等共性难题，还需更多差异化、有针对性的扶持政策和服务举措。三是创新人才对科技领军企业支撑力不足。企业创新人才项目整体规模偏小，创新人才的引进受到当前地方人才计划的多重限制。整体来看，地方企业创新人才对各类创新型企业的覆盖面不够，创新人才对"科技型中小企业—高新技术企业—瞪羚、专精特新企业—独角兽企业—科技上市企业—创新型领军企业"梯度培育的支撑度较低，未形成品牌示范效应。

人才计划管理机制有待优化。一是扶持政策有待优化。整体反映资助经费力度依然不足，近年来获得资助额度一般在经费区间下限，项目优劣的梯度不明显。项目资助经费对于人才的吸引力和项目的支持度相对有限。县市级扶持政策衔接差异较大，导致两级人才计划导向模糊、重复资助、结构性失衡等问题。项目资助经费执行时普遍将其作为科研项目进行管理，使得经费使用的灵活性大大降低。二是项目申报烦琐复杂。申报需要准备的材料种类复杂，模块及附件材料过多过细，有些内容是程序性、模板化的，有些相互嵌套，而且从申报到立项周期长，消耗时间和精力。由此也产生了很多中介服务机构代写、辅导和包装项目现象，反而不少基础好的项目因此被淘汰。同时，有些类别项目申报条件过宽，造成审核和评审工作量增加。三是评审机制有待完善。尽管地方人才项目评审机制较为严谨、规范，但也因为重评审轻认定，工作量巨大、评审成本高，也因为结果的不确定性不能给人才合理稳定的心理预期，无法形成招引人才的叠加筹码。四是项目进度管理有待加强。中期检查时间间隔太短，有些人才项目因为经费拨付需要立项仅过半年就开展中期检查，难以反映项目实施成效。项目验收标准重技术指标、轻经济指标。项目后期监管有所欠缺，重大团队核心骨干人才离职、项目重大情况变更、项目进展严重滞后等情况的申请备案和退出机制还需细化完善。

重人才计划、轻跟踪服务的现象普遍存在。一是引才定位模糊影响效能释放。地方产业专项细分领域过窄、定位模糊、引才盲目问题不同程度地存在，人才引进侧重追求完成数量指标，对企业产业聚焦不足，人才项目与主导产业的契合度低。另外，平台载体功能未能充分发挥，有些板块公共技术平台、公共服务平台等未能实质运行或能级不够，难以为人才提供有效地支持与帮助，配套机构和设施的建设也不能完全满足现实需求。二是后续综合配套服务仍显不足。尽管部分地区针对人才初创企业资源整合能力欠缺、市场风险承受能力较弱等情况，建立了滚动支持机制强化培育，但成效有待检验。骨干人才在子女教育、住房安居等方面缺少配套支持，面临招引困难或流失风险；存在重引进"显绩"、轻服务"潜绩"倾向。人才工作者前端工作量已经超负荷，上门问需精力有限。人才企业日益增长的投融资需求，现有的融资平台、金融产品和融资额度供给不足，社会创投氛围与先进城市还有差距，亟待破解人才项目投融资难题。

三 地方人才计划改革面临的新形势与挑战

（一）科技自立自强人才支撑

要以实施地方人才计划为载体，强化高水平科技自立自强人才支撑。科技竞争的背后是人才的竞争，科技自立自强的前提是人才自立自强。战略人才站在国际科技前沿、引领科技自主创新、承担国家战略科技任务，是支撑高水平科技自立自强的核心力量。地方人才计划要以打造战略人才力量为重点，把引进、培养、使用融为一体，提高人才工作的整体效益。突出集聚顶尖人才和战略科学家这个"塔尖"，紧紧围绕有望突破的重点领域、重点单位，加大引进培育能够准确研判国内国际科技发展趋势、掌握核心技术、具备较强组织领导能力的国际一流人才，集成支持开展原创性、引领性创新。集聚"卡脖子"关键核心技术攻关人才这个"塔身"，围绕地方科技产业领域"卡脖子"技术难题，引进培育一批具有科技前沿引领力、科研资源集

聚力、国际话语影响力的科技领军人才和创新团队，依托创新联合体开展技术联合攻关。接续培养支持青年科技人才这个"塔基"，围绕支持青年科技人才挑大梁、当主角，加大对 35 岁以下优秀青年人才资助培养力度，通过传帮带、协同培养、专项支持等综合举措打造人才成长梯队，支持青年科技人才创新创业。引进培养更多基础研究人才，围绕国家重大战略需求和地方基础科学发展需要，探索实施基础研究人才稳定支持机制，完善"政府+企业+社会"多元长期稳定投入方式，促进更多"从 0 到 1"的源头性创新成果涌现，打造重要的原始创新策源地。

（二）产业创新集群人才供给

要以实施地方人才计划为载体，为产业创新集群提供新动能、新优势。加强人才、科技、产业等多部门联动，推动创新链、产业链、资金链、人才链深度融合，助推产业创新集群融合发展，既是抢抓新一轮科技革命和产业变革机遇的必然要求，也是加快构建新发展格局、推动高质量发展的现实需要。地方人才计划要以引领驱动高质量发展为主线，加快集聚各类产业科创急需紧缺人才，助推产业链强链补链延链，实现产业和人才同向发力、同频共振。巩固优势产业领先地位，围绕地方主导产业，通过政府引导、市场配置，把人才队伍增量对接到创新链、产业链各环节中，有效解决人才供给与需求不匹配、产教融合不紧密等问题，补强重点产业链薄弱环节。打造新的增长引擎，聚焦打造新一代信息技术、人工智能、集成电路、新能源等战略性新兴产业融合集群，以人才布局抢占未来产业发展先机，加快储备能够产生颠覆性技术变革、引领未来创新发展的人才资源和人才集群；加速集聚数字化人才，促进数字经济和实体经济深度融合，不断培育发展新产业、新业态、新模式。强化企业创新主体地位，将培育发展高新技术企业作为地方人才计划升级优化的"牛鼻子"，持续开展"人才强企"行动，向用人主体充分授权，进一步强化企业在人才培养、引进、使用和技术创新决策、研发投入、科研组织和成果转化方面的主体地位，精准扶持人才初创企业成长发展。

（三）高水平人才集聚平台

要以实施地方人才计划为载体，助力打造高水平人才集聚平台。深入实施新时代人才强国战略，加快建设世界重要人才中心和创新高地是习近平总书记在 2021 年中央人才工作会议上作出的重要指示，是做好新时代人才工作的总抓手。按照"3+N"战略布局，集中推动北京、上海、粤港澳大湾区人才高地建设，取得经验后逐步在一些中心城市建设吸引和集聚人才平台。在积极推动高水平人才集聚平台建设过程中，地方人才计划是加快人才资源开发的重要依托，有助于全方位培养引进用好人才。突出"聚天下英才而用之"，提升海外引才破局能力。近年来，全球人才竞争日益激烈，西方发达国家纷纷出台新的人才战略招揽人才，美国调整移民政策和留学生教育政策、英国推出高潜力人才签证计划（HPI）、德国实施新《技术人才移民法》、日本新设"特别高度人才制度"等。基于此，要实施更加积极、更加开放、更加有效的人才政策，拓宽引才渠道、创新引才方式，加强人才国际交流合作。突出要素系统集成，促进"科教才融合+产才城融合"。坚持教育发展、科技创新、人才培养一体推进，注重与国家实验室、区域科技创新中心、"双一流"高校和学科、高新产业园区建设等相衔接，发挥重点项目、重点工程、特色产业吸引集聚人才作用，聚力自主培养国家战略人才和吸引集聚高层次人才，推动创新链、产业链、资金链、人才链深度融合，更好地发挥集成效应，形成良性循环。

四　地方人才计划改革框架与优化对策

坚持"聚天下英才而用之"，以地方人才计划为关键抓手，全面构建高端引领、梯次衔接、作用突出的科技创新人才方阵。基于习近平总书记对人才工作的重要指示，本报告设计了地方人才政策改革的总体思路并依据该思路提出优化地方人才计划的对策。

（一）地方人才计划改革框架

服务大局，引领驱动。把实施地方人才计划作为深入实施人才强市和创新驱动发展战略的关键抓手，围绕科技自立自强、强链补链延链、构建新发展格局、推动高质量发展等战略需要，优化地方人才计划战略定位和工作重点，充分发挥人才引领驱动作用，以教育、科技、人才一体化布局更加有效地服务发展大局。

全球视野，高端引领。聚焦重点领域、重点单位，瞄准国际前沿，着眼"高精尖缺"人才，建好用好全球科技人才地图，对标国际标准和通行规则，构建用人主体发现、业内同行认可、数字智能匹配的人才遴选机制，科学评价、精准选才；突出赋能进阶，引育集聚一批抢占产业科技制高点的一流科创人才，推动高水平科技自立自强。

创新机制，集成支持。以推进更深层次、更大范围、更大力度为着力点，探索创新人才培养开放机制、评价发现机制、选拔使用机制、激励保障机制等，加强人才计划与科技、产业、财税、金融、知识产权等相关政策的衔接协同，推动资金、项目、基地等集成支持，率先形成以"充分信任、减负松绑"为核心的人才管理机制比较优势。

上下联动，示范引导。强化地方人才计划与国家、省人才计划的有效贯通，引领带动地方人才计划优化升级，充分考虑各级人才计划的整体性、层次性和差异性，通盘考虑支撑人才的接续培养和成长发展，坚持配套联动、一体化推进，形成点面结合、整体推进的人才资源开发格局，勇当新时代人才计划的"样板"工程。

（二）地方人才计划优化对策

加强地方人才计划顶层设计，明晰"争先、强企、补足、布远"的独特定位。一是优化人才计划整体布局。加大财政投入，在巩固人才计划成效的基础上，精简项目类别设置、优化资助结构和方式，形成具有品牌标识度的类别层次。调整项目规模与结构，保持或适当减少人才计划项目总数，提升战略性、引领性和示范性。优化类别结构，增加创新类项目数量，适当减少创业类项目数量。二是突出"高精尖缺"人才导向。加大海外引才力度，注重与国家级和省级重大人才工程的衔接，充分发挥"蓄水池"作用。加大顶尖人才和战略科技人才集聚力度，增量计划主要用于补足重点产业、重点领域发展急需的高层次人才缺口，重点围绕"卡脖子"技术攻关集聚一批科技领军人才和创新团队。

推动地方人才计划遴选评审规则改革，最大限度降低项目申报遴选成本。一是精简项目申报要求。进一步优化人才在职务、职称、年龄、学历等方面的项目申报条件，简化项目申报书，删减部分模块化、重复性的内容和材料，减少公开渠道可查询的资质、信用等信息填报，最大限度简化放宽申报前置条件。二是优化遴选程序规则。加强同一类别项目的集中评审，减少组织项目评审频次，减轻两级管理部门工作负担。梳理网评和会评功能定位，适当减少网评项目数量，缩短整体评审周期。优化评审专家构成，创业类项目会评提高创投专家比例，加强项目产业化前景研判。三是提高认定举荐比重。优化薪酬待遇、获得投资额度、工作履历等作为人才评定的主要依据的实施细则，提高市场评价、用人主体评价和地方评价权重。进一步探索优秀人才"举荐制""认定制"，"顶尖人才重点推荐""重大创新平台择优推荐"等人才项目在部分城市可直接进入终轮评审，符合特定目录的人才可直接认定入选，最大限度激发人才创新创业活力。四是强化第三方数据评价支撑。引入政务平台公共数据，将企业工商注册、销售、利税、社保、研发投入、知识产权等第三方数据作为项目初评依据，减少当前人工审核工作量，增强评审的公信力和权威性。

完善地方人才计划组织实施机制，形成协调有序、系统集成的工作格局。一是优化项目支持政策。进一步梳理现有政策梯度和集成方式，给予不同类别、不同层次的人才差异化、多元化的政策措施支持。加大政策支持力度。加大项目资助经费，推行"一事一议""引凤筑巢"等量身定制举措；按项目优劣等级区分资助标准，给予一定比例项目经费区间上限支持。创新政策资助方式。增强政策黏性，扶持重心向后端转移，根据项目绩效以产业

化配套、融资补助、晋级奖励等形式给付；优化创业项目财政投入方式，推行"拨+投""拨+贷"，发展投贷联动、投保联动、投债联动等新模式，撬动社会资本共同参与创新创业人才引进。加强部门协同，统筹市级产业、科技和人才等各类扶持政策，形成"人才+项目+平台"系统集成支持的"政策包"。优化创新人才经费使用方式。推行项目经费使用"包干制+负面清单"，给予人才更大自主权和更强获得感，对接科研成果产业化配套资金，支持搭建先进技术应用场景，更大力度支持成果转移转化。二是夯实引才基础。以强化人才供需精准对接为导向，动态优化全球科技人才地图，用好科技招商智能导航系统，按重点细分领域同步绘制产业地图和人才图谱，助力靶向引才、精准引才。拓展引才网络，在高层次人才集聚的国家和地区建立引才引智联络机构，增强海外创新中心、离岸孵化中心、科创飞地等人才项目储备育成功能。打造各类具有全球影响力的引才活动平台和大赛论坛，依托创业大赛立体式推介宣传地方人才计划。三是完善绩效考核体系。优化人才项目绩效考核方式，运用抽样检查与专项评估相结合的方式，积极引入市场化力量与手段，联合第三方考评机构参与考核。逐步构建重点突出、导向鲜明、科学合理的绩效考核指标体系，注重过程和结果考核并重、定量和定性指标并重、引进和培育考核并重，以及潜在效能考核，突出人才项目、载体平台、政策措施、人才投入、工作绩效的多维度考核指标设计。科学运用考核结果，建立反馈机制，实现以评促改、以评促建、以评促发展。

增强地方人才计划对各类主体的示范引领作用。一是增强用人主体引才育才用才积极性。增强用人主体在项目技术路线、经费使用管理等方面自主权，提高用人主体在人才计划立项和考核中的评价权重。探索实施重点单位、重大平台、重要企业人才计划配额制，赋予重大创新平台、科技领军企业人才举荐权，被举荐人才可直接纳入地方人才计划或进入终审。增强人才强企效应，统筹好地方人才计划与"产业紧缺人才计划薪酬补贴""优秀人才贡献奖励"等人才激励作用，既注重覆盖面也突出关键核心技术人才，推动人才项目加速发展、人才企业快速成长，切实降低企业用人成本。二是加速产业集聚和加强平台支撑。以产业链招才思维做大做强特色主导产业，持续优化人才创业项目的空间布局，培育壮大空间上高度集聚、上下游紧密协同、供应链节约高效的产业集群。进一步引导人才项目差异布局、错位竞争，立足本地产业定位和资源禀赋，推出异质性政策措施和配套条件，营造"头部企业+中小微企业+服务环境"的创新生态圈，形成更多特色产业人才集聚区。支持基础条件好的地区瞄准科技前沿和未来产业，动态调整人才计划重点支持领域，加快前瞻布局未来产业。支持国家级和省市重大创新平台设施落地，引导区域建设多层次创业载体，促进人才、资金、技术等资源要素高效配置，培育一批人才强县（区）、强校（院）、强企典型。三是引导社会力量广泛参与。放大以才引才"串式"效应，广泛聘请高端人才、知名专家等担任引才引智大使，精准高效引进人才。支持引进高端知名猎头服务机构，用好中介机构、社会组织等引才荐才资源，优化"引才伯乐奖"，完善"单位出榜、中介揭榜、政府奖补"支持机制，对成功引进急需紧缺人才的专业社会组织、人才中介服务机构或个人，提高一次性引才奖励额度。

构建全周期服务体系，营造人尽其才的人才发展环境。一是优化计划实施的后期管理服务。地方政府要将工作重心向人才项目后期的全链条服务转移，增强与提高人才引进后的服务意识和水平，推行落地企业人才专员制度，提供个性化的精准服务。针对人才企业成长中的薄弱环节，研究出台企业人才招聘、核心员工"比照"服务、技术技能培训等减轻成本负担和破除隐性壁垒的措施，加强融资担保、首购订购等方面的政策协调，切实帮助人才企业解除后顾之忧。推出更多针对人才初创企业纯信用、免抵押、成本低的金融产品，撬动社会资本支持人才创新创业，为企业提供从初创期、成长期到发展壮大期的全周期金融支持。充分发挥各类中介组织的作用，以政府购买服务引进投资、法律、知识产权、人力资源、税务等市场专业服务力量，参与人才项目落地企业的后端服务，提高服务质量。引导更多高成长性的优质科创企业人才参加培训，专项提供 IPO 上市服务、科技金融服务、高端要素对接、伙伴导师等支持，助力企业加速成长。二是推进人才发展体制机制综合改革。推动地方人才计划大胆先行先试，不断创新人才发展体制

机制。将地方人才计划作为人才工作和人才管理改革试验田的重要抓手，发挥因地制宜、因事而异的灵活性和创新性，允许人才计划适当突破现有制度约束，积极探索新模式、新机制。比如，先行先试海外人才出入境便利服务、永久居留、落实国民待遇等政策，高层次人才绩效工资、弹性工作制等政策，出台支持民营企业人才职称晋升、待遇保障等措施，支持创新人才依法依规兼职兼薪、在职或离岗创办企业等。在人才使用上，充分赋予用人单位自主权，探索特设岗位管理，实施与国际接轨的评价方式和激励机制。三是打造最优人才发展生态。着眼人才及其团队全方位生活服务需求，建立便捷高效的服务机制，切实解决好人才安居、子女教育、医疗保障等现实问题。健全人才分级分类服务体系，提供人才清单化服务，依托人才数字化综合服务平台，畅通公共服务和特色服务供给。将实施人才计划与举荐先进典型相结合，大力表彰宣传地方人才计划涌现的优秀人才和典型企业，在全社会弘扬科学家精神、企业家精神、工匠精神，营造活力迸发、近悦远来的人才生态。

B.9
2023河南强化现代化建设人才支撑报告

张学艳　闫闯　李弘扬*

摘　要：　中国式现代化是创新驱动的现代化，是高质量发展的现代化，也是人才引领、人才支撑的现代化。本报告基于中国式现代化和河南现代化的时代内涵，立足河南现代化建设人才支撑的关键需求，分析河南现代化建设人才支撑的生态环境；根据实证分析结果，构建以"高精尖缺"人才为主导、以青年人才为重心、以各类专业技能人才为基础的人才生态结构布局；强化科技人才培养、创新科技人才选拔、健全科技人才评价、完善科技人才保障等机制；从树立科技人才战略意识、做好人才强省战略布局、强化河南战略人才力量、优化人才成长发展环境等方面，提出相应的对策与建议。

关键词：　现代化　人才支撑　生态环境　模糊集定性比较分析　河南省

党的十八大以来，习近平总书记反复强调人才工作的重要性。党的二十大报告提出，要实施科教兴国战略，强化现代化建设人才支撑。人才是实现突破关键核心技术的战略要素，在科技强国建设中发挥着重要作用。2021年9月，习近平总书记在中央人才工作会上提出，要坚持人才引领发展的战略地位。① 2022年4月，河南省委书记楼阳生在全省教育科技创新大会暨人

＊　张学艳，河南财经政法大学工商管理学院副教授，硕士研究生导师，主要研究方向为科技人才、创新创业；闫闯，河南财经政法大学国际商学院学士，主要研究方向为科技人才、创新创业；李弘扬，河南财经政法大学管理科学与工程学院学士，主要研究方向为科技人才、创新创业。

① 《深入实施新时代人才强国战略 加快建设世界重要人才中心和创新高地》，人民网，2021年12月16日，http://hb.people.com.cn/n2/2021/1216/c194063-35053210.html。

才工作会议上也强调，要坚定不移实施创新驱动、科教兴省、人才强省战略，要坚持人才引领发展，加快建设全国重要人才中心。然而，河南存在科技人才总量不足、结构性缺口突出、创新链与产业链结构性脱节等问题，如何构建河南现代化建设人才支撑的战略布局与机制，成为河南省当前亟待解决的关键问题。基于此，本报告将紧扣"中国式现代化"和"河南现代化"的时代内涵，探索河南现代化建设人才支撑的关键需求、战略布局及保障机制，强化河南现代化建设的人才支撑，是现实之需，且意义重大。

一 河南现代化建设人才支撑的时代内涵与关键需求

（一）河南现代化建设人才支撑的时代内涵解读

习近平总书记在第二十次全国代表大会上提出："中国式现代化，是中国共产党领导的社会主义现代化，既有各国现代化的共同特征，更有基于自己国情的中国特色。"[1] 符合中国国情的中国式现代化是基于共同富裕的奋斗目标所实现的高质量发展的现代化，是不断满足人民群众物质文明和精神文明需求的全面发展的现代化，人民属性是中国式现代化的根本，要坚持以人民为中心的发展思想，更多地关注人民群众的物质生活和精神文化建设。

河南作为全国的农业大省、人口大省，拥有丰富的人力资源和自然资源，但教育资源短缺且产业结构不平衡，因此，河南应当从自身情况出发，在中国式现代化的基本理论中找到河南现代化的方向和要求。基于此，河南现代化应立足于发扬农业和人口优势，补齐工业和教育短板，增强科技支撑，实现科技自立自强，奋力建设经济强省、人才强省，通过构建现代化的人才建设体系和产业体系，为河南现代化建设的关键时期提供有效动力支撑。河南现代化建设要看到人才体系建设的重要性，高质量人才生态环境是

---

① 《习近平：高举中国特色社会主义伟大旗帜　为全面建设社会主义现代化国家而团结奋斗——在中国共产党第二十次全国代表大会上的报告》，中国政府网，2022 年 10 月 25 日，https：//www.gov.cn/xinwen/2022-10/25/content_5721685.htm。

高水平人才发展和高科技人才建设的核心和关键所在，是激发创新创造活力的主要动力来源。

（二）河南现代化建设人才支撑的关键需求

人才是现代化的关键支撑，推进河南现代化建设，必须培养现代化建设需要的高素质人才，发挥人才引领驱动现代化建设的作用，使人才在现代化建设中全面释放潜力，自由发展。心理学家马斯洛提出了需求层次理论，认为人在不同阶段、不同组织中会产生不同的需求。根据人才的实际需求制定有针对性的政策是建设人才支撑、构建人才体系、激发人才活力的关键。习近平总书记强调："环境好，则人才聚、事业兴；环境不好，则人才散、事业衰。"[1] 这说明了人才建设中环境的重要性。[2] 人才生态环境主要包括政策环境、经济环境、社会文化环境以及科学技术环境。[3] 因此，河南现代化建设人才支撑的关键需求同样源于以上四种因素：政策环境可以通过一系列措施的颁布引导人才的合理流动和聚集；经济环境是留住人才的基本保障；社会文化环境可以影响高级人才在社会上的认可度和关注度，有助于人才自我价值感的增强；科学技术环境则是科技人才自身专业技能得以使用的首要保障。

2022年1月和2月分别出台了《河南省"十四五"人才发展人力资源开发和就业促进规划》和《河南省"十四五"人力资源和社会保障事业发展规划》，其中明确要求组建"河南省人才发展集团"，并以中国中原人才服务产业园为基础，建立以人才引进、创业投资、教育培训为核心的人才服务平台，这些举措都彰显了河南省对人才工作的重视，为满足河南现代化建设人才支撑的关键需求提供了强大的保障。

---

① 《人才引领驱动高质量发展》，中国共产党新闻网，2023年10月18日，http：//cpc.people.com.cn/n1/2023/1018/c64387-40097606.html。

② 李作学、张蒙：《什么样的宏观生态环境影响科技人才集聚——基于中国内地31个省份的模糊集定性比较分析》，《科技进步与对策》2022年第10期。

③ 张波、丁金宏：《中国人才生态环境对高学历人才集聚效应影响分析》，《科研管理》2022年第12期。

二　河南现代化建设人才支撑的生态环境分析

党的二十大报告明确提出，要深入实施人才强国战略，为创新驱动高质量发展提供坚实的人才支撑，加快建设世界重要人才中心和创新高地。创新驱动的关键在于人才驱动，科技创新活动中最核心的要素是科技人才资源，科技人才集聚可加快知识与技术创新的速度，提升科技资源配置率，促进区域经济的高质量发展。《中国科技人才发展报告（2020）》显示，近年来，我国科技人才规模不断扩大，居世界第一位。然而，许多科技人才选择集聚在东部及少数中西部中心城市，而东北部和西部部分欠发达地区人才流失严重，各地之间的科技人才集聚度存在明显差异。因此，如何营造良好的人才生态环境，促进高科技人才集聚，是河南省高水平人才高地建设的基础和关键。

（一）人才生态环境评价指标体系设计

人才的"集群效应"来源于产业集群的发展，是在高科技发展的同时带动相关企业发展与聚集的过程。① 产业集群带来了规模经济效应，有助于知识的交流，是区域行业环境的有效支撑。从近年来人才流向趋势看，东南沿海经济发达地区对人才吸引力具有较为明显的优势。以江苏、浙江、上海等地为代表的长三角地带，以广东、珠海、深圳、佛山等地为代表的珠三角地带是我国传统经济发达地区，区位优势明显；北京经济带具有深厚的文化底蕴与政治优势；浙江、福建的经济环境、自然环境均优于内陆省份，成为高科技人才聚集的主要地区。本报告在借鉴前人研究成果的基础上，将从行业环境、生活环境、经济环境、社会环境、文化科技环境和自然环境6个方面评价河南人才生态环境。

1. 行业环境

人口迁移的原因可以用人才流动的推拉理论进行解释，迁出地的推力与

---

① 孙锐、孙雨洁：《人才高地的演化与形成机理研究：基于硅谷、特拉维夫、中关村、筑波的纵向案例分析》，《中国软科学》2024年第5期。

迁入地的拉力共同影响了人才的跨地域流动，迁入地的多种利好因素是人才流动的主导力量。其中，行业环境是影响高科技人才流动的重要原因之一，良好的行业环境为高科技人才提供合理的报酬，同时能够提供更有吸引力的发展前景。本报告选取（R&D）单位数、规模以上企业主营业务收入、（R&D）活动人员对行业环境进行描述。其中，（R&D）单位数决定了高科技集群的规模，直接影响就业岗位；规模以上企业主营业务收入直接影响整体工资水平；（R&D）活动人员影响人才竞争与就业质量。

2. 生活环境

在中国人的传统思想中，安居与乐业是相辅相成的，安居甚至居各项考虑因素的首位。城市化的生活为科技人才提供了便利的配套服务与优越的生活环境，成为吸引高科技人才聚集的重要因素。生活环境包括交通便捷、子女教育配套、居住舒适、餐饮购物娱乐配套设施完善等方面。其中，居住舒适、交通便捷、子女教育配套成为高科技人才最为关注的因素。本报告选取平均房价，高速里程，每十万人中小学、初中在校人数对生活环境进行描述。

3. 经济环境

区域经济发展水平是吸引高科技人才集聚的引致性因素，是吸引科技人才集聚于该地区的基础性生态环境，反映了该地区的整体经济发展状况、产业结构优化程度、科技人才预期收入等。经济发展环境通过作用于当地经济环境影响着科技人才的集聚程度，通过影响地区产业结构优化和科技人才预期收入引导科技人才的流入与流出。良好的区域经济环境不仅可以促进产业结构不断优化升级、经济稳健发展，而且能够吸引大量的科技人才进驻扎根，进行科技创新创业活动，形成科技人才集聚高地。经济环境由人均GDP 和第三产业占 GDP 比重进行描述。

4. 社会环境

社会环境是指科技人才所处的创新创业区域为其提供的各种资源和社会服务的环境，也是影响科技人才流向和集聚的重要因素。科技人才选择创新创业区域不仅考虑个人发展，还考虑自身的健康状况、家庭发展及社会保障。社会环境可通过居民人均可支配收入、公共图书馆数量、基本养老保险

覆盖率、每万人拥有的病床数等进行描述。

5. 文化科技环境

良好的文化科技环境是科技人才形成集聚的重要载体。浓厚的文化科技创新氛围有助于区域科技研发人员和机构数量的增加，在人才选拔、培养、激励、评价等方面都会形成具有吸引力和优势竞争力的人才机制，[1] 增强科技人才开展科学研究、知识创新及成果转化运用的积极性。文化科技环境由以下指标构成：财政支出中教育经费所占比重、财政支出中科学技术经费所占比重、有研发活动的企业数、每万人大专以上在校生人数。

6. 自然环境

自然环境是人们生活的基础，好的自然环境使人心情舒畅、身体健康、安心工作，易引起科技人才的集聚。自然环境可用人均绿地面积、空气质量二级以上天数进行描述。

科技人才生态环境系统评价指标体系如表1所示。

表1　科技人才生态环境系统评价指标体系

评价指标	指标计算与解释
行业环境	(R&D)单位数(个)
	规模以上企业主营业务收入(亿元)
	(R&D)活动人员(人)
生活环境	平均房价(元/m²)
	高速里程(千米)
	每十万人中小学、初中在校人数(人)
经济环境	人均GDP(元)
	第三产业占GDP比重(%)
社会环境	居民人均可支配收入(元)
	公共图书馆数量(个)
	基本养老保险覆盖率(%)
	每万人拥有的病床数(张)

---

① Harsch, K., Festing, M., "Dynamic Talent Management Capabilities and Organizational Agility: A Qualitative Exploration," *Human Resource Management* 1（2020）：43-61.

续表

评价指标	指标计算与解释
文化科技环境	财政支出中教育经费所占比重(%)
	财政支出中科学技术经费所占比重(%)
	有研发活动的企业数(个)
	每万人大专以上在校生人数(人)
自然环境	人均绿地面积(m²/人)
	空气质量二级以上天数(天)

资料来源：《河南统计年鉴》《河南省生态环境状况公报》《河南省国民经济和社会发展统计公报》等。

（二）人才生态环境实证分析

1. 研究方法

定性比较分析（QCA）研究方法基于布尔简化逻辑和集合论思想[1]可分为四种类型，即 csQCA（基于清晰集）、mvQCA（基于多值集）、TQCA（基于时序定性比较）和 fsQCA（基于模糊集）。fsQCA 方法从整体着手，用于解释前因条件不同组态导致被解释条件出现的条件组合，消除因果复杂性和不对称性现象。[2] 鉴于前文分析的人才生态结构的复杂性，采用传统的二元关系分析方法难以取得切合实际的结果，本报告采取更为适合的 fsQCA 方法进行研究。

2. 数据来源

本报告以河南省 18 个地市为研究案例，各样本均可反映地区人才集聚现状，符合同质性案例选择要求。同时，各地市的条件及结果变量具有较强的异质性，符合多样化案例选择要求。案例初始数据来源于 2022～2023 年《河南统计年鉴》《河南省生态环境状况公报》《河南省国民经济和社会发展统计公报》、各地市政府公报及行业权威机构。考虑到结果的出现相对于条

---

① 杜运周等：《复杂动态视角下的组态理论与 QCA 方法：研究进展与未来方向》，《管理世界》2021 年第 3 期。

② 杜运周、贾良定：《组态视角与定性比较分析（QCA）：管理学研究的一条新道路》，《管理世界》2017 年第 6 期。

件具有一定滞后性，本报告将滞后期确定为 1 年，即结果变量选取 2022 年数据，条件变量选取 2021 年数据。

3. 变量测量与校准

本报告采用（R&D）活动人员，同时采用增长比的方式，消除地域之间的横向差异，提高比较结果的可用性。假定 Y_j 表示指标，j 表示区域，Y_{j1} 表示 2021 年 Y 指标在 j 区域的实际值，Y_{j2} 表示 2022 年 Y 指标在 j 区域的实际值，则计算公式如下：

$$Y_j = \frac{y_{j2} - y_{j1}}{y_{j1}} \times 100$$

针对理论模型中的六项前因条件，设置二级变量进行测度，通过加权平均计算前因条件的最终得分。为了消除数据间计量单位的不同导致的差异，本报告利用 SPSS 软件对原始数据进行了标准化处理。采用主观与客观相结合的方法确定各二级变量权重，其中，客观方法为变异系数法。假定 n 个指标，S_i 代表第 i 个指标标准差，$\bar{x}$ 代表样本均值，n 个指标的变异系数为 $V(i) = \dfrac{S_i}{\bar{x}}$，各指标权重为：

$$\omega_i = V(i) \Big/ \sum_{i=1}^{n} V(i)$$

行业环境由（R&D）单位数（30%）、规模以上企业主营业务收入（40%）、（R&D）活动人员（30%）加权计算得出。生活环境由平均房价（40%），高速里程（20%），每十万人中小学、初中在校人数（40%）加权计算得出。经济环境由人均 GDP（50%）、第三产业占 GDP 比重（50%）加权计算得出。社会环境由居民人均可支配收入（30%）、公共图书馆数量（15%）、基本养老保险覆盖率（30%）、每万人拥有的病床数（25%）加权计算得出。文化科技环境由财政支出中教育经费所占比重（30%）、财政支出中科学技术经费所占比重（30%）、有研发活动的企业数（20%）、每万人大专以上在校生人数（20%）加权计算得出。自然环境由人均绿地面积（50%）、空气质量二级以上天数（50%）加权计算得出。

校准是对案例和条件赋予集合隶属分数的过程。运用 fsQCA 进行分析时，将前因条件和结果分别视为一个集合，每个案例在集合中均有相应的隶属分数，采用直接法将结果和条件变量校准为模糊集。遵循杜运周和贾良定[①]的方法，将前因条件和结果变量的案例数据的95%、50%、5%分位数值分别设定为完全隶属、交叉点和完全不隶属3个定性锚点。科技人才非高集聚的校准规则与科技人才高集聚相反，取科技人才高集聚的非集。前因条件和结果变量的描述性统计与校准锚点如表2所示。

表2　集合、校准与描述性统计结果

集合	二级变量	模糊集校准			描述性统计		
		完全隶属	交叉点	完全不隶属	标准差	最小值	最大值
行业环境	（R&D）单位数 规模以上企业主营业务收入 （R&D）活动人员	1.34	-0.24	-0.73		-0.81	3.43
生活环境	平均房价 高速里程 每十万人中小学、初中在校人数	1.00	0.13	-0.99		-1.41	0.99
经济环境	人均 GDP 第三产业占 GDP 比重	0.99	-0.04	-0.80		-0.92	2.20
社会环境	居民人均可支配收入 公共图书馆数量 基本养老保险覆盖率 每万人拥有的病床数	1.52	-0.09	-0.81		-1.06	2.64
文化科技环境	财政支出中教育经费所占比重 财政支出中科学技术经费所占比重 有研发活动的企业数 每万人大专以上在校生人数	0.80	-0.06	-0.58		-0.58	1.52
自然环境	人均绿地面积 空气质量二级以上天数	0.87	0.08	-0.75		-0.32	0.44

资料来源：《河南统计年鉴》《河南省生态环境状况公报》《河南省国民经济和社会发展统计公报》等。

[①] 杜运周、贾良定：《组态视角与定性比较分析（QCA）：管理学研究的一条新道路》，《管理世界》2017年第6期。

4. 模型建立

（1）必要性检验

一致性被认为是衡量必要条件的一个重要指标。通常认为，当前因条件的一致性系数大于0.9时，可以认为该条件是导致结果产生的必要条件。由表3可知，此次选取的各项条件中，不存在必要条件。

表3　单个条件的必要性检测结果

条件变量	科技人才高集聚	科技人才非高集聚
行业环境	0.605	0.656
~行业环境	0.667	0.592
生活环境	0.670	0.682
~生活环境	0.673	0.630
经济环境	0.558	0.593
~经济环境	0.707	0.638
社会环境	0.574	0.644
~社会环境	0.745	0.643
文化科技环境	0.711	0.744
~文化科技环境	0.563	0.514
自然环境	0.682	0.699
~自然环境	0.601	0.560

注："~"表示逻辑运算的"非"。

资料来源：《河南统计年鉴》《河南省生态环境状况公报》《河南省国民经济和社会发展统计公报》等。

（2）组态充分性分析

对校准后的数据进行fsQCA将产生3类解，即复杂解、简约解和中间解。复杂解仅使用观察案例分析不使用逻辑余项，简约解纳入逻辑余项但不对其合理性进行评价，中间解仅使用有合理依据的逻辑余项。通常情况下，中间解在复杂程度上实现了对复杂解和简约解的平衡。因此，学者倾向于采用中间解。

本报告将同时出现在简约解和中间解中的前因条件作为核心条件，将只出现在中间解的前因条件作为边缘条件。遵循杜运周和贾良定[①]的方法，根据真值表中一致性分数分布将一致性阈值设置为0.8，将PRI一致性阈值设置为0.7，根据样本规模将频数阈值设定为1。fsQCA结果如表4所示，由解的一致性指标可知，科技人才高集聚现象包含3个等效组态，科技人才非高集聚包含6个等效组态。

表4　产生科技人才高集聚与非高集聚的组态

条件变量	产生科技人才高集聚的组态			产生科技人才非高集聚的组态					
	Y_1	Y_2	Y_3	NY_1	NY_2	NY_3	NY_4	NY_5	NY_6
行业环境		●	⊗		⊗	⊗	⊗	⊗	●
生活环境	●				●		⊗		⊗
经济环境	●	●	⊗	⊗	●	●	●	⊗	⊗
社会环境	⊗	⊗	●	⊗			●	⊗	●
文化科技环境	●	●	⊗	⊗	⊗	⊗	●	●	
自然环境	●	●	⊗	⊗		⊗		⊗	⊗
一致性	0.893	0.819	0.902	0.859	0.890	0.891	0.855	0.828	0.812
原始覆盖度	0.256	0.314	0.315	0.377	0.420	0.329	0.389	0.303	0.206
唯一覆盖度	0.047	0.071	0.626	0.056	0.056	0.008	0.103	0.009	0.001
解的一致性	0.874	0.842							
解的覆盖度	0.569	0.668							

注：●或●表示该条件存在，⊗和⊗表示该条件不存在，●和⊗表示核心条件，●和⊗表示边缘条件。

资料来源：《河南统计年鉴》《河南省生态环境状况公报》《河南省国民经济和社会发展统计公报》等。

①产生科技人才高集聚的组态路径

文化科技环境主导下的宜居经济驱动型。组态 Y_1 表明，在宜居环境优越且当地经济发展水平较高的地区，无论行业环境和社会环境如何，只要在文化科技环境推动下的文化教育发展状况较好，就能产生科技人才高集聚。在这些因素中，高层次的科技环境和高层次的文化教育起到了核心作用，高

---

① 杜运周、贾良定：《组态视角与定性比较分析（QCA）：管理学研究的一条新道路》，《管理世界》2017年第6期。

层次的宜居环境和经济发达程度起到了辅助的作用。高等教育发展为科技人才集聚提供了重要载体和强有力的人才支撑。当地经济环境决定财政支出对科技领域和教育领域的投入比例,直接影响对科技行业和教育行业的投入力度。科研创新投入越高,区域创新能力越强,促进了科技人才集聚。良好的生活环境和自然环境决定了当地宜居程度,地理位置和居住环境影响科技人才聚集。

文化科技环境主导下的自然经济行业驱动型。组态 Y_2 表明,在自然环境优越,当地经济发展水平较高,且科技行业整体发展良好的地区,无论生活环境和社会环境如何,只要在良好的文化科技环境的推动下,就能产生科技人才高集聚。其中,高层次的科技环境和高层次的文化教育发挥了核心作用,优越的自然环境、较高的经济发展水平发挥了辅助作用。结合组态 Y_1 分析结果,高科技产业存在聚集的惯例,如美国的硅谷、中国的深圳、印度的新德里等。这些地区一般拥有良好的自然环境,同时伴随房价高、入学困难等问题,致使生活环境水平较低。但其教育资源优越,拥有众多一流院校,自然环境优势突出,是热门旅游地区。以郑州为中心的高科技产业集聚已成规模,且优势愈加凸显。同时,平均房价居高不下、落户困难、随迁子女教育问题较为突出。由此看来,在高层次的文化科技环境引领下,较为完善的行业聚集、优良的自然环境、适当的经济发展水平能够推动地区科技人才集聚。

社会环境主导下的宜居驱动型。组态 Y_3 表明,在社会环境良好(居民人均可支配收入高、医疗配套设施完善、基本养老保险覆盖率高),且较为宜居(房价适中、初高中教育资源丰富)的地区,无论自然环境、行业环境、经济环境如何,都可产生科技人才高集聚。一般来说,居民人均可支配收入越高,生活水平就越高。基本养老保险覆盖率提供了长远的保障,有利于科技人才扎根,长期发展。医疗配套设施完善满足了高科技人才追求健康和更高的生活水平的需求。同时,房价适中在保证良好生活环境的同时,提高了生活质量。初高中教育资源丰富,解决了随迁子女的教育问题,满足了高科技人才对下一代教育的高需求。

②产生科技人才非高集聚的组态路径

QCA 方法中导致结果出现和缺席的条件是非对称的，为了全方位探究地区科技人才集聚的驱动机制，本报告检验产生科技人才非高集聚的组态路径。科技人才非高集聚包含 NY_1 至 NY_6 6 条组态路径。组态 NY_1 表明，缺少经济环境、社会环境、文化科技环境、自然环境的支持，高科技行业的发展缺乏后劲和成功的可能。组态 NY_2 表明，仅存在良好的生活环境并不能引起高科技人才聚集。组态 NY_3 表明，仅存在经济环境优势，如资源型经济发展，难以产生高科技人才聚集。组态 NY_4 表明，缺乏高科技行业聚集，生活环境、文化科技环境缺失均能在不同程度上影响社会环境、经济环境对高科技人才聚集的推动作用。组态 NY_5 表明，仅存在较好的文化科技环境，不能产生科技人才高集聚效应。组态 NY_6 表明，当地的宜居程度和文化科技环境，是科技人才高集聚不可或缺的因素。

通过比较科技人才高集聚组态和科技人才非高集聚组态发现，影响科技人才集聚的原因具有非对称性，科技人才非高集聚的 6 条组态路径并不是科技人才高集聚 4 条组态路径的对立面。值得注意的是，在科技人才高集聚的 3 条组态路径中，有 2 条组态路径包含文化科技环境，而文化科技环境缺失作为核心条件出现在科技人才非高集聚的 4 条组态路径中，这充分说明了地区文化科技环境对科技人才集聚具有重要影响。

③稳健性检验

参考相关研究，本报告将 PRI 一致性由 0.70 提高至 0.80，其他处理方式不变，对产生科技人才高集聚的组态进行稳健性检验。通过分析发现，PRI 一致性的提高对组态数量、核心条件和边缘条件的分布排列均未产生实质性影响，新组态与原组态基本保持一致，说明研究结论较为稳健。

④研究结论分析

本报告从组态视角出发，运用 fsQCA 方法，以河南省 18 个地市为案例样本，构建人才生态环境模型，探讨行业环境、生活环境 2 个区域行业人才环境要素，以及经济环境、社会环境、文化科技环境、自然环境 4 个区域宏

观环境要素对人才集聚的协同影响机制。研究发现，第一，文化科技环境是产生科技人才高集聚的关键因素，其作为核心条件出现在科技人才高集聚的2条组态路径中。第二，产生科技人才高集聚的组态路径有3条，包括文化科技环境主导下的宜居经济驱动型、文化科技环境主导下的自然经济行业驱动型和社会环境主导下的宜居驱动型。科技人才非高集聚包含6条组态路径，并且与科技人才高集聚的组态路径存在非对称关系。本项目立足河南省产业基础和资源禀赋，基于河南省提出的"456"战略性新兴产业和未来产业体系，在对河南省人才生态环境分析的基础上，构建支撑河南现代化建设的人才生态系统。

三 构建支撑河南现代化建设的人才生态结构布局

从河南现代化建设人才支撑的生态环境分析结果可以看出，不同的人才环境组态会形成不同的人才集聚路径。因此，本报告提出，河南省应从其产业基础和资源禀赋出发，结合河南省提出的"456"战略性新兴产业和未来产业体系，在对河南省人才生态环境分析的基础上，构建支撑河南现代化建设的人才生态系统。打造以"高精尖缺"人才为主导、以青年人才为重心、以各类专业技能人才为基础的多元化、多层次人才队伍，[1] 根据重点领域创新与战略性新兴产业发展的需求，设置各类科技人才的结构比例，完善梯次合理的"金字塔型"人才生态结构。

（一）构建"复合型创新创业人才+高科技领军人才+战略性新兴产业高端人才+高技能领军人才"的"高精尖缺"人才结构布局

在全球新一轮科技革命与产业变革的背景下，河南人才战略布局应以引导科技创新为核心，加强"高精尖缺"人才的引进与培养，构筑金字塔顶

---

① 张学艳、周小虎：《从精英人才到精准人力资本——我国人才政策的转变路径探究》，《领导科学》2020年第4期。

端的高层人才战略布局。一是既懂科技又懂市场的复合型创新创业人才，推动创新链、产业链、资金链、人才链"四链"融合[1]，引领行业发展和社会进步。二是处在国内外学术前沿的高科技领军人才。河南应依托郑州大学、河南大学等高校及科研院所的高层次杰出人才，加强基础研究与前沿技术的贡献匹配研究，实现科技"领跑"提升经济发展新动能，形成一支彰显河南科技水平和区域特色的"科技豫军"。三是能突破发展关键技术的战略性新兴产业高端人才，在"456"战略性新兴产业和未来产业体系构建过程中，重点是人才对产业的匹配度和支持度。河南要引进和培养出与区域产业发展、区域产业布局相适应的新兴产业高端人才。[2] 四是掌握绝技绝活的高技能领军人才。当前，河南经济结构调整、产业转型升级对技能人才的数量和质量提出了更高要求，尤其是在中高端制造如高端装备、智能制造、现代物流等多个重点行业，要形成一支具有精湛技艺、高超技能、国际视野的高技能领军人才队伍。

（二）构建"海归青年创新创业人才+青年拔尖人才队伍+本土青年大学生"的青年人才结构布局

青年人才是科技革命和产业变革的主力军，[3] 河南应构建"海归青年创新创业人才+青年拔尖人才队伍+本土青年大学生"的青年人才结构布局。首先，要重视海归青年人才，一方面通过跨国并购，在国外建立研究与开发中心并开展各种类型的国际科技合作、学术交流来吸纳高科技人才；另一方面要关注归国人才的实际需求，制定多方面、多维度的人才政策，充分发挥海归青年创新创业人才的价值与贡献。其次，青年拔尖人才队伍和本土青年大学生是河南科技人才的主要力量。他们都受过高层次的高等教

① 李晓锋：《"四链"融合提升创新生态系统能级的理论研究》，《科研管理》2018年第9期。
② Ployhart, R. E., "Resources for What? Understanding Performance in the Resource-Based View and Strategic Human Capital Resource Literatures," *Journal of Management* 7（2021）：1771-1786.
③ 罗哲：《青年人才：中国式现代化建设的重要动能》，《人民论坛》2022年第23期。

育，拥有较强的学习能力和科研能力，学识更突出、视野更开阔、整体素质较高。[①] 他们还具备较高的政治素养，关心家国政治，能够将自己的事业与国家重大需求、民族的使命相结合，有着更崇高的个人追求，服务于国家和人民的价值观念。因此，河南要高度重视青年科技人才的引进、培养和使用。

（三）构建满足河南经济发展的"专业人才+高技能人才+生产要素升级贡献者"基础人才结构布局

社会经济发展不仅对"高精尖缺"人才、青年科技人才、经营管理人才有着强大的需求，同时离不开高技能人才、各专业人才和生产要素升级贡献者的支撑，只有均衡发展人才体系，才能构筑稳定的"金字塔形"人才结构。各专业人才和高技能人才分布于各个行业，有的从事金融、电子商务、国际贸易等经济发展类专业，有的从事教育、医疗等社会事业类专业，还有的在制造、生产等一线工作岗位，他们对经济发展起到重要作用。[②]《高质量推进"人人持证、技能河南"建设工作方案》指出，加快推进技能河南的建设对于贯彻落实创新驱动、科教兴省、人才强省战略，推进传统产业改造升级、培育新兴产业、谋划未来产业、促进城乡居民就业、增加收入、实现共同富裕等方面都非常必要，要"围绕发展需求，加快构建职业技能培训体系"，要"深化改革创新，激发职业技能培训动力活力"。因此，河南要按照地区经济发展的需求，建立一个梯次合理、丰富全面、充分满足社会经济发展需求的基础人才战略配置体系。[③]

① 解兆丹、杨永环：《"环境-科研效能感"下的高校青年科技人才创新能力研究》，《科学管理研究》2020年第1期。
② 刘传江等：《人力资本、城市社会包容度与流动人口职业发展》，《华东师范大学学报》（哲学社会科学版）2023年第1期。
③ 杨勇、肖伟伟：《城市人才生态系统运行机理与政策仿真研究》，《科学学研究》2023年第7期。

四　强化河南现代化建设的人才支撑机制

（一）强化科技人才培养机制

科技人才既要靠吸引，也要靠培养，培养一批自己的科技人才是河南科教兴省的重要举措。因此，政府部门要充分发挥自身的职能作用，积极设计科技人才培养机制，从顶层设计跨学科人才培养模式、"产学研创"合作模式，打造河南省人才培养的"蓄水池"。首先，政府可以加大各管辖地区对科技人才培养的财政支持，尤其要加大对高校和科研单位的扶持，积极编制科技人才职业发展规划和晋升机制，[1] 支持各地方政府组织青少年科技赛事，鼓励中小学实现科技进课堂；其次，政府部门可以依靠自身职能推动职业学校、中高级学校建立校企合作基地，开发"产学研创"合作模式，帮助各高校、科研机构形成关键产业"出题"与领军人才"解题"的产业链及创新链，从上到下形成一套完整的科技人才培养机制；[2] 最后，科技人才培养是全省所有用才单位的任务，企事业单位也要参与人才培养，政府部门可以借助自身职能，指导企事业单位进行人才培养，助力河南打造科技人才培养的"蓄水池"。

（二）创新科技人才选拔机制

科技人才培养机制建立了人才"蓄水池"，但若不能很好地选拔和利用人才，人才效能也无法充分发挥。因此，河南省要重视科技人才选拔，择优

---

[1]　Son, J., Park, O., Bae, J., et al., "Double-Edged Effect of Talent Management on Organizational Performance: The Moderating Role of HRM Investments," *The International Journal of Human Resource Management* 17 (2020): 2188-2216。

[2]　鲍宜周：《基于中国式人力资源管理理念的企业人才培养模式》，《山西财经大学学报》2022年第S2期。

选择、合理分配，搭建人才选拔"竞技场"。① 首先，要制定科技人才开发战略，重点在高校、科研单位、高新技术企业等开展关键核心技术攻关"揭榜挂帅"制度，多举措、有计划地做好科技人才选拔工作；其次，优化科技人才选拔环境，完善各高校、科研机构创新人才选拔方式，鼓励优秀青年科技人才职称直聘、破格晋升机制，大胆起用年轻、思想活泼、对外来事物接受力强的拔尖人才，在选拔人才时不仅要看资历，还要看能力，使优秀、年轻的科技人才能够早日脱颖而出；最后，要重视"老专家"的作用，积极推行导师制，一方面，通过老带新的传统教育理念帮助青年科技人才迅速成长；另一方面，通过导师制迅速帮助企事业单位提升、选拔科技骨干人员，建立健全领军人才发现机制和项目团队遴选机制。

（三）健全科技人才评价机制

科学的考评机制可以为高技能人才的选拔、培养、发展提供有力的保障。② 河南要建立健全科技人才评价机制，对高科技、高技能人才给予相应的行业认证，为青年科技人才提供有效的上升渠道，构筑人才评价"生态圈"。首先，科技人才评价机制要打破对年龄、学历以及资历的限制，充分挖掘青年科技人才，可以破格提拔有能力的青年人才；其次，多管齐下健全科技人才考评方式，设立政府主导、行业内认定、企业行业考评、中介机构评价等多种科技职业技能鉴定方式，拓宽科技人才上升渠道，并充分体现公平公正的原则，为科技人才的选拔提供良好的途径；③ 再次，科技创新有着较高的失败风险，要深刻理解"三个区别对待"，运用好"四种形态"，凡是高科技人才，只要有正当的目的、合法的程序，没有贪污腐化、没有玩忽职守，就应该对其免除责任，消除其后顾之忧；最后，对考评人员和专家加

---

① 王新凤、钟秉林：《拔尖创新人才选拔培养的政策协同研究》，《清华大学教育研究》2023年第1期。

② 杨佳乐、高耀：《知识转型与评价转向：高校科研人才评价困境及重构》，《中国高教研究》2022年第2期。

③ 甘宇慧等：《政策工具视角下我国科技人才评价政策文本分析》，《科研管理》2022年第3期。

强管理，对考评人员的资历、技术专家的资格进行多维度确认，建立考评专家档案，考察诚信并定期组织培训，确保选拔的公正性，为科技人才选拔构筑良好的"生态圈"。

（四）完善科技人才保障机制

随着科技人才跨境流动缺少与之相对应的国际规范，以及西方各国日益严格的"人才管制"政策，我国正面临"人才短缺"乃至"边缘"的风险。河南要着力提高科技人才的社会地位和经济地位，对他们的工作、生活、家庭等加以保障，[1] 增强其归属感，集中优势资源为科技人才成长提供保障，建立一套爱才、留才、聚才的保障机制。首先，要赋予科技人才更高的社会地位，引导群众对科技人才的敬仰、尊重和爱戴，在群众中普及科技兴国的基本理念，增强科技人才的幸福感和使命感；其次，通过多种渠道提高科技人才的经济地位，如政府拿出专项资金建立完善的高科技人才服务体系、企业对贡献大的高科技人才实行股权激励、打造专项试验园区和成果展区等，以更好地解决目前科技人才所面临的薪资待遇以及津贴制度的不完善等问题；再次，加强对科技人才的后勤保障，多管齐下消除他们的后顾之忧，使他们可以心无杂念、专心科研、安心工作；最后，在精神层面给予科技人才足够的支持和关爱，鼓励企业给予科技人员更多的话语权，对贡献度高的科技人才进行表彰，增强科技人才的荣誉感和使命感。

五　强化河南现代化建设人才支撑的对策建议

近年来，河南省在人才建设方面取得了重大成果。随着中原经济区、河南自贸区、国家中心城市、郑州航空港经济综合实验区、中国（郑州）跨境电子商务综合试验区、郑洛新国家自主创新示范区、国家大数据综合试验

---

[1] 周小林等：《外国人才在华服务保障政策现状、问题和对策》，《科学学与科学技术管理》2024年第6期。

区等国家重大项目的实施，河南省迎来了千载难逢的发展机遇，因此，河南省要牢牢把握相关国家战略，引领中原经济区发展、促进中部崛起。基于此，河南省可以从以下几个方面逐步实施现代化人才建设战略。

（一）树立科技人才战略意识

近年来，国内国际人才争夺战此起彼伏，各地纷纷出台各项措施争抢高层次人才、保障当地人才建设，因此，我们要看到科技人才的重要性，树立先进的科技人才战略意识。首先，要牢固树立"人才资源是第一资源"的理念和意识，坚持以人为本、人才先行的基本原则，把人才资源的开发作为首要任务，把人才建设上升到更高的位置，加快实施科教兴省、人才强省的重要措施，为全省经济和社会的全面发展提供智力支撑。其次，深入了解、认识人才的内涵，在引进高科技、高水平、高学历人才的同时，要看到高技术、高能力和专业型人才的重要性，摒弃当前人才市场上只注重学历、资历，一味追求高职称、高级别的落后观念，引导社会和企业建立全新的人才认证机制，[①] 树立正确的、先进的人才观，建立一支梯队合理、专业丰富、力量均衡的人才队伍。最后，高度重视人才对经济、社会发展的重要性，充分认识到人才资源引领发展的作用，把人才建设与河南省的经济建设、社会发展规划相结合，充分发挥人才资源的第一源动力作用，促进人才与产业同步发展，形成良好的人才、经济、社会协调可持续发展的局面。

（二）做好人才强省战略布局

科技强省，人才为本。人才建设是实现现代化建设的战略性资源，越来越多的省市开始认识到人才对经济社会发展的促进作用。近年来，河南省在人才引进方面取得了巨大成就：截至2023年10月，全省设有98个博士后

---

① 甘宇慧等：《政策工具视角下我国科技人才评价政策文本分析》，《科研管理》2022年第3期。

科研流动站，245 个工作站，博士后创新实践基地 422 个，累计招收博士后 9500 余人，[1] 招引万名博士后等青年人才聚集河南发展。这些高科技人才主要分布于各大高校、科研机构和企事业单位，因此，高校、科研机构和企事业单位是高科技人才引进、培养的主体，也是实施人才强省战略的主体，可以从以下三个方面来布局人才建设体系。

首先，高校作为高科技人才引进和培养的主力军发挥着极其重要的作用，河南要分别从高校教师的科研环境开发以及高校人才培养两个方面入手，双管齐下，解决河南省现有人才资源不足的现状。一是加大对高校科研方面的投入支持力度，如增加财政性科技拨款、提供更多科研项目机会，调动高校科研人员科研积极性，确保高校科研人员获得稳定的经费支持，保障科研工作顺利开展；二是加大对高等教育方面的投入力度，帮助高校深化教育改革，积极布局均衡全面发展的高校队伍建设，均衡省内教育资源，为河南省培养更多科技型人才打下牢固的基础。其次，科研机构是科技型人才引进和留用的主力军，要积极探索科研机制的改革与创新，如在职称评定方面摒弃原有的唯学历、唯资历的做法，制定灵活机动的科研人员评定制度和科研管理制度，让更多有能力、有想法的创新型科技人才得到认可和重视，营造良好、积极的科研创新氛围，提升科研创新型人才的积极性。最后，各类企业、事业单位在科技人才培养方面要积极配合高校、科研机构，充分做好人才资源的引导和交流，如积极参与高校的人才培养、教学，加强校企合作、强化产学研，帮助高校解决人才培养与生产实践脱节的突出问题，协同高校一起培养满足市场需求、适合社会发展所需要的新型人才。

（三）强化河南战略人才力量

近年来，河南省的人才招揽政策初见成效，在《关于加快建设全国重要人才中心的实施方案》的引领下，河南省相继出台了"1+20""八大行

---

[1] 《河南省新增 17 个博士后科研流动站》，河南省人民政府网站，2023 年 11 月 10 日，https：//www.henan.gov.cn/2023/11-10/2845657.html。

动"等"一揽子"人才引进政策，全省人才总量持续上升。截至 2023 年底，全职在豫两院院士 42 人，各类人才总量超 1410 万人。① 由此可见，河南省在人才尤其是高端人才的引进方面取得了较大成果，但人才建设仍有不足，人才力量较其他发达地区仍有较大差距，因此，在看到这些成果的同时要看到自身的不足，在积极引进人才的同时要加强技能型人才的建设，引育并举，培养好、用好本土人才。一方面，依托"中原英才计划"打造一个集顶尖人才、领军人才、青年人才、潜力人才等于一体的中原人才平台，积极开发"引育用"相结合的人才发展体系，建立健全高科技人才引进、培养、留用、晋升、激励的一整套科学体制，不断优化人才队伍，加强科技人才储备，强化河南省高科技战略人才力量;② 另一方面，依托《高质量推进"人人持证、技能河南"建设工作方案》加强现代职业技能人才体系的开发和建设，深刻认识到现有的人口优势以及高等教育的短板，积极努力加强高技能人才储备，围绕重点技能型人才实施职业技能培训、保障全员全程培训，建立健全高技能人才的认定、考核、留任、激励制度，在保障就业的同时引导社会观念的转变，努力提升高技能人才的待遇和地位，落实高技能人才发展的各项保障政策，为河南省技能型人才的储备提供动力支持，强化河南省高技能人才力量。

（四）优化人才成长发展环境

人才的建设靠引进、靠培养，人才的发展要留得住、用得好，仅仅依靠各项政策扶持、人才引进治标不治本，要想真正实现人才强省，必须积极创造一个健康有活力的人才生态环境，营造浓厚的人才发展氛围，打造一个良好的人才成长生态圈。首先，加强对人才事业的领导，要从上到下树立"人才至上"的理念，积极发挥党政机关的职能作用，进一步增强各地各部门人才工作机构的力量，组织各部门、各社会力量参与人才工作，实现人才

---

① 《两会聚焦 | 集聚人才，河南如何开拓》，河南省人民政府网站，2024 年 3 月 7 日，https：//www.henan.gov.cn/2024/03-07/2958141.html。

② 杨永昌：《郑州航空港：为国际航空港建设提供人才支撑》，《中国人才》2020 年第 1 期。

政策落地、人才项目推进，做好人才发展的领导工作。其次，加强与优化人才的法治保障和政策环境，积极探索、制定新型人才法治体系，在宏观层面研究促进人才发展的立法，颁布相关政策法规把人才的培养、开发、引进、评价、激励和保障等纳入规范的制度中，加快建立健全包括养老、住房、医疗、教育等资源在内的人才保障体系，为人才的保有提供基础性保障，在依法维护好各类人才的合法权益的同时，提供一个优越的保障环境。最后，积极构建和谐的人才生态环境，充分利用好各类舆论引导，宣传"人才优先"，塑造"人人都能成才"的理念，营造"尊重人才"的良好社会风气和氛围，让各类人才感受到被尊重、被重视，为人才聪明才智的发挥创造有利条件。

参考文献

［1］方兰欣、郑永扣：《中国式现代化的本质、特征与意义》，《河南大学学报》（社会科学版）2023 年第 5 期。

［2］李作学、张蒙：《什么样的宏观生态环境影响科技人才集聚——基于中国内地 31 个省份的模糊集定性比较分析》，《科技进步与对策》2022 年第 10 期。

［3］张波、丁金宏：《中国人才生态环境对高学历人才集聚效应影响分析》，《科研管理》2022 年第 12 期。

［4］孙锐、孙雨洁：《人才高地的演化与形成机理研究：基于硅谷、特拉维夫、中关村、筑波的纵向案例分析》，《中国软科学》2024 年第 5 期。

［5］杜运周等：《复杂动态视角下的组态理论与 QCA 方法：研究进展与未来方向》，《管理世界》2021 年第 3 期。

［6］杜运周、贾良定：《组态视角与定性比较分析（QCA）：管理学研究的一条新道路》，《管理世界》2017 年第 6 期。

［7］张学艳、周小虎：《从精英人才到精准人力资本——我国人才政策的转变路径探究》，《领导科学》2020 年第 4 期。

［8］李晓锋：《"四链"融合提升创新生态系统能级的理论研究》，《科研管理》2018 年第 9 期。

［9］罗哲：《青年人才：中国式现代化建设的重要动能》，《人民论坛》2022 年第 23 期。

［10］解兆丹、杨永环：《"环境-科研效能感"下的高校青年科技人才创新能力研

究》,《科学管理研究》2020年第1期。

[11] 刘传江等:《人力资本、城市社会包容度与流动人口职业发展》,《华东师范大学学报》(哲学社会科学版) 2023年第1期。

[12] 杨勇、肖伟伟:《城市人才生态系统运行机理与政策仿真研究》,《科学学研究》2023年第7期。

[13] 鲍宜周:《基于中国式人力资源管理理念的企业人才培养模式》,《山西财经大学学报》2022年第S2期。

[14] 王新凤、钟秉林:《拔尖创新人才选拔培养的政策协同研究》,《清华大学教育研究》2023年第1期。

[15] 杨佳乐、高耀:《知识转型与评价转向:高校科研人才评价困境及重构》,《中国高教研究》2022年第2期。

[16] 甘宇慧等:《政策工具视角下我国科技人才评价政策文本分析》,《科研管理》2022年第3期。

[17] 周小林等:《外国人才在华服务保障政策现状、问题和对策》,《科学学与科学技术管理》2024年第6期。

[18] 杨永昌:《郑州航空港:为国际航空港建设提供人才支撑》,《中国人才》2020年第1期。

[19]《河南省新增17个博士后科研流动站》,河南省人民政府网站,2023年11月10日,https://www.henan.gov.cn/2023/11-10/2845657.html。

[20]《两会聚焦|集聚人才,河南如何开拓》,河南省人民政府网站,2024年3月7日,https://www.henan.gov.cn/2024/03-07/2958141.html。

[21]《深入实施新时代人才强国战略 加快建设世界重要人才中心和创新高地》,人民网,2021年12月16日,http://hb.people.com.cn/n2/2021/1216/c194063-35053210.html。

[22] Son, J., Park, O., Bae, J., et al., "Double - Edged Effect of Talent Management on Organizational Performance: The Moderating Role of HRM Investments," *The International Journal of Human Resource Management* 1 (2020): 2188-2216.

[23] Harsch, K., Festing, M., "Dynamic Talent Management Capabilities and Organizational Agility: A Qualitative Exploration," *Human Resource Management* 1 (2020): 43-61.

[24] Ployhart, R. E., "Resources for What? Understanding Performance in the Resource-Based View and Strategic Human Capital Resource Literatures," *Journal of Management* 7 (2021): 1771-1786.

B.10
乡村振兴背景下广西农业
现代化人才发展报告

吴骏强　李芸*

摘　要： 乡村振兴是实现共同富裕的必经之路，农业现代化是实现乡村振兴的基础，在农业现代化进程中，人才是关键。本报告通过摸清农业从业人员情况、农业人才供给需求情况、农业专业技术人才培养情况、乡村振兴人才政策落实情况，深入分析农业人才在总量供给、政策倾斜、建设投入上的不足，探索出在政策方面从发展环境、供给机制、保障体系上加强与农业人才"引育留用"政策协同，在企业方面从聘用本土人才、建设专业队伍、积极广纳人才上营造现代农业人才留用环境，在教育方面从丰富农业人才培养内容，产、教、研"三主体"协同上完善现代农村职业教育体系的对策建议。

关键词： 乡村振兴　农业现代化　农业人才

一　广西农业发展概况

（一）农业稳产保供形势良好

改革开放以来，广西农业生产发展迅速，农林牧渔业生产总值连续增

---

* 吴骏强，所长，广西壮族自治区人力资源和社会保障研究所，主要研究方向为人才人事、就业创业；李芸，中级经济师，专业技术十级，广西壮族自治区人力资源和社会保障研究所，主要研究方向为人才人事、就业创业。

长。广西第一产业生产总值在 1978 年仅为 30.77 亿元，2000 年增长了 17 倍，达到 557.38 亿元；2010 年达到 1639.67 亿元，是 2000 年的 2.94 倍；"十二五"时期、"十三五"时期稳步提升，从 2011 年的 2006.43 亿元增加至 2020 年的 3645.92 亿元；2021 年、2022 年分别为 4051.30 亿元、4269.81 亿元，同比分别增长 11.12%、5.39%，占地区生产总值的比重分别为 15.93%、16.23%。①

（二）优势特色产业持续做大做强

1. 构建产业体系，形成千亿元产业集群

广西把推进现代特色农业高质量发展摆在突出位置，先后出台了《广西"10+3"现代特色农业产业高质量发展三年提升行动》《关于加快推进广西现代特色农业高质量发展的指导意见》等系列文件，着力构建"10+3+N"产业体系，积极借鉴浙江"千万工程"成功经验，探索符合广西实际的特色产业发展模式。截至 2024 年 3 月，全区先后形成粮食、蔗糖、水果、蔬菜、渔业、优质家畜 6 个千亿元产业集群，累计创建国家级优势特色产业集群 7 个、农业现代化示范区 3 个、现代农业产业园 8 个、国家产业强镇 55 个、"一村一品"示范村镇 142 个；累计创建 9 个自治区级优势特色产业集群、30 个自治区级农业产业强镇；已建成 571 个广西特色农业星级示范区。② 糖料蔗、水果、蚕桑、茉莉花（茶）等产业长期位居全国第一。③

2. 立足资源禀赋，合理规划产业布局

为推动特色农业产业高质量发展，广西出台"1+17"产业系列规划，助力特色产业持续高速增长。一是立足资源禀赋，各地建立起较为明晰的、与当地资源要素相匹配的主导产业体系，如百色"中国芒果之乡"、钦州

---

① 《中国统计年鉴（2022）》，中国统计出版社，2022。
② 《特色农业产业如何兴？建平台 强科技 延链条》，广西壮族自治区农业农村网站，2024 年 3 月 11 日，http://nynct. gxzf. gov. cn/xwdt/ywkb/t18060775. shtml。
③ 《九大行动！广西加快向现代特色农业强区跨越》，广西新闻网，2021 年 8 月 13 日，http://www. gxnews. com. cn/staticpages/20210813/newgx6115b8d8-20400580-3. shtml。

"中国大蚝之乡"、贵港"中国富硒小龙虾之乡"等；二是围绕粮食、生猪、芒果、蚕桑等产业，创建了 7 个优势特色产业集群、3 个农业现代化示范区、8 个现代农业产业园、55 个产业强镇等一批"国字号"产业平台；三是推动地理标志农产品和绿色、有机、全国名特优新农产品全面提升，截至 2023 年 7 月，累计认定"桂字号"农业品牌目录 5 批次 503 个品牌，品牌总价值超过 4450 亿元；四是引导农业龙头企业担任"链主"建设全产业链，全区累计培育市级以上农业产业化重点龙头企业 1733 家、农民合作社 6.3 万家、家庭农场 12.3 万户、农业产业化联合体 305 个。①

（三）现代农业科技创新行动迈上新台阶

广西深入推进现代特色农业示范区、现代农业产业园、特色农产品优势区创建和农业产业强镇、特色村示范创建，截至 2023 年底，广西累计支持创建现代农业产业园国家级 8 个、广西级 44 个、市县级 650 个。国家级和广西级现代农业产业园累计投入各类财政资金超 99 亿元，有效撬动金融和社会资本投入 707 亿元，实现总产值 1786 亿元，吸纳就业农民人数 147.9 万人，带动脱贫人口超 13 万人。②

1. 柳州市柳南农业科技园区助力乡村振兴

广西柳南农业科技园区于 2020 年经过自治区科技厅认定，园区主体区域面积 12508 亩，覆盖柳州市柳南区三镇，截至 2022 年 11 月，拥有螺蛳粉加工相关企业 81 家，农产品种养示范基地 10 个。园区通过"公司+院校+基地+科研"的合作模式，以企业为创新主体，与国家农业设施工程技术研究中心、上海市农业科学院蔬菜研究所、武汉市农业科学院蔬菜研究所、广西农业科学院蔬菜研究所、中国农业科学院农产品加工研究所、华中农业大

---

① 《广西形成 6 个千亿元特色农业产业集群》，人民网，2023 年 7 月 2 日，http：//gx.people.com.cn/n2/2023/0702/c179430-40478653.html。

② 《广西现代农业产业园建设成效显著 产业振兴大平台 现代农业强引擎》，广西壮族自治区农业农村厅网站，2024 年 1 月 19 日，http：//nynct.gxzf.gov.cn/xwdt/ywkb/t17879467.shtml。

学、广西大学食品学院、广西科技大学、四川大学等九所科研院所建立合作关系，依托广西科技大学成立柳南区农产品初加工研发中心、蔬菜深加工研发中心、螺蛳粉产业技术中心、螺蛳粉研发检测平台，累计申请专利成果21项，拥有技术成果31项。①

2. 桂林市永福县使用农用无人机喷洒药水

桂林市永福县大力实施农业机械购置补贴工作，积极走村入屯宣传农业机械购买补贴政策，对农户购买的农业机械做到应补尽补，同时定期邀请专业技术人员就新型农业机械使用操作对农户进行培训。在永福县农业机械化服务中心的大力推广下，全县范围内的农户更懂得农业机械操作，越来越多的农户陆续使用农用无人机作业，享受到农用无人机喷洒药水所带来的红利。2022年上半年，永福县的耕种收综合机械化水平达69.56%，现代农业机械的推广使用成为该县农业经济发展的新引擎。②

3. 马山县以科技赋能制种产业高质量发展

马山县以玉米、水稻等制种为发力点，积极引入制种企业。2021年以来，马山县政府与华南农业大学共建马山现代种业科技创新中心，与三亚中国农业科学院国家南繁研究院、中国水稻研究所、华南农业大学、广东省农业科学院、广西农业科学院等10家科研院校（所）达成合作关系，邀请2名院士、国内多名知名专家及科研团队指导并参与项目实施，培育差异化的区域优势产业。截至2023年底，马山县建设了47个玉米制种基地，全年玉米制繁种面积达到2.2万亩，制种品种达34个，蔬菜种植面积达20万亩，形成了2个产值超亿元的蔬菜产业，马山黑山羊年产值达2930.5万元。③

① 《广西柳南农业科技园区助力乡村振兴》，广西壮族自治区农业农村厅网站，2022年11月14日，http：//nynct.gxzf.gov.cn/xwdt/cyfp/t13322365.shtml。
② 《永福：小小无人机 推动农业新发展》，广西壮族自治区农业机械化服务中心网站，2022年7月13日，http：//njfwzx.gxzf.gov.cn/gzdt/xwzx/t12801461.shtml。
③ 《让科技像种子般在田间地头生根发芽》，广西壮族自治区农业农村厅网站，2024年4月23日，http：//nynct.gxzf.gov.cn/xwdt/gxlb/gx/t18326612.shtml。

二 广西农业人才情况分析

（一）广西农业人力资源基本情况

1. 农业从业人员情况

随着供给侧结构性改革的进行和经济转型升级，广西产业结构不断优化，农业从业人员总体呈下降趋势。从第一产业从业人员来看，1995～2021年，第一产业从业人员占从业人员比重呈现下降趋势，比重从66.40%下降至33.10%，比重变化较大，但2022年第一产业从业人员占比有所回升；从乡村就业人员来看，1995～2005年乡村就业人员增加了310万人，2005～2022年乡村就业人员呈现下降趋势，2022年广西乡村就业人员比1995年下降了40.10%，除2000年、2005年和2010年外，乡村就业人员占乡村人口比重保持在50%～60%，占比较为稳定（见表1）。

表1 1995～2022年广西主要年份第一产业就业情况

单位：万人，%

年份	第一产业从业人员	第一产业从业人员占从业人员比重	乡村就业人员	乡村就业人员占乡村人口比重
1995	1583	66.40	1965	53.04
2000	1571	61.20	2145	62.83
2005	1519	56.20	2275	73.55
2010	1786	54.10	1682	60.83
2015	1297	49.98	1397	55.84
2016	1207	46.73	1355	54.97
2017	1110	43.26	1306	53.86
2018	1024	39.97	1273	53.42
2019	951	37.18	1245	53.14
2020	866	33.85	1219	53.05
2021	842	33.10	1185	52.39
2022	857	34.17	1177	52.59

资料来源：《广西统计年鉴（2021）》，中国统计出版社，2021；《中国农村统计年鉴（2023）》，中国统计出版社，2023。

2. 农业人才供给情况

（1）农业相关的科研院校情况

农学是高校专业中的一大门类，所涉专业广泛，包括植物生产类、自然保护与环境生态类、动物生产类、动物医学类、林学类、水产类、草学类七门。就设置农业相关专业的本科高校来看，全区共 18 所高校设置农业相关专业，其中设置植物生产类专业的数量最多，有 8 所。就广西农业农村厅直属院校（职业院校）来看，本科高校数量不多，仅有 12 所（见表 2）。此外，广西农业农村厅所属事业单位中有多家与农业相关的研究院所，如广西壮族自治区蚕业科学研究院、广西壮族自治区茶叶科学研究所、广西壮族自治区畜牧研究所等。

表 2　设置农业相关专业的科研院校情况

单位：所

类型	专业	数量
设置农业相关专业的本科高校	植物生产类	8
	自然保护与环境生态类	2
	动物生产类	2
	动物医学类	1
	林学类	3
	水产类	2
	草学类	0
广西农业农村厅直属院校（职业院校）		12

注：数据查询时间为 2023 年 12 月。

资料来源：学信网，https：//gaokao.chsi.com.cn/zyk/zybk/；广西壮族自治区农业农村厅网站，http：//nynct.gxzf.gov.cn/。

（2）设置农业相关专业的院校

①广西大学农学院

广西大学农学院每年为农业输送大量人才，《广西大学 2021 届毕业生就业质量年度报告》显示，2021 年广西大学毕业生总人数为 8011 人，本科毕业生人数为 6184 人。其中，农学院本科毕业生人数为 312 人，占本科毕业生的比重为 5.05%，研究生人数为 74 人，占研究生毕业人数的比重为 4.05%；在已落实就业单位的 4614 人中，从事农林牧渔业的学生人数为 312 人（占已落实就业单位毕业生的比重为 6.76%），其中成为农林牧渔业技术人员的学生人数为 226 人（占已落实就业单位毕业生的比重为 4.9%）。

②广西农业职业技术大学

2009 年开始，广西农业职业技术大学连续 13 年承办自治区党委组织部委托项目"优秀村支书大专学历"教育，先后培养优秀村党组织书记 1000 多名。在此基础上，学校对原有培训项目进行升级，精准开展学历提升项目和涉农培训，对乡村干部进行深度培训，让参训的乡村干部在政策理论、农村基层党组织建设、脱贫攻坚、乡村振兴、社会管理和治理、实用技术和生产经营、创业就业等方面的知识得到系统提升。2012～2022 年，该校与各级党政部门合作，共计举办培训班 600 多期，培训人数近 5 万人次。

（3）农业相关职称人员情况

农业相关职称和其他行业职称一样，总体上都是初中高三个级别的职称，对于农业相关职称来说，一般设有技术员、助理农艺师、农艺师、高级农艺师、研究员几个级别，农业职称是选拔优秀技术人才的主要途径，对农业人才队伍建设具有重要意义。

表 3 是 2018～2021 年广西经济系列农业行业和农业系列高级职称（不含农垦系统）评审情况，其中，获得农业系列副高级职称（不含农垦系统）的人数逐年递增，2021 年为 547 人，比 2018 年增加 337 人，增长 160.48%；获得经济系列农业行业副高级职称和农业系列正高级职称的人数有所减少，2021 年分别为 19 人、56 人，较 2020 年分别减少 24 人、20 人。

（4）农业技能职业培训情况

广西农业技能职业培训对提升农业从业者的专业知识技术、促进农业增产、品质优化具有重要意义。广西较为重视农业从业者的技能培训，不仅举办了广西新农人电商达人培训班、畜禽繁育技术培训班等各类培训班，而且

表3 2018~2021年广西农业相关职称评审情况

单位：人

年份	经济系列农业行业 副高级职称（含自治区挂牌督战县"双定向"农业系列副高级职称人员1名）	农业系列高级职称（不含农垦系统）						
		正高级职称				副高级职称（含自治区挂牌督战县"双定向"农业系列副高级职称人员）		
2021	18+1	56				547		
		农业技术推广研究员	正高级农艺师	正高级兽医师	正高级畜牧师	高级农艺师	高级兽医师	高级畜牧师
		22	23	6	5	350	130	67
2020	43	76				415		
		农业技术推广研究员	正高级农艺师	正高级兽医师	正高级畜牧师	高级农艺师	高级兽医师	高级畜牧师
		26+1	32	8	9	277	89	49
2019	—	—				251		
		农业技术推广研究员	正高级农艺师	正高级兽医师	正高级畜牧师	高级农艺师	高级兽医师	高级畜牧师
		—	—	—	—	158	55	38
2018	—	—				210		
		农业技术推广研究员	正高级农艺师	正高级兽医师	正高级畜牧师	高级农艺师	高级兽医师	高级畜牧师
		—	—	—	—	142	39	29

注：数据查询时间为2022年12月20日。

资料来源：广西壮族自治区人力资源和社会保障厅网站，http：//rst.gxzf.gov.cn/ztjj/ztjjztzq/2018zc/index.shtml。

开展了各类农业行业职业技能大赛，如动物防疫职业技能竞赛、广西水生物病害防治职业技能竞赛，不断提升农业从业者的专业知识技术。2022年广西举办的部分农业技能培训如表4所示。

表4 2022年广西举办的农业技能培训（部分）

时间	主题	内容
2022年12月	2022年全区富硒农业品牌建设培训班	邀请全国农技推广中心、中国农技推广协会、广西农业科学院等单位的专家授课
2022年12月	2022—2023年国家乡村振兴重点帮扶县"农村青年主播"培育培训班	围绕农村电商短视频和直播领域相关课程内容,促进学员学习掌握短视频和直播"新农技"
2022年11月	第二届广西高素质农民2022新农人电商达人培训(南宁站)暨横州市新农人主播成长百日陪跑项目	自2022年10下旬起,在广西全区10个地市举办10期免费的农产品电商达人培训班
2022年9月	2022年广西农业行业职业技能竞赛——家畜繁殖员技能竞赛	竞赛理论考试来自国家职业技能鉴定家畜繁殖员考评题库,实际操作考核包括猪、牛精液品质检查,发情鉴定与人工输精等
2022年9月	2022年全区乡村振兴(农业种业发展)培训班	解读种业相关法规政策要求,交流先进工作经验,加强全区种业管理干部队伍业务能力建设

资料来源：广西壮族自治区农业农村厅网站，http://nynct.gxzf.gov.cn/。

3. 农业人才需求情况

《2021年广西重点产业（含工业重点产业）急需紧缺人才目录》中涵盖了急需紧缺人才的十三个产业，第六大类特色农业需求人数410人，其中专业技术人才253人，占61.71%，可见农业专业技术人才紧缺。此外，从该目录中可以看到，特色农业所需人才专业并不局限于农业相关专业，如畜牧业安全员需要土木工程相关专业人才，农业电气自动化工程师需要电气工程及其自动化专业人才，农业开发工程师需要软件开发、软件工程、软件技术专业人才。《2022年广西乡村振兴急需紧缺人才目录》中确定了9个产业、162个急需紧缺岗位，为各级各部门制定乡村振兴人才政策提供参考，辅助相关单位开展乡村振兴人才引进、培养等工作。在9个重点发展的产业领域，农林牧渔业、现代服务业、节能环保产业的急需紧缺岗位占比居于前列。《2023年广西重点产业急需紧缺人才目录》中将现代农业产业列入10个重点发展的产业，在16个岗位中，有4个岗位需要本科及以上学历，有

4个岗位需要硕士研究生及以上学历,有2个岗位需要博士研究生及以上学历,反映了农业产业对人才的学历要求进一步提高。

4.农业专业技术人才培养情况

近年来,广西在加快农业专业技术人才培养上取得了一定成就。

(1)出台人才新政策,建设农业高层次人才队伍

在出台的一系列人才新政策中,广西特聘专家等重大人才项目平台建设注重向农业领域倾斜,截至2022年9月,全区有农业科技人才2.5万人,现代农业产业技术体系创新团队21个,专家总数1700多人。

(2)强化教育支撑,储备青年后备人才

2020年,广西开始开展乡镇农技人员定向培养计划,每年在广西大学、广西农业职业技术大学、广西制造工程职业技术学院、广西农业工程职业技术学院招收定向生本科和专科专业,致力于解决基层农技人员断层问题。其中,2020年、2021年、2022年分别计划招收279人①、151人②、108人③,并支持成立广西农业职业技术大学、广西农业工程职业技术学院、广西制造工程职业技术学院等涉农本科高校和高职院校,投入经费3.6亿元建设10所涉农本科高校、8所高职院校、32所中职院校建设高标准涉农类实训基地、实训室,极大提高了人才培养质量,促进涉农社会事业、产业发展④。

① 《自治区农业农村厅 自治区教育厅关于做好2020年广西乡镇农技人员定向培养工作的通知》,广西壮族自治区农业农村厅网站,2020年7月7日,http://nynct. gxzf. gov. cn/xxgk/jcxxgk/tzgg/t5726148. shtml。

② 《自治区农业农村厅 自治区教育厅 自治区党委编办 自治区人力资源社会保障厅关于做好2021年广西乡镇农技人员定向培养工作的通知(桂农厅发〔2021〕54号)》,广西壮族自治区农业农村厅网站,2021年5月24日,http://nynct. gxzf. gov. cn/xxgk/jcxxgk/wjzl/gntf/t9295982. shtml。

③ 《自治区农业农村厅 自治区教育厅 自治区党委编办 自治区人力资源社会保障厅 关于做好2022年广西乡镇农技人员 定向培养工作的通知(桂农厅发〔2022〕71号)》,广西壮族自治区农业农村厅网站,2022年5月27日,http://nynct. gxzf. gov. cn/xxgk/jcxxgk/wjzl/gntf/t12022596. shtml。

④ 《自治区农业农村厅关于自治区十三届人大五次会议第2022011号代表建议的答复(桂农厅函〔2022〕1113号)》,广西壮族自治区农业农村厅网站,2022年9月25日,http://nynct. gxzf. gov. cn/xxgk/jcxxgk/jytajggk/t14036113. shtml。

（3）出台管理办法，扶持激励科技特派员

2020 年，广西制定出台乡村科技特派员管理办法，启动实施科技特派员下乡工程，全区科技特派员队伍逐年壮大，2020 年、2021 年、2022 年分别有 2936 人、5012 人、5023 人，2021 年至 2022 年 9 月，全区科技特派员根据乡村产业发展需要，累计开展下乡服务 23.5 万天次，开展科技培训 53.3 万人次，共服务村社区近 1.1 万个。①

（二）广西各地乡村振兴人才政策落实情况

1. 南宁市形成较完备的乡村振兴人才政策体系

近年来，南宁市先后出台了"1+6"人才政策、"强首府新政 18 条"等系列人才政策，② 形成了较为完备的人才政策体系，不断加大对科技和人才的投入，助力脱贫攻坚成果巩固，全面推进乡村振兴。一是分类培育高素质农民。南宁市探索总结了"一制、两精、三教、四结合"的培育模式，初步形成了政府推动、部门联动、产业带动、农民主动的农民教育培训工作格局，2014 年以来共培育经营管理型高素质农民 11365 人、专业生产型 2180 人、技能服务型 1412 人，其中 2020 年培训高素质农民 2794 人。③ 二是支持、引导乡村振兴领域人才（团队）以项目为载体申请创新创业领军人才"邕江计划"资助，资助标准为 50 万~1000 万元。三是为符合条件的乡村振兴人才认定高层次人才，落实购房补贴、子女入学、医疗优诊等人才待遇。截至 2022 年 6 月，南宁市共认定乡村振兴领域高层次人才 45 人，其中 C 类 4 人、D 类 10 人、E 类 31 人。

---

① 《自治区农业农村厅关于自治区十三届人大五次会议第 2022011 号代表建议的答复（桂农厅函〔2022〕1113 号）》，广西壮族自治区农业农村厅网站，2022 年 9 月 25 日，http：//nynct. gxzf. gov. cn/xxgk/jcxxgk/jytajggk/t14036113. shtml。

② 《南宁市人力资源和社会保障局关于市政协十二届二次会议第 12.02.299 号提案答复的函》，南宁市人力资源和社会保障局网站，2022 年 7 月 22 日，http：//rsj. nanning. gov. cn/zwgk/fdzdgknr/tadf/t5276881. html。

③ 《南宁市农业农村局关于市政协十一届六次会议第 11.06.384 号提案答复的函》，南宁市农业农村局网站，2021 年 8 月 11 日，http：//ny. nanning. gov. cn/xxgk/tadf/zxtadf/t4868574. html。

2.柳州市提出多项加快推进乡村人才振兴的政策措施

柳州市于 2021 年 11 月制定出台了《柳州市加快推进乡村人才振兴的若干措施》，在加强培养乡村振兴重点人才队伍建设、大力支持农业人才创新创业、健全乡村振兴人才工作体制机制等方面共提出 16 项政策措施。通过深入实施"双百人才"工程等柔性引才措施，依托中央博士服务团等国家人才扶持项目，采取顾问指导、挂职锻炼、技术联姻等方式，对接县域产业发展，柔性用好所需人才。此外，通过持续开展"双百人才工程""外国专家柳州行""引进国外智力项目"等活动，大力引进"高精尖缺"产业领军人才和创新创业团队，为柳州和艰苦边远地区、基层一线发展积极建言献策，切实解决实际难题。

3.桂林市推进人才政策落地和平台建设

桂林市推进人才政策落地和平台建设，加强乡村振兴人才支持保障。一是贯彻落实《桂林市人才引进和培养办法》，坚持"引培并举"，明确设立急需紧缺人才认定通道，用开放性条款支持乡村振兴人才引育，放宽柔性引才奖励方式，促进多形式引进乡村振兴人才。二是推进"桂林市海内外高端人才创业创新示范基地"建设，加大对传统农业的科技支持，推动发展特色种植业、农产品深度加工等，丰富乡村产业经济业态。2022 年以来，依托桂林海创基地与乡村振兴促进会开展项目对接交流，探讨设立乡村振兴人才示范点，现已分别对渔洞村蔬菜基地、福达冷链物流园基地、漓江茂源奇珍异果田园综合体、光伏农庄等项目合作点进行考察调研，推进"乡村振兴人才示范基地"试点筹建工作。

4.北海市多方发力建设人才队伍

北海市在乡村振兴人才队伍建设方面取得一定成效。一是建设人才平台。在乡村振兴领域开展新一轮市级人才小高地遴选，建设乡村振兴人才集聚平台，新增 4 个涉农人才小高地。二是提供政策保障。通过修订完善《北海市引进高层次人才认定办法》，首次将乡村振兴人才列入认定范围，经认定的乡村振兴人才享受相应的人才待遇。三是培训各类人才。出台《北海市引育乡村产业振兴人才实施办法（试行）》，在政策、资金、土地、荣誉等方面，引导乡村人才返乡创新创业，培育入库农业产业人才，2023年培育入库农业产业带头人及其团队 14 人、农村经济能人 20 人、农业技术推广人员 35 人、乡贤 178 人、电商人才 100 人。① 四是大力选拔人才。2022年 6 月 15 日，第九届北海市农民工技能大赛暨第七届广西农民工技能大赛选拔赛举行，经过激烈角逐，从 180 名农民工选手中选拔出一等奖 9 人、二等奖 18 人、三等奖 28 人，赛后进行集中培训，代表北海市参加自治区总决赛。②

三　广西农业人才发展中存在的问题

（一）农业人才总量供给不足

1. 农业人才流失

从人口总量上看，2021 年广西乡村人口 2262 万人，农作物总播种面积 6177.58 千公顷，第一产业从业人员 842 万人。③ 2020 年广西有 1258 万名农民工，其中 854 万名外出务工，是名副其实的"打工大省"，青壮劳动力流失导致农村农业经营"老龄化"。据统计，2014 年全区农技人员与全区 2567 万人农村人口的比例是 1∶2200。④ 近几年，农业技能人才虽然不断增加，但依然无法满足乡村振兴的需要。

2. 人才待遇偏低，吸引力不足

广西是经济欠发达地区，社会发展水平明显低于全国平均水平，由于县

① 《北海市着力培育"乡土人才"为乡村振兴"加力"》，"北海农业"微信公众号，2024 年 2 月 21 日，https：//mp. weixin. qq. com/s/Iy-k2pXeWD6jJ5-tfH4uNw。
② 《秀技能风采 传工匠精神——第九届北海市农民工技能大赛暨第七届广西农民工技能大赛选拔赛顺利举行》，"北海人社"微信公众号，2022 年 6 月 17 日，https：//mp. weixin. qq. com/s/Mk_ 5xwGdLequr3d-B_ Zz1Q。
③ 《广西统计年鉴（2022）》，中国统计出版社，2022。
④ 广西农业职业教育教学指导委员会关于"十三五"时期《广西农业发展现状与农类专业人才需求情况调研报告》。

域经济发展比较缓慢，财政困难，工资不高，薪酬待遇处于弱势地位，缺乏吸引人才、引进人才、留住人才的经济条件。例如，2021 年广西城镇非私营单位的平均工资为 88170 元，农林牧渔业城镇非私营单位的平均工资为 70545 元，农林牧渔业城镇私营单位的平均工资仅为 47289 元，远低于广西城镇非私营单位的平均工资。①

（二）农业人才政策倾斜不足

1. 现行职称、岗位倾斜政策不能有效留住青年人才

现行的职称、岗位倾斜政策对青年人才的吸引力不够，取得中级、高级职称需要一定的工作业绩积累，大部分青年人才没有取得中级、高级职称，无法享受相应的倾斜政策。

2. 人才激励政策不够完善

在人才创业融资、奖励扶持、培养提高等政策落实上还存在欠缺，限制了人才的引入和发展。基层单位没有相关经费引进高层次人才，没有专项经费对单位人才进行培训，忽视了对人才的培养和能力的再提高。

（三）农业人才建设投入不足

1. 农业劳动者的职业培训不足

一是培训效率不高，虽然通过具体项目的实施、参与专职院校课堂教学和科技下乡等途径对农业科技人才队伍进行多样化培训，但经调研，培训效率并不高。二是培训投入不足，高技能人才培训偏少。由于劳动力文化水平总体偏低，广西开展的职业技能培训以初级和偏重实操的专项能力培训为主，高技能人才队伍的培养难度大。表 5 是 2022 年各地农村转移就业劳动者培训情况，相较于其他省份，广西的就业训练中心、民办职业培训机构农村转移就业劳动者培训人数较少。

---

① 《广西统计年鉴（2022）》，中国统计出版社，2022。

表5　2022年各地农村转移就业劳动者培训情况

单位：人

省(区、市)	就业训练中心	民办职业培训机构
北　京	1132	12287
天　津	—	11477
河　北	15682	249125
山　西	12834	105210
内蒙古	796	64803
辽　宁	2177	36875
吉　林	80	78238
黑龙江	164	96333
上　海	—	495
江　苏	961	84947
浙　江	9433	143328
安　徽	712	188241
福　建	822	83958
江　西	4243	123767
山　东	1745	245936
河　南	78769	619316
湖　北	147899	179007
湖　南	20063	197373
广　东	10290	205399
广　西	2005	98690
海　南	—	68977
重　庆	2887	142546
四　川	3549	246407
贵　州	—	144235
云　南	—	358409
西　藏	—	68753
陕　西	23434	154460
甘　肃	1795	247159
青　海	—	52157
宁　夏	—	27005
新　疆	65	99930

注："—"表示无数据。

资料来源：《中国劳动统计年鉴（2023）》，中国统计出版社，2023。

2. 人才服务体系不完善

通过对各地乡村振兴人才落实情况的调研，了解到一些地区乡村人才工作信息化平台尚未建立，部分基层单位对乡村人才振兴的政策不熟悉、不了解，造成政策难以落实。此外，大部分乡镇基础设施还尚未完善，没有很好地形成吸引人才、引进人才、留住人才的环境，不能较好地提供人才成长和发展的平台。

四　广西农业现代化人才发展对策

《广西农业和乡村振兴人才培养支持专项实施方案》（以下简称《方案》）于 2024 年 5 月正式印发，加强农业高精尖人才培育、推出基层农技人才定向培养计划和农技推广社会服务特聘计划、加强乡村产业振兴带头人培育、搭建人才聚集平台，要以《方案》为指导，围绕农业和乡村振兴人才培育培养和平台建设，从政策、企业、教育三个层面多方发力，探索农业现代化人才发展的路径。

（一）加强顶层设计与政策协同

1. 营造农业人才发展的优良环境

一是大力营造吸引人才返乡就业创业的氛围。支持广西高层次人才"一站式"服务平台、广西人才大厦人才交流大厅、广西·中关村创业创新人才基地、广西众创示范基地等的发展，推动广西人才网、八桂英才网等"线上线下，互促互进"的人才服务模式应用，为人才来桂创造条件。二是加大农业示范园建设力度。立足资源禀赋和产业基础，推进现代农业示范园、农业产业强镇、特色示范村创建，发展优势特色农业和农村新产业、新业态，持续吸引返乡人员进入园区投资、创业、就业。三是放大人才成长的惠才政策。在制定和宣传引才政策的时候，为乡村人才提供更好的教育资源、职业发展机会、住房条件和医疗条件，如随迁子女就近入学、父母跨省异地就业、农业技能培训补贴、优惠的税收政策等。

2. 建立农业人才供给的长效机制

一是加快培养新型职业农民。一方面，完善"筑巢引凤"机制，以人才引进政策将优秀青年人才吸引回桂，积极鼓励并支持大学生回乡创业，促进乡村经济发展。另一方面，定期对农民开展免费培训。支持新型职业农民通过"半农半读"等方式学到更多实用性技术。二是建立"科教推一体化"模式。融合科研、教育培训、推广优势，建立"三位一体"的"科教推一体化"模式，坚持以农民为主体、以强农兴农为根本，全面提升农民教育培训的质量效果。三是围绕特色产业培养"田秀才""土专家""乡创客"等农业人才。分地区对乡土人才开展全面摸排，分门别类进行登记，建立科学的乡土人才识别名录，实行系统化、动态化管理，不断壮大乡土人才队伍，让乡土人才成为助力乡村振兴、农业现代化发展、引领群众致富的重要资源。

3. 健全农业人才保障的服务体系

一是完善农业人才继续教育培训机制。通过定期举办各类农业技能培训班、研讨会等活动，帮助农民掌握现代农业技术和管理知识，提高他们的技术水平。二是完善技能人员转岗晋升培训体系。通过与高校、科研院所合作，鼓励农民参与农业科研和技术创新，为他们提供更多的学习和实践机会，鼓励他们向新型农副产品领域转岗，以提高现代化农业就业适应能力和竞争力。三是加强高技能人才和核心人才培养。通过优化培训课程、加强实践锻炼、建立激励机制等方式，加大高技能人才和核心人才培养力度，培养更多具备专业知识和技能的人才。

（二）营造现代农业人才留用环境

1. 就地取"才"，聘用本土人才

一是积极与"土专家""田秀才"建立合作关系。企业可以通过实地调研、技术指导、经验分享等方式，深入了解本地农业生产的特点、难点和需求，支持鼓励"土专家""田秀才"参与技术培训、技术交流等活动，共享先进的农业生产技术和管理经验，从而提高农业生产效率，降低生产成本。

二是充分利用现代科技手段智能化管理。企业可以利用大数据、云计算、物联网等，建立农业大数据平台，收集、分析和利用农业生产过程中的各类数据，对农业生产进行智能化、信息化管理，为"土专家""田秀才"提供科学、准确、及时的决策依据。三是加强农业现代化科技创新。鼓励"土专家""田秀才"参与新品种、新技术的研发和推广，为农业生产提供科技支撑。四是企业可以借鉴国际先进农业管理经验，与国外农业专家、技术团队进行交流、合作，积极参与国际农业合作项目，引进国际先进农业技术和管理经验。

2. 培用结合，建设专业队伍

一是通过建立农业人才继续教育培训机制，定期对农业产业工人进行技术培训，培养鼓励支持企业内部人才进行学历提升，继续攻读学位，以提高他们的技术水平和专业素质，培养现代化新型职业农民；二是鼓励传统农产品生产领域人才向新型农副产品领域转岗，完善转岗人员的系统性培训制度，充分激发现有人才的活力；三是抓好高技能人才和核心人才培养。调整培养结构，加大自有高技能人才的培养力度，重视核心人才的培养管理，优化不同类型高端人才的管理方式。

3. 创新招聘，积极广纳人才

一是建立品牌价值吸引人才。企业可以通过培育壮大特色农产品品牌，将产品与品牌形象联系起来，提高产品的附加值和市场竞争力，刻画独特的品牌"人格"，保持品牌影响力，用品牌效应吸引优秀人才资源。二是拓展和延伸招聘渠道。在校园招聘、猎头、内部推荐、网络等传统招聘渠道上"深挖洞、广积粮"，如与院校合作培养提前"试用"获得人才先机。三是采用柔性引才机制。与经济发达地区、周边地区建立人才合作协议，通过"周末工程师""客座教授""兼职专家"实现和农业大集团、企业共享高技能人才。

（三）完善现代农村职业教育体系

1. 丰富农业人才培养内容

一是与时俱进更新教学内容。学校要围绕实施乡村人才振兴战略，针对当地特色农业产业、地理环境和气候、市场发展需求，因地制宜，将新时代农业产业化发展与当地相结合，从技术改革和方法创新上整合拓展教学课程。二是实施"乡村大学生"定向培养模式。学习黑龙江的"村村大学生"计划，政府、学校、学生签订三方毕业定向就业协议，政府和学校共同承担学生学费，学生毕业后到协议乡镇地区进行就业，政府统一安排企业对学生进行聘用；三是积极组织教职工和学生参与各类技能大赛。高职院校积极组织教职工、学生参与各类技能大赛，以竞赛促教学，激发学生的技能钻研积极性。例如，在农业机械化技能大赛中，学生可以了解到现代农业机械的运行原理、操作方法和维修技巧，并通过与优秀选手的交流，学生可以借鉴他们的经验和技巧，接触到最新的农业技术和管理方法，提高自身的专业素养和实际操作能力。

2. 产、教、研"三主体"协同

一是打好深化产教融合、校企合作的政策"组合拳"。学校可以联合企业、科研机构、科技公司等多方共同研究当前农业现代化发展的具体人才需求、培养方案，在培养过程中及时将研究成果转化成农业产业生产力。二是联合开展农产品研发。针对在校师生、企业高技能人才在农村进行新品种培育、新技术试验、承包养殖和种植等项目的，给予政策和资金、物资方面的支持。三是实训引领，培养专业创新型农业技术人才。根据市场需求，与当地农业企业加强联系和对接，在教学实训课程中融入企业文化和用工单位的管理制度，模拟按照行业企业真实的生产环境、真实的岗位配置，提高学生的实际操作能力。

参考文献

［1］〔美〕西奥多·W. 舒尔茨：《论人力资本投资》，吴珠华等译，北京经济学院出版社，1990。

［2］张萌、张秀平：《以人才振兴助力乡村振兴》，《合作经济与科技》2019 年第4 期。

［3］刘志民、赵杏娜：《2020—2025 年我国农科人才需求预测——基于灰色 GM（1，1）模型的分析》，《中国农业教育》2019 年第 5 期。

［4］张祺午：《加快现代农业人才培养 做好乡村振兴大文章》，《职业技术教育》2020 年第 15 期。

［5］高峰等：《乡村振兴战略下应用型农业人才培养模式研究》，《农村经济与科技》2020 年第 4 期。

［6］唐丽霞：《乡村振兴战略的人才需求及解决之道的实践探索》，《贵州社会科学》2021 年第 1 期。

［7］周晓光：《实施乡村振兴战略的人才瓶颈及对策建议》，《世界农业》2019 年第 4 期。

［8］黄建颉、罗兴录：《乡村振兴背景下新型农业人才培养探讨》，《农学学报》2020 年第 5 期。

［9］李广：《新型职业农民培育问题及对策研究》，《北京农业职业学院学报》2017 年第 1 期。

［10］胡峰等：《江苏省高技术产业人才需求预测研究——基于改进的新陈代谢 GM（1，1）模型》，《科技管理研究》2018 年第 16 期。

［11］韩俊：《关于实施乡村振兴战略的八个关键性问题》，《中国党政干部论坛》2018 年第 4 期。

［12］陈娟、马国胜：《乡村振兴背景下农业环境保护技术专业人才培养方案改革探讨》，《安徽农业科学》2019 年第 4 期。

［13］徐源：《乡村振兴战略下的农村实用人才队伍建设研究——以重庆市梁平区为例》，硕士学位论文，中共重庆市委党校，2018。

［14］Robert，J. B.，"Human Capital：Growth，History and Policy-A Session to Honor Stanley Engerman，" *American Economic Review*（2001）．

B.11
高端创新人才需求类型分析
及培育引进策略研究

摘　要： 本报告分析了高端创新人才的需求类型，指出了培育引进高端创新人才的主要难点和制约因素，并据此提出了以下对策建议：制定重点领域产业人才需求发展专项规划；充分激发企业主体意识；加大人才的培养和引进力度；积极推动形成区域人才政策互联机制；构建人才发展生态链，做好"引、用、留"系统谋划；在高标准高质量建设雄安新区中打造人才机制创新示范基地；加强重大平台载体建设，培植引才天然土壤；牢固树立人才是第一资源的理念，打造一流服务人才环境。

关键词： 创新人才　科技创新　人才一体化

随着世界经济科技竞争的焦点转向人才竞争，高端创新人才在推动经济科技发展中的作用日益凸显，并已成为科技进步的主要力量源泉。习近平总书记在中共中央政治局第十一次集体学习时强调："要按照发展新质生产力要求，畅通教育、科技、人才的良性循环，完善人才培养、引进、使用、合理流动的工作机制。要根据科技发展新趋势，优化高等学校学科设置、人才培养模式，为发展新质生产力、推动高质量发展培养急需人才。"[①] 科技创新

---

* 王建强，河北省社会科学院人力资源与劳动经济研究所所长、研究员，主要研究方向为人才制度与人才开发。

① 《习近平在中共中央政治局第十一次集体学习时强调 加快发展新质生产力 扎实推进高质量发展》，新华网，2024 年 2 月 1 日，http：//www.xinhuanet.com/politics/20240201/df84c5b067e0457e9079e55b10f353e7/c.html。

是发展新质生产力的核心要素，而人才是创新的根基，创新驱动实质上是人才驱动。发展新质生产力，迫切需要突破更多原创性、颠覆性技术，需要更多高素质人才的有力支撑。贯彻落实习近平总书记重要讲话精神，必须强化人才观念，在重点领域大力培育引进高端创新人才，充分发挥高端人才在推动高质量发展中的支撑引领作用。

一 我国高端创新人才的主要需求类型分析

人是生产力中最活跃的因素，也是最具决定性的力量。发展新质生产力，源头在科技创新，落脚点在产业升级，关键在人才支撑。无论是科技创新催生出新产业、新模式、新动能，还是用新技术改造提升传统产业、发展战略性新兴产业和培育未来产业，抑或将科技创新成果应用到具体产业和产业链上，完善现代化产业体系，进而打通从科技创新、产业创新到发展新质生产力的链条，人才都起着主导作用。培养更多与现代科技和社会生产力发展相适应的高端创新人才，是从根本上实现我国未来发展目标的战略之举、是构筑人才优势、赢得竞争主动的长远之计，是推动高质量发展的务实之策。

科技发展、产业技术含量增加及新技术、新工艺在生产过程中的使用提高了产业领域对人才团队的需求层次，大力培育和引进具有创新意识、适合重点领域产业布局和高质量发展的高端创新人才成为必然。未来一段时期，我国高端创新人才的主要需求类型如下所示。

（一）能持续跟踪前沿技术、掌握和引领未来产业发展方向的高端创新人才

为顺应经济社会高端化、智能化、绿色化发展趋势及符合重点推进区域一体化发展新要求，我国需要重新谋划布局重点领域应用基础研究和产业集群开发，特别是要想打造空天信息、先进算力、前沿新材料、类脑智能、量子信息、基因与细胞、深地深海、光子芯片、区块链、氢能与储能产业等未

来产业，需要一批有战略眼光、能持续跟踪前沿技术、掌握未来产业发展方向和先进技术的高端创新人才，以抢占未来发展主动权、形成未来竞争之优势。这是当前我国需要重点培育引进的人才，这些人才事关我国建设科技强国，是国家战略性人才的重要组成部分。

（二）促使产业规模持续扩大、基础更加坚实的高端创新人才

我国重点领域产业基础已经具备，实现了产业规模扩张、企业数量增加及产业竞争力的提升，特别是促使新一代电子信息、高端装备制造、生物医药、航空航天、节能环保、大数据与互联网、信息技术和人工智能、新能源汽车与智能网联汽车、文化旅游等高成长性产业发展，迫切需要一批扩量增质的创新人才和团队，特别是企业家人才队伍和职业经理人队伍。创新的主体是企业，我国发展实体经济，扩大企业规模，使企业提质增效，离不开实体企业中的企业家人才队伍，这是我国需要长期坚持的人才培育引进政策。

（三）掌握关键核心技术或能突破"卡脖子"关键核心技术的高端创新人才

要想符合战略性新兴产业快速增长、产业链延伸和升级加快，特别是产业全面转型升级要求，需要瞄准国际前沿、立足我国基础，不断提升发展质量，在北斗导航、集成电路、石墨烯、新型光电显示、创新药物、中药创制、氢燃料电池等重点高技术领域取得一批原始创新成果，这就需要一大批能掌握关键核心技术或者能突破"卡脖子"关键核心技术的高端创新人才。这些人才不仅需要具备深厚的专业知识，还需要具备跨学科的综合能力和创新思维，有了这些人才，我国才能在激烈的国际竞争中立于不败之地。

（四）重点技术改造项目的高端创新人才

在未来几年间，技术改造项目仍是重点。在生物医药、光伏风电、抽水蓄能电站、安全应急装备、新材料等战略性新兴产业，我国将会继续实施以

工艺、装备、产品和管理升级改造为重点的技术改造项目，以推动现有战略性新兴产业向高端化、智能化、绿色化转型，大幅提升产业质量和竞争力，创建知名品牌。为此，重点技术改造项目的高端创新人才成为必需。这些人才是发展战略性新兴产业和新质生产力的关键，为了提升项目成功率和技术创新能力，我国需要大量培育和引进这类人才。

（五）重大科技专项实施中的高端创新人才

未来几年间，我国将继续实施核心电子器件、高端通用芯片及基础软件，极大规模集成电路制造技术及成套工艺，新一代宽带无线移动通信，高档数控机床与基础制造技术，大型油气田及煤层气开发，大型先进压水堆及高温气冷堆核电站，水体污染控制与治理，转基因生物新品种培育，重大新药创制，艾滋病和病毒性肝炎等重大传染病防治，大型飞机，高分辨率对地观测系统，载人航天与探月工程等重大专项。[①] 其中，许多专项受到国内外的高度关注。重大科技专项是为了实现国家目标，通过核心技术突破和资源集成，在一定时间内完成的重大战略产品、关键共性技术或重大工程，是国家科技发展的重中之重，这些重大科技专项的实施，对整体提升我国的综合国力起到了至关重要的作用。在这一过程中，以上重大科技专项实施中的高端创新人才成为需求重点。

（六）重大科技创新平台、产业园区等人才载体建设运营人才及推动重大科技成果落地转化的高端创新人才

重大科技创新平台是集聚高端创新资源、提升综合竞争力的战略支撑，也是突破科学前沿、解决经济社会发展和国家安全重大科技问题的物质技术基础。加快建设重大科技创新平台，优化其布局、提升其"能级"，对提高科技创新整体效能至关重要。未来一段时间，国家实验室、国家重大科技基

---

① 《我国确定16个重大科技专项 将着手研发大型飞机》，中国政府网，2006年2月9日，https://www.gov.cn/zwhd/2006-02/09/content_184176.htm。

206

础设施、国家重点实验室等已建新建重点创新平台将持续发展，国家级新兴产业试验区、示范基地以及我国四大自贸试验区建设将形成规模并不断发展，促使这些平台载体建设、运营人才团队成为必需。同时，科技成果的转化应用既是科技创新的出发点，也是科技创新的落脚点，而助推科技成果落地转化的人才则是科技产业发展全链条中紧密连接研发人才和市场需求的关键角色，这些人才成为必需。

二 我国培育引进高端创新人才的主要困境和难点分析

（一）重点产业（领域）专项人才发展规划缺失

人才建设，规划先行。2010 年我国出台《国家中长期人才发展规划纲要（2010—2020 年）》，同时制定了若干重点产业（领域）的专项人才规划作为配套，地方党委政府为了贯彻落实第二次全国人才工作会议和《国家中长期人才发展规划纲要（2010—2020 年）》精神，相应地出台了专项人才发展规划。而我国"十四五"人才发展规划并没有跟进重点领域专项人才发展规划，没有形成"1+N"专项人才发展规划体系，致使重点领域专项人才培育引进目标不明、任务不清，更没有相应的举措，没有形成系统谋划和安排部署，影响人才链与产业链的融合发展。

（二）企业不能通过精准引才达到用才目的

企业是创新和用才的主体，同时是育才和引才的主体。调研显示，我国一些企业很难在短期内精准招聘到所需高端人才。一方面，企业招聘人才主要通过大型人力资源服务公司，如 BOSS 直聘、智联招聘等；另一方面，这些大型人力资源服务公司为了自身利益不会精准推送企业所需人员信息，他们往往是将人员信息不经筛选地一并推送给所需人才的企业，这些企业特别是一些高新技术企业，需要及时精准招聘人才，但不得不花费大量精力对人力资源服务公司推送的人员信息进行筛选，有的筛选到最后也不能找到自己

需要的人才，在客观上增加了企业引才成本，变相降低了企业引才的积极性和招人的精准度。

（三）校企合作不密切，学校培养出的人才不能完全满足企业高质量发展需求

我国教育资源丰富，专业类别众多，大学培养出的人才应该能够适应企业发展所需。但当今世界由于发展速度较快，教育培养人才本就滞后，加之校企合作不密切，培养出的人才还不能满足企业高质量发展所需，特别是一些职业院校，由于缺乏校企合作，难以培养出满足市场需求的高技能人才和大国工匠。调查发现，目前校企合作矛盾较多，学校教师和企业人员分别代表不同利益群体，秉持不同的利益诉求，遵循教育领域和经济领域的不同规律，导致校企合作利益基点不一，缺乏内驱力，遇到矛盾或产生冲突时难以达成共识。学校与企业在"校热企冷、校冷企热"及产教融合成效等方面的认知存在较大差异，多数企业认为产教融合成效大，愿意成为产教融合型企业，而学校多认为"校热企冷"依然是阻碍校企深度合作的前提因素。企业参与校企合作的目的在于招聘高素质毕业生，对学校建设缺乏热情；部分职业学校将校企合作视为提升学校办学水平和专业建设的途径，或是简单理解为加强学校实习实训基地建设，忽视了企业参与校企合作的真正目的，未能满足企业的诉求。校企合作的利益联结较弱、要素有限、形式单一，尚未形成校企全过程、全要素的合作机制，导致师生参与企业活动有限，职业学校办学能力未能达到企业合作的目标，无法满足教育链对接产业链的要求。有的企业从合作学校招聘的毕业生仍需进行二次培训，明显提高了企业成本。另外，高校学科建设输送人才优势和高端人才效力企业效果并不明显。

（四）区域人才合作机制亟待实现真正"一体化"

我国的长三角、粤港澳大湾区、京津冀等区域虽然合作较为紧密，但区域人才合作机制并未实现真正"一体化"。以京津冀为例，2014年京津冀协

同发展战略实施以来，三地区位定位已经明确，2017年三地出台了《京津冀人才一体化发展规划（2017—2030年）》，对推动三地人才多方面展开合作奠定了基础，但三地人才政策一体化很难像交通、生态等一样容易实现，特别是京津户籍制度仍是河北重点领域全职引进京津人才的主要"羁绊"，且京津对河北的虹吸效应仍很明显，三地人才发展机制急需实现真正的"一体化"，京津人才反哺河北仍需加倍努力。另外的几个区域也存在类似问题。

（五）重点区域创新人才机制尚未完善

重点区域主要包括我国重点建设的人才高地，如北京、上海、粤港澳大湾区等。其中，将雄安新区列入北京人才高地建设范畴，雄安新区尽管处于大规模建设与疏解并重阶段，但实际上疏解北京非首都功能尚未全面发挥，主要是产业集聚尚未完成，北京人才随产业而被疏解的功能发挥不够。同时，雄安新区人才管理改革试验区和国家级人力资源服务产业园正在创建，人才发展体制机制活力不足，制定的《河北雄安新区人才发展"十四五"规划》落实效果有待检验，进行全面评估对症施策十分迫切。

（六）促进人才自身发展的政策活力不足

人才本身作为重要的资源，在为经济社会发展提供智力支撑的同时非常关注自身的发展。然而，我国在培育引进创新人才方面能够为人才提供的薪酬待遇、创业载体、营商环境等在区域间还有很大差距，发展不平衡十分明显。例如，在支持人才资金投入方面，"十三五"期间江苏省每年在人才工作上的投入经费约为70亿元，广东省、苏州市、烟台市等对引进一个高端人才的科研等经费支持已达1个亿，且呈现几何级增长趋势，而我国中西部地区的人才工作经费和给予人才的待遇远远没有这么高，且在税收政策、产业配套、营商环境方面也都需要提升。只有促进人才自身发展的政策活力足，才能有效吸引高端创新人才来我国全方位发展。

（七）人才创新平台载体亟须提档升级

仅以人才创新创业比较集中的开发区为例，近十年，我国二线、三线城市的开发区面积大幅增长，如济南高新区、合肥经开区、苏州高新区都在成倍扩张。浙江省各类开发区也在进行整合，整合后平均每个开发区的面积大大增加，比整合前增加近 7 倍，且更加注重产业链集群布局发展，科创化水平不断提升，数字网联发展迅速，产业社区、产业新城开始崛起，"新九通一平"的竞争态势明显。① 这些都对我国其他区域的开发区等创新平台产生明显冲击，其他创新平台的提档升级迫在眉睫。

（八）为高端创新人才提供优质服务的水平有待提高

为高端创新人才提供优质服务是优化人才发展环境的重要举措。"环境好，则人才聚、事业兴"②；如何以更高的站位、更宽的视野、更远的眼光"聚天下英才而用之"，是抢占科技竞争和未来发展制高点的重中之重。我国人才政策数量不少，其中也不乏"特事特办""一人一策""柔性引才""加大资金支持""为子女上学、就业提供方便"等方面的规定，但在某些区域的实际落实中可能受经济条件限制等影响，"只听楼梯响，不见人下来"的现象时有发生，"最后一公里"仍然打不通，如在公租房、人才公寓制度方面，在子女上学方面，在外国专家出入境签证方面仍然不尽如人意，从而抑制了高端人才来我国创业的动力和意愿。

三　我国重点领域培育引进高端创新人才的对策建议

（一）制定重点领域产业人才需求发展专项规划

建议由组织部门牵头制定重点领域产业人才需求发展专项规划。针对我

---

① 资料来源于河北科协《院士专家建议》（内部资料）。
② 《为创新人才创造良好环境》，《人民日报》2023 年 3 月 31 日。

国重点领域普遍面临的各层级专业技术人才短缺问题，通过深入调研分析，根据现实与未来发展需要，研判各层级人才需求，量身定制产业人才发展计划，重点确定产业领军、高端、实用人才（团队）的评价标准、引进培养目标和支持方案。有计划、成系统、分步骤地实施重点领域产业人才发展计划，为我国重点领域跨越发展提供坚实、稳定的人才支撑。

同时，根据发展计划，"外引"国外领军人才，"内联"本国高端人才，"培育"后备专业技术人才。坚持"人才、团队、项目、企业"一体化的引进模式，加大支持企业面向全球吸引产业高端领军人才的力度，建立重点领域人才库，积极邀请与鼓励中国籍相关领域和产业领军人才回祖国创新创业。加强产学研的紧密结合，鼓励企业开展回头看，注重发现"身边的合作伙伴"。持续加强高校重点领域相关学科、专业建设，力争实现学科内涵建设重大突破，在产业后备专业技术人才培养、科学研究上发挥积极作用。充分发挥教育部门的作用，积极研究制定鼓励本地高等院校开设和调整与本地重点领域产业相关专业或课程的细则，制定加强建设专业技术人才培训班和实训基地等有关方面的政策。

（二）充分激发企业自身培育引进高端创新人才的主体意识

加强重点领域企业为人才开发主体的宣传和培训，增强企业对人才开发的主动投入意识。加强对人才开发典型企业的宣传，要定期开展对企业领导层的人才发展培训，提高其对人才开发重要性的认知，建立以企业为主体的人才开发投入体系，引导企业树立"抓人才就是抓核心竞争力"的人才开发理念，引导企业更加积极主动地引进、培育高端创新人才，坚定不移地走人才驱动创新的道路。

制定相关政策，促进或倒逼企业进行人才开发。通过允许企业将配套的科研启动资金、安家费等人才开发投入列入企业成本核算并在缴纳企业所得税前扣除，企业参加政府组织引才活动所需经费由政府按一定比例负担，对企业开展人才培训给予一定标准补助等方式，降低企业人才开发投入成本，提高企业人才培养开发的积极性。或将人才增量、人才存量等人才开发指标

作为企业申报享受科技创新政策奖励优惠或科技项目基金的必要条件，倒逼企业加大人才投入。

提高企业引进人才的精准度。可由政府出资购买市场中介机构人才库或购买各种招聘软件使用权，将高端人才推送到市场主体，也可由政府从人才专项资金中拿出一部分用于招投标或直接扶持市场较为成熟的大型人力资源服务公司，如 BOSS 直聘等，为企业集中区域的政府科技部门提供企业所需的精准人才。

降低企业引才育才成本。全面落实研发费用税前加计扣除、加速折旧、高新技术企业所得税减免等政策。对企业自主或与中介机构合作全职引进高端人才团队给予相应奖励或补助。

（三）加大人才的培养和引进力度

建立层次分布完善的重点领域人才培养体系，鼓励高等院校加强重点领域人才相关学科建设，根据市场需求调整相关专业招生规模，培养质量与数量并重，为我国重点领域发展提供充足的本土人才。依托现有产业和高校学科建设优势，加大招商力度，引进创新平台，同时吸引高层次专业技术人才。例如，可充分利用我国新能源产业集聚区，实施大规模对外招商，着力引进一批创新型、智慧型新能源装备企业及研发机构，吸引国际新能源装备技术成果在我国转移转化，从而吸引人才落地；可通过鼓励采用兼职、短期聘用、定期服务等方式，吸引国际技术人才来我国创新创业，利用我国高等院校的信息技术优势与国有企业实行联合办学，加强对新一代信息网络技术和人才的培养。利用现有高校优势加强新能源学科建设，积极与国际一流院校、一流学科进行交流与合作，吸引新能源产业发展所需的高级复合型人才、高级技术研发人才来华创新创业；支持国内高等学校和科研院所加强国内外人工智能、智能装备领军人才、高层次人才培养，开设人工智能与智能装备应用、安装维护与管理等专题培训课程，加大人工智能、智能装备相关专业人才培养力度等。

充分利用我国开发区产业聚集区优势，实施大规模对外招商，着力建设或引进一批创新型、智慧型企业及研发机构，吸引国内国际技术成果转移转化，从而吸引高端人才落户我国。

利用雄安新区疏解北京非首都功能和承接人口转移的大好机遇以及雄安新区的区位优势、政策环境、高端项目，借鉴国内外先进地区重点领域产业发展经验，加大引才力度，吸引国内外高层次重点领域专业技术人才。

（四）充分利用区域协同发展和人才一体化契机，积极推动京津冀、长三角、粤港澳大湾区等区域人才政策互联机制的形成

深入推动区域人才协同创新体制机制发展。搭建科技联合攻关、产业协作共建、人才联合培养平台，大力发展跨区域产业技术创新联盟，联合开展技术攻关、标准创制，不断提升人才协同创新能力。我国不仅要在人才政策制定上下功夫，还要完善政策的执行机制，确保政策落到实处。依靠长期有效的体制机制，强化我国对重点领域人才的吸引力，吸引人才、产业向我国流动。

加强区域内重点领域人才交流。利用"1小时通勤圈"的优势，加强区域内重点领域人才交流，鼓励国内高层次人才通过柔性流动参与国家重点领域项目开发、成果转化、知识创新、产业培育和管理咨询。支持通过任务外包、产业合作、学术交流等方式，充分利用海外信息技术人才资源，提升我国重点领域人才吸引力。

在重点产业领域打造一批区域共建新型创新基地。依托区域科技园区、协同发展示范区、高新技术开发区等重点创新区域，建立健全产业融合发展、人才协同创新的体制机制，促进优质科技资源相互开放，建设区域性创新人才开发培养基地。

（五）构建人才发展生态链，做好"引、用、留"系统谋划

建立各省牵头、省内各市联动的人才工作机制。消除各地"各自为政"形成的恶性竞争和内耗，根据地方需求做好统一规划。形成"引、用、留"人才政策链。"引"要突出同类政策的大力度和错位政策的吸引度，"用"

要突出评价的公正性和激励的个性化，"留"要突出平台的适应度和文化的亲和度，抓住我国的优势政策点，确保既要"引"得到，又要"留"得住、"用"得好。做好人才政策的具体落实与跟踪督导，对发布的人才政策，要逐条落实到责任单位，细化到责任窗口和责任人；对做出的政策承诺，要真正说到做到，避免造成政策泡沫。

实行有利于人才发展的税收改革试点。在对高端人才的个税缴纳，资金支配、支持等方面，要切实保障人才权利；在对高端人才股权和分红激励方面，可分期纳税或取得收益再纳税；对于中央和各省认定的各类高端人才、重点引进人才，其所获支持经费可分期纳税或免税。

优化科技金融支持体系。优化有利于高端人才团队创新创业的科技金融支持体系。加大财政资金投入，引导产业资本、金融资本共同组成多种类型基金，重点服务种子期、初创期企业发展，形成对不同阶段创新创业高端人才及其所在重点领域单位的金融支持体系。鼓励天使投资、风险投资、商业银行等机构开展股、债、贷相结合的融资产品与服务。支持创业板、新三板、区域性股权市场、机构间私募产品报价与服务系统等多层次资本市场发展，通过资本市场的价格和竞争机制自主配备人才。

深化人事薪酬制度改革。推动相关部门出台改革创新方案，分类落实重点产业领域"管委会+公司"管理制度，大胆推行"编制备案制"改革，针对聘用直引人才，允许并鼓励实行弹性工资制、特岗特薪制、协议工资制、项目工资制等新型薪酬制度，以薪酬制度改革吸引大批高端人才。

（六）在高标准高质量建设雄安新区中打造人才机制创新示范基地

雄安新区作为千年大计、国家大事，是未来最能吸纳高端创新人才的区域，打好雄安新区人才牌，下好人才先手棋刻不容缓。

推动加快建设雄安新区人才管理改革试验区。利用雄安新区疏解北京非首都功能契机，吸引北京大批高端人才落地雄安新区。充分发挥雄安新区政策联动优势，在人才管理、投融资、税收、股权激励、成果转化等方面实施具有辨识度、创新性的改革举措，搭建与国际规则接轨，具有引才引智、创业孵化、专业服务保障等功能的国际化综合性创业平台，推动创新链、产业链、资金链、人才链深度融合。着重在人事管理制度、人才引进培养、评价激励等方面加强制度创新，在高端人才激励、评价、科研管理改革等重点难点领域大胆探索，最大限度激发人才创新创造活力。例如，可在雄安新区建设"科研人才特区"，让科研人员在此工作没有经费使用、编制等束缚，且能得到相应支持。要推进人才政策先行先试，赋予产业主体更大人才"育引留用管"自主权；可在雄安新区规划建设一个"国际化人才地标"，打造雄安新区海外人才离岸创新创业基地，形成多层次的离岸创业服务支持系统。

构建开放式创新的体制机制。实施更加有利于总部企业、跨国公司地区总部、研发中心、国际组织及国际性智库等入驻的政策措施，辐射带动雄安新区人才国际化发展。支持高校、科研院所、企业整合利用国内外创新资源，在雄安新区建设一批国际一流的开放实验室和产业技术创新中心等平台。

开展《河北雄安新区人才发展"十四五"规划》评估，特别是对该规划提出的有序承接北京非首都功能疏解和人才转移，实现产业落地、人才集聚，形成示范效应及人才资源总量、密度、人才贡献率、战略科学家人数、顶尖科技领军人才、优秀青年科技人才数量完成情况等进行评估，根据评估情况采取相应举措保证目标实现。

（七）加强重大平台载体建设，培植引才天然土壤

推动从实施以"奖人"为重点到实施以"奖平台"为重点的转变，鼓励支持用人主体特别是"头部企业"积极搭建创新平台。大力支持企业与高校、科研院所共建院士工作站、重点实验室、企业技术中心等平台，并根据平台发挥作用给予相应奖补。

打造特色产业集群。特色产业集群是产业人才最大的载体。要紧密围绕国家区域发展总体战略和主体功能区规划以及区域产业调整及重点领域产业发展规划，改造提升现有特色产业集群，完善配套企业与设施，延伸产业

链，扩大现有特色产业集群规模和推动技术、产品升级。推动潜在特色产业集聚区向产业集群转型升级，建设一批特色和优势突出、产业链协同高效、核心竞争力强、公共服务体系健全的重点领域示范基地，完成特色产业集群对人才的吸引与聚集。

建设创新平台。一是积极吸引集聚全球高端技术、资本等创新资源以及世界知名跨国公司和研发机构，与我国联合建立国际联合实验室、国际联合研究中心、产业技术创新中心、国际科技合作基地。二是建设一批特色鲜明的要素聚集、成果富集的创新型园区，支持有条件的园区争创国家创新型产业集群、国家新型工业化产业示范基地。三是支持企业建立多种类型的研发机构、重点实验室、工程实验室、企业技术中心、工程（技术）研究中心、工业设计中心、院士工作站、博士后科研工作站、检验检测中心等创新平台。四是不断扩大博士后两站招收规模，支持中小型科技企业建立博士后创新实践基地和博士后站点。五是深化与央地研究机构创新合作，共同建设一批研发机构、中试基地和示范项目，共享科技创新成果。

（八）牢固树立人才是第一资源的理念，打造一流人才服务环境

重点领域产业人才由于具有较高的综合素质和较完善的知识结构，是高文化资本群体，因此在市场经济条件下可以获得更高的收入回报，其就业环境会表现出与低文化资本群体不一样的取向，随着收入水平的提高，会由生存型就业向发展型就业和享受型就业转变，这就需要就业地为其提供一系列与发展和享受相关的舒适环境。因此，从顶层进行设计，在音乐、艺术等人文环境，气候、湿度，以及绿化等各种方面加强建设以有效提升对这些人才的吸引力。在服务人才方面，要整合服务资源。整合省内高等院校、科研院所、医疗机构和文化体育场所等服务资源，建立人才服务联盟，为人才创新创业提供良好环境和优质服务。一是实行引进人才"秒批"改革。借鉴深圳招聘录用大学毕业生"秒批"制度，在我国重点领域引进吸纳各类人才。二是鼓励成立省内人才服务联盟。整合省内高等院校、科研院所、医疗机构和文化体育场所等服务资源，建立省内人才服务联盟，为人才创新创业提供

良好环境和优质服务。三是创建各类"人才驿站"。借鉴广州建设首个"大湾区（广东）国际人才驿站"经验，在重点领域、开发区、产业集聚区等设立各类小型人才驿站，作为政务中心"人才窗口"的补充。四是建立招商引资与招才引智协同推进机制。对招商引资和招才引智实行一体化考核，并设立指标，实行全职引进各类高端人才抵扣招商引资任务。五是为外籍人才提供便利化服务。各地可借鉴北京、上海、广东、福建等地做法，制定延长有效工作许可等方便外籍高层次人才（港澳居民特殊人才）及其家属进出、交流、工作、创业、停留、定居等的出入境政策。六是建立人才问题清单制度。各级人才主管部门、人才服务机构要经常深入企业、积极联系人才，调查人才所需，建立人才问题台账，实行清单化管理，对账销号，责任到人，并积极向企业或人才反馈，形成尊才敬才、为才服务的良好氛围。

参考文献

［1］《围绕发展新质生产力建强人才队伍》，《河北日报》2024 年 4 月 7 日。

［2］康振海主编《河北人才发展报告（2022）》，社会科学文献出版社，2022。

重点群体篇

B.12
我国基础教育人才队伍建设现状、
问题与对策分析

钟祖荣　师欢欢*

摘　要：　本报告分析了 2011~2022 年我国基础教育人才队伍建设现状、
问题，并提出了对策。研究结果表明，12 年来我国基础教育人才队伍总量
整体呈增长趋势，小学、初中和高中阶段的教职工和专任教师规模整体扩
大。但目前我国基础教育人才队伍建设存在性别失衡、城乡差异显著、高级
职称的基础教育人才较为不足、名师名校长等卓越的基础教育人才比较匮
乏、基础教育人才管理体制机制尚不完善的问题。在基础教育人才队伍建设
方面，建议优化基础教育人才资源配置，促进基础教育均衡发展；继续强化
师德师风建设，着力提高教师思想政治素质；深化基础教育教师职称改革，
适当提高高级职称占比；推进教师教育振兴行动计划，全面提高基础教育人
才质量；加大名师名校长培训的支持力度，培养教育家型教师。

---

* 钟祖荣，北京教育科学研究院原副院长、教授，博士，主要研究方向为人才学原理、外国人
才研究史、教育人才学等；师欢欢，北京教育科学研究院教师研究中心助理研究员，博士，
主要研究方向为教师专业发展等。

关键词： 基础教育人才　教师结构　教师质量　教育家精神

习近平总书记在党的二十大报告中指出："教育、科技、人才是全面建设社会主义现代化国家的基础性、战略性支撑。必须坚持科技是第一生产力、人才是第一资源、创新是第一动力，深入实施科教兴国战略、人才强国战略、创新驱动发展战略，开辟发展新领域新赛道，不断塑造发展新动能新优势。"[1] 教育人才队伍建设对我国人才队伍建设、教育事业的科学发展和创新型国家建设等都具有重要意义。《全国教育人才发展中长期规划（2010—2020 年）》中指出："教育人才是教育事业科学发展的第一资源，是国家人才队伍的重要组成部分，在建设人力资源强国、人才强国和创新型国家中处于十分关键的战略地位。"[2] 目前，我国人才队伍包括党政领导人才、企业管理人才、专业技术人才、高技能人才、农村实用人才、社会工作人才六类。2015 年，人力资源和社会保障部、教育部联合印发了《关于深化中小学教师职称制度改革的指导意见》，明确提出中小学教师是我国专业技术人才队伍的重要组成部分，是全面实施素质教育、推动教育事业又好又快发展的重要力量。因此，教育人才属于专业技术人才中的一种。

基础教育在整个教育体系中具有基础性的支撑作用，基础教育人才队伍建设对我国科教兴国战略、人才强国战略、创新驱动发展战略的实施具有重要意义。所谓基础教育人才，是教育人才中的一类，其他类还有高等教育人才、职业教育人才。从理论上说，基础教育人才是在基础教育工作中，发挥了其专业素质和教育能力，在培养学生全面发展方面取得良好效果的人，"是在基础教育领域中具有比较突出的专业性、创造性、绩效性的人才，或者说在培养幼儿、中小学生素质方面，在为人才的成长打基础方面，有新颖独到的经验、思想和突出成效的人才"[3]。基础教育人才除了具有教育人才

---

① 《习近平著作选读》第一卷，人民出版社，2023，第 27~28 页。
② 钟祖荣主编《基础教育人才研究》，党建读物出版社，2016，第 1 页。
③ 钟祖荣主编《基础教育人才研究》，党建读物出版社，2016，第 7 页。

的一般特点外，还具有传播性、人本性、综合性、长期性等突出特点。① 从操作上说，目前对基础教育人才的评价主要有职称和荣誉两种，职称包括正高级、高级、中级（一级）、二级、三级 5 等，荣誉包括特级教师、骨干教师、先进工作者等。刚刚入职和入职初期的老师，尽管学历是高的（一般是本科甚至研究生），是符合人才统计的条件的，但就其专业性和实际成效看还有一定距离，所以本报告主张以中级职称为操作指标是比较合适的。这样，就有一个宽口径和窄口径，宽口径以学历为标准，几乎所有专任教师都可以被视为基础教育人才；窄口径以中级职称为标准，具有一级及以上职称的教师被视为基础教育人才。本报告在对统计资料分析的过程中采用了宽口径。

一 我国基础教育人才队伍建设现状

（一）我国基础教育人才队伍总量

2024 年 8 月，根据教育部介绍，目前我国各级各类教师 1891.8 万人，其中中小学教师 1684 万人，占教师总数的 89%。② 2011~2023 年的《中国教育统计年鉴》数据显示，我国基础教育人才队伍总量整体呈现增长趋势，小学、初中和高中阶段的教职工和专任教师规模整体都在扩大。2011 年，小学阶段教职工人数为 558.49 万人，其中专任教师人数为 560.49 万人；初中阶段教职工人数为 394.42 万人，其中专任教师人数为 352.45 万人；高中阶段教职工人数为 242.74 万人，其中专任教师人数为 155.68 万人。到 2016 年，小学阶段教职工人数为 553.73 万人，其中专任教师人数为 578.91 万人；初中阶段教职工人数为 400.03 万人，其中专任教师人数为 348.78 万人；高中阶段教职工人数为 368.14 万人，其中专任教师人数为 173.35 万人。截至 2022 年，小

---

① 钟祖荣主编《基础教育人才研究》，党建读物出版社，2016，第 9~10 页。
② 王嘉毅、俞伟跃在 2024 年 8 月 29 日答记者问时提供的数据。

学阶段教职工人数为624.70万人，其中专任教师人数为662.94万人；初中阶段教职工人数为475.12万人，其中专任教师人数为402.52万人；高中阶段教职工人数为407.29万人，其中专任教师人数为213.31万人（见表1）。

表1 2011~2022年我国基础教育人才规模

单位：人

年份	小学		初中		高中	
	教职工规模	专任教师规模	教职工规模	专任教师规模	教职工规模	专任教师规模
2011	5584868	5604861	3944169	3524517	2427386	1556829
2012	5538481	5585476	3948587	3504363	3659356	1595035
2013	5494877	5584644	3936043	3480979	3633057	1629008
2014	5488941	5633906	3964453	3488430	3651059	1662700
2015	5489441	5685118	3980705	3475636	3649382	1695354
2016	5537298	5789145	4000281	3487789	3681359	1733459
2017	5645319	5944910	4079848	3548688	3747959	1773953
2018	5732525	6091908	4196507	3638999	3811458	1812584
2019	5852646	6269084	4352405	3747429	3909459	1859242
2020	5966300	6434178	4504745	3860741	4034097	1933228
2021	6622013	6600799	4685682	3971121	3947581	2028341
2022	6246969	6629421	4751232	4025197	4072921	2133159

注：因九年一贯制学校的教职工数计入初中阶段教育，完全中学、十二年一贯制学校的教职工数计入高中阶段教育，而专任教师是按照教育层次进行归类，存在小学教职工数据小于专任教师数据的情况，如2019年。

资料来源：根据历年《中国教育统计年鉴》数据编制。

（二）我国基础教育人才队伍结构

1. 性别结构

我国基础教育人才队伍的性别结构呈现女性化倾向，随着年份的推移，这一趋势愈加明显。从小学教育人才队伍的性别结构来看，2011年，我国小学女性教师占比为58.67%；到2013年，小学女性教师占比已经超六成，达到了60.67%；到2019年，小学女性教师占比超七成，达到了70.01%；到2022年，小学女性教师占比达到71.57%。从初中教育人才队伍的性别结构来看，

2011 年，初中女性教师占比为 50.13%；到 2017 年，初中女性教师占比为 55.63%；到 2021 年，初中女性教师占比近六成，达到了 59.77%。从高中教育人才队伍的性别结构来看，2011 年，高中女性教师占比为 48.35%；到 2014 年，高中女性教师占比超五成，达到了 50.61%；到 2021 年，高中女性教师占比达到了 56.64%（见表 2）。整体而言，小学教师的女性化程度高于初中教师和高中教师。

表 2　2011~2022 年我国基础教育人才队伍的性别结构

单位：人，%

年份	小学女性教师		初中女性教师		高中女性教师	
	人数	占比	人数	占比	人数	占比
2011	3388734	58.67	1766989	50.13	752869	48.35
2012	3328015	59.58	1784590	50.92	782301	49.04
2013	3388375	60.67	1799565	51.69	911941	49.84
2014	3500101	62.12	1834243	52.58	841510	50.61
2015	3623303	63.73	1860680	53.53	870620	51.35
2016	3782693	65.34	1900525	54.49	903797	52.13
2017	3994105	67.18	1974445	55.63	941702	53.08
2018	4188201	68.75	2066233	56.78	976982	53.89
2019	4389430	70.01	2165951	57.79	1017816	54.74
2020	4578915	71.65	2270332	58.80	1075617	55.63
2021	4772017	72.29	2373454	59.77	1542829	56.64
2022	4471187	71.57	2937108	61.82	2376792	58.36

资料来源：根据历年《中国教育统计年鉴》数据编制。

2. 年龄结构

（1）小学专任教师年龄结构

从 2011~2022 年的统计数据来看，我国小学专任教师的年龄主要集中于 24~49 岁，年龄结构合理且变化不明显。2011 年的数据显示，30~34 岁的小学专任教师占比最高，达到了 19.05%；24~29 岁的小学专任教师占比次高，为 15.67%；60 岁及以上的小学专任教师占比最低，仅为 0.04%；55~59 岁的小学专任教师占比次低，为 5.98%。到 2015 年，35~39 岁的小学专任教师占比最高，为 18.63%；30~34 岁的小学专任教师占比次高，为 16.66%；60 岁及以上的小学专任教师占比最低，为 0.06%；24 岁以下的小学专任教师占比次低，为 5.07%。到 2021 年，24~29 岁、30~34 岁、40~44 岁的小学专任教师占比均超过了 16%；60 岁以上的小学专任教师占比最低，仅为 0.05%；55~59 岁的小学专任教师占比次低，为 5.46%（见表 3）。总体而言，我国小学专任教师以 24~49 岁的青年教师为主，55 岁及以上的教师占比较低。

表 3　2011~2022 年小学专任教师的年龄结构

单位：人，%

		24 岁以下	24~29 岁	30~34 岁	35~39 岁	40~44 岁	45~49 岁	50~54 岁	55~59 岁	60 岁及以上
2011 年	人数	372613	878160	1067896	858896	734813	710732	644565	335000	2186
	占比	6.65	15.67	19.05	15.32	13.11	12.68	11.50	5.98	0.04
2012 年	人数	372098	824645	1085611	886266	757593	729488	576353	351741	1681
	占比	6.66	14.76	19.44	15.87	13.56	13.06	10.32	6.30	0.03
2013 年	人数	276220	736869	1049492	961730	801147	693089	617108	446391	2598
	占比	4.95	13.19	18.79	17.22	14.35	12.41	11.05	7.99	0.05
2014 年	人数	283626	752284	995424	1016408	824799	688728	644861	424791	2985
	占比	5.03	13.35	17.67	18.04	14.64	12.22	11.45	7.54	0.05
2015 年	人数	288269	796255	947123	1059395	839940	703684	665012	382295	3145
	占比	5.07	14.01	16.66	18.63	14.77	12.38	11.70	6.72	0.06
2016 年	人数	304434	835593	908798	1091830	873480	733014	700566	337584	3846
	占比	5.26	14.43	15.70	18.86	15.09	12.66	12.10	5.83	0.07
2017 年	人数	344281	896303	888798	1124204	908378	777989	689237	311462	4258
	占比	5.79	15.08	14.95	18.91	15.28	13.09	11.59	5.24	0.07
2018 年	人数	385684	969297	901143	1103569	954438	796360	661854	315681	3882
	占比	6.33	15.91	14.79	18.12	15.67	13.07	10.86	5.18	0.06
2019 年	人数	413870	1031219	953869	1053184	1007453	815635	657950	332076	3828
	占比	6.60	16.45	15.22	16.80	16.07	13.01	10.50	5.30	0.06
2020 年	人数	433147	1065563	1028532	1008070	1047669	827943	677404	342300	3550
	占比	6.73	16.56	15.99	15.67	16.28	12.87	10.53	5.32	0.06
2021 年	人数	441353	1117527	1085700	967007	1073965	853270	698361	360538	3078
	占比	6.69	16.93	16.45	14.65	16.27	12.93	10.58	5.46	0.05
2022 年	人数	409393	1131034	1107873	936921	1097352	873589	730846	340228	2185
	占比	6.18	17.06	16.71	14.13	16.55	13.18	11.02	5.13	0.03

资料来源：根据历年《中国教育统计年鉴》数据编制。

（2）初中专任教师年龄结构

近十年的《中国教育统计年鉴》数据显示，我国初中专任教师年龄呈现高龄化趋势。2011年，我国初中专任教师集中于24~44岁，其中30~34岁的初中专任教师占比最高，达到了22.00%；35~39岁的初中专任教师占比次高，达到了19.95%；60岁及以上的初中专任教师占比最低，仅为0.04%；55~59岁的初中专任教师占比次低，为2.51%。到2015年，我国初中专任教师集中于30~49岁，其中35~39岁的初中专任教师占比最高，达到了20.44%；40~44岁的初中专任教师占比次高，为18.61%；60岁及以上的初中专任教师占比最低，仅为0.05%；55~59岁的初中专任教师占比次低，为3.28%。到2022年，45~49岁、40~44岁的初中专任教师占比较高，分别达到了16.13%和16.06%；60岁及以上的初中专任教师占比最低，为0.08%；24岁以下的初中专任教师占比次低，为5.66%（见表4）。

表4 2011~2022年初中专任教师的年龄结构

单位：人，%

		24岁以下	24~29岁	30~34岁	35~39岁	40~44岁	45~49岁	50~54岁	55~59岁	60岁及以上
2011年	人数	231878	622867	775568	703254	574015	345341	181922	88297	1375
	占比	6.58	17.67	22.00	19.95	16.29	9.80	5.16	2.51	0.04
2012年	人数	209732	576262	744933	717659	591958	394545	173554	94359	1361
	占比	5.98	16.44	21.26	20.48	16.89	11.26	4.95	2.69	0.04
2013年	人数	134501	487371	688041	735673	621753	465307	224485	122111	1737
	占比	3.86	14.00	19.77	21.13	17.86	13.37	6.45	3.51	0.05
2014年	人数	124585	462395	641883	732788	636340	503509	264407	120743	1780
	占比	3.57	13.26	18.40	21.01	18.24	14.43	7.58	3.46	0.05
2015年	人数	117301	446636	601788	710537	646948	531296	305312	113977	1841
	占比	3.37	12.85	17.31	20.44	18.61	15.29	8.78	3.28	0.05
2016年	人数	117256	432613	563414	684473	667418	551626	360379	108635	1975
	占比	3.36	12.40	16.15	19.62	19.14	15.82	10.33	3.11	0.06
2017年	人数	135551	437382	529743	672121	678031	576647	398684	118254	2275
	占比	3.82	12.33	14.93	18.94	19.11	16.25	11.23	3.33	0.06

续表

		24 岁以下	24~29 岁	30~34 岁	35~39 岁	40~44 岁	45~49 岁	50~54 岁	55~59 岁	60 岁及以上
2018 年	人数	161410	462871	512900	644873	686702	585439	436348	145884	2572
	占比	4.44	12.72	14.09	17.72	18.87	16.09	11.99	4.01	0.07
2019 年	人数	186615	492994	513724	611091	687067	600552	473769	178811	2812
	占比	4.98	13.16	13.71	16.31	18.33	16.03	12.64	4.77	0.08
2020 年	人数	210776	525122	529027	584496	672417	617849	505665	212279	3110
	占比	5.46	13.60	13.70	15.14	17.42	16.00	13.10	5.50	0.08
2021 年	人数	225764	566074	541603	561334	651601	640882	527325	253252	3286
	占比	5.69	14.25	13.64	14.14	16.41	16.14	13.28	6.38	0.08
2022 年	人数	227779	596536	549246	536838	646528	649175	546049	269960	3086
	占比	5.66	14.82	13.65	13.34	16.06	16.13	13.57	6.71	0.08

资料来源：根据历年《中国教育统计年鉴》数据编制。

（3）高中专任教师年龄结构

2011~2022 年的数据显示，40~44 岁、45~49 岁、50~54 岁和 55~59 岁的高中专任教师占比整体呈上升趋势。2011 年，45~49 岁的高中专任教师占比不足 10%，为 9.68%；50~54 岁的高中专任教师占比为 3.21%；55~59 岁的高中专任教师占比为 1.41%。到 2015 年，45~49 岁的高中专任教师占比超 10%，达到了 14.00%；50~54 岁的高中专任教师占比为 8.12%；55~59 岁的高中专任教师占比为 1.99%。到 2021 年，45~49 岁的高中专任教师占比为 12.55%；50~54 岁的高中专任教师占比为 11.54%；55~59 岁的高中专任教师占比为 6.72%（见表 5）。2011~2021 年，24~29 岁、30~34 岁的高中专任教师占比整体呈下降趋势，2011 年，24~29 岁和 30~34 岁的高中专任教师占比均超过 20%，分别为 22.77% 和 21.79%。2015 年，24~29 岁的高中专任教师占比为 15.20%，30~34 岁的高中专任教师占比为 21.87%。2022 年，24~29 岁和 30~34 岁的高中专任教师占比分别为 15.09% 和 14.72%。

表5　2011~2022年高中专任教师的年龄结构

单位：人，%

		24岁以下	24~29岁	30~34岁	35~39岁	40~44岁	45~49岁	50~54岁	55~59岁	60岁及以上
2011年	人数	114295	354501	339207	274330	249870	150712	49960	21977	1977
	占比	7.34	22.77	21.79	17.62	16.05	9.68	3.21	1.41	0.13
2012年	人数	109195	333034	360053	281362	254869	178368	52167	24231	1756
	占比	6.85	20.88	22.57	17.64	15.98	11.18	3.27	1.52	0.11
2013年	人数	74536	276075	389339	298799	258936	212354	85048	32233	1688
	占比	4.58	16.95	23.90	18.34	15.90	13.04	5.22	1.98	0.10
2014年	人数	66791	261512	384357	316561	258839	227869	111792	33174	1805
	占比	4.02	15.73	23.12	19.04	15.57	13.70	6.72	2.00	0.11
2015年	人数	62181	257731	370730	332677	261404	237363	137684	33758	1826
	占比	3.67	15.20	21.87	19.62	15.42	14.00	8.12	1.99	0.11
2016年	人数	60322	254185	347748	352430	267766	243870	168972	36043	2123
	占比	3.48	14.66	20.06	20.33	15.45	14.07	9.75	2.08	0.12
2017年	人数	67522	250820	319235	378096	272793	249304	188202	45656	2325
	占比	3.81	14.14	18.00	21.31	15.38	14.05	10.61	2.57	0.13
2018年	人数	72413	250749	298631	387773	283139	246702	205236	65186	2755
	占比	4.00	13.83	16.48	21.39	15.62	13.61	11.32	3.60	0.15
2019年	人数	81241	250300	292323	380740	300211	246350	220342	84723	3012
	占比	4.37	13.46	15.72	20.48	16.15	13.25	11.85	4.56	0.16
2020年	人数	100941	261495	298504	367080	316875	247935	228214	108622	3562
	占比	5.22	13.53	15.44	18.99	16.39	12.82	11.80	5.62	0.18
2021年	人数	117145	287230	304940	348762	341135	254554	234009	136206	4360
	占比	5.78	14.16	15.03	17.19	16.82	12.55	11.54	6.72	0.21
2022年	人数	138809	321920	313934	326393	374558	262234	239657	149611	6043
	占比	6.51	15.09	14.72	15.30	17.56	12.29	11.23	7.01	0.28

资料来源：根据历年《中国教育统计年鉴》数据编制。

3.城乡结构

（1）小学专任教师城乡结构

2011~2022年的数据显示，我国小学专任教师呈现城镇化趋势，城区和镇区小学专任教师的占比整体呈上升趋势。2011年，乡村小学专任教师的占比最高，达到了43.59%，镇区小学专任教师的占比次高，为32.03%，城区小学专任教师的占比最低，为24.36%。到2016年，镇区小学专任教师的占比最高，为35.91%，乡村小学专任教师的占比次高，为34.11%，城区小学专任教师的占比最低，为29.96%。到2018年，城区小学专任教师的占比超过了乡村小学专任教师，镇区小学专任教师的占比最高，为36.53%，城区小学专任教师的占比次高，为32.86%，乡村小学专任教师的占比最低，为30.60%。到2022年，城区小学专任教师的占比最高，达到了39.66%，镇区小学专任教师的占比次高，为36.55%，乡村小学专任教师的占比最低，为23.78%（见表6）。

表6 2011~2022年小学专任教师的城乡结构

单位：人，%

年份	城区		镇区		乡村	
	人数	占比	人数	占比	人数	占比
2011	1365852	24.36	1795625	32.03	2443384	43.59
2012	1415505	25.34	1869869	33.47	2300102	41.18
2013	1466646	26.26	1919217	34.36	2198781	39.37
2014	1559187	27.67	1958749	34.76	2115970	37.55
2015	1619553	28.48	2029591	35.70	2035974	35.81
2016	1734967	29.96	2078955	35.91	1975223	34.11
2017	1865679	31.38	2161813	36.36	1917418	32.25
2018	2002078	32.86	2225601	36.53	1864229	30.60
2019	2152428	34.33	2290899	36.54	1825757	29.12
2020	2299358	35.73	2347348	36.48	1787472	27.78
2021	2488913	37.71	2414174	36.57	1697712	25.72
2022	2629557	39.66	2423093	36.55	1576771	23.78

资料来源：根据历年《中国教育统计年鉴》数据编制。

（2）初中专任教师城乡结构

2011~2022年，我国初中专任教师呈现较为明显的城镇化趋势，2011年，镇区初中专任教师的占比最高，达到了47.54%，城区初中专任教师的占比次高，为28.15%，乡村初中专任教师的占比最低，为24.31%。2017年，镇区初中专任教师的占比达到历史最高值，为49.39%，城区初中专任教师的占比次低，为34.42%，乡村初中专任教师的占比最低，为16.20%。2022年，镇区初中专任教师的占比最高，为46.76%，城区初中专任教师的占比次高，为40.51%，乡村初中专任教师的占比最低，为12.74%（见表7）。

表7　2011~2022年初中专任教师的城乡结构

单位：人，%

年份	城区		镇区		乡村	
	人数	占比	人数	占比	人数	占比
2011	992318	28.15	1675519	47.54	856680	24.31
2012	1021532	29.15	1701220	48.55	781611	22.30
2013	1046324	30.06	1703507	48.94	731148	21.00
2014	1096718	31.44	1706792	48.93	684920	19.63
2015	1111803	31.99	1718633	49.45	645200	18.56
2016	1161214	33.29	1718815	49.28	607760	17.43
2017	1221327	34.42	1752616	49.39	574745	16.20
2018	1296529	35.63	1779144	48.89	563326	15.48
2019	1376624	36.74	1812525	48.37	558280	14.90
2020	1459550	37.80	1845140	47.79	556051	14.40
2021	1558277	39.24	1877894	47.29	534950	13.47
2022	1630482	40.51	1882053	46.76	512662	12.74

资料来源：根据历年《中国教育统计年鉴》数据编制。

（3）高中专任教师城乡结构

近十年，我国城区高中专任教师的占比呈逐年递增趋势，镇区和乡村高中专任教师的占比整体呈现降低趋势。2011年，镇区高中专任教师的占比最高，为49.19%，城区高中专任教师的占比次高，为46.47%，乡村高中专任教师的占比最低，为4.34%。2016年，城区高中专任教师的占比超过镇区高中专任教师的占比，达到了49.39%，镇区高中专任教师的占比为47.73%，乡村高中专任教师的占比最低，为3.19%。2022年，城区高中专任教师的占比最高，达到52.25%，镇区高中专任教师的占比次高，为43.90%，乡村高中专任教师的占比最低，为3.84%（见表8）。

表8　2011~2022年高中专任教师的城乡结构

单位：人，%

年份	城区		镇区		乡村	
	人数	占比	人数	占比	人数	占比
2011	723502	46.47	765788	49.19	67539	4.34
2012	753905	47.27	785499	49.25	55631	3.49
2013	773716	47.50	800126	49.12	55166	3.39
2014	802471	48.26	805347	48.44	54882	3.30
2015	818567	48.28	821705	48.47	55082	3.25
2016	856102	49.39	822116	47.43	55241	3.19
2017	890694	50.21	825874	46.56	57385	3.23
2018	920308	50.77	831249	45.86	61027	3.37
2019	954686	51.35	840901	45.23	63655	3.42
2020	998909	51.67	864626	44.72	69693	3.61
2021	1054513	51.99	898258	44.29	75570	3.73
2022	1114659	52.25	936544	43.90	81956	3.84

资料来源：根据历年《中国教育统计年鉴》数据编制。

（三）我国基础教育人才队伍质量

1. 学历结构

（1）小学专任教师学历结构

由2011~2022年的数据可以看出，近十年我国小学专任教师的学历结构实现了跨越式发展，研究生和本科学历小学专任教师的占比逐年递增，专科和高中学历小学专任教师的占比逐年递减。2011年，研究生和本科学历小学专任教师的占比分别为0.19%和28.27%，2017年，研究生和本科学历小学专任教师的占比分别达到了0.94%和54.12%；2021年，研究生和本科学历小学专任教师的占比分别达到了1.89%和68.42%（见表9）。总体来看，我国小学专任教师学历由以专科学历为主转变为以本科学历为主。2011年，我国小学专任教师学历以专科为主，专科学历小学专任教师的占比为53.58%，本科学历小学专任教师的占比为28.27%，高中学历小学专任教师

的占比为 17.67%；2016 年，我国小学专任教师学历以本科为主，本科学历小学专任教师的占比达到了 49.64%，专科学历小学专任教师的占比为 43.22%，高中学历小学专任教师的占比为 6.28%，研究生学历小学专任教师的占比为 0.77%。2022 年，本科学历小学专任教师的占比达到了 73.29%，专科学历小学专任教师的占比为 24.37%，研究生学历小学专任教师的占比达到了 2.15%，高中学历小学专任教师的占比降至 1.09%（见表 9）。

表 9 2011~2022 年小学专任教师的学历结构

单位：人，%

年份	研究生		本科		专科		高中		高中以下	
	人数	占比	人数	占比	人数	占比	人数	占比	人数	占比
2011	10729	0.19	158430	28.27	3003101	53.58	990413	17.67	15688	0.28
2012	14459	0.25	1805118	32.31	2922865	52.32	832459	14.90	10575	0.19
2013	20228	0.36	2059660	36.88	2797184	50.08	697973	12.49	9599	0.17
2014	27125	0.48	2321118	41.19	2713047	48.15	565804	10.04	6785	0.12
2015	35417	0.62	2575703	45.30	2612994	45.96	456061	8.02	4943	0.09
2016	44914	0.77	2874007	49.64	2502616	43.22	364105	6.28	3503	0.06
2017	56460	0.94	3217461	54.12	2389380	40.19	279341	4.69	2268	0.04
2018	69711	1.14	3531559	57.97	2276957	37.37	211818	3.47	1863	0.03
2019	85135	1.35	3833676	61.15	2178498	34.74	170109	2.71	1666	0.03
2020	102583	1.59	4143762	64.40	2051722	31.88	134811	2.09	1300	0.02
2021	124565	1.89	4516064	68.42	1856305	28.12	102507	1.53	1358	0.02
2022	142201	2.15	4798398	72.39	1615601	24.37	72341	1.09	880	0.01

资料来源：根据历年《中国教育统计年鉴》数据编制。

（2）初中专任教师学历结构

2011~2022 年，我国本科和研究生学历初中专任教师的占比逐年递增，专科和高中学历的初中专任教师逐年递减。2011 年，本科学历初中专任教师的占比最高，达到了 67.38%，专科学历初中专任教师的占比次高，为 30.70%，研究生学历初中专任教师的占比最低，为 0.86%，高中学历初中专任教师的占比次低，为 1.06%。2012 年，研究生学历初中专任教师的占比超过了高中学历初中专任教师，研究生学历初中专任教师的占比为 1.04%，高中学历初中专任教师的占比为 0.86%。2016 年，本科学历初中专任教师的占比超八成，达到了 80.27%，专科学历初中专任教师的占比为 17.29%，研究生学历初中专任教师的占比为 2.20%，高中学历初中专任教师的占比仅为 0.23%。2022 年，本科和研究生学历初中专任教师的占比分别达到了 86.66% 和 5.05%，专科和高中初中专任教师的占比分别为 8.23% 和 0.06%（见表 10）。

表 10 2011~2022 年初中专任教师的学历结构

单位：人，%

年份	研究生		本科		专科		高中		高中以下	
	人数	占比	人数	占比	人数	占比	人数	占比	人数	占比
2011	30237	0.86	2374096	67.38	1081867	30.70	37429	1.06	888	0.03
2012	36424	1.04	2473810	70.61	963243	27.49	30136	0.86	750	0.02
2013	45138	1.30	2561050	73.59	849842	24.42	24180	0.69	769	0.02
2014	54775	1.57	2662297	76.33	754918	21.64	15882	0.46	558	0.02
2015	65193	1.88	2723316	78.36	675293	19.43	11459	0.33	375	0.01
2016	76857	2.20	2799585	80.27	602922	17.29	8182	0.23	243	0.01
2017	92411	2.60	2910727	82.03	539517	15.20	5783	0.16	250	0.01
2018	110659	3.04	3026933	83.18	496449	13.64	4824	0.13	134	0.00
2019	131646	3.51	3141892	83.84	469255	12.52	4496	0.12	140	0.00
2020	153485	3.98	3265589	84.59	437513	11.33	3950	0.10	204	0.01
2021	181824	4.58	3394217	85.48	391597	9.86	3338	0.08	145	0.00
2022	203144	5.05	3488357	86.66	331164	8.23	2448	0.06	84	0.00

资料来源：根据历年《中国教育统计年鉴》数据编制。

（3）高中专任教师学历结构

2011~2022 年，我国高中专任教师学历呈现研究生化趋势，研究生学历高中专任教师的占比整体呈增长态势，本科、专科和高中学历专任教师的占比整体呈递减趋势。2011 年，研究生学历高中专任教师的占比为 6.40%；2019 年，研究生学历高中专任教师的占比达到了 10.60%；到 2021 年，研

究生学历高中专任教师的占比达到了 12.39%。2011 年，专科学历高中专任教师的占比为 2.77%；2017 年，专科学历高中专任教师的占比为 1.81%；2022 年，专科学历高中专任教师的占比仅为 0.96%（见表 11）。

表 11　2011~2022 年高中专任教师的学历结构

单位：人，%

年份	研究生		本科		专科		高中		高中以下	
	人数	占比	人数	占比	人数	占比	人数	占比	人数	占比
2011	46297	6.40	656706	90.77	20053	2.77	432	0.06	106	0.01
2012	79860	5.01	1458377	91.44	55542	3.48	1202	0.08	54	0.00
2013	93703	5.75	1483256	91.06	50736	3.11	1269	0.08	44	0.00
2014	105740	6.36	1511153	90.89	44840	2.70	913	0.05	54	0.00
2015	121289	7.15	1535109	90.55	38103	2.25	829	0.05	24	0.00
2016	137689	7.94	1559619	89.97	35338	2.04	754	0.04	59	0.00
2017	158550	8.94	1582588	89.21	32175	1.81	615	0.03	25	0.00
2018	177968	9.82	1605873	88.60	28229	1.56	489	0.03	25	0.00
2019	197002	10.60	1636615	88.03	25257	1.36	349	0.02	19	0.00
2020	221734	11.47	1688101	87.32	23101	1.19	285	0.01	7	0.00
2021	251269	12.39	1753185	86.44	23370	1.15	500	0.02	17	0.00
2022	278939	13.08	1833450	85.95	20383	0.96	360	0.02	27	0.00

资料来源：根据历年《中国教育统计年鉴》数据编制。

2. 职称结构

（1）小学专任教师职称结构

从 2012~2022 年主要年份的数据来看，我国小学专任教师的职称以中级职称为主，中级及以上职称小学专任教师占小学专任教师总人数的一半以上。2012 年，中级职称小学专任教师的占比达到了 52.45%，小学一级职称专任教师的占比为 34.52%，副高级小学专任教师的占比为 1.85%。2020 年我国开始在基础教育阶段增设正高级职称，正高级小学专任教师有 1506 人，占比为 0.02%；副高级小学专任教师的占比为 8.50%。2022 年，正高级小学专任教师有 3610 人，占比为 0.05%，副高级小学专任教师的占比为 11.12%（见表 12）。

表12　2012~2022年小学专任教师主要年份的职称结构

单位：人，%

		正高级	中高（副高）	小高（中级）	小一	小二	小三	未定职称
2012年	人数	—	103437	2929897	1928523	186585	14168	422866
	占比	—	1.85	52.45	34.52	3.34	0.25	7.57
2014年	人数	—	127396	2910398	1866363	178189	12628	538932
	占比	—	2.26	51.65	33.12	3.16	0.22	9.56
2016年	人数	—	166014	2877403	1879750	200703	16580	648695
	占比	—	2.86	49.70	32.47	3.46	0.28	11.20
2018年	人数	—	303926	2659998	1881860	314560	24778	906786
	占比	—	4.98	43.66	30.89	5.16	0.40	14.88
2020年	人数	1506	547254	2743979	1914042	185521	—	1041876
	占比	0.02	8.50	42.64	29.74	2.88	—	16.19
2021年	人数	2589	660273	2704163	1936240	197826	—	1099708
	占比	0.03	10.03	40.97	29.33	2.99	—	16.66
2022年	人数	3610	737242	2679052	1987049	185046	—	1037422
	占比	0.05	11.12	40.41	29.97	2.79	—	15.65

资料来源：根据历年《中国教育统计年鉴》数据编制。

（2）初中专任教师职称结构

2012~2022年主要年份的数据显示，我国副高级职称初中专任教师的占比逐年递增，中级职称初中专任教师的占比整体呈下降趋势。2012年，副高级初中专任教师的占比为14.93%；2021年，副高级初中专任教师的占比达到21.14%，正高级初中专任教师有3985人，占初中专任教师总人数的0.10%。2012年，中级初中专任教师的占比为42.93%，到2022年，这一占比下降到37.39%（见表13）。

（3）高中专任教师职称结构

2012~2022年，我国高中专任教师职称结构较为稳定，副高级职称高中专任教师的占比保持在25%~28%（除2022年以外），中级职称高中专任教师的占比保持在36%左右（除2022年以外）。2012年，副高级高中专任教师的占比为25.86%；2014年，副高级高中专任教师的占比为26.90%；2018年，

表 13 2012~2022 年初中专任教师主要年份的职称结构

单位：人，%

		正高级	中高（副高）	中一（中级）	中二（助理级）	中三（员级）	未定职称
2012 年	人数	—	523172	1504325	1176614	72541	227711
	占比	—	14.93	42.93	33.58	2.07	6.50
2014 年	人数	—	586169	1508663	1094211	50858	248529
	占比	—	16.80	43.25	31.37	1.46	7.12
2016 年	人数	—	641158	1495431	1038428	38698	274074
	占比	—	18.38	42.88	29.77	1.11	7.86
2018 年	人数	—	702607	1497141	1010176	33839	395236
	占比	—	19.31	41.14	27.76	0.93	10.86
2020 年	人数	2392	784107	1522227	992514	56891	502610
	占比	0.06	20.31	39.43	25.71	1.47	13.02
2021 年	人数	3985	839480	1510438	1003307	68956	544955
	占比	0.10	21.14	38.04	25.27	1.74	13.72
2022 年	人数	5178	864737	1505141	1033268	65885	550988
	占比	0.13	21.48	37.39	25.67	1.64	13.69

资料来源：根据历年《中国教育统计年鉴》数据编制。

副高级高中专任教师的占比为 27.67%；2022 年，副高级职称高中专任教师的占比为 23.02%。2012 年，中级职称高中专任教师的占比为 35.88%；2016 年，中级职称高中专任教师的占比为 36.61%；2022 年，中级职称高中专任教师的占比为 30.58%。从正高级职称来看，2020 年，正高级职称高中专任教师有 5670 人，占比为 0.29%；2022 年，正高级职称高中专任教师有 9098 人，占比为 0.38%（见表 14）。

表 14 2012~2022 年高中专任教师主要年份的职称结构

单位：人，%

		正高级	中高（副高）	中一（中级）	中二（助理级）	中三（员级）	未定职称
2012 年	人数	—	412404	572330	489883	13506	106912
	占比	—	25.86	35.88	30.71	0.85	6.70
2014 年	人数	—	447196	606313	480323	12141	116727
	占比	—	26.90	36.47	28.89	0.73	7.02

		正高级	中高（副高）	中一（中级）	中二（助理级）	中三（员级）	未定职称
2016 年	人数	—	476786	634539	482651	11131	128352
	占比	—	27.50	36.61	27.84	0.64	7.40
2018 年	人数	—	501631	657699	475767	10454	167033
	占比	—	27.67	36.29	26.25	0.58	9.22
2020 年	人数	5670	525902	695555	458681	20542	226878
	占比	0.29	27.20	35.98	23.73	1.06	11.74
2021 年	人数	7589	543817	714834	468573	28450	265078
	占比	0.37	26.81	35.24	23.10	1.40	13.07
2022 年	人数	9098	552865	734590	491125	29822	315659
	占比	0.43	25.92	34.44	23.02	1.40	14.80

资料来源：根据历年《中国教育统计年鉴》数据编制。

二　我国基础教育人才队伍建设问题

（一）基础教育人才队伍的性别失衡

近十年，我国基础教育人才队伍的女性化趋势愈加明显。本报告根据《中国教育统计年鉴》的数据分析发现，2011～2021 年，小学女性教师的占比由 58.67% 上升至 72.29%，初中女性教师的占比由 50.13% 上升至 59.77%，高中女性教师的占比由 48.35% 上升至 56.64%，小学、初中和高中学段的女性教师占比过大，导致我国基础教育人才队伍的性别失衡。从全球范围看，基础教育人才队伍女性化趋势并非我国特有的现象。早在 2014 年，经济合作与发展组织（OECD）曾发布"教师职业中的性别失衡"主题报告，指出全球初等教育阶段和中等教育阶段的女性教师占比分别高达 82% 和 63%。因此，基础教育人才队伍的性别失衡已经成为全球面临的教育问题。

基础教育人才队伍性别失衡所带来的隐性问题也值得重点关注。例如，基础教育女性教师占比过大会潜移默化地影响学生性别意识的形成和发展。教师是学生发展过程中的"重要他人"，扮演着指导者和领路人的重要角色，学生容易模仿教师的行为和气质，基础教育阶段正是学生塑造性格和气质的关键期，学生性别意识的形成过程中不仅受到家庭教育和社会教育的影响，还受到学校教育中教师的影响。女性教师在日常的师生互动中更易向学生传达细致、关爱、温柔的气质，男性教师过少会使男生缺少学习男性气质和性格的机会，不利于学生性别意识的形成和发展，甚至会出现"男孩危机"的现象。

（二）基础教育人才队伍城乡差距较大

2012年9月，《国务院关于深入推进义务教育均衡发展的意见》指出，"总体规划，统筹城乡，因地制宜，分类指导，分步实施，切实缩小校际差距，加快缩小城乡差距，努力缩小区域差距，办好每一所学校，促进每一个学生健康成长"。2022年，义务教育巩固率达95.5%以上，资源配置、人员构成和条件设施质量有了巨大提升，但我国基础教育人才队伍依然存在较大的城乡差距。本报告通过分析《中国教育统计年鉴》数据发现，2011~2021年，我国基础教育人才队伍的城镇化趋势愈加明显，城区和镇区专任教师的占比整体呈增长趋势，而乡村地区专任教师的占比整体却呈下降趋势。2011年，城区小学、初中、高中专任教师的占比分别为24.36%、28.15%、46.47%，2021年，城区小学、初中、高中专任教师的占比分别上升至37.71%、39.24%、51.99%，基础教育阶段教师已经开始向城区聚集。与之相反的是，乡村地区的基础教育教师占比整体呈下降趋势，2011年，乡村的小学、初中、高中专任教师的占比分别为43.59%、24.31%、4.34%，2021年，乡村的小学、初中、高中专任教师的占比分别下降至25.72%、13.47%、3.73%。2017年10月18日，党的十九大报告提出了乡村振兴战略，明确指出农业农村农民问题是关系国计民生的根本性问题，必须始终把解决好"三农"问题作为全党工作的重中之重，实施乡村振兴战略。乡村振兴战略离不开教育的助力，乡村教育的关键在于教师，城乡教育水平的差距归根结底是师资水平的差距。2022 年发布的《新时代基础教育强师计划》中提出，"深入推进县域内义务教育学校教师'县管校聘'管理改革，加大音体美、劳动教育、信息技术、心理健康教育等紧缺学科教师补充力度，重点加强城镇优秀教师、校长向乡村学校、薄弱学校流动，发挥优秀教师、校长的辐射带动作用，扩大优质资源覆盖面，整体提升学校育人能力"。乡村师资数量短缺对义务教育优质均衡发展、乡村振兴战略的实施乃至国家经济社会高质量发展产生隐形的阻碍。

（三）高级职称的基础教育人才较为不足

高级职称是评价基础教育人才队伍质量的重要标准之一。2015 年，人力资源和社会保障部、教育部联合印发了《关于深化中小学教师职称制度改革的指导意见》，明确提出中小学教师高级、中级、初级岗位之间的结构比例，以及高级、中级、初级岗位内部各等级的结构比例，根据新的中小学教师职称等级体系，按照国家关于中小学岗位设置管理的有关规定执行。从2011~2021 年的数据来看，2011 年我国具有高级职称的小学专任教师有103437 人，仅占小学专任教师总人数的 1.85%；具有高级职称的初中专任教师有 523172 人，占初中专任教师总人数的 14.84%；具有高级职称的高中专任教师有 412404 人，占高中专任教师总人数的 26.49%。2021 年根据最新的中小学教师职称等级体系，具有高级职称（正高级和副高级）的小学专任教师占比为 10.06%；具有高级职称（正高级和副高级）的初中专任教师占比为 21.24%；具有高级职称（正高级和副高级）的高中专任教师占比为 27.18%。可以看出，虽然高级职称的基础教育人才占比有所提高，但是依然很难满足我国教育高质量发展的需求，特别是小学阶段的高级职称教师占比较低。高级职称占比过低造成教师岗位结构不合理，供需矛盾尖锐，阻碍教师的发展渠道，且岗位职称很大程度上影响教师工资水平，导致教师满意度较低，进而影响教师工作的积极性。

（四）名师名校长等卓越的基础教育人才比较匮乏

习近平总书记2021年4月19日在考察清华大学时提出，"教师要成为大先生，做学生为学、为事、为人的示范，促进学生成长为全面发展的人"①。后来又多次强调教师要成为大先生。纵观我国基础教育人才队伍发展状况，虽然基础教育人才队伍的体量可观，教师学历的整体水平有所提高，但名师名校长等卓越的基础教育人才依然较为匮乏。截至2021年，小学专任教师中具有正高级职称的占比仅为0.03%，初中专任教师中具有正高级职称的占比仅为0.10%，高中专任教师中具有正高级职称的占比仅为0.37%。名师名校长等卓越的基础教育人才具有独特的引领和示范作用，能够为实现国家教育改革与发展助力。2022年8月，教育部发布《关于实施新时代中小学名师名校长培养计划（2022—2025）的通知》（以下简称"双名计划"），"双名计划"旨在培养造就一批具有鲜明教育理念和成熟教学模式、能够引领基础教育改革发展的名师名校长，培养为学、为事、为人示范的新时代"大先生"。健全名师名校长遴选、培养、管理、使用一体化的培养体系和管理机制，营造教育家脱颖而出的环境，为全面落实立德树人根本任务、推动基础教育高质量发展提供有力支撑。当前，我国基础教育人才队伍不仅要重视数量的增加和质量的提升，还应该培养具有教育家精神的名师名校长，为我国拔尖创新人才培养、教育高质量发展和经济社会高质量发展注入源源不断的活力。

（五）基础教育人才管理体制机制尚不完善

我国1985年实行义务教育政策以来，义务教育教师管理体制经历了"中央统筹、地方负责""省级统筹、分级管理""分级管理、以县为主"三个管理阶段。2018年发布的《中共中央　国务院关于全面深化新时代教师队伍建设改革的意见》明确提出了"经过5年左右努力"，"事权人权财

---

① 《习近平在清华大学考察：坚持中国特色世界一流大学建设目标方向　为服务国家富强民族复兴人民幸福贡献力量》，中国政府网，2021年4月19日，https://www.gov.cn/xinwen/2021-04/19/content_5600661.htm。

权相统一的教师管理体制普遍建立"的目标要求。教师作为教育过程中最重要的要素之一,教师教育教学和教师专业发展等活动的正常开展必须有相应的教育制度的支持。然而,当前我国基础教育人才管理体制机制尚未完善,还存在诸多问题。第一,教师评价制度暗含"唯分数论"倾向,评价方式相对单一。现实教育情境中以应试教育为主的教育模式依然存在,许多学校将教师评价与学生的学业成绩和升学率挂钩,采用末位淘汰、班次排名等办法考核评价教师,对教师的评价过于重视教育结果而非教育过程。第二,学校对教师的管理过于严苛,教师专业发展空间较小。教师自身是具有主观能动性的个体,但是我国教育管理体制受传统文化的影响,过于强调教师管理的集权化、教育教学的模式化、考试内容的统一化,教师在实际工作生活中变成了一个被动管理者形象,面对升学压力只能服从学校和上级部门的统一安排,教师自身专业发展的时间和空间被严重挤占。第三,教师教学自主权难以得到有效保障,来自社会和家长的压力给教师造成巨大困扰。我国已经颁布了《教育法》《义务教育法》《教师法》等多项教育法律,但是在贯彻和落实法律法规过程中仍然存在诸多不完善的方面。

三 我国基础教育人才队伍建设对策

2023 年 9 月,习近平总书记在第 39 个教师节前夕,提出了中国特有的教育家精神,赋予了新时代人民教师崇高使命。[①] 2024 年 8 月,《中共中央 国务院关于弘扬教育家精神加强新时代高素质专业化教师队伍建设的意见》发布,明确到 2035 年,教育家精神成为广大教师的自觉追求,实现教师队伍治理体系和治理能力现代化,数字化赋能教师发展成为常态,教师地位巩固提高,教师成为最受社会尊重和令人羡慕的职业之一,并提出了一系列加强教师队伍建设的措施。这是未来加强教师队伍建设的重要依据。针对前述问题,本报告提出以下对策建议。

---

① 《致敬,共和国的脊梁》,《中国教师报》2024 年 9 月 11 日。

（一）优化基础教育人才资源配置，促进基础教育均衡发展

教师资源是教育的第一资源，基础教育教师资源配置失衡已经成为制约基础教育均衡发展的关键。虽然国家在缩小基础教育教师的城乡差距等方面做出了突出成绩，但《中国教育统计年鉴》数据显示，当前我国基础教育教师的资源配置仍然存在较大的城乡差距，城市地区的基础教育人才资源相对溢出与乡村地区的基础教育人才资源相对短缺并存。因此，在我国基础教育人才队伍建设方面要继续注重优化基础教育人才资源配置。首先，要继续深入推进基础教育学校教师的"县管校聘"的管理改革，着重加强城区的优秀专任教师、教育行政管理人员等向乡村地区流动，缩小城市和乡村的基础教育人才配置差距。其次，加大对乡村地区基础教育人才的财政支持力度，如给予乡村教师一定的工资补助、为乡村教师提供周转宿舍、提高乡村教师的高级职称占比等，让乡村教师真正"留得住"。最后，完善教师交流轮岗激励机制，将到乡村地区或偏远地区的学校任教1年以上作为申报高级职称的必要条件，将3年以上作为选任中小学优秀校长的重要指标，为参加交流轮岗的教师提供专项补助等。

（二）继续加强师德师风建设，着力提高教师思想政治素质

师德师风是基础教育人才队伍建设的一项重要内容，教师职业道德素养直接或间接地影响学生价值观、人生观和世界观的形成和发展，在一定程度上决定国家人才培养的质量乃至中华民族的未来发展。因此，在基础教育人才队伍建设方面要坚持师德为先的原则，将教师的思想政治和师德师风建设放在首要位置，围绕落实立德树人根本任务，着力提高基础教育人才队伍的思想政治素质。首先，推行中小学校党组织领导的校长负责制，中小学校党组织全面领导学校工作，履行把方向、管大局、作决策、抓班子、带队伍、保落实的领导职责，充分发挥中小学校党组织的领导作用。其次，加强思想政治建设，加强教师队伍建设党建引领，坚持用习近平新时代中国特色社会主义思想凝心铸魂。坚持定期开展党组织生活会，坚持把政治标准和政治要

求贯穿办学治校、教书育人全过程各方面，坚持社会主义办学方向，落实立德树人根本任务，团结带领全校教职工推动学校改革发展，培养德智体美劳全面发展的社会主义建设者和接班人，强化党员教师的日常管理监督。最后，推动师德师风建设常态化、长效化，引导广大人民教师自觉践行教育家精神，坚持立德树人根本任务，严格做到教书与育人相统一、言传与身教相统一、思想与行动相统一，争做新时代"四有好老师"。

（三）深化基础教育教师职称改革，适当提高高级职称占比

基础教育教师职称评聘制度是对教师工作的有效激励，能够有效调动教师积极性，推动基础教育人才队伍高质量发展。但目前我国基础教育教师职称结构为限额设计，各级岗位结构比例设置的原则不够明确，城区的高级职称教师占比远高于乡村地区，导致职称结构比例存在区域间不平衡等问题。因此，基础教育人才队伍建设的关键之一就是要继续深化基础教育教师职称改革，进一步完善岗位管理制度。首先，完善中小学岗位设置管理的指导意见，适当提高高级职称教师评定比例，严格控制中级、高级职称教师总量，但对于正高级、副高级和中级职称的比例可以根据教育发展需要进行确定。其次，实行分地区分类评价制度，提高乡村教师高级职称结构比例，在评定基础教育教师职称时，要优先通过并确认乡村教师高级职称的认定，给予获得高级职称的乡村教师一定的政策补助，充分调动乡村教师教育教学积极性。最后，进一步下放学校的教师职称评聘权，对于具有突出教育教学水平的教师，可以由具备条件的学校按照规章制度自主评聘，给予达到高级职称标准的教师相应的待遇。

（四）推进教师教育振兴行动计划，全面提高基础教育人才质量

教育的关键在于教师，高质量的教师队伍建设离不开教师教育的高质量发展。《中共中央　国务院关于全面深化新时代教师队伍建设改革的意见》明确提出要振兴教师教育。因此，将教育事业置于优先发展地位必须将振兴教师教育作为重要举措。然而，当前我国教师教育在培训理念、培训需求、

培训方式等方面还存在诸多问题，导致高精尖的优秀基础教育人才的培养难以满足经济社会发展的需要，在国家"强师计划"的政策引领下，要大力推进教师教育振兴行动计划，全面提高我国基础教育人才质量。首先，加大对师范院校的支持力度，在重点支持建设一批国家师范教育基地的同时，鼓励地方提高师范专业的生均拨款标准，采取公费培养、到岗退费、定向培养等多种形式，吸引更多优秀的学生报考师范院校，从"入口"根本性地提高师范生的生源质量。其次，鼓励高水平综合性大学成立教师教育学院，加强教师教育学科建设，突出综合性高校资源优势，开设多样化的教师教育课程，创新教师教育培养模式，重点培养高水平的教育硕士，适度培养教育博士，提高职前教师的培养层次和培养质量。再次，建立完善的教师梯次递进发展体系，建立中小学教师5年360学时的全员培训制度，形成多方协同的教师培训体系。通过国培计划实现培训的示范引领。优先支持中西部地区、边远地区、乡村学校的教师培训，加强紧缺薄弱学科教师培训。最后，通过培训提高教师专业化素养。把学科能力和学科素养作为教书育人的基础，更新知识紧跟学科发展。涵养启智润心、因材施教的育人智慧，勤修乐教爱生、甘于奉献的仁爱之心。

（五）加大名师名校长培训的支持力度，培养教育家型教师

基础教育人才队伍建设离不开名师和名校长的专业引领，更离不开国家层面的政策支持。目前，国家已经发布了《新时代中小学名师名校长培养计划（2022—2025）培养方案》，要求以培养教育家型教师校长为目标，提出依托30家左右高水平培养基地，对300名左右中小学教师校长进行为期3年的集中培养，培养一批政治坚定、情怀深厚、学识扎实、视野开阔，能够引领区域乃至全国教育改革发展的基础教育领域的教育家、大先生，发挥示范引领作用。[①] 因此，各地政府应该积极响应国家号召，加大名师名校长培训的支持力度。首先，积极落实国家教育数字化战略行动，推进名师名校

---

① 《新时代中国教师队伍建设改革发展报告2012—2022》，知识产权出版社，2023，第114页。

长工程的信息化建设，加快构建名师名校长管理信息系统，强化信息安全防护，确保名师名校长信息安全，设立并运行名师名校长线上工作室，探索人工智能助推名师名校长培训优化的新模式。其次，建立城市和乡村名师名校长培训帮扶机制，重点开展乡村地区中小学骨干教师培训和名校长研修，各地政府要加大财政专项支持力度，努力培养一大批乡村地区的名师名校长，以名师名校长工程助力乡村振兴事业。最后，完善名师名校长线上工作室的管理机制，省级教育行政部门发挥统筹管理作用，理顺各级工作室运行与管理长效机制，建设完善名师名校长全链条培养体系，使名师名校长线上工作室成为孵化青年名师名校长的人才基地。

B.13
中国事业单位工作人员培训状况
调查报告

任文硕　单士甫　吴万鹏　张琼　杜明鸣*

摘　要： 本报告基于对湖南省、海南省、宁波市三地事业单位工作人员的培训现状调查，旨在了解当前事业单位工作人员培训的实施情况、存在的问题及未来改进方向。调查结果显示，事业单位培训在政策推动下逐步规范，参训率较高，尤其是在教育和卫生行业，线上培训形式逐渐普及。然而，培训内容和形式在不同地区和岗位上存在显著差异，部分参训人员对培训内容的针对性和实用性提出了质疑。此外，培训效果评估机制尚不完善，难以全面反映实际工作能力的提升。针对这些问题，本报告提出优化培训内容、完善线上线下混合培训模式、建立科学的培训效果评估体系、完善培训激励机制等建议，以提高培训质量，确保培训与工作需求更加契合。本次调查为事业单位培训工作的优化提供了有价值的实证依据，并为未来的政策制定和培训计划的完善提供了科学支持。

关键词： 事业单位　线上线下混合培训　培训内容　培训效果

一　调研背景

　　事业单位工作人员的培训工作逐渐受到关注，为了进一步规范和加强事

---

* 任文硕，研究员，中国人事科学研究院，主要研究方向为绩效改革与人才发展；单士甫，讲师，山东建筑大学商学院，中国人事科学研究院博士后，主要研究方向为人力资源开发与人才发展；吴万鹏，高级经济师，中国节能环保集团节能水务发展有限公司，主要研究方向为人力资源开发与人才发展；张琼，副研究员，中国人事科学研究院，主要研究方向为绩效改革与人才发展；杜明鸣，助理研究员，中国人事科学研究院，主要研究方向为绩效改革与人才发展。

业单位工作人员的培训工作，中共中央组织部、人力资源和社会保障部印发了《事业单位工作人员培训规定》（以下简称《规定》）。《规定》强调，坚持将学习贯彻习近平新时代中国特色社会主义思想摆在事业单位工作人员培训最突出的位置，以全面增强公共服务本领为重点，重点提升事业单位工作人员的理想信念、思想觉悟、职业道德和综合素养。《规定》出台后，各省市陆续制定了相应的实施细则，对原各行业部门分散管理的碎片化状况进行了大胆的改革，普遍建立了人力资源和社会保障部门牵头管理、各行业主管部门具体负责、各单位积极参与的管理模式，搭建了专门的事业单位工作人员培训管理平台，实现了培训工作分级管理。同时，许多地区采取面向全国公开招标专业化培训公司的方式，为本地区事业单位工作人员提供开放的、可选择的优质课程。

与此同时，为贯彻落实党的二十大精神，中国行政体制改革研究会成立了"事业单位培训高质量发展创新模式"课题组。课题组先后与多个省市的教育、卫健、水利、文旅等行业主管部门负责人进行座谈，深入各地市、县区、乡镇开展实地调研，并选取典型案例进行分析，从不同层面、不同行业对全国事业单位人员培训工作的方式方法进行实证研究。研究发现，湖南等地推行的统筹管理、资源选学和自主选学的模式有格局、有思路、有方法、有抓手，有担当、有作为、有创新，对研究探索事业单位培训高质量发展的创新模式具有积极意义。但培训工作仍然存在一些问题和挑战，如培训方式单一、培训内容不够丰富、培训效果难以评估等。为了进一步探索创新模式，课题组决定在全国范围内选取典型地区开展问卷调研，深入了解各地事业单位人员培训工作的实际情况和需求。

二 数据说明

（一）问卷发放原则

本报告以湖南省、海南省和宁波市作为全国样本的代表，面向湖南省、

海南省和宁波市的各类事业单位进行问卷调查。根据湖南省事业单位的数量、规模和类型，本报告计划在湖南省发放培训管理者问卷500份，培训参与人员问卷3000份。根据《2022年度湖南省事业单位工作人员培训管理平台运营报告》统计，在每个地区的行业中，教育行业参训人数占比为59%、卫生行业占比为24%、工程行业为8%、经济与金融行业为3%、农业行业为2%、文旅行业为2%和科学研究行业为2%，按照以上占比对3000份问卷进行分配。

根据海南省和宁波市事业单位的数量、规模和类型，本报告计划发放培训管理者问卷200份，培训参与人员问卷1000份。具体发放原则如下：

第一，地区层面，根据海南省和宁波市的事业单位工作人员数量按比例发放；

第二，在地区层面的基础上，在部门层面，按照人力资源和社会保障部门（省/市）、教育部门、卫生部门、农业部门、城市公用部门、文化部门、交通部门、科学研究部门、机关后勤部门等各部门人员的比例发放；

第三，在地区和部门层面的基础上，在职称层面，按照正高级、副高级、中级和初级人员的比例发放。

（二）问卷回收情况

本次调查采用线上调查的方式，自2023年4月上旬开始收集数据，截至2023年4月15日，共收集23813份有效样本，其中，湖南省17095份，宁波市1207份，海南省5511份。

三　事业单位工作人员的培训参与情况

事业单位工作人员的培训是提高公共服务质量和提升专业技术水平的关键环节。为了更好地了解事业单位工作人员的培训参与情况，本报告从性别、年龄、学历等基本信息着手分析了不同背景事业单位工作人员的培训参与特点，并深入探讨了培训参与动机及地区和行业间的培训参与差异。通过对这些因素的分析，能够更好地理解当前事业单位工作人员培训工作的现状，并为进一步优化培训工作提供依据。

（一）培训参与人员基本信息

本次调查覆盖了事业单位不同岗位的工作人员，包括管理岗位、专业技术岗位和工勤技能岗位，性别、年龄和学历的分布具有较强的代表性。根据调查结果，从整体来看，男性占 39.23%，女性占 60.77%。具体到各省份，湖南省男性 6652 人，占 38.91%，女性 10443 人，占 61.09%；海南省男性 2197 人，占 39.87%，女性 3314 人，占 60.13%；宁波市男性 494 人，占 40.93%，女性 713 人，占 59.07%（见表1）。由此可以看出，在所有地区，女性占比均高于男性，且总体男女比例差异明显，女性占比较高。

表1　参与调查的事业单位工作人员性别分布

单位：人，%

	男		女	
	人数	占比	人数	占比
湖南省	6652	38.91	10443	61.09
海南省	2197	39.87	3314	60.13
宁波市	494	40.93	713	59.07

资料来源：调研数据，作者自行整理所得。

从年龄分布来看，培训参与人员的年龄集中在 26~55 岁，呈现较为典型的正态分布。根据统计，26~35 岁的培训参与人数最多，占培训参与总人数的 30% 以上，其次是 36~45 岁和 46~55 岁。不同年龄段的培训参与人员在培训参与动机上有所差异，年轻员工更倾向于通过培训提升自身的职业技能和竞争力，而年长的员工则更加注重通过培训更新自己的专业知识，以应对工作中的挑战。值得注意的是，尽管各年龄段的培训参与率较高，但 55 岁以上的培训参与人数较少，这表明，随着退休年龄的临近，年长员工的培训需求和参与度有所下降。

学历方面，培训参与人员的学历以本科为主，占培训参与总人数的61.07%，其次是大专学历，占28.46%，硕士及以上学历的培训参与人员占比相对较低。本科及以上学历的培训参与人员在专业技术岗位上占据了较大的比重，而大专学历的培训参与人员则更多集中在工勤技能岗位。不同学历的工作人员在培训参与内容的需求上也有所不同，高学历的工作人员更倾向于参加专业化、深度化的培训课程，而学历较低的工作人员则希望通过培训提升基本的工作技能和职业素质。这一不同反映了事业单位培训工作需要针对不同学历和岗位的人员设计差异化的培训内容，以满足多样化的培训需求。

不同岗位的培训参与情况表现出显著的差异。专业技术岗位的培训参与人数最多，占76.11%，管理岗位和工勤技能岗位的培训参与人数相对较少，分别占12.93%和6.85%。这一现象表明，专业技术岗位的工作人员对培训有更多的需求，特别是在技术更新迅速的行业，如教育、医疗卫生等，定期参加培训已成为这些岗位工作人员维持和提升自身专业水平的重要手段。而管理岗位的人员，虽然培训参与占比较低，但其对政策解读、管理技能等方面的培训需求更为迫切。因此，针对管理人员的培训应更加侧重于管理能力的提升和政策的理解与应用。

（二）培训参与动机

事业单位工作人员参加培训的动机多种多样，既有提升职业技能和个人能力的内在动力，也有来自政策要求的外在压力。由表2可知，超过六成的培训参与人员表示，他们参加培训的主要原因是提升工作能力。随着事业单位的职能日益多样化和复杂化，工作能力的不断提升已成为许多事业单位工作人员培训参与的首要目标，特别是在竞争激烈的专业技术岗位，许多事业单位工作人员希望通过培训掌握最新的技术和知识，以保持职业竞争力。

此外，25.15%的事业单位工作人员表示，他们参加培训的主要原因是提高职业素质。这一培训参与动机在学历较低的事业单位工作人员中更为明显。对于这些工作人员而言，培训不仅是提升工作能力的手段，也是提升自我认知和推动职业发展的重要途径。通过参加培训，他们希望能够获得更多的知识和技能，从而在职业生涯中获得更好的发展机会。

政策要求也是促使事业单位工作人员参加培训的重要因素。调查显示，7.13%的受访者表示，参加培训的主要原因是要求必须学，不得不学。近年来，随着各级政府对事业单位工作人员培训工作的重视，许多事业单位将培训纳入日常管理工作，并对工作人员的培训次数、内容提出了明确要求，特别是在湖南省，随着《湖南省事业单位工作人员培训实施细则（试行）》的出台，各事业单位的培训工作更加规范化，工作人员的培训参与动机也从单纯的能力提升向政策驱动转变。部分事业单位将培训与工作人员的晋升、绩效考核挂钩，这也在一定程度上增强了工作人员的参训意愿。

表2 事业单位工作人员参加培训的主要原因

单位：%

主要原因	总体	湖南省	海南省	宁波市
提升工作能力	62.42	60.23	68.12	67.52
提高职业素质	25.15	26.09	22.74	22.78
增强竞争力	1.34	1.33	1.20	2.15
获得职业资格证书	3.83	4.30	2.78	2.07
要求必须学,不得不学	7.13	7.92	5.12	5.22
其他	0.12	0.13	0.05	0.25

值得注意的是，不同岗位的工作人员在培训参与动机上存在明显差异。专业技术岗位的工作人员更加注重通过培训提升专业技能，以满足不断变化的工作需求，而管理岗位的工作人员则更加关注管理能力的提升和政策的学习。此外，工勤技能岗位的工作人员则希望通过培训获得职业资格证书，以增强职业稳定性。这一差异反映了不同岗位工作人员在工作内容和职业发展需求上的差异，培训工作应根据这些需求的不同，制定更加有针对性的培训计划。

（三）不同地区、行业的培训参与差异

事业单位工作人员培训的实施情况在不同地区和行业间存在显著差异。

在本次调查中，湖南省作为重点地区，培训工作开展得相对较为全面和规范。根据《湖南省事业单位工作人员培训实施细则（试行）》的要求，各单位定期组织工作人员参加培训，并为工作人员提供多种形式的培训课程选择。在湖南省受访者中，超过七成表示所在单位已经出台了相应的培训实施细则（见表3），培训政策的执行力度较大，工作人员对培训的重视程度也较高。在培训形式上，湖南省的事业单位更加倾向于线上培训，以灵活的形式和丰富的内容满足了不同岗位和行业人员的需求。

表3　培训实施细则的出台情况

单位：人，%

	已经出台		没有出台		不知道	
	人数	占比	人数	占比	人数	占比
总体	16627	69.82	332	1.39	6854	28.78
湖南省	13074	76.48	158	0.92	3863	22.60
海南省	2775	50.35	161	2.92	2575	46.72
宁波市	778	64.46	13	1.08	416	34.47

资料来源：调研数据，作者自行整理所得。

相比之下，海南省的事业单位培训工作相对滞后。尽管海南省政府出台了相关政策，但政策的执行力度相对较小。根据调查数据，约50%的海南省受访者表示不知道所在单位出台了培训实施细则，且部分受访者认为培训内容与实际工作需求脱节。此外，海南省的线下培训依然占据较大比重，线上培训的普及度不如湖南省。这一差异可能与海南省事业单位的规模较小、资源相对有限有关，也可能与培训需求的实际情况相关。

宁波市作为浙江省的重要经济城市，其事业单位培训工作在政策执行和效果评估上具有较高的水平。调查显示，64.46%的受访者表示所在单位已经出台培训实施细则，且受访者对培训的满意度较高。宁波市的事业单位培训工作更加注重实效，培训内容紧密结合实际工作需求，线上线下相结合的培训模式得到了较多认可，特别是在教育和卫生部门，培训工作开展得相对较为系统，培训参与人员普遍认为培训具有较强的针对性和实用性。

在部门分布上，教育和卫生部门的培训参与率最高，尤其是女性工作人员占据了较大的比重。这一现象与教育和卫生部门的职业特点密切相关，这两个部门需要不断更新知识和技术，因此培训需求相对较多。此外，农业和城市管理等部门的培训参与率相对较低，这可能与这些部门的培训需求不如教育和卫生部门多有关。同时，部分部门的培训内容较为单一，难以满足多样化的工作需求，因此培训参与人员对培训效果的评价相对较低。

四　事业单位工作人员培训的内容与形式分析

事业单位工作人员培训的内容和形式是影响培训效果的关键因素。随着信息技术的发展，线上培训的普及和各种培训形式的丰富使得事业单位工作人员培训工作逐渐从传统的线下模式转向线上和线下相结合的模式。同时，课程内容的设计是否能够满足事业单位不同岗位工作人员的实际需求，是衡量培训质量的重要标准。自主学习和强制性培训之间的平衡问题也在事业单位工作人员培训工作中尤为突出。本部分将从线上与线下培训的偏好、课程内容的适用性以及自主学习与强制性培训的平衡等方面，对事业单位工作人员培训的内容和形式进行详细分析。

（一）线上与线下培训的偏好

近年来，随着网络技术的飞速发展和远程教育的推广，线上培训在事业单位工作人员培训中得到了越来越多的应用。调查数据显示，接近60%的受访者表示，线上培训已经成为其主要的学习方式之一，特别是在湖南省和海南省，线上培训的普及率明显较高（见表4）。这一趋势的出现主要有两个原因：一是线上培训打破了时间和空间的限制，使学员可以更加灵活地安排学习时间；二是线上培训内容丰富多样，能够提供更加个性化的学习体验。

表4　事业单位组织的培训形式

单位：%

培训形式	总体	湖南省	海南省	宁波市
线上培训	57.40	57.52	59.25	47.22
线下培训	43.08	40.53	50.68	44.49
线上培训为主,线下培训为辅	46.76	49.82	39.68	35.79
线下培训为主,线上培训为辅	20.85	18.47	26.55	28.50
其他	0.23	0.18	0.31	0.58

资料来源：调研数据，作者自行整理所得。

　　从适应性角度来看，线上培训不仅有效解决了事业单位工作人员在时间和地点上的限制问题，也提高了培训的灵活性和便捷性，特别是对于那些需要频繁出差或在时间安排上较为紧张的工作人员，线上培训使其拥有更强的学习自主性。许多受访者反映，线上课程的自我调节性让他们能够根据自己的学习进度选择合适的课程和时间，避免了传统线下培训中的集中授课时间安排不合理的问题。

　　然而，线上培训尽管具有诸多优势，但在实际应用中存在一定的局限性。部分受访者表示，线上培训的互动性相对较弱，缺乏面对面的交流机会，影响了学习效果。此外，线上培训的技术门槛对于一些年龄较大的事业单位工作人员来说也是一个挑战，部分工作人员由于对新技术的不熟悉，无法充分利用线上培训的优势。调查还显示，宁波市和海南省部分地区的线上培训设施和网络基础较为薄弱，特别是在一些乡镇和偏远地区，线上培训的普及率相对较低。

　　相比之下，线下培训仍然是事业单位工作人员培训工作的重要组成部分。尽管线上培训的发展势头强劲，但线下培训凭借强互动性和实践性，依然受到了许多工作人员的青睐，特别是在一些需要实际操作或实践经验的技术类课程中，线下培训的效果更加明显。调查显示，超过1/3的受访者表示，他们更倾向于参加线下培训，尤其是涉及管理技能和专业技术提升的培训。线下培训不仅能够提供更加直接的面对面交流机会，还可以通过实地操作和案例分析等形式增强学员的实践能力。

因此，线上培训与线下培训各有优劣，如何将两者有机结合是事业单位工作人员培训工作中需要重点考虑的问题。混合式培训模式，即结合线上培训的灵活性与线下培训的互动性，或将成为未来事业单位工作人员培训的主流模式。在混合式培训模式中，工作人员可以通过线上学习理论知识，再通过线下实践和讨论巩固所学内容，从而达到更好的学习效果。这种培训模式不仅能够提高培训的参与度和扩大培训的覆盖面，还能够更好地满足不同岗位、不同人员的培训需求。

（二）培训内容的适用性

培训内容是否能够满足事业单位工作人员的实际需求，直接影响培训效果的好坏。在本次调查中，培训内容的设计问题得到了广泛关注。事业单位的工作岗位种类繁多，不同岗位、不同职能的工作人员在培训内容上的需求差异较大。因此，针对性强的培训内容的设计显得尤为重要。

从调查结果来看，许多受访者对当前的培训内容表示认可，特别是一些专业技术岗位的工作人员认为，通过参加培训，他们能够学到最新的技术和知识，提升自身的业务能力。例如，在卫生部门，医疗技术人员通过培训及时掌握了新技术和新疗法，并能够将其应用到日常工作中，培训对其职业发展的帮助非常明显。此外，教育部门的专业技术人员也普遍认为，培训内容能够紧密结合教学需求，为其教学质量的提升提供了重要支持（见表5）。

表5　不同部门受访者对培训内容与实际需求符合的看法

单位：%

部门	非常符合	比较符合	一般	不太符合	完全不符合
人力资源和社会保障部(省/市)	62.79	23.26	12.79	1.16	0.00
教育	29.95	43.64	22.51	2.89	1.02
卫生	45.60	32.76	17.92	2.65	1.07
农业	51.32	30.93	14.98	1.80	0.97
城市公用	51.01	32.46	13.62	1.45	1.45

续表

部门	非常符合	比较符合	一般	不太符合	完全不符合
文化	49.32	33.56	15.07	2.05	0.00
交通	53.76	30.11	13.62	2.15	0.36
科研	35.71	47.62	16.67	0.00	0.00
机关后勤	49.08	35.16	11.36	2.56	1.83
其他	46.79	33.45	15.98	2.54	1.25

资料来源：调研数据，作者自行整理所得。

然而，部分受访者，尤其是管理岗位的工作人员，对当前培训内容的适用性提出了质疑。他们认为，培训内容过于偏重理论，而忽视了实际工作中的应用性。例如，在许多管理类课程中，虽然涵盖了政策法规和宏观管理理论，但缺乏具体的操作指导和实践案例，这导致培训参与人员在实际工作中无法有效应用所学内容，尤其是在各类项目管理和行政事务中，培训参与人员更需要实际操作技能的培训，而不只是理论知识的灌输。

此外，培训内容的更新速度也是一个值得关注的问题。随着科技的不断发展和社会需求的变化，事业单位的工作内容和方式也在不断变化。因此，培训内容的设计应及时更新，以满足新形势的需求。然而，部分受访者反映，当前的培训内容更新速度较慢，特别是在一些涉及政策解读和技术更新的内容中，培训内容与实际需求脱节，难以满足培训参与人员的学习需求。例如，宁波市和海南省的一些受访者表示，培训内容过于陈旧，无法及时跟上政策和技术的变化，影响了他们的学习兴趣和实际工作能力的提升。

针对这种情况，事业单位工作人员培训工作需要在内容设计上进行进一步优化。首先，内容应更加注重实践应用，特别是在管理类内容中，应提高实际操作和案例分析的比重，帮助培训参与人员更好地将理论知识应用于实际工作中。其次，培训内容应根据行业和岗位的不同需求进行定制化设计。例如，专业技术岗位的工作人员需要更加深入地学习技术类内容，而管理岗位的工作人员则更需要注重政策解读、领导力提升和项目管理等方面的培训。此外，培训内容的更新机制也应进一步完善，确保内容能够紧跟行业发展和政策变化的步伐。

（三）自主学习与强制性培训的平衡

事业单位工作人员培训工作在很大程度上依赖于政策的推动和单位的组织，但如何在自主学习和强制性培训之间找到平衡，是当前培训工作中的一大挑战。根据调查，部分受访者表示，单位的培训计划往往带有强制性，要求每年必须参加一定次数的培训，并将其与绩效考核挂钩。这种做法虽然能够在一定程度上提升培训的参与率，但容易导致部分工作人员为应付任务而参加培训，培训效果难以保证。

强制性培训的优势在于能够确保所有工作人员参与培训，特别是对于一些岗位需求明确的工作人员，强制性培训有助于推动其学习和掌握必要的技能。例如，部分卫生部门的工作人员表示，由于工作的专业性和高要求，强制性培训可以有效确保他们定期接受专业技能的更新和考核，从而更好地服务于患者。然而，强制性培训也存在一些弊端，部分工作人员反映，强制性培训往往形式大于内容，尤其是那些并不需要频繁参加培训的岗位，强制性要求反而造成了时间和资源的浪费。

相比之下，自主学习更加注重个人的学习意愿和需求，培训参与人员可以根据自己的工作安排和学习兴趣自主选择课程。这种方式更具灵活性和针对性，尤其是适合那些有明确学习目标和职业发展规划的工作人员。许多受访者表示，他们更希望能够自主选择培训内容，而不是被动地参加由单位安排的课程。在自主学习的环境下，培训参与人员能够更加主动地参与学习，从而提高培训的效果。

然而，自主学习也存在一定的挑战。首先，自主学习的效果在很大程度上依赖于培训参与人员的自律性和主动性，部分培训参与人员可能因缺乏学习动力而学习效果不佳。其次，自主学习的课程选择具有一定的局限性，许多培训参与人员反映，当前的线上培训平台提供的课程种类有限，无法完全

满足他们的学习需求。因此，自主学习虽然灵活，但仍需要在课程设计和学习资源的丰富性上进行改进与增强。为了更好地平衡自主学习与强制性培训之间的关系，事业单位可以采取"引导+激励"的方式。一方面，事业单位可以根据工作人员的工作需求和职业发展规划，提出合理的培训建议，引导工作人员自主选择适合自己的培训课程；另一方面，事业单位可以通过激励机制鼓励工作人员积极参与自主学习，如事业单位可以将培训结果与晋升机会、绩效奖励等挂钩，激发工作人员的学习积极性。此外，事业单位还可以定期开展学习分享会，让工作人员在学习过程中相互交流心得，进一步提升培训的效果。

五 培训效果评估与满意度调查

事业单位工作人员培训效果是衡量培训工作的关键指标。通过科学的评估体系和学员的反馈，可以全面了解培训的短期与长期影响、培训参与人员的满意度以及反馈机制的有效性。这些信息不仅能为未来的培训改进提供重要依据，还能帮助事业单位管理层更好地调整培训计划和策略，提升整体培训质量。本部分将从培训效果的短期与长期影响、培训参与人员满意度分析以及反馈机制的有效性三个方面进行详细分析。

（一）培训效果的短期与长期影响

事业单位工作人员培训对工作人员的技能提升和职业发展起到了重要作用。根据调查结果，大多数受访者认为培训在短期内能够帮助他们提升工作能力，尤其是在专业技术岗位上，培训的直接效果表现得尤为明显。超过70%的专业技术岗位工作人员表示，培训帮助他们掌握了最新的技术和方法，并能够迅速应用到实际工作中。例如，在卫生部门，医疗技术工作人员通过培训掌握了新技术，能够提升诊疗水平，为患者提供更好的服务。这种短期影响对提高工作效率和专业水平具有重要作用。

除了技能的提升，培训对工作人员的职业发展也产生了积极影响。

调查数据显示，超过半数的管理岗位工作人员认为培训提升了他们的管理能力和领导力，帮助他们在工作中更好地应对复杂的管理任务。例如，在参与培训后，管理岗位工作人员能够更好地理解和执行政策，提升团队管理能力，从而在单位内部获得更多的晋升机会和更大的发展空间，特别是在一些注重绩效考核和晋升的单位，培训成为职业发展的重要途径，许多工作人员通过参加培训获得了新的技能，从而在竞争激烈的岗位上获得了优势。

然而，培训的长期影响则相对复杂。一些受访者表示，尽管培训在短期内能够显著提升技能和工作水平，但由于培训内容缺乏持续性和深度，长期影响并不明显，尤其是在一些技术更新较快的行业，如 IT 和医疗，单次培训的内容很难满足持续发展的需求。一些专业技术人员反映，虽然他们在培训期间掌握了新的技能，但这些技能可能很快就会被淘汰，导致培训效果难以维持。因此，长期影响的提升需要依靠系统性和持续性的培训计划，而不是一次性的课程学习。

针对长期影响，部分管理岗位工作人员也提出了类似的意见。他们认为，管理类培训内容虽然能够在短期内提供一些理论知识和方法，但缺乏实际操作经验和案例分析，导致培训参与人员在实际管理工作中难以长期应用所学内容。因此，未来的培训计划应更加注重长期的职业发展规划，通过多次培训和实际操作的结合，确保培训参与人员在工作中持续受益。

（二）培训参与人员满意度分析

培训效果的评估离不开培训参与人员的主观感受，培训参与人员满意度是衡量培训质量的重要指标。在本次调查中，培训参与人员对培训内容、培训师资力量、培训方式等方面的满意度有较为详细的反馈（见表6）。总体而言，培训参与人员对培训的满意度较高，特别是对专业技术类培训的评价尤为积极。

表6　受访者对事业单位工作人员培训最满意的方面

单位：%

	总体	湖南省	海南省	宁波市
培训内容	73.82	74.21	71.60	78.38
培训方式	61.81	62.36	60.35	60.65
培训师资力量	45.93	45.95	45.84	46.15
培训组织和管理	34.04	33.86	34.42	34.71
培训评价方式	8.32	8.03	9.62	6.63
培训结果反馈	6.07	5.77	7.60	3.40
其他	5.93	5.86	6.22	5.55

资料来源：调研数据，作者自行整理所得。

在培训内容方面，大多数培训参与人员表示，培训内容紧密结合工作需求，尤其是在教育和卫生部门，培训内容能够有效提升相关工作人员的专业能力。例如，教育部门的教师通过培训学习到新的教学方法，能够在课堂上更好地与学生互动，提高教学质量；卫生部门的医疗技术人员则通过培训掌握了最新的医疗技术和操作规程，为患者提供了更优质的医疗服务。因此，专业技术类培训的内容较为贴近实际工作需求，得到了广泛的认可。

然而，对于管理类培训，部分培训参与人员的满意度相对较低。调查显示，超过1/3的管理岗位培训参与人员认为当前的管理类培训内容过于理论化，缺乏实际案例和操作指导，导致培训参与人员在实际工作中难以应用所学知识。例如，一些培训参与人员反映，培训内容主要侧重于政策解读和宏观管理理论，而忽视了具体的管理技能和团队建设方法。因此，管理类培训在内容设计上仍需进一步优化，增强实践性和操作性，以提高培训参与人员的满意度和实际应用能力。

在培训师资力量方面，培训参与人员对教师的评价较为积极。多数培训参与人员认为，培训教师具有较高的专业素养，能够清晰地讲解复杂的技术和理论，帮助培训参与人员更好地理解内容，特别是在技术类培训中，具有丰富实践经验的教师能够通过案例分析和实际操作示范，帮助培训参与人员更好地掌握技能。然而，部分培训参与人员也提到，某些培训教师的授课方式较为单一，缺乏互动性，尤其是在线上培训中，培训参与人员与教师之间的互动较少，影响了学习效果。因此，未来的培训工作应注重创新教师的教学方式，增强培训参与人员与教师之间的互动，进一步提高教学质量。

在培训方式方面，培训参与人员对线上与线下相结合的混合式培训方式较为满意。特别是在时间较为紧张的情况下，线上培训为培训参与人员提供了灵活的学习方式，使他们能够在工作之余自主安排学习时间。然而，线上培训的互动性和参与感仍然是一个挑战，部分培训参与人员反映，在参加线上培训时，由于缺乏与教师和其他培训参与人员的交流，学习效果不如线下培训。因此，未来的线上培训应探索更多互动性强的教学方式，如在线讨论、实时答疑等，以提高培训参与人员的参与感和学习效果。

（三）反馈机制的有效性

培训效果的持续改进离不开有效的反馈机制。通过培训参与人员的反馈，可以及时了解培训中的问题，并对培训内容、培训师资力量、培训方式等方面进行调整。本次调查显示，事业单位在培训反馈机制方面已初步建立了一些有效的渠道，但反馈的采纳和改进力度仍有提升空间。

多数事业单位采取了匿名反馈的方式，让培训参与人员在培训结束后填写调查问卷，对培训内容和教师进行评价。调查显示，超过80%的培训参与人员表示，他们在培训结束后有机会通过问卷反馈自己的意见和建议。这种匿名反馈方式能够在一定程度上减少培训参与人员的顾虑，使他们能够更加客观地表达对培训的真实感受。

反馈机制的有效性不仅体现在反馈的采集上，更重要的是对反馈意见的采纳和改进。因此，事业单位应进一步完善培训反馈机制，不仅要在每次培训后收集培训参与人员的意见，还应对这些反馈进行系统的分析，并根据培训参与人员的建议对培训内容和形式进行调整。例如，针对培训参与人员普遍提出的培训内容实践性不强的问题，培训管理部门可以在下一次培训中增加实际操作和案例分析的环节，提高课程的实用性。同时，事业单位应通过定期发布培训改进报告的方式，向培训参与人员展示其反馈意见的落实情

况，从而增强培训参与人员的参与感和信任感。

此外，反馈机制的多样性也应得到重视。目前，大多数事业单位主要依赖于培训结束后的问卷调查来收集培训参与人员的反馈，反馈渠道较为单一。为了提高反馈的有效性，事业单位可以探索更多的反馈方式，如建立线上反馈平台，允许培训参与人员在培训过程中随时提交意见和建议，或者通过培训结束后的座谈会形式，与培训参与人员进行面对面的沟通交流。这些方式不仅能够更加及时地了解培训参与人员的需求，还能够帮助培训管理部门更快速地对培训中的问题做出反应。

六 培训发展的策略与建议

基于前文对事业单位工作人员培训现状的分析和存在问题的识别，本部分将从四个方面提出培训发展的策略与建议。这些建议旨在优化培训内容、完善培训模式、建立科学的评估体系以及完善培训激励机制，以期全面提升事业单位工作人员培训的质量和效果。

（一）优化培训内容，提高针对性和实用性

调查结果显示，虽然大多数受访者对培训内容表示认可，但仍有部分工作人员，尤其是管理岗位的工作人员，对培训内容的适用性提出了质疑。如前文所述，这些管理岗位的工作人员认为培训内容过于偏重理论，而忽视了实际工作中的应用性。例如，许多管理类培训虽然涵盖了政策法规和宏观管理理论，但缺乏具体的操作指导和实践案例，导致培训参与人员在实际工作中无法有效应用所学内容。

针对这一问题，建议事业单位在内容设计上进行进一步优化。首先，应提高实践应用的比重，特别是在管理类培训中，应加入更多的实际操作和案例分析内容，帮助培训参与人员更好地将理论知识应用于实际工作中。其次，培训内容应根据行业和岗位的不同需求进行定制化设计。例如，专业技术岗位的工作人员需要更加深入地学习技术类内容，而管理岗位的工作人员

则更需要注重政策解读、领导力提升和项目管理等方面的培训。此外，培训内容的更新机制也应进一步完善。如前文所述，部分受访者反映，当前的培训内容更新速度较慢，特别是在一些涉及政策解读和技术更新的培训中，培训内容与实际需求脱节。因此，建议建立定期更新机制，确保培训内容能够紧跟行业发展和政策变化的步伐。可以考虑与行业专家和一线工作人员合作，定期收集最新的行业动态和实践经验，及时更新培训内容，以确保其始终保持与时俱进。

（二）完善线上线下混合培训模式，增强培训效果

调查数据显示，线上培训已经成为事业单位工作人员培训的主要方式之一。如前文所述，超过 60% 的受访者表示，线上培训已经成为其主要的学习方式，特别是在湖南省和宁波市，线上培训的普及率明显较高。然而，调查也发现，线上培训在实际应用中存在一些局限性，如互动性较弱、缺乏面对面的交流机会，影响了学习效果。

鉴于这种情况，建议事业单位采用线上与线下相结合的混合式培训模式。这种模式可以充分发挥线上培训的灵活性和便捷性，同时通过线下培训弥补线上培训在互动性和实践性方面的不足。具体而言，可以将理论知识的学习安排在线上进行，让培训参与人员可以根据自己的时间灵活学习。而对于需要实践操作和深入讨论的内容，则可以安排线下培训，通过面对面的交流和实践演练，加强培训参与人员对知识的理解和应用能力。为了提高线上培训的互动性，建议采用更多互动性强的教学方式，如在线讨论、实时答疑、虚拟实验室等。同时，可以利用大数据和人工智能技术，为培训参与人员提供个性化的学习路径和推荐，提高学习效率。对于线下培训，可以采用小组讨论、角色扮演、案例分析等形式，提高与增强培训的参与度和实践性。通过这种线上线下相结合的方式，不仅可以扩大与增强培训的覆盖面和灵活性，还能够更好地满足不同岗位、不同人员的培训需求。

（三）建立科学的培训效果评估体系，促进持续改进

调查结果显示，当前事业单位在培训效果评估方面仍存在一些不足。如

前文所述，虽然大多数受访者认为培训在短期内能够帮助他们提升工作能力，但培训的长期影响则相对复杂。一些受访者表示，由于培训内容缺乏持续性和深度，长期影响并不明显，特别是在一些技术更新较快的行业，单次培训的内容很难满足持续发展的需求。

针对这一问题，建议建立一个科学、全面的培训效果评估体系。这个评估体系应该包括短期和长期两个维度。短期评估可以通过培训后的测试、问卷调查等方式进行，重点关注培训参与人员对培训内容的掌握程度和满意度。长期评估则应该跟踪培训参与人员在实际工作中的表现变化，可以通过定期的绩效评估、360°反馈等方式进行。例如，可以在培训结束后的 3 个月、6 个月和 12 个月分别进行跟踪评估，了解培训内容在培训参与人员实际工作中的应用情况和效果。评估体系还应该包括对培训内容、培训方式、培训师资力量等多个方面的评价。如前文所述，学员对培训内容、培训师资力量、培训方式等方面都有较为详细的反馈。建议根据这些反馈，建立一个动态的评估指标体系，定期对培训工作进行全面评估。同时，应该建立评估结果的反馈机制，将评估结果及时反馈给培训管理部门和培训教师，促进培训工作的持续改进。通过这种科学、系统的评估体系，不仅可以更准确地衡量培训效果，还能为未来的培训工作提供有力的决策支持。

（四）完善培训激励机制，提高培训参与人员的积极性

调查结果显示，事业单位工作人员培训工作在很大程度上依赖于政策的推动和单位的组织。如前文所述，部分受访者表示，单位的培训计划往往带有强制性，要求每年必须参加一定次数的培训，并将其与绩效考核挂钩。这种做法虽然能够在一定程度上提升培训参与率，但也容易导致部分工作人员为应付任务而参加培训，培训效果难以保证。

为了解决这一问题，建议事业单位建立更加有效的培训激励机制，提高工作人员参与培训的积极性。首先，可以将培训与职业发展紧密结合，如将培训成果作为晋升和职称评定的重要参考因素。这样可以让工作人员认识到培训对自身职业发展的重要性，从而主动参与培训。其次，可以设立培训积

分制度，工作人员参加培训可以获得相应的积分，积分可以用于兑换额外的学习资源、参加高级培训课程的机会，甚至可以与年度评优、奖金分配等挂钩。同时，应该注重培养工作人员的自主学习意识。如前文所述，许多受访者表示，他们更希望能够自主选择培训内容，而不是被动地参加由单位安排的培训。因此，可以在保证基本培训要求的基础上，给予工作人员更多的自主选择权。例如，可以设立培训内容"超市"，让工作人员根据自己的兴趣和工作需求自主选择部分培训内容。此外，还可以鼓励工作人员组织学习小组或知识分享会，让工作人员成为培训的主体，而不是被动的接受者。通过这些措施，不仅可以提高工作人员参与培训的积极性，还能够培养工作人员终身学习的意识，从而实现个人发展和组织发展的双赢。

参考文献

［1］张学英：《统筹教育、培训和就业：内在逻辑、典型特征与职业教育行动路向》，《中国职业技术教育》2024 年第 24 期。

［2］刘晓、童小晨：《终身职业技能培训制度促进高质量充分就业的时代意蕴与推进路径》，《中国职业技术教育》2024 年第 24 期。

［3］刘东旭：《基于网络的专业技术人员继续教育创新思考——以出版专业技术人员网络培训为例》，《成人教育》2024 年第 1 期。

［4］曾湘泉、陈思宇：《乡村振兴背景下专业技术培训与农村家庭减贫》，《广东社会科学》2022 年第 1 期。

［5］孙涛、隋晓霞：《Z 公司年度技术人员专业培训调查问卷分析及改进方案》，《成人教育》2015 年第 6 期。

B.14
加快建立国际通行的青年科技人才科研
支持体系*

陈丽君　胡晓慧**

摘　要：　本报告围绕青年科技人才发展现状和困境开展了一系列调研，对全国 100 名海归青年科技人才实施一对一访谈，并对东部 579 名青年科技人才进行问卷调查，发现我国青年科技人才仍然面临科研经费过度竞争、国际通用的同行评议机制尚未真正建立、独立开展研究难、科研时间难保障、政策"最后一公里"落地难等问题，急需切实推动"减负行动"和《关于进一步加强青年科技人才培养和使用的若干措施》落地，加快构建国际通用的青年科技人才支持体系，遏制科研行政化趋势，推动海归青年科技人才快出成果、多出成果。

关键词：　青年科技人才　科研支持体系　"减负行动"

党的二十大报告指出，全党要把青年工作作为战略性工作来抓，深入实施人才强国战略，加快建设国家战略人才力量，努力培养更多青年科技人才。相对于世界重要人才中心和创新高地的目标定位，我国青年科技人才总

* 本报告受国家社科重大项目（21ZDA015）"构建激发人才创新活力的生态系统研究"和浙江省科技厅重点软科学项目的资助。

** 陈丽君，浙江大学公共管理学院教授、博士生导师，浙江省人才发展研究院院长，主要研究方向为人才政策、公共人力资源管理；胡晓慧，云南民族大学政治与公共管理学院（人民武装学院）讲师，浙江省人才发展研究院兼职研究员，主要研究方向为人才政策、公共部门人力资源管理；调研参与人员还包括浙江大学公共管理学院行政管理专业博士研究生卞青阳、王慧，硕士研究生徐元晨、田诗雨、叶芷瑄、陈春瑶。

量偏少、发展依然存在困境。近年来，为破解青年科技人才发展"痛点"，科技部等五部委相继部署了三次"减负行动"，旨在支持青年科技人才挑大梁、当主角。中共中央办公厅、国务院办公厅在此基础上印发了《关于进一步加强青年科技人才培养和使用的若干措施》（以下简称《若干措施》），不断加大政策力度。这一系列突破性的举措既十分必要、非常及时，又具有很强的针对性和指导性。但实践中仍然面临青年科技人才发展困境，如何切实推动政策落地，充分释放政策效应，是当前我国青年科技人才队伍建设的关键。

课题组围绕青年科技人才发展现状和困境开展了一系列调研，对全国100名海归青年科技人才[①]实施一对一访谈，并对东部579名青年科技人才进行问卷调查，发现我国青年科技人才仍然面临科研经费过度竞争、国际通用的同行评议机制尚未真正建立、独立开展研究难、科研时间难保障、政策"最后一公里"落地难等问题，急需切实推动"减负行动"和《若干措施》落地，加快构建国际通用的青年科技人才支持体系，打造集聚青年科技人才强磁场，推动海归青年科技人才快出成果、多出成果。

一 青年科技人才发展现状

为全面了解我国青年科技人才引育支持体系现状，除了一对一访谈，课题组还在东部地区对科研院所、企业和高校等多类单位的青年科技人才开展大规模问卷调查。调查问卷共发放620份，其中有效问卷579份。调查样本基本信息如表1所示。

---

① 受访的100名海归青年科技人才中，男性占77.27%，女性占22.73%，平均年龄为36.4岁。从人才履历来看，在美国有科研经历的受访者最多，占总数的60.61%；其次是欧洲，占21.21%，且以德国、英国居多；新加坡等是海归青年科技人才的重要来源地，受访者中7.58%的有新加坡科研经历。从海外经历类型来看，63.6%的受访者有海外留学经历，45.5%的受访者有海外工作经历，18.2%的受访者有海外访问交流经历。

表1　样本基本信息

单位：人，%

类别		数量	占比	类别		数量	占比
性别	男	369	63.7	单位性质	高校	279	48.2
	女	210	36.3		企业	5	0.9
职称	正高级	50	8.6		企业研究院	19	3.3
	副高级	133	23.0		事业单位研究院	268	46.3
	中级	271	46.8		其他	8	1.4
	初级	23	4.0	专业背景	理学	178	30.7
	无职称	102	17.6		工学	298	51.5
海外学习	无	381	65.8		农学	44	7.6
	海外取得学位	79	13.6		医学	30	5.2
	海外访学/合作研究1年及以上	70	12.1		文学	0	0
	海外访学/合作研究1年以下	42	7.3		史学	1	0.2
	其他	7	1.2		哲学	1	0.2
海外工作	无	489	84.5		法学	2	0.3
	<5年	67	11.6		经济学	5	0.9
	5~10年	20	3.5		管理学	18	3.1
	10年	3	0.5		教育学	2	0.3
学历	博士	430	74.3		军事学	0	0
	硕士	129	22.3	年龄	均值	最大值	最小值
	本科	20	3.5		32.66岁	45岁	24岁
	大专及以下	0	0				

资料来源：作者自制。

在年龄方面，被调查者平均年龄为32.66岁；在性别方面，男性占63.7%，女性占36.3%；在专业背景方面，工学和理学占比最高，总计82.2%；在单位性质方面，本次主要调查了高校、企业、企业研究院和事业单位研究院；在职称方面，正高级职称占8.6%，副高级职称占23.0%，中级职称占46.8%，初级职称占4.0%，无职称的占17.6%；在学历方面，博士占74.3%，硕士占22.3%，本科占3.5%；在海外学习和海外工作方面，

34.2%的人才有海外学习经历。从海归人才的履历来看，在美国有科研经历的受访者居多，占海归青年科技人才总数的60.61%；其次是欧洲，占21.21%，且以德国、英国居多；新加坡是海归青年科技人才的重要来源地。

（一）成就感、自我价值实现、个人成长是青年科技人才开展创新活动的主要内在动机

70%以上的青年科技人才认为成就感、自我价值实现和个人成长是从事学术研究和技术研发的重要内在动机。不足40%的青年科技人才认为高工资、外在认可和人才头衔是从事学术研究和技术研发的内在动机。已经取得正高级职称的青年科技人才从事学术研究和技术研发更多出于满足自身好奇心、追求成就感和自我价值实现，尤其是好奇心的驱动力远大于副高级及以下职称的人才（见图1）。

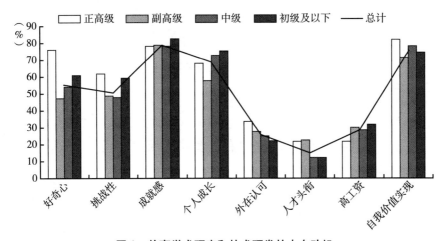

图1　从事学术研究和技术研发的内在动机

资料来源：作者自制。

（二）在人才引进标准上，青年科技人才大多认可以科研能力、科研热情为考察标准

96.6%的青年科技人才认为引才时应着重考察人才的科研能力，超过半

数的青年科技人才认为应考察科研热情、研究方向与用人单位需求的契合度、职业规划等（见图2）。青年科技人才普遍认为论文影响因子、海外学习经历、人才头衔等不应作为引才评价的重要标准。

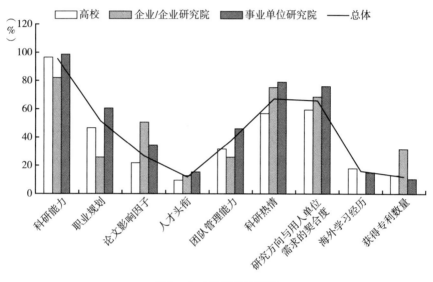

图2　人才引进关注要素

资料来源：作者自制。

（三）在城市和用人单位提供的各类引才保障方面，青年科技人才对各要素的评价处于中等偏低水平

具体而言，青年科技人才对居留落户保障、科研氛围、医疗卫生保障和职业发展机会等要素的评价相对较高，而对薪酬待遇水平、安家费、研究生招生名额的分配等要素的评价较低。从不同单位来看，在薪酬待遇水平、职业发展机会、科研氛围、科研启动资金、实验室设备、子女入学保障等方面，高校青年科技人才的评价均低于企业/企业研究院和事业单位研究院，尤其是对实验室设备的评价，高校研究院与企业/企业研究院和事业单位研究院差距较大（见图3）。高校青年科技人才对安家费、研究生招生名额的分配的评价相对较高，事业单位研究院对研究生招生名额的需求强烈。

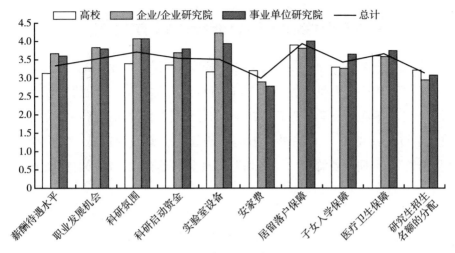

图3 各类引才要素评价

资料来源：作者自制。

（四）用人单位的人才培养活动稳步开展

各单位均注重开展申报项目经验交流活动，提高青年科技人才申报各类支持计划的能力，而与资深科研工作者的结对帮扶活动开展得较少，高校青年科技人才对与资深科研工作者的结对帮扶活动以及经费支持方面评价较低（见图4）。

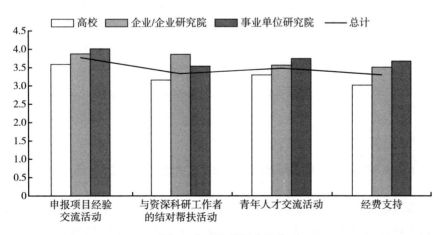

图4 人才培养活动评价

资料来源：作者自制。

（五）科研管理体系比较完善，但行政效率有待提升

根据调查结果，青年科技人才比较认可科研管理部门的项目考核、成果认定和相应的科研管理机制。60.7%的青年科技人才认为，科研管理部门的考核、评审等活动公平、公正，80.4%的青年科技人才认为所在单位鼓励科技成果转化（见表2）。另外，当前科研管理行政效率较低，"报销难"、"报销繁"、科研经费管理"一刀切"等现象仍然存在，在一定程度上挤压了青年科技人才的科研时间。

表2　科研管理体系评价

单位：%

题目/选项	完全不同意	比较不同意	一般	比较同意	完全同意
科研管理部门的考核、评审等活动公平、公正	1.9	3.8	33.6	48.2	12.5
科研管理部门更注重科研项目立项，对结项的关注不足	7.8	25.2	44.4	17.5	5.1
我所在单位鼓励科技成果转化	0.2	2.1	17.3	57.1	23.3
我所在单位科研经费管理一刀切	12.1	31.7	31.9	19.5	4.9
科研经费报销花费我很多时间	10.6	23.3	29.0	27.3	9.9
我所在单位经费报销程序烦琐	8.7	22.8	34.7	25.2	8.7
我可以自由支配我的项目经费	5.5	15.9	45.2	27.5	5.9
我所在单位给予的经费使用时限很紧张	7.8	23.0	45.9	19.7	3.6

资料来源：作者自制。

（六）青年科技人才考核和评价体系主要关注人才科研能力

在人才日常评价体系方面，青年科技人才自身科研能力和科研产出是评职称和晋升的主要标准，并注重个人评价与团队评价相结合。但仍有29.4%的青年科技人才认为在职称评审中，存在论资排辈的现象，有

23.7%的青年科技人才认为和领导的关系与职称评审或晋升密切相关（见表3）。

表3　青年科技人才评价体系

单位：%

题目/选项	完全不同意	比较不同意	一般	比较同意	完全同意
自身科研能力与职称评审或晋升密切相关	0.4	5.9	20.1	54.3	19.2
和领导的关系与职称评审或晋升密切相关	10.6	25.8	40.0	19.0	4.7
在职称评审中,存在论资排辈的现象	9.7	21.8	39.1	24.5	4.9
我所在单位人才评价过程中主要关注论文	2.7	12.9	27.1	49.7	7.6
我所在单位的考核体系不关注团队成果	12.9	37.6	32.1	12.7	4.7

资料来源：作者自制。

二　青年科技人才队伍建设面临的四大挑战

尽管中央到地方为摆脱青年科技人才发展困境多次发文，但仍存在政策"最后一公里"落地难的困境。通过对青年科技人才的问卷调查和访谈发现，与发达国家相比，我国青年科技人才发展体制机制仍然存在科研经费过度竞争、国际通用的同行评议机制尚未建立、青年人才独立开展研究难、科研时间难保障等一系列问题。

（一）多次发文难通政策落地末端梗阻

五部委相继部署了"减负行动"1.0、"减负行动"2.0和"减负行动"3.0，中共中央办公厅、国务院办公厅在此基础上印发了《若干措施》，但仍未打通政策落地末端梗阻。青年科技人才承担科研项目机会少、经费报销和

项目申报烦琐、行政事务负担重、考核频次多等问题没有得到彻底地解决，阻碍了青年科技人才创新活力的迸发，甚至导致优秀人才"引而复失"。

究其原因，一是科技、人才、纪检审计等相关部门配合不够、协同不力。中央和各地就深化科技体制改革做出一系列重大决策部署，但审计、巡视的风险并未减轻，导致科技或人才等相关部门和用人单位在落实政策举措时小心谨慎，甚至"用绳子给人才松绑"，政策落地面临末端梗阻。二是对科研事业单位的绩效考评并未进行相应调整。部分高校迫于获取资源的压力，仍未实现真正的破"五唯"。《关于深化项目评审、人才评价、机构评估改革的意见》中虽规定了对科研事业单位 5 年的评价周期，但仍有年度目标完成情况的考核，容易导致科研事业单位的短视化，将单位考核指标层层摊派到人才个人身上，有悖于"减负行动"和《若干措施》的初衷。三是上位法之间、上位法与用人单位内部管理之间存在偏差。不同部门之间存在政策打架、措施冲突甚至推诿扯皮的现象。部分科研事业单位仍存在重管理、轻服务的思想，且资源有限，在落实上级政策方面主动性不强。

（二）科研经费的完全竞争模式加剧了马太效应

第一，资助比例和资助规模与我国青年科技人才的快速增长不完全适应。尽管国家面向青年科技人才设置了各类支持计划，但相对于规模巨大的青年科技人才群体依旧显得"僧多粥少"。2016～2022 年，博士、硕士毕业人数快速增长，申请国家自然科学基金青年科学基金的人数也在快速增加。但从整体来看，国家和部门层面对职业早期青年科技人才的资助率（立项和申请比）呈下降趋势。虽然近年来青年科学基金立项数占立项总数的比重整体呈提高趋势，以国家自然科学基金为例，2022 年，青年科学基金立项数占立项总数的比重已经高达 46.07%，但相较于庞大的青年科技人才申请人数，2022 年青年科学基金资助率仅为 17.23%，比 2016 年的 22.89%下降了近 6 个百分点。2022 年国家社会科学基金青年项目立项数比 2016 年仅增加 68 项，2016～2022 年青年项目资助率徘徊在 14.97%～17.27%（见表 4）。

表4　各类青年项目资助情况

单位：项，%

	2016 年	2018 年	2020 年	2022 年
国家自然科学基金				
立项总数	37409	44619	45656	48317
青年科学基金申请数	70399	86042	112642	129194
青年科学基金立项数	16112	17671	18276	22262
青年科学基金资助率	22.89	20.54	16.22	17.23
青年科学基金立项数占比	43.07	39.60	40.03	46.07
国家社会科学基金				
年度立项数	3917	4996	5121	5183
青年项目申请数	7087	5795	6926	–
青年项目立项数	1061	1001	1078	1129
青年项目资助率	14.97	17.27	15.56	–
青年项目立项数占比	27.09	20.04	21.05	21.78

注：2016 年国家社会科学基金不含西部项目。

资料来源：作者自制。

第二，青年科技人才获得的资助金额较少。我国青年项目和职业早期的科研启动金一般是定额资助且金额较少，难以满足不同研究领域、不同学科的实际需求。以国家自然科学基金为例，近年来优青、杰青、青年基金项目资助金额虽然有所增加，但仍处于较低水平。2021 年青年基金项目平均资助金额为 29.8 万元，而美国国家科学基金会早期职业发展计划、欧洲研究理事会启动基金、英国国家科研与创新署未来领袖计划等资助金额均不低于 30 万美元（见表5）。

表5　国外代表性青年项目资助情况

资助机构	名称	资助期限	申报周期	资助金额	资助率	资助对象
美国国家科学基金会	早期职业发展计划	5 年	每年 1 次	约 50 万美元	约 18%	优秀早期职业者
欧洲研究理事会	启动基金	5 年	每年 1 次	最高 150 万欧元	约 10%	获博士学位 2～7 年

续表

资助机构	名称	资助期限	申报周期	资助金额	资助率	资助对象
英国国家科研与创新署	未来领袖计划	4(+3)年	每年2次	30万~200万英镑	约20%	前4轮39岁以下占80%
法国国家研究机构	法国青年研究人员项目	3~4年	每年1次	20万欧元	约19%	博士毕业10年内,任职少于5年

资料来源:作者自制。

第三,"脉冲式"的科研资助模式难以保证研究的可持续性。各类科技计划(项目)多是一次性资助,资助期限一般是3年,最多不超过5年。资助经费在部分单位以内部竞争的方式分配,利用基本科研业务费设立竞争性项目,并需要经过评审、中期检查、结项验收等烦琐的程序。青年科技人才在资助期限内仍需花费大量时间继续竞争下一个项目,疲于结旧题、开新题。"脉冲式"的科研资助模式不仅导致青年科技人才在同一研究方向长期探索,还造成了高质量原创成果的匮乏。科研资助的不稳定性造成了"跟班式"科研问题突出,青年科技人才大多以"科研助手"的角色在团队中开展工作,独立开展研究困难。

(三)采用国际通用的青年科技人才发展体制机制呼声高涨

在人才评价、项目申请、资源配套等体制机制方面,我国与发达国家仍存在一定差距。第一,尚未形成国际通用的同行评议机制,或同行评议流于形式。人才评价仍以论文数量、项目数量、经费总额等定量指标为主,存在短平快导向。在现行的学术生态下,同行评议存在三个公正性障碍。一是学术关系网。由于专家间的学派归属、传承关系和合作关系,同行评议逐渐演变成学术权威、长官意志"一言堂",以及各种帮派的"人情关系网","打招呼""拉关系"现象普遍。二是利益关联。评审专家和评审对象之间可能存在利益关联与利益输送关系,项目申请和人才评价中未严格落实专家回避制度,或存在利益冲突导致评价结果的非公正性。三是专家选取的权威性。"一刀切"地避免利益冲突,会产生"二流评一流"的现象。受"大同行"

知识认知和自身学术水平的限制，评价结果可能产生偏颇，导致掌握国际顶尖技术的优秀海归人才得不到相应的认可和支持。

第二，项目指南有待优化。部分高质量支持计划设置了明确、详细的项目指南，限制了可申报领域和相应的技术路径，青年科技人才研究领域与项目指南中的研究方向对口难，学术自由和科研独立性受到较大程度的限制，迎合主流口味以增加学术产出成为青年科技人才获得资助的主要途径。被访青年科技人才指出，评价体系、考核目标、成本核算等机制限制了青年科学家的好奇心。项目指南中对申请者年龄和职称"一刀切"的现象普遍，且未设置弹性条款对特殊情况予以规避，致使部分优秀青年科技人才错失机会，不利于青年科技人才参与公平竞争。

第三，研究生、实验室、设备等配套资源不足。大部分科研单位难以为青年科技人才提供充足的实验室科研空间、设备及研究生招生名额。青年科技人才本身能获取的经费支持较少，无法独自承担购买设备的开支，加上二手实验设备购买存在限制，导致青年科技人才独立开展研究困难重重。58.6%的青年科技人才表示希望用人单位提供研究生招生名额，74.2%的青年科技人才表示希望用人单位提供实验室设备，90.7%的青年科技人才表示希望用人单位提供科研启动金。

（四）科研管理行政化趋势尚未有效遏制，科研时间难保障

事务性负担重和考核压力大是青年科技人才的集中痛点，"白天忙杂事、晚上搞科研"成了诸多青年科技人才的常态。第一，日常考核机制短视化，考核压力大。当前，高校和科研院所考核周期较短，多为3年一考，部分高校实行"非升即走、末位淘汰"聘用制度，导致青年科技人才难以坚守"板凳甘坐十年冷，文章不写半句空"的科研理想。现有的职称评审制度缺少越级评审，申报人应按照职称层级逐级申报职称评审，取得重大基础研究和前沿技术突破、解决重大工程技术难题的青年科技人才难以直接申报高级职称评审。

第二，非科研事务占用大量时间，导致青年科技人才科研时间的减少和

行政事务的增加，降低了科研效率。非学术会议、公关应酬、经费报销等行政事务，以及项目申请、中期检查和结题等科研管理工作挤占科研时间的现象普遍，科研财务助理配备不齐或作用发挥不到位。国内采用的仍然是建立在不信任基础上的前端管理机制，"项目经费程序报销复杂，预算编制要求过细过严"成为诸多青年科技人才的心声。高校科研经费管理中由团队成员或研究生兼职开展科研财务工作居多，"报销难""报销繁"的现象使青年科技人才对财务助理的需求较大。

经调查，青年科技人才平均每日科研工作时间为 6.17 小时，平均每天要花 2.16 小时的时间来应付与工作相关的公关应酬、单位其他行政事务、社会服务活动等非科研任务，用于睡眠的时间仅 5.79 小时，影响健康状况，且高校青年科技人才的科研工作时间明显低于企业和事业单位研究院（见图 5）。1/3 的青年科技人才表示报销程序烦琐、花费较多时间，高达 72.8% 的青年科技人才表示希望有财务助理来解决报销事宜。在项目申报阶段，大量时间用于写项目申报书和填写相关表格，49.2% 的青年科技人才认为申报项目花费的时间很多，且 58.3% 的青年科技人才认为申报项目时大部分时间花费在写项目申报书上，36.0% 的青年科技人才认为申报项目时需要填写很多表格。

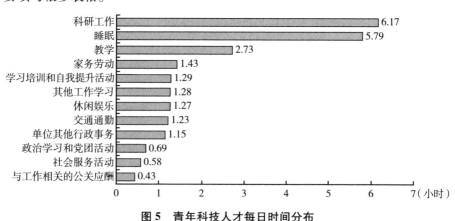

图 5　青年科技人才每日时间分布

资料来源：作者自制。

三 建立国际通用的青年科技人才 科研支持体系

针对上述青年科技人才面临的发展难题，亟须加快推动政策落地落实，增强职业早期青年科技人才科研支持体系的普惠性和稳定性，实施长周期评价和国际同行评议机制，推动配套科研资源向青年科技人才倾斜，聚力保障青年科技人才的科研时间。

（一）压实主体责任，打通政策落地"最后一公里"梗阻

第一，各部门上下协同联动，建立沟通反馈渠道，推动"减负行动"和《若干措施》不断向用人单位内部延伸。各级人才、科技、财政、教育等相关部门上下协同联动，同步出台实施配套政策，建立沟通反馈渠道，将"减负行动"和《若干措施》的各项政策举措作为常态化机制持续推进。加快落实高校、科研院所等青年科技人才用人单位的主体责任，建立健全领导责任制、专项督导制，持续强化监督检查，督促各单位对标政策要求和青年科技人才诉求，根据实际情况制定本单位落实方案，将政策落实阶段性成果与问题及时向社会公布。减少对科研事业单位的考核频次，为科研事业单位"松绑"，在各类考核中淡化人才数量、科研项目、科研经费等规模化指标，促进科研事业单位立足自身发展定位和使命需求，合理使用青年科技人才。鼓励科研事业单位积极试点自主开展人才体制机制创新，建立改革创新容错机制，为积极改革的科研事业单位提供相应的政策和资源保障，在机构评估、编制配置、招生名额、平台搭建等方面予以支持，推动科研事业单位积极探索改革举措，总结可复制可推广的先进经验。

第二，建立健全人才创新政策的全过程跟踪审计机制，对相关政府部门、高校和科研事业单位开展政策落地的跟踪审计。各级政策审计机关应梳理政策出台时间、适用范围、目标、责任单位、涉及资金体量、阶段性效果等关键要素，对"减负行动"和《若干措施》等政策执行情况开展审计，

通过边审计、边报告、边督促整改，推动政策措施及时落实到位。重点关注人才管理体制和管理方式的改革情况，审查各地人才管理部门简政放权情况以及科研事业单位政策落实情况。强化政策审计中的大数据思维，充分运用大数据技术将政策流转过程中产生的大量数据和信息纳入考核范围，保证基层及科研事业单位的政策落实情况、人才满意度抽审调查不留死角。

专栏1　山东出台加强审计监督促进人才和科技创新政策落实措施

2023年，山东省审计厅出台了《关于加强审计监督促进人才和科技创新政策落实的意见》，就充分发挥审计监督作用，促进人才和科技创新政策落实落地，更好地服务保障科教强鲁、人才兴鲁战略实施提出目标要求。

各级审计机关聚焦人才和科技创新重大政策、重点项目、重要资金，依法审计、强化监督，围绕政策落实堵点难点，揭示和反映政策规定不明确、内容不衔接、权力下放"明放暗不放"等问题，促进接住政策、用好政策、完善政策。在人才政策方面，重点关注党管人才体制机制建立，人才引育、人才评价、财政金融支持、安居保障等人才服务措施落实等情况。在科技创新政策方面，重点关注创新资源配置体制机制建立、科技计划具体配套措施落实、财政金融等科技创新激励支持政策落地、省属科研院所体制机制改革等情况。在资金管理和绩效方面，要重点关注分配资金投向及拨付、绩效目标制定及评价、资金使用合规性等情况，核查有无挤占挪用、资金闲置浪费等问题。

实行容错免责机制。对财政支持人才项目未取得预期成效，但用人单位、人才工程入选人才或者团队已经尽到诚信和勤勉义务的，以及有关单位或者个人推进人才发展体制机制改革未能实现预期目标，但符合国家确定的改革方向，决策程序符合法律法规规定，未牟取私利或者未恶意串通损害公共利益的，按照容错免责原则客观审慎得出审计结论，助力营造良好创新创业环境。

资料来源：《关于加强审计监督促进人才和科技创新政策落实的意见》。

（二）提高职业早期青年科技人才科研支持体系的普惠性和稳定性

第一，加大资助力度，拓宽资助渠道。设立多项资助基金专门支持职业早期青年科技人才，破除项目申报对年龄、"帽子"、职称、资历的行政性限制，提高自主选题比例。鼓励各地相关部门和用人单位统筹科研经费渠道，加大经费投入，通过定向委托等方式对优秀青年科技人才或团队给予持续滚动支持。落实《若干措施》强调的逐步提高与延长国家自然科学基金、国家社会科学基金、省级各类支持项目对职业早期青年科技人才的资助立项数、资助金额、资助比例和资助期限，确保青年基金项目占40%。借鉴美国政府、产业和基金会"三轮驱动"的青年科研资助体系，鼓励实验室、新型研发机构、企业等单位作为联合资助方，与国家或省级基金委联合设立青年基金项目，择优支持青年科技人才。创建资深专家依托重大项目"传帮带"培养青年科技人才的长效机制，支持青年科技人才参与"揭榜挂帅"和"卡脖子"关键核心技术的攻关。

专栏2　浙江省设立企业联合基金，加大科研经费投入

2020年12月，浙江省科技厅等印发《浙江省自然科学基金企业创新发展联合基金工作指引（试行）》，健全政府投入为主、社会多渠道投入的机制，支持企业开展基础研究与应用基础研究，设立浙江省自然科学基金企业创新发展联合基金（以下简称"企业联合基金"）。

企业联合基金由浙江省自然科学基金委员会（以下简称"省基金委"）与企业资助方共同提供资金，在商定的科学与技术领域内共同支持基础研究与应用基础研究的基金。省基金委与企业资助方签署加入企业联合基金协议，商定支持方向、资助对象、经费投入、运行机制、合作期限等内容。

在双方职责设置上，省科技厅负责指导协调省基金委做好企业联合基金的运行和管理，对协议签署、项目资金安排、项目评审结果等重要事项进行审定。省基金委与企业资助方共同设立联席会议制度，负责商议研究企业联

合基金项目申报指南、资助计划、资助项目和经费建议安排等重要事项。联席会议成员由省基金委与企业资助方相关负责人组成。在资金管理上，省基金委与企业资助方一般按照 1∶3 的比例出资，在不高于 1∶3 比例的情况下可由省基金委与企业资助方协商。企业联合基金重点支持浙江省高等院校、科研院所、新型研发机构和企业的青年人才开展基础研究与应用基础研究，鼓励与省外优势单位合作开展研究，优先支持长三角协作研究。

以中美华东为例，中美华东与省基金委达成合作协议，设立浙江省自然科学基金华东医药企业创新发展联合基金。该基金主要聚焦公司研发战略需求的应用基础研究，以期通过基金合作挖掘研发合作团队资源，储备创新项目，最终实现成果转化落地。企业联合基金的设立是企业资金与政府资金协同互动的表现，企业通过"揭榜挂帅"寻找合适的科研团队，有效解决了企业发展面临的科学技术难题，同时为青年科技人才提供更多科研机会和科研经费支持。

资料来源：《浙江省自然科学基金企业创新发展联合基金工作指引（试行）》、相关访谈资料。

第二，转变资助理念，"竞争立项"逐步转变为"择优选人"，稳定性支持与竞争性支持并重。围绕国家重大战略需求和基础科学前沿，为具有创新潜力的优秀青年科技人才提供普惠性和稳定性的科研经费支持。扩大保障性经费供给范围，增加青年科技人才科研启动金，逐步扩大中央高校、公益性科研院所基本科研业务费对 35 岁以下青年科技人才的资助规模，实现《若干措施》强调的不低于年度预算 50%。避免普惠性经费"竞争化"，加大对职业早期青年科技人才的稳定支持力度，减少课题申报给青年科技人才带来的科研精力内耗。鼓励有条件的科研单位设立专项，对新入科研岗位的青年人才给予不少于 5 年的非竞争性科研经费支持。借鉴欧洲的原始创新计划，设立启动基金和巩固基金等多样化职业早期资助计划，对不同发展阶段的青年科技人才进行资助，以确保科学研究的延续性。建立对青年科技人才的长期稳定支持机制，延长资助周期，或实施连续滚动资助机制。

（三）实施长周期评价和国际同行评议机制

一是实施青年科技人才长周期评价和聘期评价。减少考核频次，简化、淡化平时考核，保证青年科技人才有充足的时间创造高质量成果。建立符合科研投入产出周期规律的绩效评价长效机制，鼓励高等学校、科研院所参照国际学术界同行的终身教职制度，给予新招聘的青年科技人才相对较长的初始聘期，使其在初始聘期内拥有相对宽松安心的科研环境，初始聘期结束后可参照终身教职评审方式决定是否续聘。借鉴德国模式，设立青年科研岗位和青年教授席位，并建立越级申报职称评审制度，打破传统等级森严的晋升制度，优秀青年科技人才可直接申报高级职称评审，尽早独立开展教学、科研。建立健全创新容错机制，对探索性强、研发风险高的前沿领域，建立尽职免责机制。

专栏3　德国设立青年科研岗位和青年教授席位

德国的青年科研岗位设立于2000年，是德国历史最悠久的柏林-勃兰登堡州科学院和德国莱奥波蒂纳自然科学院为促进科研后备人才发展而设立的。青年科研岗位由联邦教研部拨专款，成员为获得博士学位的青年学者，每年选拔10名新成员，每人每年可获得25600欧元的研究经费，用于独立开展研究项目，成员资格最长为5年。

青年教授席位设立于2002年，是德国学术界晋升制度改革的大胆尝试，目的在于让青年学者能够尽早开展独立教学、科研和指导博士生。青年科研岗位设立以来，德国政府逐渐强化"青年教授"职位项目，将招聘青年教授的指标和权力下放给院校的专业院系，由院系自主负责青年教授的资格认定、招聘条件和流程等，并规定青年教授的聘期一般为6年，每3年会对受聘者进行考核和评估，若受聘者顺利通过评估且资质达标，则会被续聘，否则将被解聘。青年教授期满后可申请终身教授，不受年龄限制。该计划在很大程度上打破了教授终身制对青年人才成长的阻碍，基本将青年学术人才获得教授席位的时间提前了10年左右。青年教授拥有相对较多的科研、经费、

教学和带博士生的自主权。与此同时，工作经历可以替代教授资格考试，极大激发了青年科研工作者的积极性。

资料来源：叶强《德国高校青年教授职位设置的争议解决及其启示》，《中国高教研究》2018年第1期。

二是切实推行国际同行评议机制。青年科技人才评价、项目申请、职称评聘和晋升实施科研成果代表作制，通过国际匿名同行评议确认学术质量和知识贡献度。根据青年科技人才从事研究领域实行分类评价，将履行岗位职责、参与科研专项、发表高水平论文、科技成果转化等情况均作为贡献予以认可。建议中共中央组织部、科技部、教育部等人才管理部门和各用人单位推行团队绩效评价制度，避免简单强调署名单位排序、成果署名作者排序，推动科研团队合作和共出成果。借鉴美国制定的《利益冲突和行为伦理规范手册》，出台相应政策法规，规范同行评议程序和评审专家行为，实行双盲同行评议机制，严格落实回避制度，减少青年科技人才在应酬性活动上消耗的时间。淡化项目指南的"八股式"要求，不过多强调以往业绩和年龄，侧重研究潜力、方法的可行性评价。

（四）加快推动配套科研资源向青年科技人才倾斜

第一，为青年科技人才提供更多研究生招生名额，实验室、设备等科研资源。一是取消青年科技人才申报硕导博导资格的行政性限制，允许经费充足的优秀青年科技人才额外招收博士生、博士后，不以资历为申报门槛，重点评价科研方向和发展潜力。二是完善科研设备资源采购和共享机制。建立二手设备采购制度，逐步放开二手科研仪器采购自主权。搭建科研设备资源共享平台，以科技资源一站式检索为枢纽，链接高校、科研机构等实验室资源供应方和需求方，为青年科技人才提供便捷的实验室和科研设备。三是给予青年科技人才充分的科研自主权，借鉴德国洪堡基金会的经验，鼓励优秀青年科技人才组建科研团队并独立开展科研工作，支持非正统或高创新性的研究。

第二，搭建青年科技人才国际合作交流平台，建立领域内及领域间的交流机制。设立青年科技人才海外交流专项基金，探索优秀青年短期海外交流项目，多渠道选派优秀青年科技人才赴高水平大学或研究机构研修。鼓励青年学术带头人参加、发起和牵头组织国际学术会议，或到国际学术组织任职，扩大青年科技人才国际影响力。借鉴德国后备人才科学院计划，引进知名国际学者短期交流访问，开展青年科技人才与国际资深科研工作者的结对帮扶和科研合作。加快推进学科建设，凝聚研究方向，为青年科技人才提供合作发展平台。

（五）遏制科研行政化趋势，聚力保障青年科技人才的科研时间

第一，减轻青年科技人才事务性负担。优化职能部门对科研活动的监管内容和监管方式，加强科研项目监督检查工作统筹，制定统一的监督检查计划，在相对集中的时间内开展联合检查，避免对同一项目的多头立项、多头考核、重复考核，确保考核主体的统一性。减少科研项目考核频次，严格落实一个项目周期"最多查一次"。推动主管部门和项目承担单位财务制度改革，改变"填表格"式管理模式，精简科研项目申报、评审、结项、奖项评定全流程。全面落实科研财务助理制度，确保每个项目配有相对稳定的科研财务助理，科研财务助理所需人力成本费用，通过科研项目经费等渠道统筹解决。积极运用大数据、人工智能技术，简化科研人员因公出国（境）申请流程。同时，在贯彻落实《若干措施》中"发挥青年科技人才决策咨询作用"，在提高从国家到地方各类专家组中青年科技人才占比的同时，避免参与决策的赋能演变成行政增负。

第二，建立完善以信任为前提的科研经费管理机制。深化科研经费管理制度改革，全面开展科研经费"包干制"，提高间接费用比例。采取"负面清单+授权清单"的方式，探索建立科研人员自主合理使用经费承诺制、报销负面清单制，明确科研经费"不能为"底线。项目申报时可不再编制资金预算，项目验收时可不再进行专项审计，减少或免除科研经费额度较少的基金项目的过程监管，实施结项后倒查机制。实施科研经费分类管理，横向

科研经费由项目负责人自主决定使用，不设支出比例限制，不纳入事业单位绩效工资总额。延长项目资金使用时限，确保项目结余资金留归项目组，用于后续研究活动直接支出或由承担单位统筹用于科研活动直接支出。健全以信任为基础的科学家"揭榜挂帅"制、科研项目经理人制、目标导向的军令状制度和科研项目责任制。建立全国统一的科研信用管理体系，推动科研诚信信息平台建设。

参考文献

［1］ 艾树：《基于青年科技人才需求特征的激励机制探讨》，《中国科学院院刊》2012 年第 2 期。

［2］ 白静：《全方位打造我国科技创新发展的生力军——解读〈关于进一步加强青年科技人才培养和使用的若干措施〉》，《中国科技产业》2023 年第 9 期。

［3］ 陈丽君、胡晓慧：《多措并举打造青年科技人才生力军》，《中国人才》2022 年第 11 期。

［4］ 高瑞、王彬：《中国杰出青年科技人才的成长过程及特征——基于"科学探索奖"获得者的履历分析》，《科学管理研究》2022 年第 2 期。

［5］ 葛世荣：《加快培育国家青年科技人才 推进高等教育高质量发展》，《中国高等教育》2023 年第 19 期。

［6］ 龙梦晴等：《高校青年人才引进待遇政策研究——基于 56 所高校青年人才引进政策文本分析》，《中国科技论坛》2024 年第 5 期。

［7］ 宋艳辉等：《"破五唯"背景下我国科研评价体系构建的几点思考》，《情报杂志》2022 年第 2 期。

［8］ 孙锐、孙雨诗：《青年科技人才引进政策评价体系构建及政策内容评估》，《中国科技论坛》2020 年第 11 期。

［9］ 俞立平等：《"破五唯"下代表作评价制度有效性和有限性思考》，《情报理论与实践》2023 年第 8 期。

［10］ 张萌、高鹏：《青年科技人才激励问题研究——以中国科学院的实践为例》，《华东经济管理》2009 年第 12 期。

［11］ 叶强：《德国高校青年教授职位设置的争议解决及其启示》，《中国高教研究》2018 年第 1 期。

B.15
乡村振兴背景下的数字农民队伍发展报告

鄢圣文*

摘　要： 培育数字农民为有效破解乡村产业、生态、文化、治理和生活等难题提供了新路径。当前，农民数字素养与技能整体水平偏低，数字农民的数量和配套支持不足、结构布局不合理，乡村数字生态发育和数字产品价值实现机制不健全，多元价值未获补偿和认可。对此，本报告建议提升农民数字水平，推动农业数字化转型和多元主体集聚，增强数字农民集聚承载力，打造数字农民健康发展的数字生态环境，确立数字产品价值和数字化补偿机制，迅速培育一支信息时代的数字农民队伍，投身乡村建设。

关键词： 乡村振兴　数字农民　数字素养　人才支撑

人才振兴是乡村振兴的基础。习近平总书记强调："要推动乡村人才振兴，把人力资本开发放在首要位置，强化乡村振兴人才支撑。"[1] 数字农民是指以数字技术为新农具，以数字内容为新农资，以网络空间为新农田，在新型农业经营主体中进行数字生产的数字经济从业人员。截至2023年底，全国常住人口总量为14.10亿人。其中，乡村常住人口数量为4.77亿人，占33.8%。[2] "十四五"时期，是全面建设社会主义现代化国家新征程的起

---

* 鄢圣文，北京市社会科学院管理研究所副研究员，主要研究方向为人力资源战略规划、劳动力市场理论与政策。

[1] 《习近平李克强王沪宁赵乐际韩正分别参加全国人大会议一些代表团审议》，中国政府网，2018年3月8日，https://www.gov.cn/guowuyuan/2018-03/08/content_ 5272385. htm。

[2] 《王萍萍：人口总量有所下降 人口高质量发展取得成效》，国家统计局网站，2024年1月18日，https://www.stats.gov.cn/xxgk/jd/sjjd2020/202401/t20240118_ 1946711. html。

步期，也是推进中国式现代化的关键期，最艰巨、最繁重的任务依然在农村，最突出的短板依然是农业农村的现代化。当前，互联网、大数据、云计算、人工智能等新一代信息技术正在乡村发展中加快创新应用，正在为乡村振兴注入全新动力。加快数字技术与乡村产业融合，促进农业数字化、智能化、绿色化发展，对乡村振兴具有全面赋能作用。数字农民利用数字技术开展的一系列活动，带动了农业产业转型发展，推动了本地产业创新、集聚与转型，助力了乡村生态资源价值和文化产品资源价值的实现，带动了农民就业和增收，培育数字农民为有效破解乡村在产业、生态、文化、治理以及生活等方面的难题提供了新路径。但当前农民数字素养与技能整体水平偏低、农村地区数字人才匮乏，在一定程度上成为制约数字乡村建设的因素。应把提升农民数字素养与数字技能，培养一批拥有新知识、掌握新技能、善用新农具、具备新观念的数字农民，作为强化乡村振兴人才支撑、实现乡村振兴的一项基础性、先导性工程。

一 相关概念界定与机制分析

（一）数字素养

随着互联网、大数据、5G、区块链等新兴通信技术的不断涌现和迅速发展，数字化技术在生活生产中的适应与使用变得愈加重要。在此基础上，为了描绘人们对数字化技术的操作能力，数字素养便被提出。随着数字化技术的不断发展，数字素养的框架不断动态变化。数字素养是数字时代对媒介素养、网络素养、信息素养的进一步延续与深化，大多学者普遍认为是以色列学者阿尔卡莱（Yoram Eshet-Alkalai）在1994年最先提出这一概念，最初简单地将其释义为"理解数字信息资源的一种读写能力"。阿尔卡莱在2004年较为全面地从图片图像素养、再创造素养、分支素养、信息素养、社会情感素养等五大方面构建了数字素养框架。除此之外，还有很多后续学者对数字素养框架进行界定，每个框架都有其独特性。通过整理和归纳，可以将数字素养框架概括成以下六个方面：对于数字化设备的操作、对于数字信息的处理、数字化信息交流或数字化协作、对于数字创意的提出、数字安全及伦理、计算及数字思维。这六个方面也可以分成基础知识、实际应用、思想理解三个层次来逐个考察定级，最后通过综合整体考察，便可以将理论框架转变为在实际中应用的数字素养的胜任模型。下面对整个框架进行细致的阐述。

1. 对于数字化设备的操作

对于数字化设备的操作主要体现在两个层面。第一个层面是从生活中的角度来展开的，其中包括对智能手机、互联网等依托数字技术的操作。这些操作是出于对日常生活中的需求的满足，这个层面主要依靠的是个人内驱力和外部环境的影响而发生变化的。第二个层面是从生产工作端的角度来展开的，这个层面包括数字化生产机器的使用和数字化管理模块的应用等依托数字化的助产工具在实际生产活动中的应用。这个层面的变化除了个人内驱力和外部环境的影响之外，还受到个人素养和个人数字化认知的影响。这两个层面之间并非完全割裂的，而是相互影响的，生活中对数字化设备的操作的变化，会影响生产中对数字化设备的操作的认知与需求，发挥着促进或者阻碍作用。同时，生产中对于数字化设备的操作能力的变化会对生活中对于数字化设备的操作产生正向或负向的影响。

2. 对于数字信息的处理

对于数字信息的处理是数字素养框架中最重要的一环。数字信息的处理包括数字信息的获取与分析，包括在数字信息渠道对所需要的生产生活信息的检索收集能力，同时包括面对海量网络数字信息的筛选能力，通过筛选获得与需求更加贴合的信息。最后就是对所得到的所有有效用的数字信息进行分析和处理进而得出结论。以上便是数字信息处理的三个重要考核指标。该指标的建构依据是在数字时代，数字系统中会产生大量的信息，这些信息散落在不同的数字获取渠道中，且不同信息的作用与使用情况不尽相同，那么信息的收集、识别、筛选以及分析处理对于日常数字化设备的操作便至关重要。

3. 数字化信息交流或数字化协作

数字化信息交流或数字化协作主要用于体现复杂的数字化操作，主要体现在信息的及时、快速、高效及准确地传递，以及在需要多人共同协同的复杂的数字操作中，不同环节的人之间如何及时、准确和高效的完成所有操作。该指标的设立主要是因为即使身处数字时代，数字技术使生产生活更加便利，但是仍然无法避免面对多人协作以及社会的链接。因此，在数字素养中，数字化信息交流或数字化协作便成为一个重要的不可忽视的问题。

4. 对于数字创意的提出

数字创意是检验一个人或群体数字素养水平的一个重要的标准。数字创意的提出要求提出者或群体具有较强的数字化思维，并且能运用数字思维对已有的数字设备提出更好的数字创意。这个方向主要依托数字思维和对数字应用与实际需求的差距的数字创新。

5. 数字安全及伦理

数字安全及伦理主要依托对数字化的实际应用与对数字发展的理解，然后结合社会道德伦理对个人或者群体进行调查。通过调查问卷、深度访谈法以及观察法对个人对数字安全及伦理进行全方位的考察。数字安全及伦理对数字产业的合理使用以及健康发展有重要影响。

6. 计算及数字思维

计算及数字思维是贯穿于个人或群体数字素养方方面面的重要方向。它在基于数字技术发展的大前提下，使用数字技术和数据分析手段对现实中的问题进行思考与决策。计算及数字思维强调对数字技术和数据分析手段的应用，快速、准确及高效的获取、整合以及处理信息。计算及数字思维是用一种借助数字技术的手段进行理性分析的思考方式和方法，虽然在测量上存在一定的难度，但是在数字素养的评价中有着重要的地位。

（二）农民的数字素养

农民的数字素养评价基本上离不开数字素养的胜任模型，但是对于农民数字素养的界定得考虑其职业中存在的特殊性。农民除了使用日常生活中的

5G、互联网、大数据、区块链等新兴的通信技术之外，对于数字农业技术的理解、对于数字农业技术的应用以及对于数字农业的创新和畅想等数字素养框架的细分方向应该在数字素养考察之中被赋予更高的关注度，这些应该成为评定农民数字素养的重要方面。在兼顾数字素养框架和农民职业的特殊性后，可以将农民的数字素养框架放在对于数字化设备的操作、对于数字信息的处理、数字化信息交流或数字化协作、对于数字创意的提出、数字安全及伦理、计算及数字思维这六个方面的专业化指标中进行考察。

1. 对于数字化设备的操作

在这个框架中，对于农民的日常生活考察要求不变但生产活动层面可以细化成以下几个考察方面：第一是对如农用无人机、农业气象预测系统、智慧大棚等一系列促进农业生产的数字化设备的操作能力及使用情况；第二是对电子商务这类依托网络数字平台对农产品销售具有重要推动作用的新兴销售渠道及技术设备的使用情况；第三是在农产品的加工领域对于提高农产品价值的数字化加工器械的使用以及利用数字化的筛选及标记流程来把控农产品质量的数字系统的使用。

2. 对于数字信息的处理

针对农民日常生活领域的考察要素没有特殊化的需求，但对于农民生产活动中的对农业生产中的温度、湿度、空气中的成分比例、化肥使用时机、使用量以及杀虫剂使用情况、植物生长数量以及未来气象数据等有关农业生产的信息数据的数字化获取，并借助数字化技术综合所有要素分析，利用数字化技术保障农业生产的正常进行以及保证农产品生产处于最佳的生长状态之中有特殊化的需求，而其中对于信息的获取应该被限定于通过数字化渠道获取。

3. 数字化信息交流或数字化协作

这体现在农民数字素养的考察中与农民实际生产多主体之间的数字化信息交流与协作，如气象部门和农村农民之间的数字化信息交流、农业专家和农民之间的数字化交流及生产协作，以及农村村民之间的数字化协作生产。通过这些指标可以衡量农民在数字化环境下的适应能力和协作能力，对未来

的农业数字化有很大的参考价值。

4. 对于数字创意的提出

在电商活动、农产品加工活动等这些有关农业生产活动中，数字技术发展及应用方向的主要推动力量最终还是落在农民身上，因为农民是最贴近有关农业生产活动的群体，他们对需求和现实中的技术不足感知最明显，所以应该把数字创意的提出同样作为农民数字素养框架中的一部分。

5. 数字安全及伦理

在这个方面的细化框架中，农民数字素养的考察主要体现在以下两个方面：第一，对于农业生产活动中所涉及的敏感数据的保密度，这涉及数字安全的部分；第二，对于数字化设备的合理合法合规使用，不能利用数字化设备去从事该设备不应该从事的事务。通过以上两个方面的考察基本可以在数字安全及伦理的层面完成对农民数字素养的考察。

6. 计算及数字思维

这个层面则是对于农民使用数字化生产设备及活动的一种积极性的体现，具体表现在有多种生产手段和途径可供选择时，农民的选择倾向是否会偏向数字化的器械或途径。

（三）数字农民与乡村振兴的耦合关系

1. 数字农民对乡村振兴的助力

数字农民群体的扩大，意味着农村对于数字化设备和数字化销售渠道等的应用能力和水平的提高。在实际生产活动的驱动下，数字化设备对于保持和提高农业生产效率有积极作用，同时一些数字化销售渠道有利于农产品的快速分销。从结果看，虽然数字农民对于最后的乡村振兴无直接明显的推动作用，但是数字农民在保障和解放农村生产力以及畅通数字化销售渠道等方面为乡村振兴战略提供了技术和渠道的支持，以这种助力在乡村振兴中发挥作用。

2. 乡村振兴是数字农民队伍壮大的契机

乡村振兴意味着政策资源向乡村的倾斜，在农村劳动力流出及经济发展缓慢滞后的状况下，城乡之间的资源不合理配置使得农村难以获得更多的发展优势。与城市相比，农村中数字农民队伍在数量、质量和结构上均处于不利地位。农民普遍"兼业化、老龄化、低文化"，《第三次全国农业普查主要数据公报（第五号）》显示，农村务农劳动力年龄在 55 岁以上的占比为 33.6%，文化程度为初中及以下的占比为 91.8%，以农业生产为主业的务工人群年龄中位数比中心城区约偏大 11 岁。[①] 但是在乡村振兴战略的支持下，农村得到资源的倾斜，在财力上可以承担得起数字农业的事业建构，同时在帮扶农村的过程中因地制宜搞新农村建设和调整原有的农业生产结构，使得农村对于年轻劳动力的吸引力变强，促使不少城市居民返乡创业促进农村经济发展，开辟农业产业发展新契机，从而带动一些高质量青年人才回到农村，为数字农民队伍提供新鲜血液。

3. 乡村振兴与数字农民队伍建设的总体关系

乡村振兴和数字农民队伍建设在总体上是一种相互促进的关系，数字农民队伍建设可以成为乡村振兴事业中的一个重要的抓手，乡村振兴中人的作用是巨大的，要关注数字农民队伍建设，而乡村振兴同时可以成为数字农民队伍建设的一个有利契机。但是，乡村振兴如果只停留在口号上或者没有根据乡村实际情况找对发展方向，就会导致资源的浪费，同时会或间接或直接影响到数字农民队伍的建设工作。如果数字农民队伍建设缓慢或者数字农民队伍中人力资源不足，乡村振兴的效果会打一定的折扣。

二 乡村数字化与乡村振兴现状

（一）农民数字化现状

大多数农民是以个人的形式或者村集体的形式投入生产劳动，村民的年

---

① 《第三次全国农业普查主要数据公报（第五号）》，国家统计局网站，2017 年 12 月 16 日，https：//www.stats.gov.cn/sj/tjgb/nypcgb/qgnypcgb/202302/t20230206_ 1902105.html。

龄普遍比较大，年轻劳动力流失严重，村民的受教育水平不高，农民对数字化的认知有限，缺乏数字化素养，尤其是能够驾驭近几年助力农业产品出售的电子商务以及提高农业生产效率的数字农业技术的高数字素养农民极度匮乏。这对农业生产力的解放和发展造成很大的限制，而且农民数字化现状在短期内难以发生改变。

产业支撑不够，就业岗位容量小。第一，环境规制影响传统就业。随着经济从高速增长转变为高质量增长，在不断加大环境治理政策制定、治理投入力度的同时，如何实现环境规制与就业的"双赢"仍然任重道远。第二，产业的资源依赖影响产业更新。生态涵养区地理区位偏僻，交通不便，产业结构单一，替代产业发展缓慢，结构转型困难，减缓了农民增收致富的步伐。第三，生态红线限制影响产业布局、品牌创建和产业吸引力。农产品加工最能提升现代农业能级、提高农产品附加值。但受土地性质、土地成本，以及生态环境限制，很多创意止步于纸面，阻碍"一村一品"等品牌创建。农业第二产业发展所面临的瓶颈和困难远超以民宿开发、乡村旅游为主的第三产业，直接影响现代农业三产融合经营的吸引力。

（二）农业数字化现状

机械化生产率还有待提高，生产和产业链条还不完善，生产产品单一，农业和相关产业的融合未到位。智慧农业设备普及率不高，数字农业建设仍处在起步阶段。缺少对农村专业人员的培训力量来让农民走向专业化、数字化，且仅仅依靠农民自身的努力在短期内难以实现农业的数字化。在农业生产活动中，多元主体的参与度不高，农业主体仍然以农民为主，地方政府、农业经营主体、社会组织、MCN（多频道网络）机构等主体间的利益联结机制尚不健全，导致对农业生产助力的力度有限。

要素集聚不足，人才发展基础弱。第一，传统农民断代问题形势严峻。在生态涵养区，中青年农民90%以上会进城工作读书，造成土地荒废和乡村空心化。留守乡村的高中以上文化程度的农民仅占8.3%。以农村一线劳动人员短缺、基层农技人员短缺、农村经济管理人才匮乏为主的农村人才断代问题已开始显现。第二，人口素质偏低，转岗就业困难，就业压力和生活负担加大。生态涵养区农民文化水平和技术能力普遍偏低，也没有充足的财富积累，很难转到新的产业或通过自身创业实现富裕。同时，就业不稳定和非充分就业加重了农民生活负担，加大了地区财政压力和社会管理难度。第三，农村基层干部队伍和高技能人才储备不足，村党组织带头人选拔难，"头雁"的整体活力还不够强，农村能工巧匠和农业科技人员数量不足，新乡贤群体和高技能人才群体凤毛麟角，大学生村官等"三支一扶"人员缺乏长期扎根农村的动力。第四，新型农业经营主体难以吸引并留住专业人才。新型农业经营主体工作环境艰苦，在薪资待遇方面不具备竞争力。

（三）乡村振兴政策与数字乡村建设

在乡村振兴政策的大背景下，在习近平新时代中国特色社会主义思想的指导下，北京市深入贯彻落实习近平总书记关于"三农"工作的重要论述和对北京的重要讲话精神，按照产业兴旺、生态宜居、乡风文明、治理有效、生活富裕的总要求，扎实推进乡村振兴战略的实施，出台一系列强农惠农富农政策。但是村民仍然存在对于政策的理解和运用不到位、信息渠道闭塞、传递链冗长等问题。同时，政策的支持大多体现在资金上，而对乡村振兴所需的人才、技术等非资金的支持缺口较大。此外，当面对不同村庄的不同现实情况时，往往难以做到真正意义上的一村一政策方案。

公共服务供给不足，人才集聚能力差。第一，数字乡村建设的配套基础设施较为薄弱。农村数字化进程面临着处理数字赋能与数字适应、数字资本与社会资本、数字带动与数字替代的关系等挑战。在硬件方面，农村地区互联网、5G、数字广电等基础设施覆盖率仍有待提升，农业智能装备普遍精度不足、稳定性不强，农业专用传感器匮乏，智能农机装备适应性较差。同时，数据资源整合不够、共享不充分、开发利用不足，"数据孤岛"现象依然存在。第二，数字技术的惠民程度不高。数字乡村建设需要持续性的技术支撑和人才支撑。目前，数字乡村建设的这些软件支撑能力依然较为薄弱，

相关技术人才稀缺，特别是既懂农业又懂数字技术的人才更加稀缺。调查数据显示，只有不到1%的农民在网上销售农产品。无论是从电商化发展来说还是从数字化发展来说，数字经济都难以在实质上助力生态涵养区发展和乡村振兴。第三，数字化公共服务供给不足。乡村公共服务在乡村振兴战略实施中扮演着不可或缺的角色，生态涵养区还存在数字化公共服务供给不足、"软""硬"公共服务结构失衡、精准度不高等问题，成为乡村振兴的制约因素。

三 数字农民培育面临的问题

（一）数字农民的数量和配套支持不足、结构布局不合理

1. 数字鸿沟问题

以数字技术为代表的现代技术在农村可能存在普及困难和能力不足等问题，这一问题被称为数字鸿沟，即在数字时代，信息技术发达的城市和信息技术欠发达的农村之间的信息差距和技术差距。农村地区缺乏数字技术基础设施，农民普遍数字技术水平偏低，缺乏必要的技术基础和应用能力，无法利用数字技术来解决实际问题。数字农民如何通过数字技术在本地区提升农业生产效率，提高生活质量，成为一个非常重要的问题。

2. 数字农民数量较少、结构布局不合理和质量较差

数字农民在数量、质量和结构上还不能满足乡村振兴的需要。根据国家统计局发布的《2020年农民工监测调查报告》，2020年全国农民工总量28560万人，农民工平均年龄为41.4岁。从年龄结构看，40岁及以下农民工所占比重为49.4%。外出就业农民工平均年龄为36.6岁，其中40岁及以下农民工所占比重为66.8%，50岁以上农民工所占比重为14.2%。以农村一线劳动人员短缺、基层农技人员短缺、农村经济管理人才匮乏为表现的农村人才断代问题已开始显现，并可能在今后一段时间内成为制约乡村振兴战略实施见效的重要因素。由此带来的问题是，大量土地荒芜、乡村空心化。

此外，农村孤老虽然吃穿基本得到保障，但精神文化需求无法满足。[①] 北京集体经济薄弱村中能熟练使用数字技术、电商平台的农民比重不足1%，数字农民严重不足。同时，乡村数字基础设施和公共服务资源相对匮乏且质量不高，影响农民参与农村数字化建设及在乡村扎根发展。

3. 数字农民培养和扶持政策缺乏系统性

针对数字农民"量体裁衣"的扶持政策较少，且政策更倾向于支持资金比较雄厚的规模农户，小农发展能力薄弱仍是突出短板。调查显示，当前数字农民群体主要是一些头部人群引领潮流，更广大的小农户由于缺乏资源、培训、渠道等未能有效享受数字红利。

（二）乡村数字生态发育不健全影响数字农民服务潜力释放

1. 多元互动利益链仍需完善，乡村数字生态发育仍需加强

数字农民利用数字技术助力乡村振兴时，与地方政府、农业经营主体、社会组织、MCN（多频道网络）机构等主体间的利益联结机制尚不健全，导致数字农民在服务"三农"过程中潜力释放不足，仍需探索地方数字农民与数字农业农村生态系统培育的内在逻辑。

2. 标准化数字乡村建设难以满足个性化需求

目前，乡村数字基础设施建设方案倾向于标准化、可视化，这些方案在信息进村入户、惠农服务网点、农村电商发展等方面成效显著，但通常会掩盖村庄的个性化需求。根据中国社会科学院信息化研究中心发布的《乡村振兴战略背景下中国乡村数字素养调查分析报告》，农村居民数字素养比城市居民低37.5%，城乡之间依然存在明显的信息逆差和"数字鸿沟"，存在"乡村迟滞"现象。[②]

3. 财政资金问题

在数字化的推进过程中，公共财政的投入是重要的保障。然而，数字化

---

① 《今天谁来做农民？代表委员献计破解传统农民"断代"问题》，"第一财经"百家号，2022年3月9日，https：//baijiahao.baidu.com/s？id=1726736774068938038&wfr=spider&for=pc。

② 《社科院报告，城乡居民数字素养差距达37.5%》，《中国青年报》2021年3月12日。

建设需要投入大量的资金和人力，特别是在农村修建数字化基础设施需要投入大量资金，而这些资金来自地方财政，所以要增强乡村数字农业信息建设意识，加大乡村基础设施投资力度，加大基础设施建设的工程拨款和补贴力度，以推动数字经济加速发展。

（三）数字产品匮乏和价值实现机制不健全

1.缺乏针对农民的数字化服务和产品

农民的需求和城市居民有很大不同，但在目前市场上的大部分数字化服务和产品是以城市居民为主要目标群体，缺乏针对农民的数字化服务和产品，这给农民的数字化带来了困难。政府和企业应该研发更多针对农民的数字化服务和产品，满足农民的特殊需求。例如，开发针对农业生产的信息服务平台，提供农作物种植、养殖、防病、市场信息等内容；开发针对农民的电子商务平台，帮助农民销售农产品。

2.数字产品价值实现机制不健全，数字农民未获补偿和认可

农业有经济、文化、社会和生态等多种功能。数字农民通过新媒体平台销售农产品，通过展示田园风光、乡土人情吸引游客来乡村旅游以实现经济价值的转化。但在信息传播的过程中，经济、文化、社会和生态方面的正向引导却无法直接用货币衡量，如形成全社会助农爱农的良好氛围、调动广大农民积极性、参与乡村治理的积极性、推动绿色发展理念深入人心等，这些正外部性带来的溢出效应缺乏价值实现机制，数字农民也未得到应有的补偿和认可。

四　培育数字农民强化乡村振兴人才支撑的建议

功以才成，业由才广。要深入贯彻落实习近平总书记关于推动乡村人才振兴的重要指示精神，提升农民数字水平，推动农业数字化转型和多元主体集聚，增强集聚承载力。构建数字农民健康发展的数字生态环境，确立数字产品价值和数字化补偿机制，迅速培育一支信息时代的数字农民队伍，并投身乡村建设。

（一）提升农民数字水平，推动农业数字化转型和多元主体集聚

1.加强农民数字技术培训，增强数字技术的溢出效应

让数字农民成为主动的职业选择，具有新理念、掌握新技能、顺应新趋势。将农村居民培养为数字农民作为工作重点，探寻农村居民使用数字技术的外部激励与内在驱动，提供更贴心、更多元化的数字服务。针对涉农区培育高素质农民，积极开办农村数字素养培训班，改变农村思维，提高认知水平，不断增强数字技术的溢出效应。

2.提升组织化水平，建设农村数字枢纽，推动数字农民多元主体集聚

搭建数字农民群体交流平台，拓展数字农民社会网络，提升数字农民的组织化水平，推动农村数字枢纽建设。利用农村数字枢纽的力量和示范效应，引导各主体形成合理的利益分配机制。鼓励各类涉农企业与数字农民及相应的生产基地实现有效对接与合作，引导数字农民与数字企业合作，实现集聚发展和高质量发展。

3.打造农村数字化应用场景和新业态示范，增强数字农民承载力

围绕生产经营、行业监管、公共服务、乡村治理等四类数字化应用场景，以智慧农业、数字大棚、智慧民宿、直播中心、物流基地、乡村数字文旅等为载体，大力开展数字农业示范基地、数字乡村示范乡镇建设，增强数字农民承载力。借助支持"一区一品"、休闲农业等特色产业发展，加强美丽休闲乡村、休闲农业园区建设，让农民参与、体验、分享数字化成果，培养农民数字兴趣，提升数字化水平。政府将一部分资金投入乡村振兴专项中，吸引农村致富带头人、技术能手、社会资本的参与。

（二）构建数字农民健康发展的数字生态环境

1.加大乡村振兴数字化公共服务平台建设力度

深耕数字化转型，并以数字化、信息化手段赋能乡村振兴是数字乡村建设、探索特色乡村振兴的使命与担当。完善财政体制，优化供给模式，利用"互联网+公共服务"加强线上服务平台建设，推动"互联网+社区"向农

村快速延伸，推行"线上+线下"的现代治理模式，大力推进乡村治理数字化，助力乡村人才振兴。

2.制定配套扶持政策，强化数字农民发展保障

采取信贷优惠、税收返还、创业补贴等激励措施，降低数字农民创新创业门槛。开通信贷直通车活动为农业经营主体放款，建设金融服务站。通过加强信息服务基础设施建设和推动数字化升级，为数字农民利用新技术实现生产模式和产业模式革新提供条件。通过提高乡村社会保障、教育、医疗等公共服务供给水平，解决数字农民创新创业的后顾之忧。

3.推动农村居民数字化转型与吸引青年人才来农村就业创业相结合

近年来，青年失业率居高不下，根据 2024 年 7 月国家统计局数据，全国城镇不包含在校生的 16~24 岁劳动力失业率为 17.1%[①]，青年失业率一个月飙升 3.9 个百分点，是 2024 年初以来的最高水平。当前，就业总量压力和结构性矛盾并存，稳就业仍面临巨大挑战，要继续强化就业优先政策，健全重点群体就业促进机制，积极培育新的就业增长点。而数字技术在西藏农村地区发展迅速，农业农村现代化步伐逐渐加快。在此背景下，吸引优秀的青年人才到农村建功立业，正当其时，在缓解青年就业压力的同时，为农业农村现代化打下了人才基础。

（三）确立数字产品价值和数字化补偿机制

1.加强示范奖励，增强数字农民社会认同感

探索建立声誉补偿机制，将数字农民形成的文化价值、社会价值、生态价值通过表彰的形式予以奖励，既增强了数字农民的社会认同，为数字农民的可持续发展提供有效助力，也提升了数字农民的自我认可和创新创业信心，增强了自我实现价值。

2.实施综合生态补偿和数字化转型补偿

进一步完善生态保护补偿制度，优先把 GEP 核算应用到生态补偿中，

[①] 国家统计局月度数据，https：//data. stats. gov. cn/easyquery. htm？zb＝A0E01。

修订生态补偿实施意见，统筹考虑生态服务价值、生态涵养区机会成本损失、经济发展水平，探索实施综合生态补偿和数字化转型补偿机制，助推传统农民向数字农民转型。

参考文献

［1］曹冰雪、李瑾：《信息化对农民增收的影响效应》，《华南农业大学学报》（社会科学版）2019 年第 6 期。

［2］何鸣皋、陈曦：《数字经济赋能的全产业链现代生态农业的研究与应用》，《社会科学家》2023 年第 2 期。

［3］何宗樾等：《数字金融、数字鸿沟与多维贫困》，《统计研究》2020 年第 10 期。

［4］刘娜：《重塑与角力：网络短视频中的乡村文化研究——以快手 APP 为例》，《湖北大学学报》（哲学社会科学版）2018 年第 6 期。

［5］刘天元、王志章：《稀缺、数字赋权与农村文化生活新秩序——基于农民热衷观看短视频的田野调查》，《中国农村观察》2021 年第 3 期。

［6］刘晓倩、韩青：《农村居民互联网使用对收入的影响及其机理——基于中国家庭追踪调查（CFPS）数据》，《农业技术经济》2018 年第 9 期。

［7］牛文涛等：《农村三产融合赋能农民就业增收再审视——基于河南省孟庄镇、龙湖镇、薛店镇的案例分析》，《农业经济问题》2022 年第 8 期。

［8］邱泽奇等：《从数字鸿沟到红利差异——互联网资本的视角》，《中国社会科学》2016 年第 10 期。

B.16
山西省高层次人才引育分析报告

何林深*

摘 要： 新时代，全面做好高层次人才队伍建设工作，是推动山西实现高质量转型发展的重要保障。本报告从山西实际出发，阐述了山西高层次人才引育的成效和现状，分析了山西高层次人才引育存在的问题及其成因，提出了山西进一步引育高层次人才的对策建议：加强部门协同，供给有效的人才政策；推动高等院校高质量建设，推动产业高质量发展；加强产学研合作，拓展合作引才育才路径；增强柔性引才意识，丰富柔性引才模式；优化人才激励机制，营造良好的人才引用环境；整合资源，增加博士后科研站数量；加强博士后链式管理，促进博士后人才倍增；加强博士后科研站绩效评估，促进优胜劣汰；加强服务与支持，促进博士后科研成果转化；强化数字赋能，推动人才工作数字化转型。

关键词： 高层次人才　人才引育　产学研合作　博士后科研站

一　绪论

（一）研究背景和意义

党的二十大报告提出，"加快建设国家战略人才力量，努力培养造就更多大师、战略科学家、一流科技领军人才和创新团队、青年科技人才、卓越工程师、大国工匠、高技能人才"。山西省第十二次党代会报告提出，"完

---

* 何林深，山西省人力资源和社会保障科研宣传中心副主任，主要研究方向为人力资源管理。

善文化人才激励机制，鼓励对高层次人才实行灵活多样的分配方式"，"统筹推进各方面人才队伍建设，着力培养使用战略科学家、科技领军人才和创新团队、卓越工程师、哲学社会科学人才等各领域人才，为全省高质量发展提供坚实人才支撑"。2024年山西省政府工作报告明确提出，"实施更加积极、更加开放、更加有效的人才政策，统筹推进各类人才队伍建设"。《山西省"十四五"打造一流创新生态 实施创新驱动、科教兴省、人才强省战略规划》提出，"加大高层次人才引进力度，强化对高层次人才的支持力度"。《全国企业创新调查年鉴（2022）》显示，在2021年山西省开展创新活动的规模（限额）以上企业中，63.4%的企业家认为"有创新精神的企业家"对创新成功影响程度为"高"，62.3%的企业家认为"高素质的人才"对创新成功影响程度为"高"。因此，做好高层次人才队伍建设工作，为山西实现高质量转型发展提供强有力的智力支持和人才保障，是一项重点工作。本报告立足山西实际，专门研究高层次人才的引育问题，回应山西加快高层次人才队伍建设的实践关切。

本报告的意义在于，对山西高层次人才引育成效进行摸底，了解高层次人才引育中存在的问题，提出进一步引育高层次人才的对策建议，为山西省委、省政府和省人社厅制定高层次人才队伍建设的政策体系提供学理支持和决策参考。

（二）研究现状

关于高层次人才的定义，高层次人才在国家人才结构中居于顶端位置，是在我国政治、经济、军事、科技、教育和文化等领域中，以创造性劳动为社会发展和人类进步做出突出贡献的人。[①] 高层次人才是知识层次高、创新能力强、社会贡献大的人才群体，主要包括两院院士，国家有突出贡献的中青年专家队伍，国家和省、市重点学科负责人，学术、技术带头人，具有较深学术技术造诣的博士生导师、博士、专业技术拔尖人才、正高职称和海外

---

① 蔡学军等：《我国高层次人才队伍建设现状、问题与对策》，《中国人才》2003年第10期。

优秀留学人员、高级管理人才、掌握先进技术的高科技人才等。① 也有学者主张高层次人才是在较高层次、关键岗位、重要岗位任职的人。总之，高层次人才的范围在不同区域、不同发展阶段、不同发展水平下是不同的，但他们分布在各个领域，进行创造性工作，并做出突出贡献。

关于高层次人才的成长，唐琳等以北京大学国家杰出青年科学基金获得者为样本，研究发现高层次科技人才成长阶段追求优势院校，发展阶段选择学术性职业起点并降低流动性，成长周期平均为 11 年且不同学部的学术积累存在差异。② 鲁世林和杨希以全国 45 所国家重点实验室中的 194 名院士、长江学者和杰青为对象，研究发现院士、长江学者和杰青的成长周期分别是18. 9 年、12. 3 年和 10. 4 年，杰出的学术创新力、良好的机构声誉、积极的师承关系和较好的经济条件是缩短高层次人才成长周期、促进高层次人才成长的重要因素。③ 黄涛和王慧以湖北省 81 位院士为对象，研究高层次科技人才成长的"双螺旋"模式，发现院士的平均成长周期为 27 年，多元化的高等教育是院士成长的基础，区域经济条件、合理的工作流动、适当兼职、海外留学及博士后经历对院士成长具有推动作用。④ 以上有关院士、长江学者、杰青等高层次人才成长轨迹、周期、模式的成果，对高层次人才个人发展、政策体系的制定具有参考价值。

关于高层次人才的政策，国际高层次人才吸引政策主要包括以主要发达国家为代表的"知识和技术换公民"政策体系、以新兴经济体为代表的"资本换人才"政策体系、以传统移民国家为代表的"散居者"政策体系。⑤ 基

① 李中赋、徐天祥：《关于凝聚高层次人才的战略思考》，《中共济南市委党校学报》2004 年第 2 期。
② 唐琳等：《高层次人才成长轨迹研究——以北京大学国家杰出青年基金获得者为例》，《科技管理研究》2020 年第 24 期。
③ 鲁世林、杨希：《高层次人才成长周期及其对科技人才培养的启示》，《黑龙江高教研究》2021 年第 9 期。
④ 黄涛、王慧：《高层次科技人才成长的"双螺旋"模式研究——基于湖北省两院院士的实证分析》，《科学管理研究》2023 年第 2 期。
⑤ 黄海刚、连洁：《国际高层次人才吸引的典型政策体系分析》，《复旦教育论坛》2019 年第 5 期。

于政策工具和人力资源管理二维分析理论框架，通过梳理 2001~2020 年我国海外高层次人才引进政策发现，我国存在政策工具结构失衡、管理维度环节缺位、人才立法进程落后、尚未形成全景式政策体系等问题，据此提出相应的政策建议。① 通过研究陕西省高层次人才政策实施效果发现，即使获得了政府支持，省级高层次人才也很难成长为国家级人才，而青年学者是其中潜力最大的群体。② 四川和江苏两省高层次人才引进政策的共性是坚持"以人为本"、注重政策制定和执行的科学性，存在目标人才界定范围不合理、区域特色体现得不充分、不够重视高层次人才后期保留和培养等问题。据此，西部地区应扩大高层次人才引进范围、引进人才的领域方向突出区域特色、平衡福利性政策和发展性政策、加强对高层次人才引进后的培养。③

关于高层次人才引育、队伍建设的对策建议，潘力等提出吉林省普通应用型本科高校应抓好顶层设计、建立灵活高效的人才引培机制、建立健全人才薪酬绩效管理体系、加大各项合作和人才投入、加强人才资源整合和梯队建设。④ 孙园和曾青生提出，高职院校应更新人才培养与管理理念、设置弹性招聘制度、搭建产教融合多元平台、注重人才的考核与管理。⑤ 廖克敏提出，广西高校应制定长远的人才引育规划、转变高层次人才引育观念、为高层次人才实现价值创造有利条件、完善高层次人才管理体系。⑥

综上所述，不同区域、不同发展水平、不同发展阶段的高层次人才范围存在差异；院士、长江学者、杰青等高层次人才的成长规律，为本报告了解

---

① 葛蕾蕾：《我国海外高层次人才引进政策 20 年（2001—2020）：回顾、挑战与展望》，《福建论坛》（人文社会科学版）2021 年第 11 期。
② 董新宇等：《地方政府高层次人才政策实施效果研究》，《中国科技论坛》2022 年第 9 期。
③ 刘晓光、黄慷：《我国东西部高层次人才引进政策文本比较——以四川省和江苏省为例》，《科技管理研究》2018 年第 24 期。
④ 潘力等：《应用型本科高校高层次人才队伍建设问题与对策——以吉林省普通应用型本科高校为例》，《职业技术教育》2021 年第 11 期。
⑤ 孙园、曾青生：《高职院校高层次人才队伍建设存在的问题与治理对策》，《教育与职业》2022 年第 22 期。
⑥ 廖克敏：《"人才强桂战略"背景下广西高校高层次人才引育机制建构研究》，《高教学刊》2020 年第 15 期。

山西高层次人才的成长规律提供了重要观点；对国际、中国、陕西、四川、江苏高层次人才政策的分析，揭示了各地区高层次人才吸引和引进政策的问题所在，并给出优化建议，然而这些建议未必适用于山西；针对高校高层次人才引育、队伍建设现状、存在问题和对策建议的研究较多，未见研究专门探讨山西高层次人才的引进和培育问题。

二 山西省高层次人才引育成效

（一）高层次人才队伍不断壮大

2023 年末，山西省享受国务院政府特殊津贴人员累计 2186 名，"百千万人才工程"国家级人选 55 名；2023 年共有 38.2 万人次取得职业资格证书或职业技能等级证书，其中 0.66 万人次取得技师、高级技师职业资格证书或职业技能等级证书。① 太原理工大学寇子明教授、山西白求恩医院张瑞平教授被授予全国杰出专业技术人才，山西大学量子精密测量团队和山西医科大学第二医院骨科被授予全国专业技术人才先进集体。为贯彻落实《关于深化省校合作的实施方案》，山西省从西安交通大学、中央财经大学、中国传媒大学、北京科技大学和应急管理部国家自然灾害防治研究院引进 5 名高层次专业人才挂职担任省属本科院校副校长。开展"万名高贤入晋"行动，有效吸引了山西籍人才返晋和省内优秀本硕博毕业生留晋。截至 2023 年 5 月，山西 11 个市全部设立"青年人才驿站"，吸引 3.6 万名晋籍在外学子返晋创业就业。按照《太原市事业单位引进高层次人才实施办法》和《太原市事业单位引进高层次人才工作方案》精神，2020 年太原市成功引进高层次人才 853 人，太原市共有 23559 人符合人才补贴申领条件，比 2019 年多了 1 万余人，人才补贴发放总金额高达 3.53 亿元，是 2019 年的 2 倍，为各类人才发放补助（贴）的范围广、标准高、年限长。

---

① 《2023 年度山西省人力资源和社会保障事业发展统计公报》。

（二）稳步推进专业技术人才知识更新工程

近年来，稳步推进专业技术人才知识更新工程，组织实施高级研修项目（班），极大地提升了专业技术人才的能力素质。2017~2023 年山西省举办国家级高级研修项目（班）共 26 期、省级高级研修项目（班）共 211 期，累计培训急需紧缺和高层次专业技术人才共 19071 余人（见表 1）。

表 1 2017~2023 年山西省举办高级研修项目（班）情况

单位：期，人

年份	国家级	省级	培训急需紧缺和高层次专业技术人才
2017	5	21	2000 余
2018	5	25	2700 余
2019	5	27	2929
2020	3	27	2571
2021	4	36	3071
2022	2	29	2300
2023	2	46	3500
合计	26	211	19071 余

资料来源：2017~2023 年度《山西省人力资源和社会保障事业发展统计公报》。

（三）人才交流大会引才成果显著

2012 年以来，山西·太原人才智力交流大会连续举办 11 年，该大会坚持政府提供交流平台、市场自主配置人才资源，围绕山西省重大战略和产业发展布局的人才引进需求，突出高层次人才需求发布对接、高校毕业生等群体招聘洽谈、优秀创业项目推介展示等，大力宣传山西省就业创业政策和人才政策，为企事业单位引进高层次人才和高校毕业生等重点群体就业创业搭建平台，为山西省全方位推动高质量发展聚引英才。2017~2023 年，山西·太原人才智力交流大会高层次人才岗位需求和达成就业

意向情况如表 2 所示。在第 16 届中国国际人才交流大会上，山西省面向全球专家组织发布人才需求 135 项，达成高层次人才引进合作意向 92 项，招才引智成果显著。

表 2　2017~2023 年山西·太原人才智力交流大会高层次人才引进情况

时间	主题	岗位需求	达成就业意向
2017 年	新时代汇集三晋才智，新征程助力就业创业	62 家单位提供高层次人才岗位 1200 余个	现场交流洽谈人数达 9200 余人次，求职者与用人单位达成就业意向 7566 人次
2018 年	聚集三晋才智、助力就业创业	组织 580 余家省内外用人单位推出 2.4 万余个招聘岗位，其中高层次人才需求岗位 2500 余个	现场交流洽谈人数达 9700 余人次，求职者与用人单位达成就业意向 3869 人次，其中博士 3 人次、硕士 752 人次、本科 2170 人次、大专及以下 944 人次
2019 年	聚才聚智聚力、助推转型发展	18 家单位提供高层次人才需求岗位 1210 个，其中需求院士、教授高端领军人才 31 名，博士 627 名，硕士 303 名，本科 249 名	现场咨询洽谈人数达万余人次，求职者与用人单位达成就业意向 2864 人次，其中博士 515 人次、硕士 587 人次、本科 1042 人次、大专及以下 720 人次
2020 年	汇聚三晋英才 蹚出转型新路	有 326 家企业参会，提供适合高校毕业生就业的岗位 1.4 万余个	初步达成意向 1368 人次，其中硕士 222 人次、本科 932 人次、大专 205 人次、中专 9 人次
2021 年	聚贤引才兴三晋 惠民服务促发展	有 13 家单位提供高层次人才岗位需求 602 个，其中需求博士及以上高层次人才 527 人、硕士 75 人	现场吸引近 4000 人次进场洽谈，求职者与用人单位现场达成就业意向 1846 人次，其中硕士及以上 489 人次、本科 705 人次、大专及以下 652 人次
2022 年	聚引新时代英才助推高质量发展	先后组织高层次人才需求发布和对接洽谈等 9 场 "云洽谈"，共 205 家用人单位参会，发布职位 983 个，提供招聘岗位 13520 个	累计有 21.9 万人次走进直播间观看岗位推介
2023 年	广聚各领域英才　赋能高质量发展	有 32 家单位提供高层次人才需求岗位 1000 余个	入场交流 8100 余人次，达成初步就业意向 5500 余人次

资料来源：根据山西省人力资源和社会保障厅网站资料整理。

（四）高校高学历、高级职称专任教师较多

山西省高校高学历、高级职称专任教师较多。《山西省 2022 年教育事业发展统计公报》显示，普通、职业高等学校教职工 64500 人，比上年增加 315 人，增长 0.49%。普通、职业高等教育专任教师 42613 人，比上年增加 2408 人，增长 5.99%。具有高级专业技术职务的 15230 人，占总人数的 35.74%；具有硕士及以上学位的 35341 人，占总人数的 82.93%。按学科分类，2021 年山西省普通本科高校专任教师较多的学科是工学、理学、文学；正高级教师较多的学科是工学、理学、医学，正高级教师占专任教师的比重较高的学科是农学、医学、理学；副高级教师较多的学科是工学、理学、文学、教育学，副高级教师占专任教师的比重较高的学科是农学、理学、经济学（见表3）。由此可知，在山西高校，工学、理学正高级、副高级专任教师相对较多，农学、理学正高级、副高级教师占专任教师的比重相对较高。

表3 2021年山西省普通本科高校分学科教师数量及其占比情况

单位：人，%

类别	专任教师	正高级教师	正高级教师占比	副高级教师	副高级教师占比
哲学	985	96	9.75	264	26.80
经济学	934	86	9.21	302	32.33
法学	1327	74	5.58	352	26.53
教育学	2674	149	5.57	816	30.52
文学	3128	122	3.90	816	26.09
历史学	433	49	11.32	130	30.02
理学	3832	507	13.23	1298	33.87
工学	7680	998	12.99	2375	30.92
农学	808	152	18.81	286	35.40
医学	2073	334	16.11	634	30.58
管理学	1753	131	7.47	487	27.78
艺术学	2108	90	4.27	437	20.73

资料来源：《山西统计年鉴（2022）》。

（五）毕业研究生数量逐年增加

2018～2022 年山西省毕业研究生数量逐年增加，到 2022 年达到 14127人，其中，毕业硕士数量同样逐年增加，到 2022 年达到 13546 人（见图 1）。2018～2022 年山西省毕业硕士数量占毕业研究生数量的比重均高于 95%。

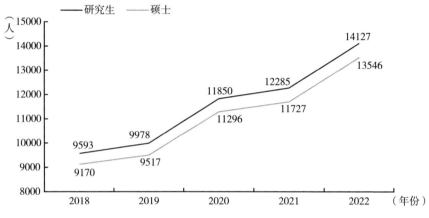

图 1　2018～2022 年山西省毕业研究生及硕士数量

资料来源：2018～2022 年《山西省教育事业发展统计公报》。

三　山西省高层次人才引育现状

（一）高层次人才引育相关政策不断出台

山西高度重视人才的引进、培养和使用工作，制定实施了一系列人才政策和人才工程。山西印发《中共山西省委关于深化人才发展体制机制改革的实施意见》，制定了任务分工方案，明确了主要任务、牵头单位、参加单位、完成时间。随后，山西省人民政府办公厅印发《山西省深化人才发展体制机制改革财政支持政策》，山西省出台《中共山西省委　山西省人民政府关于加强新形势下引进外国人才工作的实施意见》。山西省财政厅、省教育厅联合出台《高等教育百亿工程专项资金管理办法》，重点支持优势学科建设、引育高端人才团队、提升教学科研力量，引导高校提高办学层次、办学质量和创新能力。

针对人才政策"碎片化"的问题，山西省委人才工作领导小组牵头，山西省委组织部会同有关部门对省级人才政策进行全面梳理，建立《山西省省级人才政策清单》和《山西省人才服务事项清单》，并通过"三晋通"App、山西组工网等渠道集中发布，实现省级人才政策"一单通""一站式"查询。

（二）高层次人才引育平台数量不断增加

院士工作站是吸纳院士智力、引进创新团队、攻破关键技术、培养高层次人才的重要平台，近年来不断增多。《2019年度山西省人力资源和社会保障事业发展统计公报》显示，2019年末山西省共有院士工作站114个。2021年山西省新设立院士工作站11个。2022年山西省新设立的6个院士工作站如表4所示。《山西省"十四五"打造一流创新生态 实施创新驱动、科教兴省、人才强省战略规划》显示，截至2020年，全省共建成5个国家级重点实验室和1个国家级工程技术研究中心。全省共有103个重点实验室、131个工程技术研究中心、5个山西省中试基地、105个科技创新团队、45个科技基础条件平台。山西省认定太原第一实验室、循环流化床燃烧与控制省技术创新中心等14个项目为首批省校合作科研平台示范项目。

表4 2022年山西省新设立的6个院士工作站情况

工作站名称	进站院士	建站单位
山西省杂粮产业院士工作站	中国工程院院士程顺和	山西农业大学
山西省高端基础件成形制造院士工作站	中国科学院院士曹春晓	太原科技大学
太原市润民环保节能有限公司院士工作站	中国工程院院士任南琪	太原市润民环保节能有限公司

续表

工作站名称	进站院士	建站单位
晋城市光机电产业研究院院士工作站	中国科学院院士范守善	晋城市光机电产业研究院
地球物理院士专家工作站	中国科学院院士滕吉文	山西省煤炭地质物探测绘院有限公司
忻州市人民医院院士工作站	中国工程院院士郭应禄	忻州市人民医院

资料来源：根据山西省科学技术协会网站的资料整理。

（三）博士后科研站数量呈上升趋势

博士后科研工作站、流动站是高层次人才培育和集聚的重要平台。2017~2022 年山西省博士后科研工作（流动）站数量整体呈上升趋势，但幅度很小（见图 2）。2023 年，山西省共有博士后科研工作站 62 个，博士后科研流动站 45 个，累计招收或培养博士后 1830 名。《关于 2022 年第二批次博士后科研工作站新设站备案情况的函》显示，山西省共有 4 家企业获批设立博士后科研工作站，分别为中核第七研究设计院有限公司、中海油（山西）贵金属有限公司、山西鹏飞集团有限公司、清华大学山西清洁能源研究院。山西省批准设立多家博士后创新实践基地，如山西省汾阳医院、吕梁市高新技术发展研究院、山西北大碳基薄膜电子研究院、怀柔实验室山西研究院、山西医科大学口腔医院。

（四）出台博士后科研工作站设立、管理办法

山西省"十四五"规划提出，"加强院士（专家）工作站、博士后'两站'建设，充分发挥平台聚才作用"。《关于申报设立博士后科研工作站和博士后创新实践基地的通知》明确了申报设立博士后科研工作站和博士后创新实践基地工作的有关事项，包括设立条件、设站程序、有关要求。2021 年山西转型综改示范区管委会印发《山西转型综合改革示范区管委会博士后科研工作站管理细则》，明确了机构与职责、博士后进站及在站管理、博士后期满

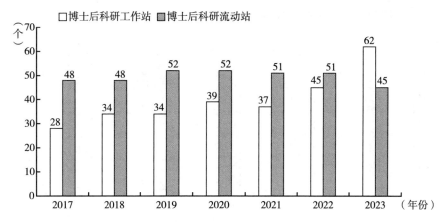

图 2   2017~2023 年山西省博士后科研工作（流动）站数量

资料来源：2017~2023 年度《山西省人力资源和社会保障事业发展统计公报》。

出站规定、博士后的专项经费及工资待遇、博士后科学基金的申请及使用。另外，《奖励博士毕业生及博士后研究人员来晋工作实施办法》提出，"在用人单位引进待遇政策的基础上，省财政厅奖励博士毕业生每人一次性生活补助 10 万元、科研经费 5 万元；奖励博士后研究人员每人一次性生活补助 20 万元、科研经费 10 万元。上述一次性生活补贴为税后所得"。

四   山西省高层次人才引育存在的问题

（一）高层次人才引育总量较小

就博士培养而言，2018~2022 年山西省毕业博士数量尽管逐年增加，但 2022 年毕业博士仅有 581 人。2018~2022 年山西省毕业博士数量占研究生数量的比重呈现倒 U 形结构，2020 年虽然占比最高，但仅为 4.68%（见图 3）。人才匮乏制约了企业的创新发展。《全国企业创新调查年鉴（2022）》显示，2021 年山西省在全部规模（限额）以上企业中，认为"缺乏人才或人才流失"是创新主要阻碍因素的企业占 26.5%。在实现技术创新的规模以下企业中，创新遇到"人才短缺"的企业占 55.7%。

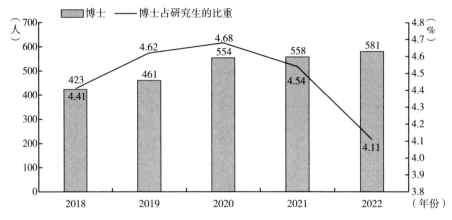

图3　2018~2022年山西省毕业博士数量及其占研究生数量的比重

资料来源：2018~2022年《山西省教育事业发展统计公报》。

（二）企业办研发机构高层次人才偏少

相较于中部其他省份，山西省企业办研发机构数及其高层次人才数量偏少。正如表5所示，2015年山西省企业办研发机构数、机构人员数、机构硕士和博士数量分别为243个、21158人、3330人。2015年山西省企业办研发机构中，博士占比仅为1.83%，低于其他省份，硕士占比为13.91%。这说明企业中高层次的博士人才和硕士人才相对偏少，企业的人力资本水平偏低。

表5　2015年中部六省企业办研发机构人员情况

省份	机构数（个）	机构人员数（人）	博士（人）	博士占比（%）	硕士（人）	硕士占比（%）
山西	243	21158	387	1.83	2943	13.91
安徽	3986	115523	2300	1.99	10634	9.21
江西	838	32304	687	2.13	3648	11.29
河南	1997	108784	2116	1.95	10594	9.74
湖北	1333	64287	1529	2.38	9464	14.72
湖南	1765	69090	1756	2.54	10094	14.61

资料来源：《工业企业科技活动统计年鉴（2016）》。

2021 年，山西省规模以上工业企业办研发机构数、机构人员数、博士和硕士数量分别为 1413 个、63210 人、5481 人，博士和硕士占比为 8.67%，高于江西的 5.83%（见表 6）。这再次说明企业中高层次的博士人才和硕士人才相对偏少，企业的人力资本水平偏低。

表 6　2021 年中部六省规模以上工业企业办研发机构人员情况

省份	机构数（个）	机构人员数（人）	博士和硕士（人）	博士和硕士占比（%）
山西	1413	63210	5481	8.67
安徽	7114	172136	20481	11.90
江西	5270	128937	7515	5.83
河南	3302	111469	15107	13.55
湖北	5013	153690	22283	14.50
湖南	3087	90179	16825	18.66

资料来源：《中国科技统计年鉴（2022）》。

（三）产学研合作培育人才不足

相较于中部其他省份，山西省产学研合作培育人才不足。2021 年山西省开展产学研合作的规模（限额）以上企业有 1158 个，在开展产学研合作的企业中，开展联合人才培养的企业占 27.7%，聘用高等学校或研究机构人员到企业兼职的企业占 18.8%（见表 7）。这在一定程度上反映出山西省在企业开展产学研合作、人才产学研共育和流动方面存在障碍，迫切需要产学研合作体制机制改革。

表 7　2021 年中部六省规模（限额）以上企业产学研合作培育人才情况

单位：个，%

省份	开展产学研合作的企业数	开展联合人才培养的企业占比	聘用高等学校或研究机构人员到企业兼职的企业占比
山西	1158	27.7	18.8
安徽	5021	33.2	25.2
江西	2257	33.6	25.7
河南	3500	34.5	21.8

续表

省份	开展产学研合作的企业数	开展联合人才培养的企业占比	聘用高等学校或研究机构人员到企业兼职的企业占比
湖北	3493	33.8	24.9
湖南	3513	38.4	23.8

资料来源:《全国企业创新调查年鉴（2022）》。

（四）高层次人才政策有待落实

高层次人才政策的落实不是很到位。2021年山西省享受了创新相关政策的规模以下企业有346个，在享受创新相关政策的企业中，享受了"人才保障"政策的企业仅占8.1%。在认为"鼓励企业吸引和培养人才的相关政策"效果不明显或未享受该政策的企业家中，15.2%的企业家认为主要原因是不知道此政策，62.4%的企业家认为主要原因是不具备享受该政策的资格，15.8%的企业家认为主要原因是吸引力不足，0.5%的企业家认为主要原因是办理手续烦琐，1.8%的企业家认为主要原因是政府部门政策执行力度不够，4.4%的企业家认为是其他原因（见图4）。

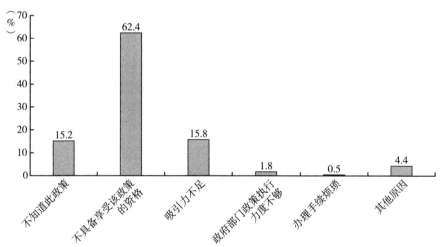

图4 在认为"鼓励企业吸引和培养人才的相关政策"效果不明显或未享受该政策的企业家中，对主要原因做出不同判断的企业家占比情况

资料来源:《全国企业创新调查年鉴（2022）》。

五　山西省高层次人才引育存在问题的原因分析

（一）高等院校较少，层次有待提升

2021 年，山西普通高等学校、职业高等学校共有 82 所，培养研究生的单位有 16 个，中部六省中的湖北省仅普通高等学校就达到 130 所。山西大学与太原理工大学作为省内仅有的两所"双一流"学科建设高校，均未进入 2022 软科中国大学百强高校名单。高等教育资源相对匮乏，高等教育层次和质量有待提高，高层次人才引进和培育乏力。

（二）产业结构比较单一，发展潜力受限

山西的经济发展依赖传统重工业与煤炭产业，随着资源环境压力加大，传统产业增长空间受限，而战略性新兴产业发展相对滞后，经济增长存在瓶颈。2018~2022 年《中国统计年鉴》显示，2017~2021 年，山西省地区生产总值在中部六省中比较靠后，省会太原的经济发展同样相对滞后，不利于高层次人才引进。

（三）区位吸引力不强，引才育才环境有待改善

山西地处中部地区，相比较而言，地理区位吸引力不强。智联招聘联合泽平宏观发布的《中国城市 95 后人才吸引力排名：2023》报告显示，95 后人才倾向前往东部地区，尤其是长三角城市群、珠三角城市群。其中，深圳、北京、上海在 95 后人才吸引力城市榜单中比较靠前，太原比较靠后。可见，太原市吸引人才的能力相对较弱。一些高层次人才引育的制度和政策措施不尽如人意，引才育才环境有待完善。

（四）博士后科研站政策体系不完善，政策数量少

山西已出台的政策重点规定了设立博士后科研工作站的条件、程序

315

以及博士后来晋工作的财政支持，未形成完善的政策体系，存在许多不足之处：一是从人才供应链来看，未形成博士后招收、培养、出站、使用有机衔接、一体化的政策体系；二是未出台鼓励和支持博士后科研站增设、创优的激励措施；三是未建立博士后人才队伍建设相关组织机构之间的合作和协同工作机制，如博士后科研流动站和科研工作站（创新实践基地）稳定合作机制；四是未制定促进博士后科研成果转化的激励和支持政策。

2021 年末，山西省共有博士后科研工作站 37 个，占全国博士后科研工作站（3874 个）的 0.96%，博士后科研流动站 51 个，占全国博士后科研流动站（3357 个）的 1.52%，累计有 950 名博士后进站从事研究工作，远远小于全国累计招收培养博士后的 29.2 万人。[1] 山西省博士后科研工作站数量及其产出远不及中部地区的安徽省、河南省。《2021 年度安徽省人力资源社会保障事业发展统计公报》显示，2021 年末安徽省共有博士后科研流动站 76 个、国家级博士后科研工作站 115 个、省级博士后科研工作站 436 个，累计招收培养博士后 6581 人。《2021 年度河南省人力资源和社会保障事业发展统计公报》显示，2021 年末河南省共有博士后科研流动站 81 个、博士后科研工作站 225 个（其中工作站分站 64 个）、博士后创新实践基地 264 个，累计招收博士后 6746 人。

六 山西省进一步引育高层次人才的对策建议

（一）加强部门协同，供给有效的人才政策

加强省委组织部、省人社厅、省科技厅、省教育厅、省财政厅等相关部门协同，破除人才管理条块分割困局，统筹布局高层次人才重点引

---

① 《2021 年度山西省人力资源和社会保障事业发展统计公报》《2021 年度全国人力资源和社会保障事业发展统计公报》。

进和培育领域，供给有效的高层次人才引育政策。例如，发布《重点产业链高层次人才需求目录》，出台《鼓励高层次人才服务重点产业链支持措施》，吸引高层次人才向山西重点产业链集聚，推动产业链、创新链、人才链深度融合。在全省大兴调查研究，坚持需求导向、问题导向、效果导向，深入企事业单位、深入大学生和研究生群体，了解高层次人才供需状况，了解已出台的人才政策措施落实情况。在国家人才战略和政策的指导下，参考实地调查结果，预测未来高层次人才需求，制定山西高层次人才队伍建设规划，供给有针对性的高层次人才"引育留用"全链条政策体系，从而切实建设与区域、产业发展相适配的高层次人才队伍。加强对高层次人才政策实施效果的评估，动态评估人才政策在企业、高校、科研院所的落实情况。根据评估反馈的信息，调整工作思路，修正政策条目。

（二）推动高等院校高质量建设，推动产业高质量发展

推动高等院校高质量建设，引进和培育高层次人才，发挥高层次人才的示范作用。合理规划，精心布局，深入实施高等教育百亿工程，推动教育科技人才振兴。推动山西高等教育高质量发展，通过加大经费投入、优化学科布局、引进学科带头人等方式，在人才引进、利用等方面加大改革力度，增强人才集聚效应。

培育经济发展新动能，推动产业高质量发展。加快打造中部地区先进制造业基地，做大做强重点产业链，推动特色专业镇、文旅康养高质量发展，大力发展数字经济。通过数字化、智能化等手段，积极推动传统产业转型升级，做大做强优势、特色产业。着力发展未来产业，打造战略性新兴产业集群，推动经济高质量发展，为高层次人才提供广阔的发展机遇。

（三）加强产学研合作，拓展合作引才育才路径

深入贯彻落实《关于深化省校合作的实施方案》，加强与全国高水平大学和科研院所的交流合作，推进博士服务团、院士专家咨询服务等项

目，大力培养、引进、用好急需紧缺高层次人才，促进人才共享、互利共赢，为全方位推动高质量发展增添新动能。实行"一校一策"，吸纳C9高校专家学者加盟山西省智库，承接山西重大战略咨询课题，强化服务区域经济与社会发展的能力。加强产学研合作，依托国家重大科技项目、省重点研发计划项目、企业项目，培育高层次人才和团队。鼓励企业、高等院校、科研院所等机构深度合作，共建国家工程实验室、未来创新实验室和实训基地，为引进和培育高层次人才提供平台。支持企业联合C9高校、省内国家"双一流"建设高校，建立博士后科研工作站。博士后针对企业实际问题选择研究课题，由高校教师和企业科研人员共同对博士后进行辅导和培养。高校可以自主成立公司对其科技创新成果进行转化，以公司的经济效益促进高校发展，在公司发展中自主培养高层次人才。支持高校与国际高水平大学开展学分互认、教师互换、学生互派、课程互通等实质性合作。此外，鼓励和支持高校、科研院所与其他省份或地区开展合作创新活动，构建产学研合作网络，加速高层次人才引育。

（四）增强柔性引才意识，丰富柔性引才模式

柔性引才是打破国籍、地域、身份、学历等限制，人才可以跨单位在各地区间自由流动，通过兼职、挂职、项目合作、人才租赁等方式为人才引进地区所用，在不改变原隶属关系前提下，以智力服务为核心，注重人、知识、创新成果等有效开发与合理利用的人才流动方式。① 政府部门、企事业单位要解放思想，坚持"能用才是硬道理"的思路，牢固树立"不求所有，但求所用；不求常在，但求常来"的理念，通过柔性引才来解决山西高层次人才供需矛盾。利用地域特征构建"社会网络"，打"乡情牌""亲情牌"，呼吁广大退休高层次人才衣锦还乡，延聘退休

---

① 李志、曹雨欣：《我国西部地区柔性引才困境及路向研究》，《重庆大学学报》（社会科学版）2022年第3期。

高层次领军人才来晋工作。实施项目式、顾问式柔性引才工程，重点为企业引进国内外高层次人才，解决关键技术开发、管理难题。利用互联网技术，开展线上国际交流会，帮助山西高校、企业实时掌握国际前沿知识，吸纳优秀科研成果，柔性引进高层次人才。在晋创办网络人才服务平台，收集人才信息，满足地区对人才的需求，为柔性引才提供更多机会。鼓励有条件的企业在人才聚集地建立企业、研究院或引智中心，利用人才聚集地的智力资源来增强企业的科技创新能力和竞争优势。此外，构建"内外兼顾、引育并举"的"双轮驱动"机制，注重"柔性人才"和"刚性人才"之间的项目对接，处理好现有"单位旧人"和柔性引进"新人"之间的关系。

（五）优化人才激励机制，营造良好的人才引用环境

抓住高层次人才成长规律，灵活搭配物质激励和精神激励，力争引进和用好高层次人才。提高薪资待遇，利用股权、期权激励将高层次人才的收入与业绩、贡献挂钩，使其价值得到真正的体现。提高非物质待遇特色的吸引力，给予人才更大的成长空间。引用并举，做好人才的职业生涯规划。在引进人才的同时，为避免人才流失，应做好人才的职业生涯规划，提供培训、职业资格认证、学历教育等支持。例如，开设重点产业链人才交流培训班、数字经济与人工智能专题培训班。此外，要用好学缘、地缘、亲缘关系，通过这些牢固关系引进更多高层次人才。聚焦战略性新兴产业发展，动态调整职称评审专业，将新能源、新材料、大数据等新职业纳入评审范围。对于在高质量发展中做出突出贡献的高层次人才，采取"一人一策"的方式直接认定高级职称。强化高层次人才引进和利用的环境营造及配套保障服务。政府相关部门需要进行制度创新，借鉴发达国家和省份的典型做法，创造良好的引人和用人软环境，让引来的人才能够愉悦的工作，在住房和子女教育等方面为其提供便利的条件和优质的服务，用良好的软环境弥补地理区位的不足。

（六）整合资源，增加博士后科研站数量

鼓励和支持高校、科研院所、医疗卫生机构、大型工业企业、高新技术企业、产业链"链主"企业、新型研发机构、特色专业镇及各类园区申请设立博士后科研流动站、科研工作站（分站）和创新实践基地。鼓励跨区域的行业和跨行业的企业联合申报博士后科研工作站。参照国家级博士后科研工作站的申报设立条件，探索建立省级博士后科研工作站。鼓励有条件的民营企业积极申报设立博士后科研工作站，招收博士后。对于新设立的博士后科研流动站、科研工作站（分站）和创新实践基地，由各级财政给予建站资助。加大博士后工作宣传力度，扩大博士后招生规模，有组织、有计划地吸收省内外（包括海外）博士进站。

（七）加强博士后链式管理，促进博士后人才倍增

借鉴重庆的经验（见图 5），从人才供应链的视角出发，制定进站前、在站期间、出站后全流程、一体化的博士后事业创新发展政策体系，推动山西博士后工作提质增效，使博士后人才倍增。在进站前，加强博士后招收工作，建立博士后科研流动站、科研工作站（分站）和创新实践基地招引联动合作机制，定期收集博士后科研工作站（分站）和创新实践基地的人才招聘需求，集中向博士后科研流动站推送；鼓励博士生导师、博士后合作导师、博士后人才、人力资源服务机构等引荐博士进站，鼓励海内外企事业单位、社会组织和个人参与博士后招收引荐；建立"定向招收、连续培养"机制，对博士研究生与设站单位签订毕业后进站协议的，给予博士研究生一定的连续培养资助。在站期间，加强物质和精神激励，用心、用情、用力做好博士后管理和服务工作，使得博士后全身心投入科学研究，多出一流成果；对新进入博士后科研流动站、科研工作站（分站）和创新实践基地的博士后人才，在站期间每人每年给予一定的科研经费和日常生活资助。在出站后，引导和支持博士后人才留晋工作，用人单位所在区（市）县给予科研经费和日常生活补助，优先支持申报人才项目。

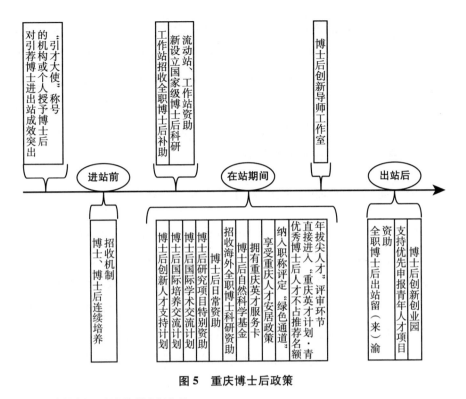

图 5 重庆博士后政策

资料来源：根据资料自行整理。

（八）加强博士后科研站绩效评估，促进优胜劣汰

对新设站单位 3 年开展一次专项评估，对其他设站单位 5 年开展一次综合评估。评估结果作为设站单位绩效评估的重要内容，与博士后招收挂钩。每年制定博士后招收计划，实行目标考核，并对完成情况进行通报。对管理规范、运转良好、效益显著、评估优秀的博士后设站单位，在各类人才项目上给予重点支持；对评估不合格的，给予 1 年整改期，整改后评估仍不合格的，予以摘牌。

（九）加强服务与支持，促进博士后科研成果转化

在山西转型综合改革示范区、晋中国家农高区（山西农谷）等博士后

人才聚集区设立博士后创新创业园，并给予一定的资助，为博士后提供政策咨询、创业辅助、创业孵化、融资对接等服务。鼓励博士后人才的科研成果在晋创谷创新驱动平台转化和产业化。举办博士后创新创业大赛、博士后项目投融资对接洽谈会等活动，吸引省内外博士后科研成果来晋转化。设立博士后创新创业基金，引导社会资金通过设立风险投资基金、产业引导基金等形式，支持博士后人才在晋创新创业。

（十）强化数字赋能，推动人才工作数字化转型

强化数字赋能，加快推动人才工作数字化转型，让数字化转型成为人才工作发展的重要驱动力是数字时代发展的客观要求。将数字化转型贯穿于人才发展治理全过程，统筹运用数字化思维、数字化认知、数字化技术，推动人才发展治理的体制机制、组织架构、方式流程、手段工具的变革。加快推进人才领域的数字规则、数据标准、数据管理和开放办法的制定，用数字建设支持和推动政策制度体系、标准规范体系、组织保障体系的完善。[1] 运用云计算、大数据等技术手段，采集、有机关联各类人才数据，构建数据应用基本框架，筑牢人才工作数字底座。运用海量数据打造丰富的应用场景，推动人才引进、培养、评价、服务等各环节之间紧密相连、无缝对接，重塑人才工作流程机制，实现人才开发革命性再造、全方位赋能。运用数字化技术、数字化模式，推动人才政策需求的数字感知、人才政策执行的数字监督、人才政策绩效的数字标度、人才政策改进的数字追踪、人才政策技术的数字赋能。

参考文献

［1］蔡学军等：《我国高层次人才队伍建设现状、问题与对策》，《中国人才》2003

---

① 汪怿：《推进人才工作数字化转型》，《中国人才》2022 年第 6 期。

年第 10 期。

[2] 李中赋、徐天祥:《关于凝聚高层次人才的战略思考》,《中共济南市委党校学报》2004 年第 2 期。

[3] 唐琳等:《高层次人才成长轨迹研究——以北京大学国家杰出青年基金获得者为例》,《科技管理研究》2020 年第 24 期。

[4] 鲁世林、杨希:《高层次人才成长周期及其对科技人才培养的启示》,《黑龙江高教研究》2021 年第 9 期。

[5] 黄涛、王慧:《高层次科技人才成长的"双螺旋"模式研究——基于湖北省两院院士的实证分析》,《科学管理研究》2023 年第 2 期。

[6] 黄海刚、连洁:《国际高层次人才吸引的典型政策体系分析》,《复旦教育论坛》2019 年第 5 期。

[7] 葛蕾蕾:《我国海外高层次人才引进政策 20 年(2001—2020):回顾、挑战与展望》,《福建论坛》(人文社会科学版)2021 年第 11 期。

[8] 董新宇等:《地方政府高层次人才政策实施效果研究》,《中国科技论坛》2022 年第 9 期。

[9] 刘晓光、黄慊:《我国东西部高层次人才引进政策文本比较——以四川省和江苏省为例》,《科技管理研究》2018 年第 24 期。

[10] 孙园、曾青生:《高职院校高层次人才队伍建设存在的问题与治理对策》,《教育与职业》2022 年第 22 期。

[11] 廖克敏:《"人才强桂战略"背景下广西高校高层次人才引育机制建构研究》,《高教学刊》2020 年第 15 期。

[12] 李志、曹雨欣:《我国西部地区柔性引才困境及路向研究》,《重庆大学学报》(社会科学版)2022 年第 3 期。

[13] 汪怿:《推进人才工作数字化转型》,《中国人才》2022 年第 6 期。

B.17
福建省技能人才队伍建设发展报告

郑亨钰　郑婉菁[*]

摘　要：　　高素质技能人才队伍建设是促进人力资源开发、建立新型劳动关系、激发新质生产力动能的重要支撑。近年来，福建省从技能人才培训、评价、技工教育、激励等多个方面大力推动技能人才队伍建设，取得了良好成效。然而，福建省技能人才队伍建设还存在技能人才培养产教融合深度不足、职业技能培训多元主体合力不强、职业技能评价能力与社会需求仍有差距、技能人才激励保障水平不高等问题，与高质量发展要求还存在一定的差距。经借鉴广东"产教评"技能生态链建设经验，结合福建实际，建议从做强技工教育联盟、提升职业技能培训基础能力、提高职业技能评价质量、完善技能人才激励保障等方面加快福建省技能人才队伍高质量发展，为福建建设提供人才支撑。

关键词：　　技能人才　新质生产力　技工教育　高素质技能人才

习近平总书记在中共中央政治局第十一次集体学习时强调，要加快发展新质生产力，扎实推进高质量发展。[①] 发展新质生产力是推动高质量发展的内在要求和重要着力点，需要新型高素质人才队伍的引领、驱动和支撑。技能人才是支撑中国制造、中国创造的重要力量。技能人才队伍高质量发展是

---

　*　郑亨钰，福建省人事人才研究所所长，高级经济师，主要研究方向为人才学、人力资源管理；郑婉菁，福建省人事人才研究所，经济师，主要研究方向为人力资源管理。
　①　《习近平在中共中央政治局第十一次集体学习时强调 加快发展新质生产力 扎实推进高质量发展》，新华社，2024 年 2 月 1 日，http：//www.xinhuanet.com/politics/20240201/df84c5b067e0457e9079e55b10f353e7/c.html。

促进人力资源开发、以高素质劳动者塑造新型生产关系，激发新质生产力动能的重要支撑。

党中央高度重视技能人才工作。党的十八大以来，习近平总书记多次对技能人才、技术工人队伍建设作出重要指示批示。党的二十大报告提出，努力培养造就更多"大国工匠、高技能人才"。[①] 为贯彻落实党的二十大精神和习近平总书记重要指示批示精神，落实党中央、国务院和福建省委、省政府有关技能人才的工作部署，本报告对福建省技能人才队伍建设现状、存在问题进行了分析，对高质量发展策略进行了探索，为技能福建建设提供了决策参考。

一　技能人才队伍高质量发展的重要意义

技能人才队伍高质量发展是促进人力资源开发、建设人才强省的重要内容。二十届中央财经委员会第一次会议指出，要"加快塑造素质优良、总量充裕、结构优化、分布合理的现代化人力资源，以人口高质量发展支撑中国式现代化"[②]。技能人才是我国人才队伍的重要组成部分，也是人力资源开发的重要对象。在人口老龄化、劳动年龄人口下降的背景下，人力资源开发可以提高人才红利，实现以人口高质量发展促进中国式现代化。福建省技能人才队伍建设与发达省份相比还存在一定差距，为此，促进技能人才队伍高质量发展，有利于促进人力资源开发，增强区域人才竞争力，进一步推动实施新时代人才强省战略。

技能人才队伍高质量发展是加快形成新质生产力的重要支撑。新质生产力由技术革命性突破、生产要素创新性配置、产业深度转型升级而催生，以劳动者、劳动资料、劳动对象及其优化组合的跃升为基本内涵，以全要素生

---

① 《习近平著作选读》第一卷，人民出版社，2023，第30页。
② 《习近平主持召开二十届中央财经委员会第一次会议强调 加快建设以实体经济为支撑的现代化产业体系 以人口高质量发展支撑中国式现代化》，新华网，2023年5月5日，http://www.xinhuanet.com/politics/2023-05/05/c_ 1129592754.htm。

产率大幅提升为核心标志,特点是创新,关键在质优,本质是先进生产力。劳动力是生产力中起主导作用的要素。发展新质生产力,不仅需要"高精尖缺"科技创新人才引领,还需要能够熟练掌握新质生产资料的应用型人才,包括工程技术人才和技能人才。新质生产力要求劳动者具备更高水平的技术和知识技能,具有较强的创新精神和创新能力、工匠精神、学习动力和学习能力。发展新质生产力需要技能人才队伍的知识技能转型升级,促进将科技创新成果及时应用到具体产业和产业链上,推动产业转型升级,同时技能人才能够将一线生产实践经验与科技创新相结合,对技术创新具有促进作用。

技能人才队伍高质量发展是解决就业结构性矛盾的重要举措。随着省产业转型升级、区域经济格局调整等叠加因素,福建省产业与就业结构错配问题凸显,"招工难"与"就业难"两难现象仍较为突出。从就业供给端来看,2023 年,福建高校毕业生 32.2 万人、中专毕业生 11.9 万人、技工院校毕业生 3.27 万人,应届毕业生约 48 万人,加上失业人员、农民工、退役军人等群体,求职人数总量约百万人。[①] 从招工需求方来看,2023 年,全省人力资源市场登记岗位需求 110.04 万人次。[②] 在此情况下,2023 年各季度全省人力资源市场有技能要求的熟练工求人倍率仍均保持在 2 以上高位,结构性缺工凸显。紧扣产业需求,加强技能人才队伍建设,有利于劳动力供给结构优化,促进解决就业结构性矛盾,实现更充分更高质量就业。就业是最大的民生,是提高人民生活品质、满足人民日益增长的美好生活需要的重要基础。

技能人才队伍高质量发展是助力创造更高品质生活的重要基础。技能人才、技术工人是中等收入群体的重要组成部分。他们希望得到更好的工作条件和待遇,包括提高工资水平、改善工作环境、加强社会保障、提高工作安全保障等,也希望能够有更多的职业发展机会和更大的职业提升空间,实现

---

① 福建省人力资源和社会保障厅:《我省结构性缺工现状分析及对策建议》,《政研专报》2023 年第 30 期。

② 福建省人力资源市场 2023 年第一、二、三、四季度职业供求状况分析情况,福建省人力资源和社会保障厅网站,http://rst.fujian.gov.cn/zw/ztzl/zxzt/jygqxxzt/gqrkfx/。

人生价值。当前，我国产业在全球产业链中仍处于价值链中低端，产业附加值较低，导致大多数企业在提供就业机会、优化就业环境、提高劳动者收入、完善用工保障激励等方面的发展较为缓慢，降低了产业岗位对劳动者的吸引力。发展壮大技能人才队伍，有利于扩大中等收入群体规模，以及培育强大的消费群体，促进扩大内需，激发产业发展的内生动力，进而为人民群众创造更高品质生活。

二　福建省技能人才队伍建设现状分析

（一）职业技能培训凸显服务产业发展需要

2021~2023 年，全省累计开展各类补贴性职业技能培训 213.66 万人，均超计划完成。[①] 福建省结合先进制造业和现代服务业的发展需要，探索建立"揭榜挂帅"机制，创新出台培训后实现就业奖励政策，省级共遴选 15 个重点培训项目、39 个工种、40 家优质培训单位开展重点项目培训；遴选 149 个适岗培训工种、3 家优质培训单位开展重点群体培训。[②] 同时，福建省已将"实施职业技能提升工程"纳入 2024 年省委、省政府为民办实事项目，并出台高技能人才培训基地建设项目实施方案，将在 2024~2025 年遴选支持各地建设 10 个技师学院职业训练院、20 个职业技能提升实训基地和 30 个产业链头部企业实训基地，[③] 并给予相应的建设补助资金，促进打造技能人才培养培训载体。

（二）职业技能评价促进技能人才队伍增量提质

福建省陆续出台职业技能等级认定试点备案实施流程和考评人员管

---

① 根据福建省人力资源和社会保障厅历年的《福建年鉴》供稿资料汇总整理。
② 福建省人力资源和社会保障厅有关《福建年鉴（2024）》供稿资料。
③ 《福建省人力资源和社会保障厅等七部门关于印发〈福建省职业技能提升工程为民办实事项目实施方案〉的通知》，福建省人力资源和社会保障厅网站，2024 年 4 月 23 日，http://rst.fujian.gov.cn/zw/zfxxgk/zfxxgkml/zyywgz/zynljs/202404/t20240425_6439593.htm。

理、题库管理、考务实施办法等政策，稳步推进技能等级认定评价改革，有力促进技能人才队伍规模扩大与结构优化。至 2023 年底，福建省累计备案职业技能等级评价机构 314 家（其中用人单位 101 家、各类院校 143 家、社会培训评价组织 70 家）。2021~2023 年，福建省取得国家职业资格或职业技能等级证书人次分别为 12.53 万人、15.49 万人、18.42 万人，高级工以上取证人次分别为 3.04 万人、4.37 万人、5.85 万人，均呈现逐年递增趋势，且高级工以上取证人次占总取证人次的比重也逐年提升，分别为 24.26%、28.21%、31.76%。三年累计发放专项职业能力考核证书 38.3 万人次。[①]

（三）技工教育管理创新助力提升技能人才培养质量

至 2023 年底，全省共有技工院校 72 所。2023 年全省技工院校招生 6.54 万人，在校生 14.22 万人，招生人数和在校生数均为历史新高；毕业生 3.2 万人，就业率达 98%。[②] 近年来，福建省积极探索创新技工教育产教融合、校企合作办学模式。例如，福建技师学院与福建电子信息集团合作开办福建技师学院电子信息产业分院；福建技师学院与石狮市人民政府共建福建技师学院石狮校区，围绕当地产业发展需要联合培养产业技能人才。2023 年 12 月，福建技工教育联盟正式成立，将规模以上企业、技工院校、培训机构纳入联盟，推动福建省技工教育迈向新阶段。

（四）技能人才激励不断增强劳动者获得感

近年来，福建省出台了提高技术工人待遇、落实技能人才薪酬分配指引工作方案等政策，促进技能人才增收及待遇提升。持续推进高技能人才振兴计划，截至 2023 年底，全省国家级高技能人才培训基地达 43 家；国家级技能大师工作室达 44 家；省级技能大师工作室达 725 家。[③] 自 2019 年起，福

---

① 福建省人力资源和社会保障厅有关《福建年鉴（2024）》供稿资料。
② 福建省人力资源和社会保障厅有关《福建年鉴（2024）》供稿资料。
③ 福建省人力资源和社会保障厅有关《福建年鉴（2024）》供稿资料。

建省在全国率先开展高技能人才休假活动，有力促进营造重视、关心、尊重高技能人才的社会氛围。

三　福建省技能人才队伍建设存在的问题分析

（一）技能人才培养产教融合深度不足

1.专业设置与产业发展需求存在一定脱节

职业院校、技工院校在技能人才培养中发挥着基础性作用。福建省产业技术技能人才需求预测及供需对接机制仍不完善，热门专业与需求缺口较大的专业往往不一致。高职院校在校生数较多的专业分别为财经商贸大类（15.43%）、电子与信息大类（15.03%）、教育与体育大类（13.34%）、医药卫生大类（11.72%）、文化艺术大类（9.49%）；中职院校在校生数较多的专业分别为电子与信息大类（18.29%）、财经商贸大类（16.14%）、教育与体育大类（12.38%）、装备制造大类（8.83%）、交通运输大类（8.15%）；技工院校在校生数较多的专业分别为电工电子类+信息类（22.41%）、交通类（14.84%）、服务类（旅游、烹饪、美容美发等）（13.25%）、机械类（11.06%）、财经商贸类（10.06%）（见表1）。制造业相关产业的技能人才培养比重偏低可能加剧制造业企业用工荒现象。

表1　福建省高职、中职、技工院校在校生专业分布情况

单位：人，%

职高院校、对应专业	高职在校生数（2022）	占比	中职在校生数（2022）	占比	技工院校对应专业	技工院校在校生数（2022年6月）	占比
农林牧渔大类	7048	1.44	16131	4.08	农业类	466	0.40
资源环境与安全大类	5427	1.11	768	0.19	—		
能源动力与材料大类	5467	1.12	876	0.22	能源类	201	0.17
土木建筑大类	41283	8.45	21389	5.41	建筑类	3889	3.37

续表

职高院校 对应专业	高职在校 生数 （2022）	占比	中职在校 生数 （2022）	占比	技工院校 对应专业	技工院校 在校生数 （2022年6月）	占比
水利大类	1920	0.39	318	0.08	—	—	—
装备制造大类	40555	8.30	34882	8.83	机械类	12766	11.06
生物与化工大类	2754	0.56	1657	0.42	化工类	1518	1.31
轻工纺织大类	2779	0.57	4832	1.22	轻工类	2106	1.82
食品药品与粮食 大类	15319	3.14	4732	1.20	—	—	—
交通运输大类	25964	5.31	32224	8.15	交通类	17133	14.84
电子与信息大类	73429	15.03	72280	18.29	电工电子类 +信息类	25881	22.41
医药卫生大类	57244	11.72	22460	5.68	医药类	4686	4.06
财经商贸大类	75387	15.43	63778	16.14	财经商贸类	11621	10.06
旅游大类	13457	2.75	24805	6.28	服务类 （旅游、烹饪、 美容美发等）	15301	13.25
文化艺术大类	46383	9.49	32157	8.14	文化艺术类	6603	5.72
新闻传播大类	6350	1.30	11088	2.81	—	—	—
教育与体育大类	65162	13.34	48910	12.38	其他 （幼儿教育）	13202	11.43
公安与司法大类	1	0.00	0	0.00	—	—	—
公共管理与服务 大类	2706	0.55	1930	0.49	—	—	—
合计	488635	—	395217	—	—	115373	—

资料来源：高职、中职在校生数据来源于《福建统计年鉴（2023）》；技工院校在校生数据来源于福建省技工教育中心数据库，时间截至2022年6月，专业类别按照人力资源和社会保障部2018年颁布的《全国技工院校专业目录》整理，并做相应处理。

2. 技能人才培养产教融合、校企合作力度不足

数字化转型加快了技术迭代升级，然而由于产教融合、校企合作力度不足、深度不够，市场需求无法准确、快速、有效地传导至人才培养储备环

节，导致职业院校、技工院校培养方向与市场需求的错位，不利于技能人才队伍的持续壮大。一是产教融合、校企合作平台渠道建设不足。目前，校企合作多处于零散状态，缺乏统一的校企供需信息对接平台与渠道，校企双方合作的搜寻、对接成本仍较高，尤其是山区学校，在寻找对接合作企业方面存在较大困难。二是部分企业认为校企合作的经济效益不足，导致合作投入力度变小。企业深度参与校企合作需要投入大量的培养成本，部分企业参与校企合作无法获得对等的利益反馈，如订单培养学生的入职率低、企业新型学徒制开展成效不佳，对企业形象、知名度等附加效果不如预期等，导致参与校企合作的积极性减弱。三是学生成长为产业技术工人的转化率不高，冲击了校企合作基础。通过校企合作为企业提供高质量人力资源补充是企业参与校企合作的主要目标与期望，对于职业院校的合作期待更是如此。在社会升学热背景下，职业院校升学率连年提高，加上灵活用工满足了年轻人对于工作自由度的期待，导致储备技能人才的流失。产业技术工人培养输送的纽带作用不足，在一定程度上削弱了校企合作的持续性。

3. 职业院校、技工院校师资队伍力量不足

一方面，职业院校、技工院校专业教师产业实践经验不足。现有职业教育的师资大多数来自高校毕业生，产业实践经验不足，且专业教师参与企业实践的机会不多、深度不够，不利于"双师型"教师队伍建设。技工院校教师缺乏系统的技术技能提升培训体系与经费支持，不利于教师队伍的转型升级。另一方面，职业院校、技工院校待遇难以吸引企业优秀技术技能人才到校兼职任教。现有企业师资到校兼职以校企合作形式为主，学校外聘行业企业师资仅获得较低的课酬回报，且需学校自筹，总体外聘师资待遇低、激励不足。

（二）职业技能培训多元主体合力不强

1. 企业技能培训主体作用发挥有限

一是部分企业对技能提升培训的意识不强。福建是民营经济大省，中小企业居多，部分企业自身发展基础较为薄弱，对技能人才倾向于"即招即

用",导致劳动者技能成长内部培训体系建设不足。二是部分企业对技能人才培训的投入不足。除了大型龙头企业或国企能较好地落实职工职业培训主体责任,大部分中小型企业职工培训主体责任落实不够到位,尤其是近年来由于新业态用工的虹吸效应,提高了人力资源流动频率,劳动者就业短期化现象越来越普遍,企业对技能人才技能提升后会"跳槽"的顾虑更多,在投入技能培训过程中更为保守。三是部分企业没有通过内部机制解决工学矛盾。一些企业将培训时间成本转移到劳动者身上,一般职工多数靠多劳多得以养家糊口,导致工人培训意愿不强。

2. 社会化技能提升培训资源供给不足

福建省职业技能培训机构整体实力不强。2022 年,全省民办职业培训机构数量为 621 个,优质培训资源少。① 一是职业技能培训与产业需求存在错位。社会培训机构不能及时了解、跟进产业转型需求,加上培训成本考虑,培训项目涉及服务业居多,如插花、茶艺,而制造业急需紧缺工种少,导致培训与使用脱节,培训效果不佳。二是职业技能培训层次偏低。培训层次以初级工居多,中级、高级工培训少,难以满足技能提升需求。三是职业技能培训质量不高。技能培训师资队伍不强、优质培训资源开发不足,培训应试化,在培训内容质量提升方面的投入较为有限,不能有效提升技能水平,难以满足劳动者创业就业需求。

3. 技能培训平台公共服务能力不足

一是公共实训基地建设布局及运营机制有待完善。公共实训基地是面向社会开展公益性实训和评价等服务工作的主要载体。目前,福建省公共实训基地仅有 5 家投入运营,且公共实训基地建设多分布于山区,如三明、龙岩、南平,服务辐射范围较为有限。由于公共实训基地可持续运营机制设计不足,管理运行模式缺乏灵活性,开放共享不足。二是各类技能培训平台的公共服务属性未充分发挥。技工院校职业训练院、职业技能提升中心等技能

---

① 《中国人力资源和社会保障年鉴(工作卷)2023》,中国劳动社会保障出版社、中国人事出版社,2023。

培训平台的技能提升培训能力不足，开展社会化公共服务不足。三是职业技能培训资源共建共享机制不健全。由于各类技能提升培训资源较为分散，公益性职业技能提升培训相关资源汇聚共享平台建设不足，削弱了技能人才获取培训资源的便利性，提高了劳动者与培训资源间的搜寻对接成本。

（三）职业技能评价能力与社会需求仍有差距

1. 职业评价资源体系更新较为缓慢

技能人才评价资源包括国家职业技能标准、行业企业评价规范、专项职业能力考核规范等职业标准体系，题库试题内容建设等。评价资源建设只有与时俱进，才能保持较高评价效度，让技能水平与证书等级相匹配。然而，评价资源建设体系更新完善需要一定周期，由于缺乏评价资源共建共享机制，社会化职业技能评价主体开展技能评价工作各自为战，部分职业技能评价内容与生产实际存在一定脱节，影响了认定工作评价质量，不利于职业技能评价快速满足产业需求。

2. 职业技能自主评价能力难以满足社会需求

随着职业技能评价改革的推进，水平评价类职业技能等级认定均由用人单位或社会培训评价组织开展。福建省大部分中小企业自身实力不强，实施自主评价技能人才意愿不强、能力不足，用人单位自主开展技能评价的覆盖面较小；社会培训评价组织开展技能评价的能力参差不齐，且评价职业工种多集中于服务业。由于社会化评价各主体评价能力不一，存在劣币驱逐良币的情况，职业技能等级证书权威性、社会认可度明显低于国家职业资格证书。

3. 职业技能评价考评员队伍建设较为薄弱

高素质的职业技能评价考评员队伍可确保职业技能评价结果的质量，提高职业技能评价等级的可信度，维护职业资格证书、职业技能等级证书的权威性。目前，福建省职业技能评价考评员队伍建设还不强，考评员库资源相对不足，在考评员征集过程中，有许多符合条件的技能人才未主动申报入库，导致考评员库资源不足，无法为开展技能评价提供充分支持，不利于技能评价工作的开展。

（四）技能人才激励保障水平不高

1. 技能人才薪酬福利待遇保障不足

一方面，部分企业落实技能人才薪酬分配指引政策不到位，技能要素参与分配制度不完善。技能人才收入分配结构较为单一，工资结构多采用员工的工龄、岗位、补贴等内容组成的固定模式，按技术要素分配的激励效果不明显，工资报酬与岗位等级挂钩不够紧密。另一方面，技能人才福利保障落实不到位。由于企业人工成本、人才流失等因素，中小民营企业为一线技能人才缴纳各类社会保险的积极性不高，不少单位还主要是按最低标准缴纳，技能人才的基础福利如加班补贴、带薪休假等尚未普遍执行。

2. 技能人才成长激励体系不完善

一是有关人才政策和人才服务还未覆盖至高技能人才。将高技能领军人才纳入高层次人才给予相应服务保障仍较少；福建省急需紧缺人才引进目录尚未将急需紧缺技能人才纳入，《福建省"四大经济"部分急需紧缺职业（工种）目录》主要用于指导职业技能培训。二是暂未设立高技能人才省级荣誉称号。现有的"八闽工匠年度人物"由省总工会牵头选拔，每年评选10人，给予证书和奖金5万元奖励；福建技术能手由比赛产生，与技能岗位创新实践等业绩指标联系不足。三是技能人才成长通道仍不够畅通。高技能人才与专业技术人才的职业发展已实现各领域贯通，但缺乏相应地操作指引，获得贯通评价的案例较少；福建鼓励支持有条件的用人主体实施"八级工"评价，但由于企业实力及评价能力，目前已开展"八级工"评价的用人主体及职业（工种）仍较少。

四 福建省技能人才队伍高质量发展策略探索

习近平总书记强调："要按照发展新质生产力要求，畅通教育、科技、人才的良性循环，完善人才培养、引进、使用、合理流动的工作机制。要根据科技发展新趋势，优化高等学校学科设置、人才培养模式，为发展新质生产力、推动高质量发展培养急需人才。"[①] 该论述为技能人才队伍建设提供了指引和遵循。为此，技能人才队伍高质量发展应注重服务新质生产力及产业发展需要，强化技能人才培养、培训、评价、激励等环节，加大产教融合、校企合作力度，在课程设置、培养方式上紧跟产业发展，加快打造一支能够支撑产业发展和赢得区域竞争优势的成熟的产业技能人才队伍，为建设人才强省、推动高质量发展提供有力支撑。

（一）做强技工教育联盟，深化产教融合、校企合作

1. 发挥龙头企业在产业链中的牵头带动作用

借鉴广东省"产教评"技能生态链建设经验，发挥产业链龙头企业在技能人才培养中的主体作用。福建省现有电子信息、先进装备制造、石油化工、纺织鞋服4个支柱产业规模超万亿元，食品、冶金、建材等传统优势产业均超过5000亿元，工业产值超千亿元的产业集群21个，国家级战略性新兴产业集群4个，省级战略性新兴产业集群17个。[②] 根据省工信厅遴选公布的福建省工业龙头企业名单，至2023年6月，共有工业龙头企业206家。为保障福建省技工教育联盟的产业导向，应遴选确定联盟产业链链主培育企业，发挥产业企业在产教融合、就业导向中的引擎作用，带动联盟企业技能人才队伍建设。

首先，联盟企业可以借助技能生态链平台，强化与技工院校、职业院校、公共实训基地、人力资源服务机构等的合作，及时完善技术工人队伍，便捷对接公共培训资源，为企业人力资源和岗位培训提供有益补充。其次，联盟企业可共享产业链内的职业技能评价资源，促进企业内部技能评价体系与职业技能等级认定评价标准对接，加强企业技能人才队伍建设。最后，要完善企业参与技工教育联盟建设的激励机制。加大对联盟企业的倾斜支持力

---

① 《发展新质生产力是推动高质量发展的内在要求和重要着力点》，求是网，2024年5月31日，http：//www.qstheory.cn/dukan/qs/2024-05/31/c_1130154174.htm。

② 《福建省县域重点产业链发展白皮书（2023）》，福建省工业和信息化厅网站，2023年9月18日，https：//gxt.fujian.gov.cn/zwgk/zfxxgk/fdzdgknr/gzdt/202309/P020230920464663529485.pdf。

度。例如，生态链企业参与"产教评"技能生态链建设的成效可以作为优先评定省级产教融合企业的条件，并获得相应的产教融合经费支持；参与技能生态建设相关经费支出可列入企业职工教育经费支出等，提高企业参与生态链建设的积极性。

2. 大力开展企业新型学徒制培训、技师培训

企业新型学徒制培训、技师培训通过企校双师带徒、工学交替培养等模式共同培养，可以为企业在职技术工人提供技能提升通道，优化技能人才队伍结构。一要加大企业新型学徒制培训、技师培训补贴支持力度。在原有企业新型学徒制基础上，延伸开展校企合作技师培训，并结合《福建省"四大经济"部分急需紧缺职业（工种）目录》，根据职业工种急需紧缺程度、培养层次等予以分类支持，提高企业参与积极性。二要促进培训需求与资源整合，提高合作培养效率。借助技工教育联盟，可广泛征集在职员工培训需求，结合产业特点和企业需求，为产业链企业相近岗位培训设置新型学徒、技师培训专班，并为企业提供技工院校联盟教育资源、社会化培训评价资源对接，实现从企业培训需求到校企合作培养，以及职业技能评价的全周期畅通。三要提升企业参与新型学徒制的便捷度。优化企业新型学徒制计划申报、过程管理、补贴申领等流程，借助培训补贴平台和数字化手段，简化手续，提高企业参与率。同时，作为企业新型学徒制培训、技师培训的学籍管理单位，技工院校应加强服务意识，为企业提供便利。

3. 实施学生学徒岗位培养

学生学徒岗位培养以高等院校、职业院校、技工院校毕业年度学生为对象，在毕业年度实施"企校双制、工学一体"学生学徒培养，从而解决毕业生实习与就业岗位不匹配、转岗升学率高等问题。一要强化供需对接，做大技能人才"蓄水池"。由技工教育联盟企业提供技术技能岗位，向技工教育联盟院校招收学生学徒，促进岗位需求与学生实习就业的双向选择与有效对接，同时有利于毕业生快速适应与掌握产业所需的就业技能。二要注重维护毕业生权益，提高毕业生参与率。明确学生学徒培养意向后，需由学校、企业与学生签订学生学徒培养协议，明确培养方案；学生学徒培养可以视作毕业实习,按照不低于毕业实习的待遇标准保障毕业生权益,从而提高学生参与积极性。三要强化学生学徒培养的结果导向。在学生学徒培养周期结束后,给予企业学徒培养相应的补贴;与企业签订劳动合同或毕业生就业三方协议,并正式入职,则可以获得吸纳应届毕业生就业补助,并建议根据促进就业贡献予以奖励。

(二)提升职业技能培训基础能力,激发多元主体合力

1.加强职业技能培训公共服务体系建设

贯彻落实福建省《关于加强新时代高技能人才队伍建设的实施意见》,实施职业技能提升工程,探索依托技工教育联盟创新技能人才培养的模式与载体,利用政、校、企等多方合力,形成多元主体协同参与技能人才培养的有机整体与运行机制。通过遴选支持建设一批技师学院职业训练院、职业技能提升实训基地和产业链头部企业实训基地,不断健全技工教育和职业技能培训公共服务体系,激发各类主体参与技能培训的积极性。

2.加强技能培训公共服务共享平台建设

一要搭建技工培养线上联盟,为联盟多元主体开展技能人才协同培养合作提供无障碍对接平台,消除信息不对称,促进线上线下联盟有机结合。二要探索建设技能培训共享平台,鼓励多元主体参与技能培训资源建设,整合优质职业技能提升培训资源,推动技能培训资源开放共享,促进职业技能培训公共服务普及。三要积极创新多元数字培训方式和场景。运用互联网和数字化载体,创新培训形式,增强职业技能培训的互动性、趣味性,有效提升劳动者技能。

3.广泛开展企业适岗培训

企业适岗培训可以认为是预入职培训。通过技工教育联盟,以岗位技能需求及数量为前提,在企业岗位空缺的情况下,向全社会招募参与"岗位+培训"的人员,开展岗位适应性培训,可以实现企业与社会培训机构、人力资源服务机构的广泛深度合作,从而促进实现岗位与人力资源的匹配、培训和就业的对接、数字与技能的连接,从而提高培训针对性与培训效率。适

岗培训以短期岗前培训为主，通过适应性短期培训，企业与参训人员在适岗培训的基础上进行双向选择，解决技能人才供需中技能信息不对称的问题，提高人岗匹配程度。若企业留用人才，并依法为其连续缴纳社会保险费3个月以上，建议以培训促就业成果为导向，予以一次性吸纳就业补助，提高政府就业补助资金支持的精准性。

（三）提高职业技能评价质量，服务技能人才成长

1. 促进职业技能评价资源共建共享

一要加强各评价主体技能评价工作的交流。技工教育联盟聚集了企业、院校和教育培训机构等主体，其中也包含了大量具有职业技能等级认定备案资质的用人单位和社会培训评价机构。通过技工教育联盟，打破职业技能评价各自为战的状态，促进各评价主体评价工作经验交流及评价资源共享。二要以岗位需求为导向开展技能评价工作，优化技能人才供给结构。针对福建省职业技能评价工种与用工需求之间的匹配错位，应发挥技工教育联盟优势，组织开展行业企业的人才结构、岗位用工需求等调查，形成技能评价导向，加大对供不应求、缺口较大的职业工种评价补贴的力度，提高相关职业评价能力和劳动者参与评价的积极性。三要广泛吸纳优秀高技能人才加入考评员队伍，提高评价服务能力。扩大考评员的遴选范围，借助技工教育联盟，吸引职业院校、技工院校的优秀"双师型"教师和行业企业的"能工巧匠"加入考评员库，并加强考评培训与管理，提高考评员评价质量，为职业技能评价提供考评人才队伍支撑。

2. 扩大技能评价服务覆盖面

通过技工教育联盟职业技能评价资源共建共享，提高技能评价的互认程度，提高社会对相关职业技能评价的认可度，提升社会化技能评价权威性。一要扩大技能评价服务覆盖面。鼓励具备技能评价资质的龙头企业为上下游产业链提供技能评价服务，提高社会培训机构服务企业技能人才评价的能力。二要加强技工教育联盟内评价信息的互通。为企业、产业工人汇集技能评价信息，解决有评价需求缺乏评价能力的企业、有相应技能水平缺乏评价

渠道的技术工人与技能评价供给之间的不对称问题。三要督促落实技能评价待遇。通过技工教育联盟职业技能评价资源共享与评价结果互认，促进技能人才职业成长空间与待遇的扩大和提升，同时通过塑造身边技能人才成长成才的典型案例，促进技能人才队伍的稳定及技能水平的提升。

3. 扩大"一试双证"试点范围

"一试双证"是指从业者通过一次技能评价考试，即可获得企业认证和相应职业技能等级证书，获得政府和企业的双重认可。福建省已支持巨量认证启动数字营销人才"一试双证"试点，为新职业人才发展提供更明晰的成长路径。一要鼓励龙头企业开展"一试双证"认定。发挥龙头企业作用，扩大"一试双证"试点企业和试点职业覆盖范围，促进企业标准与国家标准的对接、技能评价与使用的衔接，不断提高技能评价权威性。二要发挥"一试双证"在技能人才培养方面的指挥棒作用。鼓励企业围绕岗位需求及"一试双证"评价规范开发相应的培训资源体系（含人才培养方案、培训课件、培训教材、训练系统等），并通过与院校对接，让培养、评价体系进入院校的课程建设体系，成为学校课程体系的一部分。学校可根据自身需要选择相应的企业课程，从而实现学生培养与企业需求的适配。三要加大对企业"一试双证"工作的宣传推介。让企业参与职业评价成为一种社会荣誉，提高企业参与积极性，不断完善数字职业评价资源体系。

（四）完善技能人才激励保障，增强技能人才获得感

一要加大技能人才选拔培养力度。贯彻落实《高技能领军人才培育计划》，突出技能人才贡献要素，加大高技能人才选拔培养激励力度。建议设立省级高技能人才荣誉称号，并予以相应的津贴，提高高技能人才的社会知名度与认可度。二要加大技能人才表彰奖励力度。积极推荐高技能人才享受国务院政府特殊津贴，加大"中华技能大奖""全国技术能手""大国工匠"的培育和推荐力度。完善技能人才表彰项目，省级荣誉适当向高技能人才倾斜。提高全社会对技能人才的认可认同，不断增强技能人才职业自豪感、责任感、荣誉感。三要加强政治引领和政治吸纳。注重做好党委（党

组）联系服务高技能人才工作。注重依法依章程推荐高技能人才为人民代表大会代表候选人、政治协商会议委员人选、群团组织代表大会代表或委员会委员候选人。完善高技能人才休假疗养制度，鼓励支持分级开展高技能人才休假疗养、研修交流和节日慰问等活动。四要完善服务保障工作机制。落实《技能人才薪酬分配指引》《关于提高技术工人待遇的实施意见》，定期发布福建省技能人才工资价位，引导企业建立健全符合技能人才特点的工资分配制度，完善技能人才长效激励机制。依法保障技能人才合法权益，完善劳动争议调解与仲裁渠道。健全人才服务体系，支持各地将高技能人才纳入城市直接落户范围，高技能人才的配偶、子女按有关规定享受公共就业、教育、住房等保障服务，大力弘扬和培育劳动精神、劳模精神、工匠精神，营造劳动光荣的社会风尚和精益求精的敬业风气。

参考文献

［1］莫荣主编《人才蓝皮书：中国人工智能人才发展报告（2022）》，社会科学文献出版社，2022。

［2］王星：《走向技能社会：国家技能形成体系与产业工人技能》，中国工人出版社，2021。

［3］闻效仪：《去技能化陷阱：警惕零工经济对制造业的结构性风险》，《探索与争鸣》2020年第11期。

［4］刘正让等：《新培养 新就业 新动能——广东大力构建"产教评"技能生态夯实制造业技能人才根基》，《中国培训》2023年第8期。

［5］《发展新质生产力，需要怎样的新型劳动者?》，搜狐网，2024年5月13日，https：//www.sohu.com/a/778510930_121106822。

国家人才相关政策汇编
（2012~2024年）

序号	文件名称	发文字号	发文部门	年份
1	《边远贫困地区、中共边疆民族地区和革命老区人才支持计划教师专项计划实施方案》	教民〔2012〕6号	教育部、中共中央组织部、财政部、人力资源和社会保障部、国务院扶贫办	2012
2	《关于为外籍高层次人才来华提供签证及居留便利有关问题的通知》	人社部发〔2012〕57号	中共中央组织部、人力资源和社会保障部、外交部、公安部、国家外国专家局	2012
3	《关于进一步加强党管人才工作的意见》	中办发〔2012〕22号	中共中央办公厅	2012
4	《国家科学技术奖励条例》	—	国务院	2013
5	《国家百千万人才工程实施方案》	—	人力资源和社会保障部	2013
6	《关于扩大中央级事业单位科技成果处置权和收益权管理改革试点范围和延长试点期限的通知》	财教〔2013〕306号	财政部	2013
7	《关于印发〈国家科技计划及专项资金后补助管理规定〉的通知》	财教〔2013〕433号	财政部、科技部	2013
8	《财政部　国家税务总局关于中关村、东湖、张江国家自主创新示范区和合芜蚌自主创新综合试验区有关股权奖励个人所得税试点政策的通知》	财税〔2013〕15号	财政部、国家税务总局	2013

续表

序号	文件名称	发文字号	发文部门	年份
9	《国务院办公厅关于强化企业技术创新主体地位全面提升企业创新能力的意见》	国办发〔2013〕8号	国务院办公厅	2013
10	《国务院批转发展改革委等部门关于深化收入分配制度改革若干意见的通知》	国发〔2013〕6号	国务院	2013
11	《关于印发〈国家自然科学基金创新研究群体项目管理办法〉的通知》	国科金发计〔2013〕75号	国家自然科学基金委员会	2013
12	《教育部　国家发展改革委　财政部关于印发〈中西部高等教育振兴计划（2012—2020年）〉的通知》	教高〔2013〕2号	教育部、国家发展改革委、财政部	2013
13	《教育部　农业部　国家林业局关于实施卓越农林人才教育培养计划的意见》	教高函〔2013〕14号	教育部、农业部、国家林业局	2013
14	《教育部　中国工程院关于印发〈卓越工程师教育培养计划通用标准〉的通知》	教高函〔2013〕15号	教育部、中国工程院	2013
15	《教育部关于深化高等学校科技评价改革的意见》	教技〔2013〕3号	教育部	2013
16	《进一步加强和规范高校人才引进工作的若干意见》	教人厅〔2013〕7号	教育部办公厅	2013
17	《教育部　国家发展改革委　财政部关于深化研究生教育改革的意见》	教研〔2013〕1号	教育部、国家发展改革委、财政部	2013
18	《教育部　人力资源社会保障部关于深入推进专业学位研究生培养模式改革的意见》	教研〔2013〕3号	教育部、人力资源和社会保障部	2013
19	《中国科学院外籍青年科学家计划管理办法》	科发际字〔2013〕31号	中国科学院	2013

续表

序号	文件名称	发文字号	发文部门	年份
20	《国家民委双语人才培训基地管理办法(试行)》	民委发〔2013〕249号	国家民委	2013
21	《人力资源社会保障部办公厅关于印发〈国家级高技能人才培训基地建设项目实施管理办法(试行)〉的通知》	人社厅发〔2013〕52号	人力资源和社会保障部办公厅	2013
22	《中共中央组织部 人力资源社会保障部等五部门办公厅(室)关于为外籍高层次人才办理签证及居留手续有关事项的通知》	人社厅函〔2013〕341号	中共中央组织部办公厅、人力资源和社会保障部办公厅、外交部办公厅、公安部办公厅、国家外国专家局办公室	2013
23	《国务院学位委员会 教育部 国家卫生和计划生育委员会 人力资源社会保障部国家中医药管理局关于做好临床医学(全科)硕士专业学位授予和人才培养工作的意见(试行)》	学位〔2013〕8号	国务院学位委员会、教育部、国家卫生和计划生育委员会、人力资源和社会保障部、国家中医药管理局	2013
24	《中国科学院院士章程(修订稿)》	—	中国科学院	2014
25	《中国工程院院士增选工作实施办法》	—	中国工程院	2014
26	《中国工程院外籍院士增选工作实施办法》	—	中国工程院	2014
27	《事业单位人事管理条例》	—	国务院	2014
28	《财政部 科技部 国家知识产权局关于开展深化中央级事业单位科技成果使用、处置和收益管理改革试点的通知》	财教〔2014〕233号	财政部、科技部、国家知识产权局	2014
29	《财政部 国家税务总局 科技部关于中关村国家自主创新示范区有关股权奖励个人所得税试点政策的通知》	财税〔2014〕63号	财政部、国家税务总局、科技部	2014

续表

序号	文件名称	发文字号	发文部门	年份
30	《财政部 人力资源和社会保障部关于印发〈专业技术人才知识更新工程国家级继续教育基地补助经费管理办法〉的通知》	财行〔2014〕6号	财政部、人力资源和社会保障部	2014
31	《国务院办公厅转发科技部关于加快建立国家科技报告制度指导意见的通知》	国办发〔2014〕43号	国务院办公厅	2014
32	《国务院关于改进加强中央财政科研项目和资金管理的若干意见》	国发〔2014〕11号	国务院	2014
33	《国务院关于加快科技服务业发展的若干意见》	国发〔2014〕49号	国务院	2014
34	《国务院印发关于深化中央财政科技计划（专项、基金等）管理改革方案的通知》	国发〔2014〕64号	国务院	2014
35	《国务院关于国家重大科研基础设施和大型科研仪器向社会开放的意见》	国发〔2014〕70号	国务院	2014
36	《国家海洋局 教育部关于联合印发〈海洋人才港访问学者项目管理办法（试行）〉的通知》	国海发〔2014〕21号	国家海洋局、教育部	2014
37	《边远贫困地区、边疆民族地区和革命老区人才支持计划科技人员专项计划实施方案》	国科发农〔2014〕105号	科技部、中共中央组织部、财政部、人力资源和社会保障部、国务院扶贫办	2014
38	《关于印发〈国家自然科学基金优秀青年科学基金项目管理办法〉的通知》	国科金发计〔2014〕38号	国家自然科学基金委员会	2014
39	《关于印发〈国家自然科学基金国际（地区）合作交流项目管理办法〉的通知》	国科金发外〔2014〕15号	国家自然科学基金委员会	2014
40	《关于印发〈边远贫困地区、边疆民族地区和革命老区人才支持计划科技人员专项计划实施方案〉的通知》	国科农发〔2014〕105号	科技部、中共中央组织部、财政部、人力资源和社会保障部、国务院扶贫办	2014

续表

序号	文件名称	发文字号	发文部门	年份
41	《教育部　商务部关于创新服务外包人才培养机制提升服务外包产业发展能力的意见》	教高〔2014〕2号	教育部、商务部	2014
42	《教育部　国家安全监管总局关于加强化工安全人才培养工作的指导意见》	教高〔2014〕4号	教育部、国家安全监管总局	2014
43	《教育部关于印发〈国际合作联合实验室计划〉的通知》	教技〔2014〕1号	教育部	2014
44	《教育部等六部门关于医教协同深化临床医学人才培养改革的意见》	教技〔2014〕2号	教育部、国家卫生计生委、国家中医药管理局、国家发展改革委、财政部、人力资源和社会保障部	2014
45	《关于〈高等学校科技分类评价指标体系及评价要点〉的函》	教技委〔2014〕4号	教育部	2014
46	《医教协同深化临床医学人才培养改革的意见》	教研〔2014〕2号	教育部、国家卫生计生委、国家中医药管理局、国家发展改革委、财政部、人力资源和社会保障部	2014
47	《加快推进养老服务业人才培养的意见》	教职成〔2014〕5号	教育部、民政部、国家发展改革委、财政部、人力资源和社会保障部、国家卫生计生委、中央文明办、共青团、中央全国老龄办	2014
48	《人力资源社会保障部办公厅关于印发〈专业技术人才知识更新工程高级研修项目管理的办法〉的通知》	人社厅发〔2014〕70号	人力资源和社会保障部办公厅	2014
49	《人力资源社会保障部办公厅关于印发〈专家服务基地建设管理办法〉的通知》	人社厅发〔2014〕72号	人力资源和社会保障部办公厅	2014
50	《中共中央组织部办公厅　人力资源社会保障部办公厅　国家外专局办公室关于为外籍高层次引进人才提供签证及居留便利备案工作有关问题的通知》	人社厅函〔2014〕432号	中共中央组织部办公厅、人力资源和社会保障部办公厅、国家外国专家局办公室	2014

续表

序号	文件名称	发文字号	发文部门	年份
51	《关于印发〈关于外国文教专家在华工作工资发放有关问题的指导意见〉的通知》	外专办发〔2014〕378 号	国家外国专家局办公室	2014
52	《中国人民银行 科技部 银监会 证监会 保监会 知识产权局关于大力推进体制机制创新扎实做好科技金融服务的意见》	银发〔2014〕9 号	中国人民银行、科技部、银监会、证监会、保监会、国家知识产权局	2014
53	《中共中央编制办科技部关于进一步完善科研事业单位机构设置审批的通知》	中央编办发〔2014〕3 号	中共中央编制办科技部	2014
54	《中华人民共和国促进科技成果转化法》	—	全国人大	2015
55	《事业单位领导人员管理暂行规定》	—	中共中央办公厅	2015
56	《关于推广中关村国家自主创新示范区税收试点政策有关问题的通知》	财税〔2015〕62 号	财政部、国家税务总局	2015
57	《发展改革委 科技部 人力资源社会保障部 中科院关于促进东北老工业基地创新创业发展打造竞争新优势的实施意见》	发改振兴〔2015〕1488 号	国家发展改革委、科技部、人力资源和社会保障部、中国科学院	2015
58	《关于印发〈老工业基地产业转型技术技能人才双元培育改革试点方案〉的通知》	发改振兴〔2015〕2103 号	国家发展改革委、教育部、人力资源和社会保障部、国家开发银行	2015
59	《国务院办公厅关于深化高等学校创新创业教育改革的实施意见》	国办发〔2015〕36 号	国务院办公厅	2015
60	《国务院办公厅关于改革完善博士后制度的意见》	国办发〔2015〕87 号	国务院办公厅	2015
61	《国务院办公厅关于发展众创空间推进大众创新创业的指导意见》	国办发〔2015〕9 号	国务院办公厅	2015

续表

序号	文件名称	发文字号	发文部门	年份
62	《国务院关于进一步做好新形势下就业创业工作的意见》	国发〔2015〕23号	国务院	2015
63	《国务院关于印发〈中国制造2025〉的通知》	国发〔2015〕28号	国务院	2015
64	《国务院关于推进国际产能和装备制造合作的指导意见》	国发〔2015〕30号	国务院	2015
65	《国务院关于大力推进大众创业万众创新若干政策措施的意见》	国发〔2015〕32号	国务院	2015
66	《国务院关于积极推进"互联网+"行动的指导意见》	国发〔2015〕40号	国务院	2015
67	《国务院关于印发促进大数据发展行动纲要的通知》	国发〔2015〕50号	国务院	2015
68	《国务院关于加快构建大众创业万众创新支撑平台的指导意见》	国发〔2015〕53号	国务院	2015
69	《国务院关于促进云计算创新发展培育信息产业新业态的意见》	国发〔2015〕5号	国务院	2015
70	《国务院关于印发统筹推进世界一流大学和一流学科建设总体方案的通知》	国发〔2015〕64号	国务院	2015
71	《科技部关于印发〈发展众创空间工作指引〉的通知》	国科发火〔2015〕297号	科技部	2015
72	《教育部　中国气象局关于加强气象人才培养工作的指导意见》	教高〔2015〕2号	教育部、中国气象局	2015
73	《教育部关于深化职业教育教学改革全面提高人才培养质量的若干意见》	教职成〔2015〕6号	教育部	2015
74	《教育部关于公布〈高等职业教育创新发展行动计划（2015—2018年）〉项目认定结果的通知》	教职成〔2015〕9号	教育部	2015
75	《关于深入实施"中国科学院人才培养引进系统工程"的意见》	科发人字〔2015〕64号	中国科学院	2015

续表

序号	文件名称	发文字号	发文部门	年份
76	《中国科学院青年创新促进会管理办法》	科发人字〔2015〕69号	中国科学院	2015
77	《中国科学院创新交叉团队管理办法》	科发人字〔2015〕70号	中国科学院	2015
78	《中国科学院王宽诚率先人才计划管理办法》	科发人字〔2015〕71号	中国科学院	2015
79	《中国科学院关键技术人才管理办法》	科发人字〔2015〕72号	中国科学院	2015
80	《中国科学院率先行动"百人计划"管理办法》	科发人字〔2015〕74号	中国科学院	2015
81	《中国科学院青年科学家奖管理办法》	科发人字〔2015〕75号	中国科学院	2015
82	《中国科学院"西部之光"人才培养引进计划管理办法》	科发人字〔2015〕77号	中国科学院	2015
83	《中国科学院特聘研究员计划管理办法》	科发人字〔2015〕89号	中国科学院	2015
84	《中共中央组织部 人力资源社会保障部等九部门关于做好2015年高校毕业生"三支一扶"计划实施工作的通知》	人社部发〔2015〕34号	中共中央组织部、人力资源和社会保障部、教育部、财政部、水利部、农业部、国家卫生和计划生育委员会、国务院扶贫开发领导小组办公室	2015
85	《人力资源社会保障部办公厅 财政部办公厅关于开展企业新型学徒制试点工作的通知》	人社厅发〔2015〕127号	人力资源和社会保障部办公厅、财政部办公厅	2015
86	《人力资源社会保障部办公厅 农业部办公厅关于鼓励事业单位种业骨干科技人员到种子企业开展技术服务的指导意见》	人社厅函〔2015〕28号	人力资源和社会保障部办公厅、农业农村部办公厅	2015
87	《国家外国专家局 外交部 公安部 人力资源社会保障部关于进一步完善外国专家短期来华相关办理程序的通知》	外专发〔2015〕176号	国家外国专家局、外交部、公安部、人力资源和社会保障部	2015

续表

序号	文件名称	发文字号	发文部门	年份
88	《国家外国专家局关于印发〈外国专家短期来华相关办理程序实施细则（试行）〉的通知》	外专发〔2015〕186 号	国家外国专家局	2015
89	《中共中央办公厅　国务院办公厅关于印发〈深化科技体制改革实施方案〉的通知》	中办发〔2015〕46 号	中共中央办公厅、国务院办公厅	2015
90	《中共中央　国务院关于深化体制机制改革加快实施创新驱动发展战略的若干意见》	中发〔2015〕8 号	中共中央、国务院	2015
91	《专业技术类公务员管理规定（试行）》	—	中共中央办公厅、国务院办公厅	2016
92	《关于加强外国人永久居留服务管理的意见》	—	中共中央办公厅、国务院办公厅	2016
93	《关于印发〈中央级公益性科研院所基本科研业务费专项资金管理办法〉的通知》	财教〔2016〕268 号	财政部	2016
94	《关于印发〈高等学校哲学社会科学繁荣计划专项资金管理办法〉的通知》	财教〔2016〕317 号	财政部、教育部	2016
95	《关于完善中央单位政府采购预算管理和中央高校、科研院所科研仪器设备采购管理有关事项的通知》	财库〔2016〕194 号	财政部	2016
96	《关于完善股权激励和技术入股有关所得税政策的通知》	财税〔2016〕101 号	财政部、国家税务总局	2016
97	《关于印发〈国有科技型企业股权和分红激励暂行办法〉的通知》	财资〔2016〕4 号	财政部、科技部、国资委	2016
98	《财政部　科技部关于印发〈中央引导地方科技发展专项资金管理办法〉的通知》	财资〔2016〕81 号	财政部、科技部	2016
99	《国务院办公厅关于印发促进科技成果转移转化行动方案的通知》	国办发〔2016〕28 号	国务院办公厅	2016

续表

序号	文件名称	发文字号	发文部门	年份
100	《国务院办公厅关于深入推行科技特派员制度的若干意见》	国办发〔2016〕32号	国务院办公厅	2016
101	《国务院办公厅关于建设大众创业万众创新示范基地的实施意见》	国办发〔2016〕35号	国务院办公厅	2016
102	《国务院办公厅关于加快众创空间发展服务实体经济转型升级的指导意见》	国办发〔2016〕7号	国务院办公厅	2016
103	《国务院办公厅关于支持返乡下乡人员创业创新促进农村一二三产业融合发展的意见》	国办发〔2016〕84号	国务院办公厅	2016
104	《国务院关于印发实施〈中华人民共和国促进科技成果转化法〉若干规定的通知》	国发〔2016〕16号	国务院	2016
105	《国务院关于印发上海系统推进全面创新改革试验加快建设具有全球影响力科技创新中心方案的通知》	国发〔2016〕23号	国务院	2016
106	《国务院关于印发"十三五"国家科技创新规划的通知》	国发〔2016〕43号	国务院	2016
107	《国务院关于印发北京加强全国科技创新中心建设总体方案的通知》	国发〔2016〕52号	国务院	2016
108	《科技部关于印发〈中央财政科技计划(专项、基金等)科技报告管理暂行办法〉的通知》	国科发创〔2016〕419号	科技部	2016
109	《科技部 中宣部关于印发〈中国公民科学素质基准〉的通知》	国科发政〔2016〕112号	科技部、中共中央宣传部	2016
110	《科技部 财政 发展改革委关于印发〈科技评估工作规定(试行)〉的通知》	国科发政〔2016〕382号	科技部、财政部、国家发展改革委	2016

序号	文件名称	发文字号	发文部门	年份
111	《科技部 发展改革委 教育部等关于印发〈国家科技计划（专项、基金等）严重失信行为记录暂行规定〉的通知》	国科发政〔2016〕97号	科技部、国家发展改革委、教育部、工业和信息化部、财政部、农业部、人力资源和社会保障部、国家卫生计生委、新闻出版国家广播电视总局、中国科学院、中国社会科学院、中国工程院、国家自然科学基金委员会、中国科协、中央军委装备发展部	2016
112	《教育部等七部门关于加强集成电路人才培养的意见》	教高〔2016〕1号	教育部、国家发展改革委、科技部、工业和信息化部、财政部、人力资源和社会保障部、国家外国专家局	2016
113	《教育部关于深化高校教师考核评价制度改革的指导意见》	教师〔2016〕7号	教育部	2016
114	《教育部办公厅关于做好2016年"三区"人才支持计划教师专项计划有关实施工作的通知》	教师厅函〔2016〕2号	教育部办公厅	2016
115	《教育部 人力资源社会保障部 工业和信息化部关于印发〈制造业人才发展规划指南〉的通知》	教职成〔2016〕9号	教育部、人力资源和社会保障部、工业和信息化部	2016
116	《中国科学院 科学技术部关于印发〈中国科学院关于新时期加快促进科技成果转移转化指导意见〉的通知》	科发促字〔2016〕97号	中国科学院、科技部	2016
117	《农业部 科技部 财政部 教育部 人力资源和社会保障部关于扩大种业人才发展和科研成果权益改革试点的指导意见》	农种发〔2016〕2号	农业部、科技部、财政部教育部、人力资源和社会保障部	2016
118	《人力资源社会保障部 全国博士后管委会关于印发博士后创新人才支持计划的通知》	人社部发〔2016〕33号	人力资源和社会保障部、全国博士后管委会	2016
119	《人力资源社会保障部关于加强基层专业技术人才队伍建设的意见》	人社部发〔2016〕57号	人力资源和社会保障部	2016

续表

序号	文件名称	发文字号	发文部门	年份
120	《人力资源社会保障部关于印发人力资源和社会保障事业发展"十三五"规划纲要的通知》	人社部发〔2016〕63号	人力资源和社会保障部	2016
121	《中共中央办公厅国务院办公厅印发〈关于实行以增加知识价值为导向分配政策的若干意见〉》	厅字〔2016〕35号	中共中央办公厅、国务院办公厅	2016
122	《国家外国专家局关于印发〈外国文教专家经费管理暂行办法〉的通知》	外专发〔2016〕85号	国家外国专家局	2016
123	《中共中央办公厅 国务院办公厅印发〈关于进一步完善中央财政科研项目资金管理等政策的若干意见〉》	中办发〔2016〕50号	中共中央办公厅、国务院办公厅	2016
124	《中共中央办公厅 国务院办公厅关于深化职称制度改革的意见》	中办发〔2016〕77号	中共中央办公厅、国务院办公厅	2016
125	《国家创新驱动发展战略纲要》	中发〔2016〕4号	中共中央、国务院	2016
126	《中共中央印发〈关于深化人才发展体制机制改革的意见〉》	中发〔2016〕9号	中共中央	2016
127	《关于加强网络安全学科建设和人才培养的意见》	中网办发文〔2016〕4号	中央网络安全和信息化领导小组办公室、国家发展改革委、教育部、工业和信息化部、人力资源和社会保障部	2016
128	《中共中央 国务院关于营造企业家健康成长环境弘扬优秀企业家精神更好发挥企业家作用的意见》	—	中共中央、国务院	2017
129	《聘任制公务员管理规定（试行）》	—	中共中央办公厅、国务院办公厅	2017
130	《科研事业单位领导人员管理暂行办法》	—	中共中央组织部、科技部	2017

序号	文件名称	发文字号	发文部门	年份
131	《国家海外高层次人才引进计划管理办法》	—	中共中央组织部	2017
132	《关于深化教育体制机制改革的意见》	—	中共中央办公厅	2017
133	《关于进一步加强党委联系服务专家工作的意见》	—	中共中央办公厅、国务院办公厅	2017
134	《"十三五"全国卫生计生人才发展规划》	—	卫生和计划生育委员会	2017
135	《关于进一步做好中央财政科研项目资金管理等政策贯彻落实工作的通知》	财科教〔2017〕6号	财政部、科技部、教育部、国家发展改革委	2017
136	《国务院办公厅关于深化产教融合的若干意见》	国办发〔2017〕95号	国务院办公厅	2017
137	《国务院办公厅印发关于深化科技奖励制度改革方案的通知》	国办函〔2017〕55号	国务院办公厅	2017
138	《国务院关于印发"十三五"促进就业规划的通知》	国发〔2017〕10号	国务院	2017
139	《国务院关于强化实施创新驱动发展战略进一步推进大众创业万众创新深入发展的意见》	国发〔2017〕37号	国务院	2017
140	《科技部办公厅关于印发〈国家科技专家库管理办法（试行）〉的通知》	国科办创〔2017〕25号	科技部办公厅	2017
141	《科技部办公厅关于印发〈落实"中长期青年发展规划（2016—2025年）"实施方案〉的通知》	国科办党委〔2017〕53号	科技部办公厅	2017
142	《科技部 中央编办 人力资源社会保障部关于印发中央级科研事业单位章程制定工作指导意见的通知》	国科发创〔2017〕224号	科技部、中央编办、人力资源和社会保障部	2017
143	《科技部关于印发国家科技成果转移转化示范区建设指引的通知》	国科发创〔2017〕304号	科技部	2017

序号	文件名称	发文字号	发文部门	年份
144	《科技部 财政部 人力资源社会保障部关于印发〈中央级科研事业单位绩效评价暂行办法〉的通知》	国科发创〔2017〕330号	科技部、财政部、人力资源和社会保障部	2017
145	《科技部关于印发国家技术创新中心建设工作指引的通知》	国科发创〔2017〕353号	科技部	2017
146	《关于印发"十三五"国家基础研究专项规划的通知》	国科发基〔2017〕162号	科技部、教育部、中国科学院、国家自然科学基金委员会	2017
147	《科技部 财政部关于发布国家科技资源共享服务平台绩效考核与评估结果的通知》	国科发基〔2017〕24号	科技部、财政部	2017
148	《科技部 财政部 国家发展改革委关于印发〈国家科技创新基地优化整合方案〉的通知》	国科发基〔2017〕250号	科技部	2017
149	《科技部 国家发展改革委 财政部关于印发〈"十三五"国家科技创新基地与条件保障能力建设专项规划〉的通知》	国科发基〔2017〕322号	科技部、国家发展改革委、财政部	2017
150	《科技部关于进一步鼓励和规范社会力量设立科学技术奖的指导意见》	国科发奖〔2017〕196号	科技部	2017
151	《科技部关于印发〈"十三五"国际科技创新合作专项规划〉的通知》	国科发外〔2017〕118号	科技部	2017
152	《科技部 财政部 国家税务总局关于印发〈科技型中小企业评价办法〉的通知》	国科发政〔2017〕115号	科技部、财政部、国家税务总局	2017
153	《科技部 中央宣传部关于印发〈"十三五"国家科普与创新文化建设规划〉的通知》	国科发政〔2017〕136号	科技部、中共中央宣传部	2017
154	《关于进一步做好企业研发费用加计扣除政策落实工作的通知》	国科发政〔2017〕211号	科技部、财政部、国家税务总局	2017

序号	文件名称	发文字号	发文部门	年份
155	《科技部关于印发〈"十三五"国家科技人才发展规划〉的通知》	国科发政〔2017〕86号	科技部	2017
156	《科技部　财政部关于印发〈国家重点研发计划管理暂行办法〉的通知》	国科发资〔2017〕152号	科技部	2017
157	《中医药传承与创新"百千万"人才工程（岐黄工程）资金管理暂行办法》	国中医药规财发〔2017〕32号	国家中医药管理局	2017
158	《中共教育部党组关于加快直属高校高层次人才发展的指导意见》	教党〔2017〕40号	中共教育部党组	2017
159	《教育部关于进一步做好"5+3"一体化医学人才培养工作的若干意见》	教高〔2017〕4号	教育部	2017
160	《教育部关于推动高校形成就业与招生计划人才培养联动机制的指导意见》	教高〔2017〕8号	教育部	2017
161	《教育部办公厅关于坚持正确导向促进高校高层次人才合理有序流动的通知》	教人厅〔2017〕1号	教育部办公厅	2017
162	《教育部　人力资源社会保障部关于印发〈高校教师职称评审监管暂行办法〉的通知》	教师〔2017〕12号	教育部、人力资源和社会保障部	2017
163	《教育部　国务院学位委员会关于印发〈学位与研究生教育发展"十三五"规划〉的通知》	教研〔2017〕1号	教育部、国务院学位委员会	2017
164	《教育部　财政部　国家发展改革委关于印发〈统筹推进世界一流大学和一流学科建设实施办法（暂行）〉的通知》	教研〔2017〕2号	教育部、财政部、国家发展改革委	2017
165	《人力资源社会保障部关于印发人力资源服务业发展行动计划的通知》	人社部发〔2017〕74号	人力资源和社会保障部	2017

续表

序号	文件名称	发文字号	发文部门	年份
166	《人力资源社会保障部关于支持和鼓励事业单位专业技术人员创新创业的指导意见》	人社部规〔2017〕4 号	人力资源和社会保障部	2017
167	《中共中央组织部　人力资源社会保障部等五部门关于印发高校毕业生基层成长计划的通知》	人社部规〔2017〕85 号	中共中央组织部、人力资源和社会保障部、教育部、财政部、共青团中央	2017
168	《人力资源社会保障部办公厅关于在部分职称系列设置正高级职称有关问题的通知》	人社厅发〔2017〕139 号	人力资源和社会保障部办公厅	2017
169	《国家外国专家局关于印发〈地方所属高等学校聘请外国专家项目管理办法〉的通知》	外专发〔2016〕120 号	国家外国专家局	2017
170	《国家外国专家局　公安部关于为境外非政府组织外籍工作人员办理工作许可等有关问题的通知》	外专发〔2017〕124 号	国家外国专家局、公安部	2017
171	《国家外国专家局关于推进落实外国人才引进改革创新重要举措的通知》	外专发〔2017〕167 号	国家外国专家局	2017
172	《国家外国专家局　外交部　公安部关于印发〈外国人才签证制度实施办法〉的通知》	外专发〔2017〕218 号	国家外国专家局、外交部、公安部	2017
173	《国家高层次人才特殊支持计划管理办法》	组通字〔2017〕9 号	中共中央组织部	2017
174	《中共中央　国务院关于全面深化新时代教师队伍建设改革的意见》	—	中共中央、国务院	2018
175	《中共中央办公厅　国务院办公厅印发〈关于提高技术工人待遇的意见〉》	—	中共中央办公厅、国务院办公厅	2018
176	《人力资源市场暂行条例》	—	国务院	2018
177	《国防科学技术奖励制度改革方案》	—	工业和信息化部、国防科工局	2018

续表

序号	文件名称	发文字号	发文部门	年份
178	《关于进一步激励广大干部新时代新担当新作为的意见》	—	中共中央办公厅	2018
179	《干部人事档案工作条例》	—	中共中央办公厅	2018
180	《2018—2022年全国干部教育培训规划》	—	中共中央	2018
181	《国家旅游人才培训基地管理办法》（试行）	办人发〔2018〕26号	文化和旅游部办公厅	2018
182	《财政部关于印发〈国际化高端会计人才培养工程实施方案〉的通知》	财会〔2018〕12号	财政部	2018
183	《关于进一步完善中央财政科技和教育资金预算执行管理有关事宜的通知》	财库〔2018〕96号	财政部	2018
184	《关于科技人员取得职务科技成果转化现金奖励有关个人所得税政策的通知》	财税〔2018〕58号	财政部、国家税务总局、科技部	2018
185	《关于扩大国有科技型企业股权和分红激励暂行办法实施范围等有关事项的通知》	财资〔2018〕54号	财政部、科技部、国资委	2018
186	《印发〈关于对科研领域相关失信责任主体实施联合惩戒的合作备忘录〉的通知》	发改财金〔2018〕1600号	国家发展改革委、中国人民银行等41部门	2018
187	《国务院办公厅关于推广第二批支持创新相关改革举措的通知》	国办发〔2018〕126号	国务院办公厅	2018
188	《国务院办公厅关于抓好赋予科研机构和人员更大自主权有关文件贯彻落实工作的通知》	国办发〔2018〕127号	国务院办公厅	2018
189	《国务院办公厅关于印发〈知识产权对外转让有关工作办法（试行）〉的通知》	国办发〔2018〕19号	国务院办公厅	2018
190	《国务院办公厅关于改革完善全科医生培养与使用激励机制的意见》	国办发〔2018〕3号	国务院办公厅	2018

续表

序号	文件名称	发文字号	发文部门	年份
191	《国务院关于优化科研管理提升科研绩效若干措施的通知》	国发〔2018〕25号	国务院	2018
192	《国务院关于推动创新创业高质量发展打造"双创"升级版的意见》	国发〔2018〕32号	国务院	2018
193	《国务院关于印发积极牵头组织国际大科学计划和大科学工程方案的通知》	国发〔2018〕5号	国务院	2018
194	《科技部关于印发〈关于技术市场发展的若干意见〉的通知》	国科发创〔2018〕48号	科技部	2018
195	《科技部 教育部 人力资源社会保障部 中科院工程院关于开展清理"唯论文、唯职称、唯学历、唯奖项"专项行动的通知》	国科发政〔2018〕210号	科技部、教育部、人力资源和社会保障部、中国科学院、中国工程院	2018
196	《全国粮食行业领军人才选拔培养管理办法》	国粮办发〔2018〕310号	粮食和储备局办公室	2018
197	《国家发展和改革委员会 国家粮食和物资储备局 教育部 人力资源和社会保障部关于"人才兴粮"的实施意见》	国粮发〔2018〕86号	国家发展改革委、粮食和储备局、教育部、人力资源和社会保障部	2018
198	《中医药传承与创新"百千万"人才工程(岐黄工程)——国家中医药领军人才支持计划》	国中医药人教发〔2018〕12号	国家中医药管理局	2018
199	《中共教育部党组关于印发〈"长江学者奖励计划"管理办法〉的通知》	教党〔2018〕51号	中共教育部党组	2018
200	《教育部关于加快建设高水平本科教育全面提高人才培养能力的意见》	教高〔2018〕2号	教育部	2018
201	《教育部 农业农村部 国家林业和草原局关于加强农科教结合实施卓越农林人才教育培养计划2.0的意见》	教高〔2018〕5号	教育部、农业农村部、国家林业和草原局	2018

续表

序号	文件名称	发文字号	发文部门	年份
202	《教育部　中央政法委关于坚持德法兼修实施卓越法治人才教育培养计划2.0的意见》	教高〔2018〕6号	教育部、中央政法委	2018
203	《教育部　中共中央宣传部关于提高高校新闻传播人才培养能力实施卓越新闻传播人才教育培养计划2.0的意见》	教高〔2018〕7号	教育部、中共中央宣传部	2018
204	《教育部关于全面落实研究生导师立德树人职责的意见》	教研〔2018〕1号	教育部	2018
205	《技能人才队伍建设工作实施方案(2018—2020年)》	人社部发〔2018〕65号	人力资源和社会保障部	2018
206	《人力资源社会保障部关于印发〈支持海南人力资源和社会保障事业全面深化改革开放的实施意见〉的通知》	人社部发〔2018〕72号	人力资源和社会保障部	2018
207	《人力资源社会保障部关于在工程技术领域实现高技能人才与工程技术人才职业发展贯通的意见(试行)》	人社部发〔2018〕74号	人力资源和社会保障部	2018
208	《中央组织部　人力资源社会保障部关于印发〈事业单位工作人员奖励规定〉的通知》	人社部规〔2018〕4号	中共中央组织部、人力资源和社会保障部	2018
209	《国家体育总局"优秀体育人才培养"和"体育干部教育培训"专项经费管理办法》	体人字〔2018〕143号	国家体育总局	2018
210	《中共中央办公厅　国务院办公厅〈关于进一步加强科研诚信建设的若干意见〉》	厅字〔2018〕23号	中共中央办公厅、国务院办公厅	2018
211	《关于提高技术工人待遇的意见》	中办发〔2018〕16号	中共中央办公厅、国务院办公厅	2018
212	《中共中央办公厅　国务院办公厅印发〈关于深化项目评审、人才评价、机构评估改革的意见〉》	中办发〔2018〕37号	中共中央办公厅、国务院办公厅	2018

续表

序号	文件名称	发文字号	发文部门	年份
213	《中共中央办公厅　国务院办公厅印发〈关于分类推进人才评价机制改革的指导意见〉》	中办发〔2018〕6号	中共中央办公厅、国务院办公厅	2018
214	《关于强化知识产权保护的意见》	—	中共中央办公厅、国务院办公厅	2019
215	《关于鼓励引导人才向艰苦边远地区和基层一线流动的意见》	—	中共中央办公厅	2019
216	《关于促进劳动力和人才社会性流动体制机制改革的意见》	—	中共中央办公厅、国务院办公厅	2019
217	《关于印发〈中央引导地方科技发展资金管理办法〉的通知》	财教〔2019〕129号	财政部、科技部	2019
218	《关于印发〈国家科学技术奖励绩效评价暂行办法〉的通知》	财教〔2019〕228号	财政部、科技部	2019
219	《关于粤港澳大湾区个人所得税优惠政策的通知》	财税〔2019〕31号	财政部、国家税务总局	2019
220	《关于进一步加大授权力度 促进科技成果转化的通知》	财资〔2019〕57号	财政部	2019
221	《国务院办公厅关于印发职业技能提升行动方案（2019—2021年）的通知》	国办发〔2019〕24号	国务院办公厅	2019
222	《国务院关于印发国家职业教育改革实施方案的通知》	国发〔2019〕4号	国务院	2019
223	《关于印发〈科研诚信案件调查处理规则（试行）〉的通知》	国科发监〔2019〕323号	科技部、中共中央宣传部、最高人民法院、最高人民检察院、国家发展改革委、教育部、工业和信息化部、公安部、财政部、人力资源和社会保障部、农业农村部、国家卫生健康委、国家市场监督管理总局、中国科学院、中国社会科学院、中国工程院、国家自然科学基金委员会、中国科协、中央军委装备发展部、中央军委科技委	2019

续表

序号	文件名称	发文字号	发文部门	年份
224	《科技部　教育部　发展改革委　财政部　人力资源社会保障部　中科院印发〈关于扩大高校和科研院所科研相关自主权的若干意见〉的通知》	国科发政〔2019〕260号	科技部、教育部、国家发展改革委、财政部、人力资源和社会保障部、中国科学院	2019
225	《科技部印发〈关于促进新型研发机构发展的指导意见〉的通知》	国科发政〔2019〕313号	科技部	2019
226	《国家自然科学基金委员会　财政部关于进一步完善科学基金项目和资金管理的通知》	国科金发财〔2019〕31号	国家自然科学基金委员会、财政部	2019
227	《国家自然科学基金委员会　科学技术部　财政部关于在国家杰出青年科学基金中试点项目经费使用"包干制"的通知》	国科金发计〔2019〕71号	国家自然科学基金委员会、科技部、财政部	2019
228	《国家卫生健康委办公厅关于进一步加强贫困地区卫生健康人才队伍建设的通知》	国卫办人函〔2019〕329号	国家卫生健康委办公厅	2019
229	《中共教育部党组关于抓好赋予科研管理更大自主权有关文件贯彻落实工作的通知》	教党函〔2019〕37号	中共教育部党组	2019
230	《教育部关于深化本科教育教学改革全面提高人才培养质量的意见》	教高〔2019〕6号	教育部	2019
231	《教育部关于印发〈高等学校科学研究优秀成果奖（科学技术）奖励办法〉的通知》	教技〔2019〕3号	教育部	2019
232	《教育部关于加强新时代教育科学研究工作的意见》	教政法〔2019〕16号	教育部	2019
233	《教育部关于职业院校专业人才培养方案制订与实施工作的指导意见》	教职成〔2019〕13号	教育部	2019

序号	文件名称	发文字号	发文部门	年份
234	《教育部办公厅等七部门关于教育支持社会服务产业发展提高紧缺人才培养培训质量的意见》	教职成厅〔2019〕3号	教育部办公厅、国家发展改革委办公厅、民政部办公厅、商务部办公厅、国家卫生健康委办公厅、国家中医药管理局办公室、全国妇联办公厅	2019
235	《教育部办公厅等十四部门关于印发〈职业院校全面开展职业培训促进就业创业行动计划〉的通知》	教职成厅〔2019〕5号	教育部办公厅等14部门	2019
236	《人力资源社会保障部关于改革完善技能人才评价制度的意见》	人社部发〔2019〕90号	人力资源和社会保障部	2019
237	《人力资源社会保障部　中国社会科学院关于深化哲学社会科学研究人员职称制度改革的指导意见》	人社部发〔2019〕109号	人力资源和社会保障部、中国社会科学院	2019
238	《人力资源社会保障部　中国外文局关于深化翻译专业人员职称制度改革的指导意见》	人社部发〔2019〕110号	人力资源和社会保障部、中国外文局	2019
239	《人力资源社会保障部　农业农村部关于深化农业技术人员职称制度改革的指导意见》	人社部发〔2019〕114号	人力资源和社会保障部、农业农村部	2019
240	《人力资源社会保障部　国家文物局关于进一步加强文博事业单位人事管理工作的指导意见》	人社部发〔2019〕120号	人力资源和社会保障部、国家文物局	2019
241	《人力资源社会保障部　国家文物局关于深化文物博物专业人员职称制度改革的指导意见》	人社部发〔2019〕122号	人力资源和社会保障部、国家文物局	2019
242	《关于进一步支持和鼓励事业单位科研人员创新创业的指导意见》	人社部发〔2019〕137号	人力资源和社会保障部	2019

续表

序号	文件名称	发文字号	发文部门	年份
243	《人力资源社会保障部 工业和信息化部关于深化工程技术人才职称制度改革的指导意见》	人社部发〔2019〕16号	人力资源和社会保障部、工业和信息化部	2019
244	《人力资源社会保障部 中国民用航空局关于深化民用航空飞行技术人员职称制度改革的指导意见》	人社部发〔2019〕19号	人力资源和社会保障部、中国民用航空局	2019
245	《人力资源社会保障部 科技部关于深化自然科学研究人员职称制度改革的指导意见》	人社部发〔2019〕40号	人力资源和社会保障部、科技部	2019
246	《人力资源社会保障部关于深化经济专业人员职称制度改革的指导意见》	人社部发〔2019〕53号	人力资源和社会保障部	2019
247	《人力资源和社会保障部关于充分发挥市场作用促进人才顺畅有序流动的意见》	人社部发〔2019〕7号	人力资源和社会保障部	2019
248	《人力资源社会保障部关于改革完善技能人才评价制度的意见》	人社部发〔2019〕90号	人力资源和社会保障部	2019
249	《中央组织部人力资源社会保障部关于印发〈事业单位工作人员培训规定〉的通知》	人社部规〔2019〕4号	中共中央组织部、人力资源和社会保障部	2019
250	《人力资源社会保障部办公厅关于动员组织各类专家助力脱贫攻坚活动的通知》	人社厅函〔2019〕69号	人力资源和社会保障部办公厅	2019
251	《关于鼓励引导人才向艰苦边远地区和基层一线流动的意见》	中办发〔2019〕27号	中共中央办公厅	2019
252	《中共中央办公厅 国务院办公厅印发〈关于进一步弘扬科学家精神加强作风和学风建设的意见〉的通知》	中办发〔2019〕35号	中共中央办公厅、国务院办公厅	2019
253	《职称评审管理暂行规定》	中华人民共和国人力资源社会和保障部令第40号令	人力资源和社会保障部	2019
254	《中华人民共和国专利法》	—	全国人大	2020

续表

序号	文件名称	发文字号	发文部门	年份
255	《中华人民共和国著作权法》	—	全国人大	2020
256	《中华人民共和国生物安全法》	—	全国人大	2020
257	《深化新时代教育评价改革总体方案》	—	中共中央、国务院	2020
258	《国家科学技术奖励条例》	—	国务院	2020
259	《关于海南自由贸易港高端紧缺人才个人所得税政策的通知》	财税〔2020〕32号	财政部、国家税务总局	2020
260	《产业人才需求预测工作实施方案(2020—2022年)》	工信厅人函〔2020〕86号	工业和信息化部办公厅	2020
261	《国务院办公厅关于提升大众创业万众创新示范基地带动作用进一步促改革稳就业强动能的实施意见》	国办发〔2020〕26号	国务院办公厅	2020
262	《科技部办公厅关于开展科技人员服务企业专项行动的通知》	国科办函智〔2020〕59号	科技部办公厅	2020
263	《科技部办公厅　财政部办公厅　教育部办公厅　中科院办公厅　工程院办公厅　自然科学基金委办公室关于印发〈新形势下加强基础研究若干重点举措〉的通知》	国科办基〔2020〕38号	科技部办公厅、财政部办公厅、教育部办公厅、中国科学院办公厅、中国工程院办公厅、国家自然科学基金委员会办公室	2020
264	《科技部办公厅关于加快推动国家科技成果转移转化示范区建设发展的通知》	国科办区〔2020〕50号	科技部办公厅	2020
265	《科技部办公厅关于实施科技人员服务企业专项行动·湖北专项的通知》	国科办智〔2020〕94号	科技部办公厅	2020
266	《科技部办公厅关于做好在华工作外国专家防控新型冠状病毒疫情服务工作的通知》	国科办专〔2020〕4号	科技部办公厅	2020
267	《科技部　发展改革委　教育部　中科院　自然科学基金委关于印发〈加强"从0到1"基础研究工作方案〉的通知》	国科发基〔2020〕46号	科技部、国家发展改革委、教育部、中国科学院、国家自然科学基金委员会	2020

续表

序号	文件名称	发文字号	发文部门	年份
268	《科技部　财政部　发展改革委关于印发〈中央财政科技计划(专项、基金等)绩效评估规范(试行)〉的通知》	国科发监〔2020〕165号	科技部、财政部、国家发展改革委	2020
269	《科技部　自然科学基金委关于进一步压实国家科技计划(专项、基金等)任务承担单位科研作风学风和科研诚信主体责任的通知》	国科发监〔2020〕203号	科技部、国家自然科学基金委员会	2020
270	《科技部关于印发〈科学技术活动评审工作中请托行为处理规定(试行)〉的通知》	国科发监〔2020〕360号	科技部	2020
271	《科技部印发〈关于破除科技评价中"唯论文"不良导向的若干措施(试行)〉的通知》	国科发监〔2020〕37号	科技部	2020
272	《科技部等9部门印发〈赋予科研人员职务科技成果所有权或长期使用权试点实施方案〉的通知》	国科发区〔2020〕128号	科技部、国家发展改革委、教育部、工业和信息化部、财政部、人力资源和社会保障部、商务部、国家知识产权局、中国科学院	2020
273	《科技部　教育部印发〈关于进一步推进高等学校专业化技术转移机构建设发展的实施意见〉的通知》	国科发区〔2020〕133号	科技部、教育部	2020
274	《科技部关于印发〈赋予科研人员职务科技成果所有权或长期使用权试点单位名单〉的通知》	国科发区〔2020〕273号	科技部	2020
275	《科技部印发〈关于科技创新支撑复工复产和经济平稳运行的若干措施〉的通知》	国科发区〔2020〕67号	科技部	2020
276	《科技部印发〈关于推进国家技术创新中心建设的总体方案(暂行)〉的通知》	国科发区〔2020〕70号	科技部	2020

续表

序号	文件名称	发文字号	发文部门	年份
277	《科技部 财政部 教育部 中科院关于持续开展减轻科研人员负担 激发创新活力专项行动的通知》	国科发政〔2020〕280号	科技部、财政部、教育部、中国科学院	2020
278	《科技部 教育部 人力资源社会保障部 财政部 中科院 自然科学基金委关于鼓励科研项目开发科研助理岗位吸纳高校毕业生就业的通知》	国科发资〔2020〕132号	科技部、教育部、人力资源和社会保障部、财政部、中国科学院、国家自然科学基金委员会	2020
279	《教育部 科技部印发〈关于规范高等学校SCI论文相关指标使用树立正确评价导向的若干意见〉的通知》	教科技〔2020〕2号	教育部、科技部	2020
280	《教育部印发〈关于正确认识和规范使用高校人才称号的若干意见〉的通知》	教人〔2020〕15号	教育部	2020
281	《教育部印发〈关于破除高校哲学社会科学研究评价中"唯论文"不良导向的若干意见〉的通知》	教社科〔2020〕3号	教育部	2020
282	《教育部关于在部分高校开展基础学科招生改革试点工作的意见》	教学〔2020〕1号	教育部	2020
283	《教育部关于印发〈研究生导师指导行为准则〉的通知》	教研〔2020〕12号	教育部	2020
284	《教育部 国家发展改革委 财政部关于加快新时代研究生教育改革发展的意见》	教研〔2020〕9号	教育部、国家发展改革委、财政部	2020
285	《中国科协 民政部印发〈关于进一步推动中国科协学会创新发展的意见〉的通知》	科协发学字〔2020〕31号	中国科协、民政部	2020

序号	文件名称	发文字号	发文部门	年份
286	《农业农村部办公厅 教育部办公厅关于推介乡村振兴人才培养优质校的通知》	农办科〔2020〕15号	农业农村部办公厅、教育部办公厅	2020
287	《农业农村部 国家发展改革委 教育部 科技部 财政部 人力资源社会保障部 自然资源部 退役军人部 银保监会关于深入实施农村创新创业带头人培育行动的意见》	农产发〔2020〕3号	农业农村部、国家发展改革委、教育部、科技部、财政部、人力资源和社会保障部、自然资源部、退役军人部、银保监会	2020
288	《人力资源社会保障部关于进一步加强高技能人才与专业技术人才职业发展贯通的实施意见》	人社部发〔2020〕96号	人力资源和社会保障部	2020
289	《人力资源社会保障部 教育部关于深化高等学校教师职称制度改革的指导意见》	人社部发〔2020〕100号	人力资源和社会保障部、教育部	2020
290	《人力资源社会保障部 财政部关于实施职业技能提升行动"互联网+职业技能培训计划"的通知》	人社部发〔2020〕10号	人力资源和社会保障部、财政部	2020
291	《人力资源社会保障部办公厅关于支持企业大力开展技能人才评价工作的通知》	人社厅发〔2020〕104号	人力资源和社会保障部办公厅	2020
292	《人力资源社会保障部办公厅关于切实做好新型冠状病毒感染肺炎疫情防控期间技能人才评价有关工作的通知》	人社厅函〔2020〕22号	人力资源和社会保障部办公厅	2020
293	《国务院学位委员会 教育部关于印发〈专业学位研究生教育发展方案（2020—2025）〉的通知》	学位〔2020〕20号	国务院学位委员会、教育部	2020
294	《科学技术活动违规行为处理暂行规定》	中华人民共和国科学技术部令第19号令	科技部	2020

续表

序号	文件名称	发文字号	发文部门	年份
295	《国家发展改革委　科技部关于深入推进全面创新改革工作的通知》	发改高技〔2021〕484 号	国家发展改革委、科技部	2021
296	《中华人民共和国科学技术进步法》	—	全国人大	2021
297	《中华人民共和国国民经济和社会发展第十四个五年规划和 2035 年远景目标纲要》	—	全国人大	2021
298	《上海市建设具有全球影响力的科技创新中心"十四五"规划》	—	国家发展改革委、上海市人民政府	2021
299	《中国共产党组织工作条例》	—	中共中央	2021
300	《文化和旅游部办公厅关于实施全国戏曲表演领军人才培养计划的通知》	办艺发〔2021〕63 号	文化和旅游部办公厅	2021
301	《会计行业人才发展规划（2021—2025 年）》	财会〔2021〕34 号	财政部	2021
302	《关于印发〈国家自然科学基金资助项目资金管理办法〉的通知》	财教〔2021〕177 号	财政部、国家自然科学基金委员会	2021
303	《关于印发〈国家重点研发计划管理暂行办法〉的通知》	财教〔2021〕178 号	财政部、科技部	2021
304	《关于〈中央级公益性科研院所基本科研业务费专项资金管理办法〉有关问题的补充通知》	财教〔2021〕203 号	财政部	2021
305	《关于印发〈中央高校基本科研业务费管理办法〉的通知》	财教〔2021〕283 号	财政部、教育部	2021
306	《关于深入组织实施创业带动就业示范行动的通知》	发改办高技〔2021〕244 号	国家发展改革委办公厅、教育部办公厅、工业和信息化部办公厅、人力资源和社会保障部办公厅、农业农村部办公厅、国务院国资委办公厅	2021
307	《关于完善科技成果评价机制的指导意见》	国办发〔2021〕26 号	国务院办公厅	2021
308	《国务院办公厅关于完善科技成果评价机制的指导意见》	国办发〔2021〕26 号	国务院办公厅	2021

续表

序号	文件名称	发文字号	发文部门	年份
309	《国务院办公厅关于改革完善中央财政科研经费管理的若干意见》	国办发〔2021〕32号	国务院办公厅	2021
310	《国务院办公厅关于进一步支持大学生创新创业的指导意见》	国办发〔2021〕35号	国务院办公厅	2021
311	《国务院办公厅关于印发要素市场化配置综合改革试点总体方案的通知》	国办发〔2021〕51号	国务院办公厅	2021
312	《国务院关于印发全民科学素质行动规划纲要（2021—2035年）的通知》	国发〔2021〕9号	国务院	2021
313	《科技部等十三部门印发〈关于支持女性科技人才在科技创新中发挥更大作用的若干措施〉的通知》	国科发才〔2021〕172号	科技部、全国妇联、教育部、工业和信息化部、人力资源和社会保障部、国家卫生健康委、国资委、中国科学院、中国工程院、中国社会科学院、全国总工会、中国科协、国家自然科学基金委员会	2021
314	《科技部 财政部印发〈国家技术创新中心建设运行管理办法（暂行）〉的通知》	国科发区〔2021〕17号	科技部、财政部	2021
315	《科技部 财政部 海关总署 税务总局关于印发〈科研院所等科研机构免税进口科学研究、科技开发和教学用品管理细则〉的通知》	国科发政〔2021〕270号	科技部、财政部、海关总署、国家税务总局	2021
316	《关于印发医学科研诚信和相关行为规范的通知》	国卫科教发〔2021〕7号	国家卫生健康委、科技部、国家中医药管理局	2021
317	《知识产权人才"十四五"规划》	国知发人字〔2021〕38号	国家知识产权局	2021
318	《交通运输部 科学技术部关于科技创新驱动加快建设交通强国的意见》	交科技发〔2021〕80号	交通运输部、科技部	2021

续表

序号	文件名称	发文字号	发文部门	年份
319	《教育部等六部门关于加强新时代高校教师队伍建设改革的指导意见》	教师〔2020〕10号	教育部、中共中央组织部、中共中央宣传部、财政部、人力资源和社会保障部、住房和城乡建设部	2021
320	《关于支持女性科技人才在科技创新中发挥更大作用的若干措施》	教师厅函〔2021〕12号	教育部办公厅、财政部办公厅	2021
321	《教育部 财政部 国家发展改革委关于印发〈"双一流"建设成效评价办法(试行)〉的通知》	教研〔2020〕13号	教育部、财政部、国家发展改革委	2021
322	《农业农村部关于印发〈"十四五"农业农村人才队伍建设发展规划〉的通知》	农人发〔2021〕9号	农业农村部	2021
323	《人力资源社会保障部关于进一步加强高技能人才与专业技术人才职业发展贯通的实施意见》	人社部发〔2020〕96号	人力资源和社会保障部	2021
324	《人力资源社会保障部 财政部 国务院国资委 中华全国总工会 全国工商联关于印发〈关于全面推行中国特色企业新型学徒制加强技能人才培养的指导意见〉的通知》	人社部发〔2021〕39号	人力资源和社会保障部、财政部、国务院国资委、中华全国总工会、全国工商联	2021
325	《人力资源社会保障部关于印发人力资源和社会保障事业发展"十四五"规划的通知》	人社部发〔2021〕47号	人力资源和社会保障部	2021
326	《人力资源社会保障部 国家卫生健康委 国家中医药局关于深化卫生专业技术人员职称制度改革的指导意见》	人社部发〔2021〕51号	人力资源和社会保障部、国家卫生健康委、国家中医药局	2021
327	《人力资源社会保障部 教育部关于深化实验技术人才职称制度改革的指导意见》	人社部发〔2021〕62号	人力资源和社会保障部、教育部	2021

续表

序号	文件名称	发文字号	发文部门	年份
328	《人力资源社会保障部 财政部 工业和信息化部 科技部 教育部 中国科学院关于印发专业技术人才知识更新工程实施方案的通知》	人社部发〔2021〕73号	人力资源和社会保障部、财政部、工业和信息化部、科技部、教育部、中国科学院	2021
329	《专业技术人才知识更新工程数字技术工程师培育项目实施办法》	人社厅发〔2021〕71号	专业技术人员管理司	2021
330	《人力资源社会保障部办公厅关于印发〈技能人才薪酬分配指引〉的通知》	人社厅发〔2021〕7号	人力资源和社会保障部办公厅	2021
331	《关于加快推进乡村人才振兴的意见》	中办发〔2021〕9号	中共中央办公厅、国务院办公厅	2021
332	《中共中央宣传部教育部科技部印发〈关于推动学术期刊繁荣发展的意见〉的通知》	中宣发〔2021〕17号	中共中央宣传部、教育部、科技部	2021
333	《国务院关于印发"十四五"推进农业农村现代化规划的通知》	国发〔2021〕25号	国务院	2021
334	《中国科协 教育部 科技部等联合发布〈关于支持青年科技人才全面发展联合行动倡议〉》	—	中国科协、教育部、科技部、共青团中央、中国科学院、中国工程院、国防科工局、国家自然科学基金委员会	2022
335	《中共中央 国务院印发〈扩大内需战略规划纲要（2022—2035年）〉》	—	中共中央、国务院	2022
336	《中共中央 国务院关于做好2022年全面推进乡村振兴重点工作的意见》	—	中共中央、国务院	2022
337	《中共中央 国务院关于构建数据基础制度更好发挥数据要素作用的意见》	—	中共中央、国务院	2022
338	《乡村振兴责任制实施办法》	—	中共中央办公厅、国务院办公厅	2022
339	《事业单位领导人员管理规定》	—	中共中央办公厅	2022

续表

序号	文件名称	发文字号	发文部门	年份
340	《国家"十四五"时期哲学社会科学发展规划》	—	中共中央办公厅	2022
341	《关于做好涉外仲裁人才培养项目实施工作的通知》	—	司法部、教育部、科技部、国务院国有资产监督管理委员会、中华全国工商业联合会、中国国际贸易促进委员会	2022
342	《关于新时代进一步加强科学技术普及工作的意见》	—	中共中央办公厅、国务院办公厅	2022
343	《关于深化现代职业教育体系建设改革的意见》	—	中共中央办公厅、国务院办公厅	2022
344	《关于加强新时代高技能人才队伍建设的意见》	—	中共中央办公厅、国务院办公厅	2022
345	《关于加强科技伦理治理的意见》	—	中共中央办公厅、国务院办公厅	2022
346	《关于加强高校有组织科研推动高水平自立自强的若干意见》	—	教育部	2022
347	《关于加强新时代注册会计师行业人才工作的指导意见》	财会〔2022〕21号	财政部	2022
348	《关于印发〈中央高校建设世界一流大学(学科)和特色发展引导专项资金管理办法〉的通知》	财教〔2022〕242号	财政部、教育部	2022
349	《国家发展改革委关于印发〈新发展阶段浙江嘉善县域高质量发展示范点建设方案〉的通知》	发改地区〔2022〕1529号	国家发展改革委	2022
350	《国家发展改革委关于印发长三角国际一流营商环境建设三年行动方案的通知》	发改法规〔2022〕1562号	国家发展改革委	2022
351	《国家发展改革委关于印发〈"十四五"生物经济发展规划〉的通知》	发改高技〔2021〕1850号	国家发展改革委	2022
352	《国家发展改革委 科技部印发〈关于进一步完善市场导向的绿色技术创新体系实施方案(2023—2025年)〉》	发改环资〔2022〕1885号	国家发展改革委、科技部	2022

续表

序号	文件名称	发文字号	发文部门	年份
353	《工业和信息化部 教育部 文化和旅游部 国家广播电视总局 国家体育总局关于印发〈虚拟现实与行业应用融合发展行动计划（2022—2026年）〉的通知》	工信部联电子〔2022〕148号	工业和信息化部、教育部、文化和旅游部、国家广播电视总局、国家体育总局	2022
354	《工业和信息化部 国家发展和改革委员会 科学技术部 财政部 人力资源和社会保障部 中国人民银行 国务院国有资产监督管理委员会 国家市场监督管理总局 中国银行保险监督管理委员会 国家知识产权局 中华全国工商业联合会关于开展"携手行动"促进大中小企业融通创新(2022~2025年)的通知》	工信部联企业〔2022〕54号	工业和信息化部、国家发展改革委、科技部、财政部、人力资源和社会保障部、中国人民银行、国务院国有资产监督管理委员会、国家市场监督管理总局、中国银行保险监督管理委员会、国家知识产权局、中华全国工商业联合会	2022
355	《工业和信息化部 人力资源社会保障部 生态环境部 商务部 市场监管总局关于推动轻工业高质量发展的指导意见》	工信部联消费〔2022〕68号	工业和信息化部、人力资源和社会保障部、生态环境部、商务部、国家市场监督管理总局	2022
356	《工业和信息化部关于加强和改进工业和信息化人才队伍建设的实施意见》	工信部人〔2022〕138号	工业和信息化部	2022
357	《全国广播电视和网络视听"十四五"人才发展规划》	广电发〔2022〕72号	国家广播电视总局	2022
358	《国务院办公厅关于印发"十四五"国民健康规划的通知》	国办发〔2022〕11号	国务院办公厅	2022
359	《国务院关于印发广州南沙深化面向世界的粤港澳全面合作总体方案的通知》	国办发〔2022〕13号	国务院	2022
360	《国务院办公厅关于印发"十四五"现代物流发展规划的通知》	国办发〔2022〕17号	国务院办公厅	2022
361	《国务院关于印发气象高质量发展纲要(2022~2035年)的通知》	国发〔2021〕11号	国务院	2022

序号	文件名称	发文字号	发文部门	年份
362	《国务院关于印发"十四五"现代综合交通运输体系发展规划的通知》	国发〔2021〕27号	国务院	2022
363	《国务院关于印发"十四五"数字经济发展规划的通知》	国发〔2021〕29号	国务院	2022
364	《国务院关于支持山东深化新旧动能转换推动绿色低碳高质量发展的意见》	国发〔2022〕18号	国务院	2022
365	《国家减灾委员会关于印发〈"十四五"国家综合防灾减灾规划〉的通知》	国减发〔2022〕1号	国家减灾委员会	2022
366	《科技部办公厅等关于允许在中关村国家自主创新示范区核心区（海淀园）的中央高等院校、科研机构及企事业单位等适用〈北京市促进科技成果转化条例〉的通知》	国科办区〔2022〕116号	科技部办公厅、国家发展改革办公厅、教育部办公厅、财政部办公厅、国资委办公厅、工业和信息化部办公厅、国家卫生健康委办公厅、人力资源和社会保障部办公厅、中国科学院办公厅	2022
367	《科技部办公厅关于营造更好环境支持科技型中小企业研发的通知》	国科办区〔2022〕2号	科技部办公厅	2022
368	《科技部办公厅 贵州省人民政府办公厅关于印发〈"科技入黔"推动高质量发展行动方案〉的通知》	国科办区〔2022〕87号	科技部办公厅、贵州省人民政府办公厅	2022
369	《科技部办公厅 教育部办公厅 财政部办公厅 人力资源社会保障部办公厅印发〈"关于扩大高校和科研院所科研相关自主权的若干意见"问答手册〉的通知》	国科办政〔2022〕5号	科技部办公厅、教育部办公厅、财政部办公厅、人力资源和社会保障部办公厅	2022
370	《科技部办公厅 财政部办公厅 自然科学基金委办公室关于进一步加强统筹国家科技计划项目立项管理工作的通知》	国科办资〔2022〕107号	科技部办公厅、财政部办公厅、国家自然科学基金委员会办公室	2022

续表

序号	文件名称	发文字号	发文部门	年份
371	《科技部　中央宣传部　中国科协关于印发〈"十四五"国家科学技术普及发展规划〉的通知》	国科发才〔2022〕212号	科技部、中共中央宣传部、中国科协	2022
372	《科技部等八部门印发〈关于开展科技人才评价改革试点的工作方案〉的通知》	国科发才〔2022〕255号	科技部、教育部、工业和信息化部、财政部、水利部、农业农村部、国家卫生健康委、中国科学院	2022
373	《科技部等六部门关于印发〈关于加快场景创新以人工智能高水平应用促进经济高质量发展的指导意见〉的通知》	国科发规〔2022〕199号	科技部、教育部、工业和信息化部、交通运输部、农业农村部、国家卫生健康委	2022
374	《科技部　上海市人民政府　江苏省人民政府　浙江省人民政府　安徽省人民政府关于印发〈长三角科技创新共同体联合攻关合作机制〉的通知》	国科发规〔2022〕201号	科技部、上海市人民政府、江苏省人民政府、浙江省人民政府、安徽省人民政府	2022
375	《科技部等二十二部门关于印发〈科研失信行为调查处理规则〉的通知》	国科发监〔2022〕221号	科技部、中共中央宣传部、最高人民法院、最高人民检察院、国家发展改革委、教育部、工业和信息化部、公安部、财政部、人力资源和社会保障部、农业农村部、国家卫生健康委、国务院国资委、国家市场监督管理总局、中国科学院、中国社会科学院、中国工程院、国家自然科学基金委员会、国防科工局、中国科协、中央军委装备发展部、中央军委科学技术委员会	2022
376	《科技部　浙江省人民政府关于印发〈推动高质量发展建设共同富裕示范区科技创新行动方案〉的通知》	国科发区〔2022〕13号	科技部、浙江省人民政府	2022

序号	文件名称	发文字号	发文部门	年份
377	《科技部等七部门关于做好科研助理岗位开发和落实工作的通知》	国科发区〔2022〕185号	科技部、教育部、财政部、人力资源和社会保障部、国务院国有资产监督管理委员会、中国科学院、国家自然科学基金委员会	2022
378	《科技部　财政部关于印发〈企业技术创新能力提升行动方案（2022—2023年）〉的通知》	国科发区〔2022〕220号	科技部、财政部	2022
379	《科技部等九部门关于印发〈"十四五"东西部科技合作实施方案〉的通知》	国科发区〔2022〕25号	科技部、教育部、工业和信息化部、自然资源部、生态环境部、国资委、中国科学院、中国工程院、中国科协	2022
380	《科技部关于印发〈"十四五"技术要素市场专项规划〉的通知》	国科发区〔2022〕263号	科技部	2022
381	《科技部关于印发〈"十四五"国家高新技术产业开发区发展规划〉的通知》	国科发区〔2022〕264号	科技部	2022
382	《科技部等九部门关于印发〈科技支撑碳达峰碳中和实施方案（2022—2030年）〉的通知》	国科发社〔2022〕157号	科技部、国家发展改革委、工业和信息化部、生态环境部、住房城乡建设部、交通运输部、中国科学院、中国工程院、国家能源局	2022
383	《科技部　生态环境部　住房和城乡建设部　气象局　林草局关于印发〈"十四五"生态环境领域科技创新专项规划〉的通知》	国科发社〔2022〕238号	科技部、生态环境部、住房和城乡建设部、中国气象局、国家林业和草原局	2022
384	《科技部 应急部关于印发〈"十四五"公共安全与防灾减灾科技创新专项规划〉的通知》	国科发社〔2022〕246号	科技部、应急管理部	2022
385	《科技部　住房城乡建设部关于印发〈"十四五"城镇化与城市发展科技创新专项规划〉的通知》	国科发社〔2022〕320号	科技部、住房和城乡建设部	2022

序号	文件名称	发文字号	发文部门	年份
386	《科技部　财政部　教育部　中科院　自然科学基金委关于开展减轻青年科研人员负担专项行动的通知》	国科发政〔2022〕214号	科技部、财政部、教育部、中科院、国家自然科学基金委员会	2022
387	《科技部印发〈关于开展科技系统法治宣传教育的第八个五年规划(2021—2025年)〉的通知》	国科发政〔2022〕77号	科技部	2022
388	《国家卫生健康委关于印发"十四五"卫生健康标准化工作规划的通知》	国卫法规发〔2022〕2号	国家卫生健康委	2022
389	《国家卫生健康委关于印发"十四五"卫生健康人才发展规划的通知》	国卫人发〔2022〕27号	国家卫生健康委	2022
390	《国家中医药局　教育部　人力资源社会保障部　国家卫生健康委关于加强新时代中医药人才工作的意见》	国中医药人教发〔2022〕4号	国家中医药局、教育部、人力资源和社会保障部、国家卫生健康委	2022
391	《"十四五"中医药人才发展规划》	国中医药人教发〔2022〕7号	国家中医药局	2022
392	《关于印发〈国家适应气候变化战略2035〉的通知》	环气候〔2022〕41号	生态环境部、国家发展改革委、科技部、财政部、自然资源部、住房和城乡建设部、交通运输部、水利部、农业农村部、文化和旅游部、国家卫生健康委、应急管理部、中国人民银行、中国科学院、中国气象局、国家能源局、国家林业和草原局	2022
393	《交通运输部　科学技术部关于印发〈交通领域科技创新中长期发展规划纲要（2021—2035年)〉的通知》	交科技发〔2022〕11号	交通运输部、科技部	2022

续表

序号	文件名称	发文字号	发文部门	年份
394	《交通运输部 科学技术部关于印发〈"十四五"交通领域科技创新规划〉的通知》	交科技发〔2022〕31号	交通运输部、科技部	2022
395	《教育部关于印发〈绿色低碳发展国民教育体系建设实施方案〉的通知》	教发〔2022〕2号	教育部	2022
396	《教育部关于印发〈加强碳达峰碳中和高等教育人才培养体系建设工作方案〉的通知》	教高函〔2022〕3号	教育部	2022
397	《教育部办公厅关于印发〈新农科人才培养引导性专业指南〉的通知》	教高厅函〔2022〕23号	教育部办公厅	2022
398	《教育部办公厅 工业和信息化部办公厅国家知识产权局办公室关于组织开展"千校万企"协同创新伙伴行动的通知》	教科信厅函〔2022〕26号	教育部办公厅、工业和信息化部办公厅、国家知识产权局办公室	2022
399	《教育部办公厅 国家知识产权局办公室 科技部办公厅关于组织开展"百校千项"高价值专利培育转化行动的通知》	教科信厅函〔2022〕42号	教育部办公厅、国家知识产权局办公室、科技部办公厅	2022
400	《教育部办公厅 国家发展改革委办公厅 国家能源局综合司关于实施储能技术国家急需高层次人才培养专项的通知》	教研厅函〔2022〕10号	教育部办公厅、国家发展改革委办公厅、国家能源局综合司	2022
401	《教育部办公厅 农业农村部办公厅 中国科协办公厅关于推广科技小院研究生培养模式助力乡村人才振兴的通知》	教研厅函〔2022〕2号	教育部办公厅、农业农村部办公厅、中国科协办公厅	2022
402	《农业农村部办公厅印发〈关于深化农业科研机构创新与服务绩效评价改革的指导意见〉的通知》	农办科〔2021〕36号	农业农村部办公厅	2022

续表

序号	文件名称	发文字号	发文部门	年份
403	《农业农村部办公厅关于加快推进种业基地现代化建设的指导意见》	农办种〔2022〕11号	农业农村部办公厅	2022
404	《农业农村部关于印发〈"十四五"全国农业农村科技发展规划〉的通知》	农科教发〔2021〕13号	农业农村部	2022
405	《农业农村部　财政部关于印发〈乡村产业振兴带头人培育"头雁"项目实施方案〉的通知》	农人发〔2022〕3号	农业农村部、财政部	2022
406	《人力资源社会保障部关于健全完善新时代技能人才职业技能等级制度的意见（试行）》	人社部发〔2022〕14号	人力资源和社会保障部	2022
407	《人力资源社会保障部　工业和信息化部　国务院国资委关于印发〈制造业技能根基工程实施方案〉的通知》	人社部发〔2022〕33号	人力资源和社会保障部、工业和信息化部、国务院国资委	2022
408	《人力资源社会保障部　财政部关于印发〈国家级高技能人才培训基地和技能大师工作室建设项目实施方案〉的通知》	人社部发〔2022〕62号	人力资源和社会保障部、财政部	2022
409	《人力资源社会保障部关于实施人力资源服务业创新发展行动计划（2023~2025年）的通知》	人社部发〔2022〕83号	人力资源和社会保障部	2022
410	《人力资源社会保障部关于印发〈推进技工院校工学一体化技能人才培养模式实施方案〉的通知》	人社部函〔2022〕20号	人力资源和社会保障部	2022
411	《人力资源社会保障部办公厅关于印发〈国有企业科技人才薪酬分配指引〉的通知》	人社厅发〔2022〕54号	人力资源和社会保障部办公厅	2022
412	《人力资源社会保障部办公厅关于进一步做好职称评审工作的通知》	人社厅发〔2022〕60号	人力资源和社会保障部办公厅	2022

续表

序号	文件名称	发文字号	发文部门	年份
413	《共青团做好新时代青年人才培养工作的行动计划》	中青发〔2022〕13号	共青团中央	2022
414	《关于进一步加强青年科技人才培养和使用的若干措施》	—	中共中央办公厅、国务院办公厅	2023
415	《标准化人才培养专项行动计划（2023—2025年）》	国标委联〔2023〕56号	国家标准委、教育部、科技部、人力资源和社会保障部、全国工商联	2023
416	《服务健康事业和健康产业人才培养引导性专业指南》	教高厅函〔2023〕26号	教育部办公厅	2023
417	《关于加强养老服务人才队伍建设的意见》	民发〔2023〕71号	民政部、国家发展改革委、教育部、人力资源和社会保障部、住房和城乡建设部、农业农村部、商务部、国家卫生健康委、国家市场监督管理总局、国家税务总局、全国老龄办	2023
418	《人力资源社会保障部等七部门关于实施高技能领军人才培育计划的通知》	人社部发〔2024〕29号	人力资源和社会保障部、国家发展改革委、教育部、科技部、财政部、国务院国资委、全国总工会	2024
419	《加快数字人才培育支撑数字经济发展行动方案（2024—2026年）》	人社部发〔2024〕37号	人力资源和社会保障部、中共中央组织部、中央网信办、国家发展改革委、教育部、科技部、工业和信息化部、财政部、国家数据局	2024

Abstract

The report of the Twentieth National Congress of the Communist Party of China pointed out that further strengthening and accelerating the world's important talent center and innovation highland as the new goal of the talent power strategy, focusing on education, science and technology, and talent work, promoting the adjustment and advancement of the strategy of rejuvenating the country through science and education, talent power strategy, and innovation driven development strategy, accelerating the accumulation of talent to enable new quality productivity, strengthening the talent support for Chinese path to modernization, and striving to write a new chapter of China's practice in the modernization of the talent governance system.

Annual Report on the Development of Chinese Talents(2024), based on the goal of "talent development drives new quality productivity, serves high-quality development, and strives to promote Chinese path to modernization", thoroughly implements the strategy of strengthening the country with talent in the new era. By collecting survey data and statistical data of talent groups, and using the method of normative analysis and empirical analysis, it interprets the achievements of China's strategy of strengthening the country with talent in recent years from multiple perspectives, systematically summarizes the top-level design and strategic deployment, spatial distribution and structural levels, evaluation system and trend prediction, regional exploration and experience enlightenment of China's talent development, and puts forward relevant policy recommendations. This book is mainly divided into four parts: general report, competitiveness reports, regional reports, and key group reports.

The general report comprehensively combed the number, quality of China's talent international competitiveness, institutional and mechanism reform of China's

talent development, and the main achievements, main characteristics, and evolution trend of local practices. It believed that the past decade was the decade when the quality of China's talent development increased, the international competitiveness of talent continued to rise, and the grand talent work pattern was fully formed.

On the issue of talent competitiveness, firstly, focus on the global competitiveness of Chinese talents level at the macro, clarify the horizontal positioning of China's talent competitiveness in the world, and clarify the current situation of China's international talent training, the spatial distribution and evolution characteristics of China's highly educated talents. Secondly is to pay attention to the competitiveness of talents in key provinces and cities at the micro level. A comprehensive quantitative evaluation and analysis of the talent competitiveness level in Shandong Province, taking Pudong New Area as an example, reveals an important way for Shanghai to build a globally competitive overseas talent innovation and entrepreneurship ecosystem.

In terms of regional talent support, one is to extract common problems in the region, construct a reform framework for local talent plans, and propose optimization strategies. The second is to clarify the differences in local personalities, selecting and analyzing samples from typical regions of talent construction in the eastern, central, and western regions, and systematically examining the talent issues in these regions. Focusing on the talent driven development in the western region, Chongqing is committed to building a talent center and innovation highland in the western region, and exploring the path of talent development for agricultural modernization in Guangxi under the background of rural revitalization. Based on the strategic demand for talent support in the modernization construction of central Henan, we aim to construct a talent strategic layout dominated by" high-precision, cutting-edge and scarce" talents. In addition, the talent highland that China focuses on building, such as the innovation talent mechanism in key regions such as Beijing and Shanghai, has not yet been perfected, and the talent cooperation mechanisms in the Yangtze River Delta, Guangdong Hong Kong Macao Greater Bay Area, Beijing Tianjin Hebei and other regions have not truly achieved "integration".

In the construction of key talent groups, focusing on high-level talents, it is recommended to promote the cultivation of high-level talents through strengthening departmental collaboration, enhancing digital empowerment, and other aspects. Focusing on basic education talents, it is recommended to optimize the allocation of basic education talent resources and promote balanced development of basic education. Targeting talents in public institutions, based on a survey of the training status of staff in public institutions in Hunan, Ningbo, and Hainan, to understand the current implementation situation and problems. Focusing on young scientific and technological talents, it is suggested to accelerate the construction of an internationally recognized support system for young scientific and technological talents and curb the trend of administrative research. Based on the talent for rural revitalization, it is recommended to train and improve the digital level of farmers, and build a healthy ecological environment for the development of digital farmers. To position skilled talents, efforts should be made to accelerate the high-quality development of the skilled talent team by improving evaluation quality, perfecting incentive guarantees, and other aspects.

The country is established by talent, politics is governed by talent, and industry is developed by talent. Striving for a new era, China's talent development has reached a new historical starting point. We must deeply implement the strategy of building a strong country with talents in the new era. All types of talents and talent workers at all levels should deeply study and implement the spirit of the 20th National Congress of the Communist Party of China and its series of plenary sessions, as well as General Secretary Xi Jinping's important ideas on doing a good job in talent work in the new era. We must make great efforts to comprehensively cultivate, introduce, and make good use of talents, so that the creative vitality and intelligence of all types of talents can burst forth and fully flow. We will gather tremendous strength to realize the Chinese Dream of the great rejuvenation of the Chinese nation, and contribute our wisdom and strength to writing a new chapter of building a socialist.

Keywords: China Talent; High-quality Development Implementing; Human Resource Strategy of China

Contents

I General Report

Abstract: This report has comprehensively sorted out the main achievements, characteristics and evolution trends of the quantity, quality, competitiveness, institutional mechanism reform and local practices of China's talent development, and concluded that the past ten years have been a decade in which the quantity and quality of talent development in China have risen together and the international competitiveness of talent has continued to rise, a decade in which the Party Committee has adhered to the overall coordination of the Party, and the functional departments have taken up their respective roles and worked in close coordination, a decade in which the grand pattern of talent development work has been comprehensively formed, the decade of the reform of talent development system and mechanism, the decade of the system reconstruction, the decade of the up-and-down resonance of talent development strategy and the decade of the horizontal synergy, and the decade of the innovation-driven development of talent and the decade of the significant leap in talent effectiveness. This report suggests that we should continuously improve the system and mechanism of talent work, optimize the talent policy system, serve high-quality development by driving new quality productivity with talent development, strive to promote the strategy of developing the country through science and education, the strategy of strengthening the country through talent, the strategy of innovation-driven development, and coordinate and promote the reform of the integration of the system and mechanism of education, science and technology talent, in order to carry out the strategic planning of the Party and the State and respond to the ardent entrustment of General Secretary Xi Jinping.

Keywords: Talent Development Achievements; Talent Governance System; Strengthening the Country with Talents

II Competitiveness Reports

B . 2 Report on World Regional Talent
Competitiveness (2023)

Gui Lezheng, Zheng Jinlian and Gui Zhaoming / 032

Abstract: This report on the basis of constructing the evaluation index system of talent competitiveness in the world region, according to this system and adopting authoritative database data of international common use, the study evaluates the talent competitiveness level of the major countries in the world, confirms the level of China's talent competitiveness positioning in the world, and analyzes in-depth the strengths and shortcomings of China's talent competitiveness. The study finds that China has obvious advantages in terms of talent scale, but has shortcomings in terms of talent quality and talent effectiveness. The report also discusses the environment and inputs of China's talent competitiveness and puts forward corresponding strategic suggestions to promote China's talent competitiveness.

Keywords: Talent Competitiveness; World; China; Region

B.3　Analysis of the Current Situation on the Cultivation of

International Talent in China International

Communication Literacy as an Example

Research Group on the White Paper for the

Cultivation of International Talent in China / 048

Abstract: This report focuses on the "international communication competence" of international talents and, based on literature and interviews with experts, scholars, and youth representatives, proposes a framework for international communication competence. The framework consists of three levels: the emotional core, cognitive foundation, and behavioral elements, reflecting the richness inherent in international communication competence. To gain a deeper understanding of the development of international communication competence among China's international talents, the research team selected the standardized English test scores of TOEFL and GRE, both under ETS, as metrics. The analysis reveals that the average scores of Chinese test-takers have significantly improved compared to more than a decade ago and are now close to the global average. However, there is still considerable room for improvement in the area of effective expression. Additionally, by combining relevant literature and expert interviews, the report summarizes the directions for the development of international communication competence cultivation and offers suggestions for strengthening the training of China's international talents.

Keywords: International Talents; International Communication Competence; China

B.4　Spatial Agglomeration and Spatiotemporal Evolution

Characteristics of Highly Educated

Talents in Chinese Province

Zhu Wenjuan, Zeng Hao / 073

Abstract: Highly educated talents are key drivers of regional economic development. Based on the data of the population with a bachelor's degree or above in 31 provinces and cities of mainland China, this study empirically investigates the spatial agglomeration characteristics and spatiotemporal evolution patterns of highly educated talents from 2011 to 2021 using Dagum Gini coefficient, location entropy, and exploratory spatial data analysis methods. The main findings are as follows: In terms of spatial distribution, there is an overall polarization trend among highly educated talents, with regional imbalances greater than those within regions. In terms of evolutionary trends, highly educated talents exhibit an overall agglomeration development trend from west to east, with high concentrations in regions such as Beijing—Tianjin—Hebei and the Yangtze River Delta. In terms of local agglomeration characteristics, high-high type agglomeration areas are mainly concentrated in Beijing, Jiangsu, Zhejiang, and Shanghai; low-low type agglomeration areas are mainly concentrated in Qinghai, Sichuan, Yunnan, Tibet, as well as Anhui and Hunan in central China; gradually forming a highly agglomerated area with Beijing and Shanghai as the "dual cores."

Keywords: Highly Educated Talents; Spatial Agglomeration; Spatiotemporal Evolution; Regional Disparity

B.5　Research on Countermeasures for Shanghai to Build an Innovation and Entrepreneurship Ecosystem for Overseas Talents with Global Competitiveness

　　—A Survey based on Pudong New Area　　　　Ni Kai / 089

Abstract: Based on the new changes and trends in the current domestic and international flow of talents, this report explores the shortcomings of Shanghai in attracting and gathering overseas talents, taking Pudong New Area as an example, and identifies the key factors for overseas talents to innovate and start businesses in Shanghai from the perspectives of overseas talent demand and service supply, and puts forward corresponding countermeasures and suggestions. The study found that

optimizing the policy environment, providing diversified support services, and strengthening international cooperation are important ways for Shanghai to build an innovation and entrepreneurship ecosystem for overseas talents with global competitiveness.

Keywords: Overseas Talent; Innovation and Entrepreneurship; Global Competitiveness; Shanghai

B.6 Analysis of Evaluation Strategies for Regional Talent Competitiveness

—*A Case Study of 16 Cities in Shandong Province*

Tang Guiyao, Hu Wenan, Hu Dongqing,

Yi Ming and Zhang Huizhong / 101

Abstract: Shandong Province vigorously implemented the strategy of revitalizing Shandong through science, education, and talent development, focusing on promoting reforms in the talent system, continuously optimizing the talent development environment, and encouraging all kinds of talents to innovate with great vitality. This report designs a set of talent competitiveness index models that fit the actual situation in Shandong Province. The index model consists of seven primary indicators: resource elements, demand conditions, structural elements, auxiliary conditions, opportunity drivers, government promotion and talent efficiency. The research team analyzed the current situation of talent teams in 16 cities in Shandong Province from both horizontal and vertical perspectives by collecting primary and secondary data, conducted a comprehensive quantitative evaluation and analysis on their talent competitiveness level, and proposed countermeasures to enhance the talent competitiveness of Shandong Province.

Keywords: Talent Competitiveness; Talent Efficiency; Talent Strong Province; Shandong Province

Ⅲ   Regional Reports

Abstract: The strategy of strengthening the country with talents in the new era strengthens the orientation of talent-led development, deepens the construction of technological competitive advantages in innovation-driven development, promotes the comprehensive upgrading of regional industries, activates the innovation development track, and helps the country seize the sustainable development path of the forefront of the technological revolution. This report focuses on Chongqing seizing the national strategic opportunities of the Chengdu— Chongqing Twin City economic Circle, giving full play to the advantages of traditional industries, focusing on scientific and technological innovation, constructing a regional high-end talent map that dynamically maps the distribution of local talent resources, producing talents and attracting talents with the city, and helping the Chengdu—Chongqing Twin City economic Circle to build a western talent center and innovation highland by mimicking the high-end talent map. And then bring together a group of high-end talents in the fields of theoretical exploration, scientific and technological research and development and technological innovation to help the talent-driven innovation and development practice of sustainable regional economic growth.

Keywords: High-end Talent Map; Talent Flow; Chengdu-Chongqing Economic Circle; Chongqing

B. 8   Report For the Talent Development Reform Plan in 2023

Ren Lei, *Xu Junhai* / 142

Abstract: The formulation and implementation of local talent plans are helpful in attracting and cultivating outstanding talents and promoting local economic and social development. As the local talent plans are being further implemented, these plans have achieved significant results, but also have some shortcomings. However, existing studies lack a systematic study of the current implementation status and problems of local talent plans, making it difficult to provide guidance for the improvement of local talent plans. This study described the current implementation status of local talent plans, summarized common problems in local talent plans. Based on the new situation and challenges faced by the economy and society, this study constructed a framework for reforming local talent plans. Using this framework, this proposed optimization strategies for local talent plans. Systematically deepening the study of local talent plans is helpful in improving the formulation and implementation of local talent policies and fully leveraging the role of local talent plans in attracting, cultivating, using, and serving talents.

Keywords: Local Talent Plan; Talent Agglomeration; Innovation and Entrepreneurship; Reform Framework

B. 9   Report on Talent Support for Strengthening Modernization

Construction in Henan Province in 2023

Zhang Xueyan, *Yan Chuang and Li Hongyang* / 159

Abstract: Chinese path to modernization is innovation-driven modernization, high-quality development modernization, and talent supported modernization. Talent is a strategic element to break through key core technologies. Based on the era connotation of Chinese modernization and Henan modernization, and starting from the key demand of talent support for Henan modernization, we should build a ecological structure layout of talents with "high-precision and sharp-lack" talents as the leading factor, young talents as the center of gravity and various professional and skilled talents as the basis. We need to strengthen the training of technology talents, the selection of innovative technology talents, improve the evaluation of technology talents, improve the guarantee of technology talents. It also puts forward corresponding countermeasures and suggestions from the aspects of establishing the strategic awareness of technology talents, making the strategic layout of strengthening the province with talents, strengthening the strength of Henan strategic talents and optimizing the environment for the growth and development of talents.

Keywords: Modernization; Talent Support; Ecological Environment; Qualitative Comparative Analysis of Fuzzy Sets (fsQCA); Henan Province

B.10 Report on Talent Development for Agricultural

Modernization in Guangxi in the Context of

Rural Revitalization　　　　　　　*Wu Junqiang, Li Yun* / 183

Abstract: Rural revitalization is the only way to achieve common prosperity. Agricultural modernization is the basis of realizing rural revitalization. In the process of agricultural modernization, talent is the key. First of all, this report explores the situation of agricultural workers, the supply and demand of agricultural talent, the training of agricultural professional and technical personnel and the implementation of rural revitalization talent policies. Secondly, this article also analyzes the shortage of agricultural talents in the total supply, policy inclination, and construction investment. Finally, this paper explores the countermeasure. In terms of policy, we can strengthen the policy coordination of agricultural talents from the development environment, supply mechanism and security system of agricultural talents; in terms of enterprises, we can create a modern environment for retaining agricultural talents from hiring local talents,

building professional teams and actively recruiting talents; in terms of education, we can improve the modern rural vocational education system from enriching the training content of agricultural talents, and coordinating the "three subjects" of production, teaching and research.

Keywords: Rural Revitalization; Agricultural Modernization; Agricultural Talents

B. 11　Research on the Analysis of Demand Types of High-end
　　　　Innovative Talents and Strategies for
　　　　Cultivating and Recruitment

Wang Jianqiang / 203

Abstract: This report analyzes the types of demand for high-end innovative talent, identifies the main challenges and constraints in cultivating and recruiting such talent, and accordingly proposes several strategies. These strategies include: formulating a special plan for industrial talent demand development; fully stimulating the awareness of enterprises as key players; leveraging existing advantages in industry and university discipline development to enhance the cultivation of high-end innovative talent; expediting the establishment of an integrated regional talent development policy network; creating a model base for talent mechanism innovation in the high-standard, high-quality construction of the Xiong'an New Area; firmly establishing the concept of talent as the primary resource and creating a top-notch talent service environment.

Keywords: Innovative Talents; Technological Innovation; Talent Integration

Ⅳ Key Group Reports

B . 12 Research on the Reality, Problems and Countermeasures

of the Construction of China's Basic Education

Talent Team

Zhong Zurong, Shi Huanhuan / 218

Abstract: This report analyzes the reality and problems of the construction of China's basic education talent team from 2011 to 2022, and proposes countermeasures. The research results indicate that the total number of talents in basic education in China has been increasing year by year in the past 12 years, and the scale of teaching staff and full-time teachers in primary, middle, and high schools is gradually expanding. However, there are currently problems in the construction of China's basic education talent team, such as gender imbalance, significant urban-rural differences, a shortage of basic education talents with senior professional titles, a shortage of outstanding basic education talents such as famous teachers and principals, and an imperfect management system and mechanism for basic education talents. In terms of building a talent pool for basic education, it is recommended to optimize the allocation of basic education talent resources and promote balanced development of basic education; Continue to strengthen the construction of teacher ethics and style, and focus on improving the ideological and political quality of teachers; Deepen the reform of professional titles for basic education teachers and appropriately expand the proportion of senior professional titles; Promote the action plan for revitalizing teacher education and comprehensively improve the quality of basic education talents; Intensify training support for "famous teachers and principals" and cultivate educationally oriented teachers.

Keywords: Basic Education Talents; Teacher Structure; Teacher Quality; The Spirit of Educators

B. 13   Survey Report on Training Status of Personnel in
Chinese Public Institutions

Ren Wenshuo, Shan Shifu, Wu Wanpeng,

Zhang Qiong and Du Mingming / 244

Abstract: This report is based on a survey of the current training status of staff in public institutions in Hunan, Hainan, and Ningbo, aiming to understand the implementation, existing problems, and the future improvement directions of training in public institutions. The survey results show that training in public institutions has gradually become standardized under policy promotion, with a high participation rate, especially in the education and health industries, where online training forms are gradually becoming popular. However, there are significant differences in the content and format of training across different regions and positions, and some participants have questioned the pertinence and practicality of the training content. In addition, the training effectiveness evaluation mechanism is not yet perfect, making it difficult to comprehensively reflect the improvement of actual work abilities. In response to these issues, the report proposes to strengthen the training content, improve the blended online and offline training mode, and enhance the effectiveness evaluation system, in order to improve the quality of training and ensure a closer integration between training and work needs. This survey provides valuable empirical evidence for optimizing training work in public institutions, and provides scientific support for future policy formulation and improvement of training plans.

Keywords: Public Institution; Blended Online and Offline Training; Training Content; Training Effectiveness

Contents ↖↘

B.14 Accelerating the Establishment of an Internationally Accepted
Scientific Research Support System for Young
Scientific and Technological Talents

Chen Lijun，Hu Xiaohui / 264

Abstract：This report has carried out a series of surveys focusing on the
development status and difficulties of young scientific and technological talents，
conducted one-on-one interviews with 100 young scientific and technological
talents returning from overseas in China, and conducted a questionnaire survey on
579 young scientific and technological talents in eastern China. It is found that
China's young scientific and technological talents still face excessive competition in
scientific research funds, the international peer review mechanism has not been
truly established, it is difficult to carry out independent research, difficult to
guarantee scientific research time, and difficult to implement the "last kilometer"
of policies. It is urgent to effectively promote the burden reduction actions and the
implementation of the "several measures", and accelerate the construction of an
internationally accepted support system for young scientific and technological
talents. We should curb the trend of administrative research and encourage young
talents returning from overseas to produce more results quickly.

Keywords：Young Scientific and Technological Talents；Research Support
System；"Burden Relief Action"

B.15 Report on the Development of Digital Farmer Teams under the
Background of Rural Revitalization

Yan Shengwen / 285

Abstract：Cultivating digital farmers provides a new path for effectively
solving problems in rural industries, ecology, culture, governance, and life. At
present, the overall level of digital literacy and skills among farmers is relatively

low, and the cultivation, structural layout, and supporting support of the digital farmer team are insufficient. The development of rural digital ecology and the realization mechanism of digital product value are not sound, and the diverse values have not been compensated and recognized. In this regard, it is recommended to train and improve the digital level of farmers, promote the digital transformation of agriculture and the gathering of diverse entities, and expand the carrying capacity of gathering; Build a healthy ecological environment for the development of digital farmers, establish the value of digital products and digital compensation mechanisms, quickly cultivate a digital farmer team in the information age, and engage in rural construction.

Keywords: Rural Revitalization; Digital Farmers; Digital literacy; Talent Support

B.16 Analysis Report on the Introduction and Cultivation of
High-level Talents in Shanxi Province   *He Linshen* / 300

Abstract: In the new era, comprehensively enhancing the construction of high-level talent teams is an important guarantee to promote Shanxi's high-quality transformational development. This research report, starting from the actual situation in Shanxi, elaborates on the effectiveness and current status of introducing and cultivating high-level talents in Shanxi. It analyzes the existing problems and their causes in the introduction and cultivation of high-level talents in Shanxi and proposes countermeasures and suggestions for further introduction and cultivation of high-level talents in Shanxi: strengthen departmental coordination and provide effective talent policies; promote the high-quality construction of higher education institutions and drive the high-quality development of industries; enhance industry-education-research cooperation and expand the paths for cooperative talent attraction and cultivation; increase the awareness of flexible talent attraction and enrich the models of flexible talent attraction; optimize talent incentive mechanisms and create a favorable environment for talent attraction and utilization; integrate resources and expand the number of postdoctoral research stations; strengthen chain management of postdoctoral researchers to promote a doubling of postdoctoral talent; enhance performance evaluation of postdoctoral research stations to foster survival of the fittest; strengthen services and support to promote the transformation of postdoctoral research achievements; reinforce digital empowerment to advance the digital transformation of talent work.

Keywords: High-level Talents; Talent Introduction and Cultivation; Industry—Education—Research Collaboration; Postdoctoral Research Stations

B.17 Report on the Development of Skilled Talent Team Building in Fujian Province

Zheng Hengyu, Zheng Wanjing / 324

Abstract: The development of a high-quality skilled talent team serves as a crucial support for promoting human resource development, establishing new-type labor relations, and igniting the potential of new quality productive forces. In recent years, Fujian Province has vigorously advanced the construction of skilled talent teams through skill training, skill evaluation, technical education, and skill talent incentive, et al. These measures have achieved good results. Nevertheless, there is still a certain gap between the construction of skilled talent team and the requirements for high-quality development, such as inadequate depth of industry-education integration in skill talent cultivation, lack of strong collaboration among multiple stakeholders in vocational skills training, insufficient vocational skills evaluation capabilities to meet societal demands, and the level of incentive and guarantee for skilled talents needs to be improved. By drawing on the experience of Guangdong's "industry-education-evaluation" skill ecological chain construction and combining it with the actual situation in Fujian, it is recommended to expedite the high-quality development of skilled talents team in Fujian by strengthening the technical education alliance, upgrading the fundamental capabilities of vocational

skills training, enhancing the quality of vocational skills evaluation, and improving the incentive and safeguard mechanisms for skilled talents. Such efforts will provide talent foundation for the construction of a new Fujian.

Keywords: Skilled Talent; New Quality Productive Forces; Technical Education; High-quality Skilled Talent

社会科学文献出版社

皮 书

智库成果出版与传播平台

✤ 皮书定义 ✤

皮书是对中国与世界发展状况和热点问题进行年度监测，以专业的角度、专家的视野和实证研究方法，针对某一领域或区域现状与发展态势展开分析和预测，具备前沿性、原创性、实证性、连续性、时效性等特点的公开出版物，由一系列权威研究报告组成。

✤ 皮书作者 ✤

皮书系列报告作者以国内外一流研究机构、知名高校等重点智库的研究人员为主，多为相关领域一流专家学者，他们的观点代表了当下学界对中国与世界的现实和未来最高水平的解读与分析。

✤ 皮书荣誉 ✤

皮书作为中国社会科学院基础理论研究与应用对策研究融合发展的代表性成果，不仅是哲学社会科学工作者服务中国特色社会主义现代化建设的重要成果，更是助力中国特色新型智库建设、构建中国特色哲学社会科学"三大体系"的重要平台。皮书系列先后被列入"十二五""十三五""十四五"时期国家重点出版物出版专项规划项目；自2013年起，重点皮书被列入中国社会科学院国家哲学社会科学创新工程项目。

皮书网

（网址：www.pishu.cn）

发布皮书研创资讯，传播皮书精彩内容
引领皮书出版潮流，打造皮书服务平台

栏目设置

◆ **关于皮书**

何谓皮书、皮书分类、皮书大事记、
皮书荣誉、皮书出版第一人、皮书编辑部

◆ **最新资讯**

通知公告、新闻动态、媒体聚焦、
网站专题、视频直播、下载专区

◆ **皮书研创**

皮书规范、皮书出版、
皮书研究、研创团队

◆ **皮书评奖评价**

指标体系、皮书评价、皮书评奖

所获荣誉

◆ 2008 年、2011 年、2014 年，皮书网均
在全国新闻出版业网站荣誉评选中获得
"最具商业价值网站"称号；

◆ 2012 年,获得"出版业网站百强"称号。

网库合一

2014年，皮书网与皮书数据库端口合
一，实现资源共享，搭建智库成果融合创
新平台。

皮书网

"皮书说"
微信公众号

权威报告·连续出版·独家资源

皮书数据库
ANNUAL REPORT(YEARBOOK)
DATABASE

分析解读当下中国发展变迁的高端智库平台

所获荣誉

- 2022年，入选技术赋能"新闻+"推荐案例
- 2020年，入选全国新闻出版深度融合发展创新案例
- 2019年，入选国家新闻出版署数字出版精品遴选推荐计划
- 2016年，入选"十三五"国家重点电子出版物出版规划骨干工程
- 2013年，荣获"中国出版政府奖·网络出版物奖"提名奖

皮书数据库　　　"社科数托邦"
　　　　　　　　微信公众号

成为用户

登录网址www.pishu.com.cn访问皮书数据库网站或下载皮书数据库APP，通过手机号码验证或邮箱验证即可成为皮书数据库用户。

用户福利

- 已注册用户购书后可免费获赠100元皮书数据库充值卡。刮开充值卡涂层获取充值密码，登录并进入"会员中心"—"在线充值"—"充值卡充值"，充值成功即可购买和查看数据库内容。
- 用户福利最终解释权归社会科学文献出版社所有。

数据库服务热线：010-59367265
数据库服务QQ：2475522410
数据库服务邮箱：database@ssap.cn
图书销售热线：010-59367070/7028
图书服务QQ：1265056568
图书服务邮箱：duzhe@ssap.cn

社会科学文献出版社 皮书系列
SOCIAL SCIENCES ACADEMIC PRESS (CHINA)

卡号：479738151217
密码：

基本子库
SUB DATABASE

中国社会发展数据库（下设 12 个专题子库）

紧扣人口、政治、外交、法律、教育、医疗卫生、资源环境等 12 个社会发展领域的前沿和热点，全面整合专业著作、智库报告、学术资讯、调研数据等类型资源，帮助用户追踪中国社会发展动态、研究社会发展战略与政策、了解社会热点问题、分析社会发展趋势。

中国经济发展数据库（下设 12 专题子库）

内容涵盖宏观经济、产业经济、工业经济、农业经济、财政金融、房地产经济、城市经济、商业贸易等 12 个重点经济领域，为把握经济运行态势、洞察经济发展规律、研判经济发展趋势、进行经济调控决策提供参考和依据。

中国行业发展数据库（下设 17 个专题子库）

以中国国民经济行业分类为依据，覆盖金融业、旅游业、交通运输业、能源矿产业、制造业等 100 多个行业，跟踪分析国民经济相关行业市场运行状况和政策导向，汇集行业发展前沿资讯，为投资、从业及各种经济决策提供理论支撑和实践指导。

中国区域发展数据库（下设 4 个专题子库）

对中国特定区域内的经济、社会、文化等领域现状与发展情况进行深度分析和预测，涉及省级行政区、城市群、城市、农村等不同维度，研究层级至县及县以下行政区，为学者研究地方经济社会宏观态势、经验模式、发展案例提供支撑，为地方政府决策提供参考。

中国文化传媒数据库（下设 18 个专题子库）

内容覆盖文化产业、新闻传播、电影娱乐、文学艺术、群众文化、图书情报等 18 个重点研究领域，聚焦文化传媒领域发展前沿、热点话题、行业实践，服务用户的教学科研、文化投资、企业规划等需要。

世界经济与国际关系数据库（下设 6 个专题子库）

整合世界经济、国际政治、世界文化与科技、全球性问题、国际组织与国际法、区域研究 6 大领域研究成果，对世界经济形势、国际形势进行连续性深度分析，对年度热点问题进行专题解读，为研判全球发展趋势提供事实和数据支持。